Birgit Waßmann
Psychotische Grenzerfahrungen
Die übersinnliche Seite seelischer
Erkrankungen

1

Hellsichtigkeit ist eine Brücke
zwischen der materiellen und der
metaphysischen Realität.

Halluzinationen und Visionen bedeuten,
dass eine Sicht in die Astralsphäre
eröffnet ist.

Birgit Waßmann

Psychotische Grenzerfahrungen.

Die übersinnliche Seite seelischer Erkrankungen

Bibliografische Information der Deutschen Nationalbibliothek:
Die Deutsche Nationalbibliothek verzeichnet diese Publikation
in der Deutschen Nationalbibliografie, detaillierte bibliografische
Daten sind im Internet über dnb.dnb.de abrufbar.

TWENTYSIX – Der Self-Publishing-Verlag
Eine Kooperation zwischen der Verlagsgruppe Random House und
BoD – Books on Demand

© 2019 Birgit Waßmann

Herstellung und Verlag:
BoD – Books on Demand, Norderstedt

ISBN: 978-3-7407-1269-3

Inhalt

Vorwort 8

Die andere Realität

Verborgene Dimensionen der Wirklichkeit 10
Veränderte Bewusstseinszustände 14
Psychotische Grenzüberschreitung 17
Auflösung der Alltagswirklichkeit 20

Magisch-mystisches Denken

Erlebniswelt der Naturvölker 23
Die magisch-mystische Existenz 26
Verlust der Ich-Grenze 29

Symbole, Zeichen und Träume

Der Umgang mit Symbolen ... 35
Geheimnisvolle Zusammenhänge 42
Von feindlichen Mächten verfolgt 46
Himmlische und höllische Regionen 50
Götter, Ungeheuer und Dämonen 52
Zufall oder Synchronizität? 54
Traumwelten 60

Okkulte Kräfte

Kontakt mit unsichtbaren Mächten 66
Außergewöhnliche Fähigkeiten 68
Der ‚magnetische' Blick 69

Glaube und Wahnvorstellung

Täuschung oder Wirklichkeit? 73
Rückzug in die Isolation 79

Extreme Höhen und Tiefen 81
Allmachtsphantasien 87
Der Mittelpunkt der Welt 94
All-Verbundenheit 97

Das menschliche Energiesystem

Zusammenspiel von Energien 101
Negative Energieströme 105
Energie-Beschleunigung 107
Energie-Verkettung und Energie-Entzug 110

Veränderung der Wahrnehmung

Erweiterung des Bewusstseins 114
Sensitive Empfindsamkeit 116
Mentale Gedankenbilder 120
Psychotische und mystische Erfahrungen 122
Visionen oder Halluzinationen? 124

Identitätsverlust und Transformation

Das Ego-Bewusstsein 130
Ich-Auflösung und Identitätsverlust 134
Zerstreuung und Zersplitterung 138
Die ‚zweite Aufmerksamkeit' 139
Transformation der Persönlichkeit 144

Unsichtbare Beeinflussung

Das Dunkle im Menschen 149
Telepathische Übertragung 157
Schatten auf dem Weg 159
Einflüsse aus dem Unsichtbaren 163
Tyrannei und Transformation 168
Wesen der Astralsphäre 174
Botschaften von innen 188
Wächter am Tor 191

Mystische Ergriffenheit oder Besetzung?

Mangelnde Impulskontrolle 199
Identitäts-Überlagerung 200
Lähmung und Körperstarre 203
Besetzungen am Energiekörper 207
Innere Stimmen 211
Ursachen für Stimmenhören 216
Zwiesprache mit der geistigen Welt 221
Beeinflussung aus der Ferne 224
Ergriffenheit oder Besetzung? 227
Lösung von astralen Verbindungen 235
Inbesitznahme als Teil des Weges 248
Religion und Eros 253
Ekstatisch-mystisches Erleben 257

Psychosen-Therapie und Krisenintervention

Instabile Ich-Grenzen 261
Schattenanteile in der Psyche 263
Die Suche nach dem Sinn 269
Spirituelle Krisen und Psychiatrie 270
Die Ambivalenz der Medikamente 273
Psychose-Erfahrene berichten 279
Der Umgang mit psychischen Krisen 285
Religion und Psychotherapie 293
Befreiung von Besetzungen 297
Kritik der traditionellen Psychiatrie 304
Psychotherapie oder Krisenintervention? 3ß8
Alternative Behandlungskonzepte 313
Die Transpersonale Psychologie 316
Schlussbemerkungen 320

Beratungsstellen 323

Literaturverzeichnis 325

Vorwort

Im Laufe der Zeit hat die Vorstellung von seelischer Normalität sonderbare Wandlungen erlebt. Dieselbe psychische Auffälligkeit führte bei manchen Völkern zur Heiligenverehrung, während sie in anderen Ländern Ablehnung hervorrief oder einen Aufenthalt in einer psychiatrischen Klinik die Folge hatte. Daran hat sich bis in die Gegenwart hinein nicht allzu viel geändert.

Trotz einer Vielzahl an Publikationen, die sich mit psychotischen Fehlentwicklungen und deren Hintergründen befassen, finden sich erstaunlich viele Defizite hinsichtlich der Zusammenhänge von spiritueller Entwicklung und psychotischen Auffälligkeiten. Es scheint fast so, als hätte die Fachwelt wenig Interesse daran, die befremdlichen und bislang wenig einsichtigen Motive psychotischen Verhaltens in ihrer Tiefendimension zu verstehen.

Zudem wird in der psychiatrischen Praxis nicht genügend differenziert zwischen manifesten psychotischen Erkrankungen und spirituellen Krisen. Für einen Behandlungserfolg wäre es allerdings dringend erforderlich, diese Unterscheidung zu treffen, um den komplexen und verwickelten Problemen der Patienten gerecht werden zu können.

Die Symptombeschreibungen in der psychiatrischen Literatur bestehen im Grunde weitgehend aus oberflächlichen und ungenauen Angaben. Halluzinationen werden bspw. beschrieben als ‚Störungen der Wahrnehmung, bei denen der Betroffene Dinge wahrnimmt, ohne dass sie in Wirklichkeit vorhanden sind. Diese Störungen können alle Sinne einbeziehen…' Kein Wort wird darüber verloren, dass es erweiterte Wahrnehmungen gibt, die nicht mit pathologischen Auffälligkeiten einhergehen und bspw. Fähigkeiten wie Hellsehen und Hellhören recht häufig auch bei Gesunden anzutreffen sind.

Die stark vereinfachende Beschreibung zieht sich durch den gesamten Symptom-Katalog der Psychiatrie, was auf eine erschreckende Oberflächlichkeit in der Wahrnehmung derjenigen Merkmale schließen lässt, die eine psychotische Erkrankung ausmachen. Von einer adäquaten Therapie, welche die zugrunde liegenden Probleme erkennt und therapeutisch darauf eingeht, kann bei dem mangelhaften Verständnis seitens der Psychiatrie-Ärzte nicht die Rede sein.

Wenn wundert es unter diesen Umständen, dass viele schizophrene Patienten sich unverstanden fühlen und der Behandlung misstrauisch gegenüberstehen, da sie bemerken, wie wenig Einsicht die Behandler in ihre spezielle Problematik haben?

Diese Publikation ist ein Versuch, das bisher vernachlässigte Gebiet, bei dem es um spirituelle Aspekte der Psychosenentstehung geht, hervorzuheben und ausreichendes Hintergrundwissen bereit zu stellen, um mehr Verständnis der auf den ersten Blick oft undurchschaubaren Verhaltens- und Reaktionsweisen psychotischer Patienten zu entwickeln.

Nur wenn Patienten den Eindruck gewinnen, dass ein Therapeut in der Lage ist, ihre teilweise verworrenen Gedanken und Erlebnisse nachzuvollziehen und zumindest ansatzweise darüber im Bilde ist, worum es geht, kann eine Vertrauensbasis hergestellt werden. Damit ist die Voraussetzung geschaffen für eine Erfolg versprechende Therapie. Therapeuten, die sich mit der tiefer gehenden Thematik vertraut gemacht haben, können auf dieser Grundlage die Patienten begleiten und vor Fehleinschätzungen und Fallstricken warnen, die ansonsten zu einer ernsthaften Gefahr werden.

Jeder Patient ist mit einer individuellen Leidensgeschichte belastet. Dennoch existieren übergreifende Entstehungsursachen, die individuelle Psychose-Erfahrungen auf eine - nicht immer sogleich erkennbare - Weise miteinander verbinden und damit eine Tür zu mehr Verständnis öffnen.

Die ‚Andere Realität'

Längst glaubt niemand mehr allein an das, was er sieht.
Vielmehr ist das, was wirklich ist, verborgen in einer
anderen Wirklichkeit.

Verborgene Dimensionen der Wirklichkeit

Spirituelle und religiöse Schriften gehen von einer unsichtbaren Welt
hinter der bekannten materiellen Wirklichkeit, einer ‚anderen Realität', aus. Diese andere Realität ist eine Welt der Erscheinungen, die
nicht über die Festigkeit und Dichte des stofflichen Daseins verfügen. Die Erscheinungen sind nicht-materiell und bilden daher eine
Art magischer Wirklichkeit, faszinierend und manipulierbar. Die
‚andere Realität' ist somit durchlässig, flexibel und formbar. Sie
wandelt sich in jedem Moment und zeigt neue, schöne sowie schaurige Perspektiven. Das, was gemeinhin als ‚Leere' bezeichnet wird,
ist nicht leer. Die Leere ist bevölkert von fremden Gestalten, von
Erscheinungen, Geistern, Visionen und Stimmen, die einen Einfluss
auf das menschliche Unterbewusstsein ausüben.
Der Zugang zu Dimensionen der Wirklichkeit, die normalerweise
verborgen sind, wird durch außergewöhnliche Bewusstseinszustände
erreicht. Häufig begegnet der Besucher dort dämonischen Mächten
oder Gottheiten und besucht himmlische Reiche bzw. höllische Abgründe. Die Erscheinungen des Bösen, die sich in diesen Zuständen
manifestieren, stehen oft in Zusammenhang mit extrem schmerzlichen und schwierigen Erfahrungen des Betroffenen. Lebensbedrohliche Ereignisse, sexueller Missbrauch oder starke körperliche

Schmerzen erzeugen ein Bewusstseinsfeld, das dunkle Wesenheiten anzieht, was den inneren Konflikt noch verstärkt.

Ungewöhnliche Erlebnisse führen auch eine unbelastete Psyche in Reiche und Dimensionen, die nach psychiatrischer Auffassung lediglich im Geist schwer gestörter Patienten zu finden sind, schreibt der bekannte Psychiater St. Grof. Er kritisiert: „Ich musste jahrelange intellektuelle Kämpfe ausfechten, bevor ich zu der Gewissheit gelangte, dass die normalerweise unsichtbaren Wesen, denen ich begegnete, und die Gebiete, die ich bei meinen inneren Reisen besuchte, im kollektiven Unbewussten objektiv existieren und sich übereinstimmend bestätigen lassen" (vgl.: Impossible, S.420).

Die Schwelle zum Unsichtbaren wird als ein tückischer Strand beschrieben, wo man nicht baden sollte, denn es gibt dort Untiefen und Strömungen. Nur ein ausdauernder und kräftiger Schwimmer, der sich an der Küste auskennt, kann sich dort verhältnismäßig sicher bewegen. Ein unerfahrener Besucher, der sich in erster Linie von seinen augenblicklichen Impulsen treiben lässt, muss eventuell seine Unbesonnenheit mit dem Leben bezahlen.

Dennoch sind die unsichtbaren Mächte den Menschen nicht grundsätzlich feindlich gesinnt. Wenn diese Kräfte angreifen, dann deshalb, weil Naturgesetze verletzt wurden. Sie zeigen dann entsprechende Feindseligkeit, wenn Adepten des ‚linken Pfades' eine Entartung dieser Kräfte herbeigeführt haben.

Die Beschaffenheit der geistigen Welt unterscheidet sich von der physischen Welt in hohem Maße, betont L. Roethlisberger. „Die Bewusstseinsebenen haben jeweils ihre eigenen physikalischen Eigenheiten und sind deshalb nicht miteinander vergleichbar. Ihre Substanz ist nicht so dicht und träge, aber trotzdem auf eine bestimmte Weise plastisch" (S.262).

Die meisten Wissenschaftlicher betrachten sich als Anhänger des Materialismus. Aber wissen sie denn tatsächlich, was Materie ist? fragt Daskalos. Der Heiler aus Zypern behauptet, so etwas wie Metaphysik gäbe es nicht, denn: *„Alles ist Natur, alles ist Physik"* (in: K.C. Markides, Heimat im Licht, S.19). Das Verständnis von Natur bleibt beschränkt, wenn man lediglich die grobstoffliche Ebene der Materie berücksichtigt und unsichtbare Bereiche außer Acht lässt. Auch in der anerkannten Wissenschaft gibt es schließlich eine große Anzahl unsichtbarer Kräfte. Nur weil man bspw. Wasserstoff nicht sehen kann, nimmt man dennoch nicht an, dass er nicht existiert.

Bereits A. Schopenhauer hat in seinem Werk *Die Welt als Wille und Vorstellung* darauf hingewiesen, dass die Perspektive der meisten Menschen eine künstliche Verzerrung aufweist. Diejenigen, die das Sichtbare für die einzig wahre Realität halten, werden wahrscheinlich einen jeden, der mehr zu sehen glaubt, zum Spinner erklären. Doch auch einen einfachen Gedanken kann man nicht sehen und bis vor kurzem auch nicht messen, doch niemand käme auf die Idee, seine Existenz anzuzweifeln.

Außergewöhnliche Vorstellungen und Erlebnisweisen lassen die Frage nach dem ‚Wesen von Realität' entstehen. Die Quantenphysik des 20. Jhdts hat eindeutig festgestellt, dass eine Welt existiert, die jenseits des Berechenbaren liegt. Der Quantenphysiker Werner Heiseberg war keineswegs ein Gottesleugner, denn seine Erkenntnisse sprechen für sich. Er schrieb: *„Der erste Trunk aus dem Becher der Naturwissenschaft macht atheistisch, doch auf dem Boden des Bechers erscheint Gott."* Er ging davon aus, dass hinter der sichtbaren Welt eine geheimnisvolle Macht existiert, die nicht ohne weiteres erfasst, berechnet, analysiert und kontrolliert werden kann. Sie wirkt in die materielle Welt auf eine nur schwer unfassbare Weise hinein.

Die klassische Physik hat lange Zeit die Auffassung vertreten, dass sich alles nach dem Ursache-Wirkungs-Prinzip berechnen lässt. Wenn man nur die richtige Ursache setzt, erhält man die gewünschte Wirkung. Alles funktioniert reibungslos wie ein Uhrwerk und ist berechenbar. Die klassische Physik hat Gott aus der Welt eliminiert.

Doch die Erkenntnisse der Quantenphysik führten letztendlich zu dem Schluss, dass die klassische Physik in vielen Punkten überholt ist. Sie kam zu dem Ergebnis: Eine absolute Zeit existiert nicht; ebenso wenig gibt einen absoluten Raum und somit im Grunde auch keine objektive Welt. Jenseits des Messbaren existiert etwas, das sich der menschlichen Erkenntnis entzieht. Dieses ‚Jenseitige' wird normalerweise konsequent aus den Forschungen ausgeblendet.

Die moderne Quantenphysik kann als Brückenwissenschaft zwischen angewandter Physik und theoretischer Metaphysik gelten. In diesem Wissenschaftszweig ist ein großes Potential enthalten, das noch lange nicht ausgeschöpft ist.

„Der inkarnierte Mensch kann sich den vielfachen Einflüssen der Feinstofflichen Sphären nicht entziehen. Er hat nur die Möglichkeit, bewusst die positiven zu fördern", betont W. Augustat. Dabei hilft ihm die Bevorzugung positiver Gedanken, Hilfsbereitschaft anderen Mitmenschen gegenüber, der angenehme Duft einer Rose etc.; während Wutausbrüche, Hassgefühle, eine ungesunde Ernährung (wie z.B. bluthaltige Nahrung), die Negativität fördern und entsprechende Einflüsse aus dem Astralreich anziehen.

Die primäre geistige Auseinandersetzung finde zwischen den verschiedenen Mächten der feinstofflichen Welt statt und jeder Mensch sei - bewusst oder unbewusst –, besonders während des Schlafs in dieses Geschehen integriert, erklärt der Autor. Er rät, die sinnlichen Wahrnehmungen für die vielfachen Einflüsse, Eingebungen und Impulse aus dem Geistigen zu schärfen. Doch gleichzeitig erteilt er eine Warnung: „Leider bewerten viele inkarnierte Menschen in ihrer Unwissenheit… alles, was sich aus der Feinstofflichen Welt als Aktion und Reaktion ergibt, fälschlicherweise als positiv und verstärken bestimmte Einflüsse sogar noch mittels magisch-medialer Techniken und Übungen" (S.261).

Die unteren Schichten des Astralreichs sind primär von verstorbenen Seelen bewohnt, die noch am irdischen Leben hängen und unter Umständen einen verhängnisvollen Einfluss auf Lebende ausüben, um an irdischen Erfahrungen weiterhin teilhaben zu können. Es ist daher von ausschlaggebender Bedeutung, zwischen Freund und Feind, zwischen Gut und Böse, klar unterscheiden zu können.

Es handelt sich beim Astralreich um subtile Bewusstseinsebenen jenseits der normalen beschränkten irdischen Fähigkeiten, wo okkulte Wissensvermittlung, PSI-Phänomene, Inspirationen und der Kontakt mit unsichtbaren Wesenheiten höherer Intelligenz möglich werden. Mit einer zunehmenden Loslösung des Bewusstseins vom Körper wird der Zugang zu den Wahrnehmungen der subtilen Ebenen erleichtert.

Veränderte Bewusstseinszustände

Im transpersonalen Bewusstsein hat das Individuum plötzlich Zugang zu einer erweiterten, ganzheitlichen Wahrnehmung und erkennt die bisherige beschränkte Sichtweise als Illusion. Das Innere von Lebewesen und Dingen ist dem erweiterten Gewahrsein prinzipiell zugänglich. Die Dinge werden nicht mehr als Gegenstände, sondern als potenzielle Innenwelten wahrgenommen. Das transpersonale Bewusstsein kommt mit dem universellen schöpferischen Prinzip in Berührung, dessen wesentliches Kennzeichen die Verbundenheit mit dem Ganzen ist.

Ein mentaler Wechsel kann durch verschiedene Praktiken, wie Yoga-Übungen, Meditation, Fasten, die Einnahme halluzinogener Substanzen oder traumatische Erfahrungen erfolgen. P. Devereux erwähnt bestimmte Sinneseindrücke, die einen veränderten Bewusstseinszustand ankündigen (S.223f.):

o Die Qualität des Lichts scheint sich zu verändern; es leuchtet aus sich selbst heraus.

o Das Innere von Pflanzen, Gegenständen oder physischer Körper wird sichtbar.

o Auch die Farbwahrnehmungen verändern sich.

o Der Raum wirkt verzerrt; die Wände treffen nicht mehr in der gewohnten Weise aufeinander. Auch eine ganze Anzahl verschiedener Räume kann sich vor dem Auge entfalten.

o Manchmal werden Lichtfunken oder Strahlen gesehen, welche die Form schimmernder Energienetze annehmen.

o Konturen gespenstischer menschlicher oder tierischer Gestalten werden sichtbar.

o Die Zeit scheint außer Kraft gesetzt.

o Es ist sogar möglich, Raum ohne Zeit zu erfahren: Alle Bewegungen sind erstarrt; die Stille der Ewigkeit senkt sich über die Szene.

o Der Geist wirkt beweglich und körperlos. Er befindet sich nicht länger im Kopf, sondern außerhalb des Körpers und sieht auf ihn hinab.

Ein veränderter Bewusstseinszustand weist ein hohes Maß an Flexibilität auf. Mit dem bekannten Modell der Welt sind grundlegende Veränderungen vorgegangen. Der Blick in eine andere Dimension der Wirklichkeit, die eine unabhängige Existenz aufweist, wird möglich. Dies bedeutet nicht, dass die Wahrnehmung einer Welt außerhalb der Norm unwirklicher wäre als die bekannte Wirklichkeit.

Die Realität entsteht nach Auffassung der amerikanischen medialen Schriftstellerin Jane Roberts aus den Überzeugungen einer großen Anzahl von Menschen, die bestimmte Vorstellungsinhalte als gemeinsame Realität anerkennen. Daneben existieren noch andere Möglichkeiten der Wahrnehmung, deren Mangel lediglich darin besteht, keine Übereinkunft innerhalb einer größeren Menschengruppe zu erzielen. (Vgl.: Die Natur der persönlichen Realität.)

„Wir leben inmitten unsichtbarer Kräfte, von denen wir allein ihre Wirkungen wahrnehmen", bemerkt D. Fortune. „Wir bewegen uns in unsichtbaren Formen, deren Aktivitäten wir sehr oft überhaupt nicht spüren, obwohl wir stark von ihnen beeinflusst werden können" (in: Selbstverteidigung mit PSI, S.37f.).

Auf der unsichtbaren Seite der Natur geschehen viele Dinge, die einen spürbaren Widerhall in der physischen Sphäre zeigen. Es gibt Wesen, die unerkannt in dieser Welt - ähnlich den Fischen in der Tiefsee - existieren. Die meisten Menschen schützt normalerweise ihre Unfähigkeit, diese unsichtbaren Kräfte zu erkennen. Es gibt jedoch Zustände, in denen die Schleier zerreißen und die Kräfte unge-

hindert in ein Individuum einströmen, wo sie seine Psyche mit fremden Eindrücken überschwemmen.

Das geschieht unter bestimmten Bedingungen:

▶ Wenn sich jemand an einem Ort befindet, wo diese Kräfte konzentriert sind;

▶ wenn man auf Menschen trifft, die mit diesen Kräften arbeiten;

▶ wenn jemand selbst ausdauernd danach trachtet, dem Unsichtbaren zu begegnen ohne genügende Vorkenntnisse;

▶ wenn bestimmte pathologische Bedingungen auftreten, die den
Schleier zerreißen.

Realität ist normalerweise an Bewusstsein geknüpft. Über das sogenannte Unbewusste kann unter Umständen eine Vielzahl anderer
Realitäten wahrgenommen werden, die lediglich dem Wachbewusstsein nicht zugänglich sind. Für manche psychotische Menschen wird
ihre Realität zu einem unwirklichen, ‚surrealen' Szenario mit eigenen
Gesetzlichkeiten.

R. Steiner hält den Begriff des Unbewussten, wie er in der Psychoanalyse aufgefasst wird, für nicht ausreichend begründet. Er wirft der
Psychoanalyse vor, mit unzulänglichen Erkenntnismitteln an das
Phänomen des Unbewussten heranzugehen. (In: Individuelle Geistwesen…, S.170f.). Die wissenschaftliche Forschung treffe das Wesen des Unbewussten nicht, denn bereits die Bezeichnung sei irreführend. Das sogenannte Unbewusste befinde sich einfach jenseits der
Schwelle des gewöhnlichen Bewusstseins (S.184). Die Forscher gehen zwar von einem seelischen Anteil außerhalb des Bewusstseins
aus, doch sie kommen nicht zur Erkenntnis des Geistes selbst. „Geist
kann niemals durch den Begriff des Unbewussten irgendwie erfasst
werden, denn ein unbewusster Geist ist wie ein Mensch ohne Kopf",
kritisiert Steiner (S.170f.).

Psychotische Grenzüberschreitung

Im schizophrenen Erleben geht es häufig um die Überschreitung von Grenzen. Während normalerweise Diesseits und Jenseits voneinander getrennt wahrgenommen werden, entsteht in der schizophrenen Phantasie ein metaphysisches Erlebnisfeld. R. Mundhenk beschreibt dies folgendermaßen: „Dort werden Götter zu Menschen, Menschen werden zu Göttern, Himmel und Hölle öffnen ihre Pforten, Äonen schrumpfen zu Augenblicken, Momente dehnen sich zu Ewigkeiten, Apokalypsen brechen herein" (S.163). Die Grenzerfahrungen gehen mit der Furcht einher, die einschneidenden Erlebnisse nicht zu überleben, denn die ‚himmlische Speise' ist nicht für jedermann bekömmlich.

Mundhenk fragt nach dem Offenbarungscharakter der Schizophrenie und versucht, den Schizophrenen als möglichen Träger eines ‚besonderen Wissens' zu würdigen (S.206f.) Der Patient fungiert als Medium für eine hintergründige Wirklichkeit und bringt die ‚Nachtseite' der menschlichen Existenz zum Vorschein, indem er von Eindrücken berichtet, die er (nach eigener Überzeugung) einer anderen Welt verdankt. Damit schiebt er gleichsam den Vorhang, der das Jenseitige verhüllt, beiseite und bietet jene ‚andere Welt' den Blicken seiner Umgebung dar.

„Über die ‚Echtheit' entsprechender Erfahrungen ist hier nicht zu urteilen", bemerkt Mundhenk. „Für den Schizophrenen selbst, vor allem im akuten Stadium, steht außer Frage, dass er ‚Medium', Bote, Wahrheitszeuge oder bereits direkter Teilhaber an jener ‚anderen Welt' ist" (ebd.). Über den Wahrheitsgehalt der Mitteilungen sollte niemals ein pauschales Urteil gefällt werden, denn grundsätzlich ist davon auszugehen, dass auch psychotische Menschen über wichtige Erkenntnisse verfügen können, selbst wenn diese pathologisch verzerrt mitgeteilt werden.

Mögliche Beeinträchtigungen des Erlebens, wie z.B. das Gefühl von Fremdbestimmung und Ich-Auflösung, sind wohl der Preis dafür, ‚erwählt' worden zu sein, meint der Autor. „Weiß sich der Schizophrene als Werkzeug in den Händen und als Bote jenseitiger Mächte, so kann das seine Identität und Individualität verformen oder ganz verlöschen lassen" (ebd.).

Die Wahrnehmungen von Schizophrenen entsprechen teilweise den Veränderungen, die als Teil der Astralwelt - mitunter auch Anderswelt genannt – beschrieben werden. P. Devereux äußert die Ansicht, es konnten „die Auswirkungen der Raum-Zeit-Wahrnehmung in veränderten Geisteszuständen von grundlegender Bedeutung sein für das Verständnis, wie wir die Welt um uns herum wahrnehmen und verarbeiten" (S.223).

Psychotische Erlebnisse nähern sich dieser Sichtweise an. Eine Frau mit Psychose - Erfahrungen erklärt bei H. Hansen, die Psychosen hätten ihr „Verständnis für das Sein in einer unfassbaren Dimension erweitert. Die mich umgebende Realität sah ich in einem tiefen Sinnzusammenhang. Deutungsebenen taten sich auf. Das Wort Transzendenz ist ein Versuch, dies zu benennen. Gott sprach und redete auch zu mir. Ich spürte und fühlte es. Das bleibt wie eine Perle in meinem Erfahrungsschatz" (S.147).

Vor ihrer psychotischen Erkrankung war sie Pastorin gewesen, doch hinterher fand sie in der Amtskirche keine Anstellung mehr. Christliche Kirchen üben anscheinend bei solchen Themen Zurückhaltung. Seelsorger äußern in diesem Zusammenhang die Auffassung, Gott prüfe die Gläubigen zum Zwecke der Selbsterkenntnis. Manche der Leidenden gingen gestärkt aus der Prüfung hervor.

Psychosen sind beileibe nicht völlig fremd und unverständlich. In einer Psychose kommt das Individuum mit anderen Dimensionen der Wirklichkeit, die sich hinter der normalen Realität verbergen, in Berührung. Probleme ergeben sich, wenn es darum geht, destruktive, angsterregende Inhalte zu verarbeiten und zu deuten. Wenn Patienten Stimmen hören, die sie verfluchen und in die Hölle verdammen, fällt es ihnen schwer, diese hinzunehmen, ohne dass dabei starke Ängste geschürt werden.

Bei H. Hansen erinnert sich eine Frau an ihre erste psychotische Erfahrung: „Nur diese Weite, eine Unendlichkeit ohne Raum und Zeit. Jede Uhr ist stehen geblieben, jeder Zeiger ohne Sekundenschlag. Plötzlich fühle ich nur Freiheit, endlich bin ich geplatzt. Meine Gedanken rasen mit mir in hoher Geschwindigkeit und Lust, meine Hände am Steuer meines VW-Käfers" (S.18). Der Höhenflug überkommt sie zur Unzeit, denn sie sitzt am Lenkrad ihres Wagens. Sie verursacht in ihrem übersteigerten Zustand ein Verkehrschaos, bei dem zwanzig Autos im Straßengraben landen.

Eine andere Patientin schreibt: „Am meisten berührte mich eine Psychose, die ich drei Monate ausleben konnte. Sie spann ein feines Netz um mich herum, das mich eine tiefe Verbundenheit mit Tier und Pflanze, Stein und Wasser, Sonne, Mond und Wind spüren ließ. Diese Erfahrung hat mich davor bewahrt, meine Psychosen als krankhafte Störung zu betrachten" (ebd., S.33).

Sie erkundet eine unbekannte Welt, die sich von ihrem bisherigen Dasein grundlegend unterscheidet und aus der sie sogar Kraft schöpfen kann. Dabei überschreitet sie die Grenze zwischen der ‚normalen' und der neuen Realitätssicht. Es ist für sie ein Schritt in ein neues Leben, eine Art Selbsterfahrung. Innerhalb einer Woche erfährt sie mehr über sich als all die Jahre zuvor.

Für psychotische Menschen enthält plötzlich auch die sichtbare Realität verborgene Abgründe und Bedeutungen. R. Mundhenk hat dies eindrucksvoll beschrieben: „Das Triviale ist nur scheinbar trivial – in Wahrheit lauern hinter und in ihm andere bedeutsame Geheimnisse" (S.105). Selbst die anorganischen Dinge wirken lebendig: Eine Bank, der Tisch, das Fenster erscheinen als lebende Wesen. In der Psychose werden diese Gegenstände zum Leben erweckt; sie reden und bewegen sich und treten zueinander in Beziehung.

Wo andere Menschen konstant im Diesseits verweilen, erleben Menschen in der Psychose zeitweise kosmische Dimensionen mit allen ihren Höhen und Tiefen. Die aufrüttelnden Erfahrungen können letztendlich eine stabilisierende Wirkung haben und auch im Diesseits Tore öffnen, die zuvor geschlossen waren.

Jedes Bewusstsein, das die Grenzen der eigenen Person zu überschreiten vermag, ist im weitesten Sinne transpersonal. Ein günstiger Zeitpunkt für transpersonale Erfahrungen ist gekommen, wenn die Persönlichkeit weit genug entwickelt und bereit ist, seine begrenzte Identität aufzugeben zugunsten eines erweiterten Gewahrseins.

Auflösung der Alltagswirklichkeit

In ihrem Internet-Blog beschreibt Tanja Braid sehr eindrucksvoll außergewöhnliche Erfahrungen, die sie selbst erlebte: Zeitweilig veränderte sich ihr Gesichtsfeld. Sie sah z.B. ‚Wellenbewegungen' über eine Wohnungstür gleiten, welche die sichtbare Wahrnehmung verzerrten und die Form von Gegenständen veränderte. Sie wirkten plötzlich länger, gekrümmt oder rund und veränderten sich im nächsten Moment wieder zur normalen Ansicht.

Die Autorin schildert das Phänomen sehr eindrucksvoll: „Mit diesem Sehen kam bald eine zweite Veränderung hinzu. Es geschah, wenn ich mich kontemplativ auf etwas einstimmte, dass sich der Raum um mich herum auflöste, quasi unsichtbar wurde. Alles waberte in grauen, milchigen Wolken um mich herum. Ich sah meine Beine nicht mehr, meine Hände nicht mehr, den Raum nicht mehr. Nur im direkten Fokus war das Blickfeld noch erhalten.

Da dieses veränderte Sehen bestenfalls ‚ulkig' war, mir sonst aber keinen Nutzen brachte, nahm ich es einfach als gegeben hin. Bis ich eines Tages mit dem Auto vor einer Ampel zum Stehen kam und sich alles um mich herum wie beschrieben auflöste… Die Welt wurde milchig-grau, wie eine zerstoßene Griessuppe oder wie das Störbild eines Fernsehers in den 80er Jahren, schwarz-weißes Rauschen ohne Ton… Es war, als hätte jemand das Bild, das ich mein ganzes Leben lang kannte und gelebt habe, ausgeknipst." (Vgl.: Realität ist eine Illusion, in: www.neoterisches-bewusstsein.com:.)

Die Umgebung erscheint in solchen Momenten illusionär; sie besteht nur noch aus Flimmern und Störgeräuschen. Oder die Welt verwandelt sich in ein holographisches Abbild. Die alltägliche Realität wirkt plötzlich fremd und unbeständig. Einige Betroffene erzählen, dass sie die Umgebung hin und wieder ‚verpixelt' sehen, sobald ihre Aufmerksamkeit nachlässt. Die festen Formen verschwinden urplötzlich von einem Augenblick zum nächsten und weichen dem Anblick eines unendlichen weißen Feldes, das ohne Anfang und Ende ist. Es scheint, als wäre die konstante bewusste Konzentration einer Person notwendig, um den Anschein von Realität aufrecht zu erhalten.

Schizophrene Erlebnisse ermöglichen einen tiefen Einblick in die Zusammenhänge zwischen diesseitigen und jenseitigen Bewusstseinszuständen. Die reich gestaltete Phantasie- und Bilderwelt von Psychotikern bietet ein vielfältiges Material, welches auch das Denken und Empfinden nicht-schizophrener Menschen beflügeln kann. Die innere Welt gerät in Bewegung; eine Sinnsuche kommt in Gang, die das Dasein bereichert. Ähnliche Phänomene treten offensichtlich auch bei Personen auf, bei denen keine psychotische Erkrankung vorliegt, wie der vorstehende Bericht gezeigt hat.

Bei C. Castaneda wird eine *alltägliche* und eine *nicht-alltägliche Wirklichkeit* erwähnt, d.h. eine materielle Realität und eine Welt jenseits von Raum und Zeit. Die Welt jenseits des verstandesmäßigen Daseins enthält die Dimensionen der Ganzheit und der Einheit. Zwischen diesen beiden Welten einen Ausgleich zu schaffen, gelingt nur in einer dafür günstigen Umgebung. Ansonsten fühlt sich der Wanderer, als sei er in der einen oder anderen Sphäre nur zu Gast.

C. Castaneda vermittelt einen Einblick in eine besondere Art des Schamanismus, in dem nicht Ahnengeister und Krafttiere, sondern Bewusstsein und Energie die bestimmenden Konzepte sind. Die Grenzen zwischen den Bewusstseinszuständen und den dazugehörigen Wirklichkeiten scheinen aufgelöst.

Während sich ein Schamane in der Alltagswirklichkeit aufhält, hat er gleichzeitig Zugang zur ‚zweiten Aufmerksamkeit', die einem Traumzustand gleicht. Die Grenzen zwischen Diesseits und Jenseits sind durchbrochen. Hellsichtige Schamanen sehen die Welt als ein unendliches Netz von leuchtenden Energiefasern. Die Lebewesen darin sind Verdichtungen von Energie. Diese erweiterte Sichtweise befreit das Bewusstsein von der Fixierung, lediglich materielle Wesen und Objekte als einzige Wirklichkeit anzusehen.

Magisch-mystisches Denken

Alle Erscheinungen der Welt stehen in einem
magischen Zusammenhang.
Heinrich Zimmer

Erlebniswelt der Naturvölker

Die Mentalität von Personen, die unter psychotischen Störungen leiden, arbeitet nach eigenartigen, von den Normen der Logik abwei-
chenden Gesetzen. Am ehesten kann diese Mentalität mit dem ‚magisch-mystischen' Denken unserer Vorfahren und von indigenen
Völkern verglichen werden. Die Mentalität aus der Frühzeit der
Menschheit hat Entsprechungen zu den Wahrnehmungen schizophrener Personen. Sie sind in ein Entwicklungsstadium der menschlichen Psyche zurückgekehrt, in dem eine undifferenzierte Einheit
vorrangig war.

Die Anlage zum magisch-mystischen Denken ist in jedem Individuum latent vorhanden. Wenn sie die Oberhand gewinnt, dann geht
womöglich der Bezug zu den anerkannten Normen der Realität verloren.

Es wäre allerdings nicht zutreffend, die Erlebnisweisen von Naturvölkern, die das geheimnisvolle Weben der Natur zu ergründen suchen, mit den Beziehungs- und Bedeutungsideen psychotischer Patienten gleichzusetzen. Hierdurch würde die magisch-mystische Na-
turauffassung in ungerechtfertigter Weise pathologisiert.

Eine abwertende Beurteilung der Naturmystik war in den vergangenen Jahrhunderten sehr verbreitet und wirkt sich bis in die Gegen-

wart hinein ungünstig aus. Die geringe Akzeptanz, die sich vor allem gegen abergläubische Vorstellungen richtet, hat vielfach eine ernsthafte Auseinandersetzung mit magisch-mystischen Vorstellungen verhindert. Damit ist allerdings auch der Zugang zur Erlebniswelt psychotischer Menschen versperrt. Eine einseitig rationale Auffassung steht einem Verstehen und in Folge auch einer effektiven Behandlung im Wege. Rationales Denken im Übermaß kann den praktischen Gebrauch der Fähigkeiten des Geistes einschränken und die klare Sichtweise eintrüben.

Eine Analogie zwischen dem mystisch-magischen Denken der Naturvölker und pathologischen Denkweisen Schizophrener stellt G. Bychowski her (S.87f.): Die objektiven Zusammenhänge verlieren ihre Wichtigkeit, während die subjektiven, magisch anmutenden an Bedeutung gewinnen. Schließlich verliert der Gegensatz subjektiv – objektiv seinen Stellenwert.

Durch die gesamte Schöpfung ziehen sich Verbindungslinien und Verwandtschaftsverhältnisse. Die Schädigung eines Teiles der Natur belastet die Natur als Ganzes. Diese Auffassung gibt psychotischen Patienten Anlass für wahnhafte Einfälle, wenn z.B. durch das Fällen eines Baumes der Bestand der Welt gefährdet scheint. Nicht nur Tiere, auch die Pflanzen sprechen zum Menschen. Geheimnisvolle Botschaften gehen von Bäumen, Sträuchern und sogar unscheinbaren Insekten aus. Derartige Annahmen werden leicht ins Irreale umgedeutet, wenn bspw. ein Patient erzählt, über dem nahen Wald seien Kraniche erschienen und hätten drei Ehrenrunden über ihm geflogen (vgl.: R. Mundhenk, S.59).

Dennoch ist die vorwiegende Beachtung der mystischen Eigenschaften nicht identisch mit einer Vernachlässigung der Wahrnehmung. Gerade bei Naturvölkern ist die Feinheit und Genauigkeit der Wahrnehmung sowie die Präzision des Gedächtnisses sehr ausgeprägt. Auch Schizophrene sind oft in der Lage, die geringsten Details in ihrer Umgebung zu registrieren. Für die Orientierung in der materiellen Welt und die Aktivitäten darin erscheint es allerdings wichtig zu sein, die Aufmerksamkeit zu konzentrieren und gewisse Inhalte zu übergehen, während andere eine verstärkte Bedeutung erfahren.

Die kollektiven Vorstellungen der Naturvölker sind gekennzeichnet durch eine besondere Dauerhaftigkeit. Die volle und gleichmäßige Zuwendung zur Welt, mit der sie sich innig verbunden fühlen, lässt alles, was geschieht, gleich wichtig erscheinen. Ein gewisses Einheitsempfinden und die Undifferenziertheit der Interessen bewirken, dass die Objekte der Wahrnehmung nicht nach ihrer objektiven Wertigkeit geordnet werden. Jeder Gegenstand und jede Eigenschaft kann eine gleich hohe Wertigkeit erlangen, indem sie zum Träger mystischer Kräfte und zum Ausdruck besonderer Anteilnahme werden.

Die Auffassung der alten Traditionen, den gesamten Kosmos nicht als materiell, sondern als geistig anzusehen, teilen mittlerweile auch einige Vertreter der modernen Physik. J. Bösch und A. Claes verweisen darauf: „… das Bewusstsein bildet die Grundlage auch der materiellen Welt. Im Bewusstsein ist aber alles mit allem verknüpft und eben bewusst und es gibt damit keine blinden Zufälle. Eine Ansicht, die wir lange als magisches Denken verworfen haben" (in: J. Galuska, S.251).

Und L. Hartmann-Kottek findet es eindrucksvoll, „dass und wie die moderne Grundlagenforschung der Naturwissenschaft, speziell die moderne Physik, in Einklang mit den wichtigsten intuitiven Erkenntnissen bzw. Weisheitslehren der Menschheit steht" (ebd., S.321). Ein Buch von Edgar Dacquè mit dem Titel *Das verlorene Paradies* plädiert für eine Renaissance des magisch-mystischen Weltbildes. Die Menschheit habe über einen langen Zeitraum hinweg einseitig ihren Intellekt auf Kosten anderer Bereiche der Wahrnehmung entwickelt. Damit sei ein bedeutendes Erbe der Kultur- und Naturgeschichte verloren gegangen, bedauert der Autor.

Eine ganzheitliche Naturanschauung erkennt eine innere Harmonie in der beseelten und unbeseelten Natur. Aus der Anordnung von Blättern und Kieseln, aus Farben und Tönen ergeben sich bislang unbekannte harmonische Zusammenhänge. Die Beseelung der Natur geht von der Annahme aus, dass ausnahmslos alle Wesen und Gegenstände, selbst die anorganischen, verschiedene Wirkungen ausüben und empfangen können. Die Natur erscheint wie ein Buch, das die Sprache der Pflanzen und Tiere enthüllt. Eine naturnahe Kommunikation wird möglich.

Die magisch-mystische Existenz

Magisch-mystische Erfahrungen sind recht eigenwillig. Sie kommen unverhofft unter allen möglichen Verkleidungen zur Geltung. Häufig sind die Erfahrungen von Ambivalenz und Zweideutigkeit geprägt; sie können erhellend, aber auch desillusionierend sein.

Für viele Schizophrene hat die neue mystische Welt mehr Bedeutung als die allgemein anerkannte Welt der Objekte. Allerdings sind die beiden in ihrer Vorstellung eng miteinander verwoben. Ein ausgedehntes Netz von Wirkungen und Einflüssen breitet sich unbegrenzt aus und durchbricht alle Schranken der persönlichen Unantastbarkeit. Die Geschehnisse in der Natur werden uneingeschränkt in Zusammenhang gebracht mit dem menschlichen Geschick und entsprechend gedeutet. Die objektive Welt ist nur ein Gleichnis für die menschlichen Geschicke, Wünsche und Befürchtungen.

In magischen Praktiken kann die raumzeitliche Schranke überschritten werden; dies gilt auch für die schizophrenen Halluzinationen und Beeinflussungserlebnisse. Stimmen sind allgegenwärtig, ebenso wie die Götter und Dämonen. Der Schizophrene wähnt sich in Verbindung mit bestimmten Personen, auch wenn er räumlich weit von ihnen entfernt ist: Er hört ihre Gedanken und erhält Antworten auf seine Fragen. Über beliebige Distanzen hinweg fühlt er sich beeinflusst und verfolgt: Mittels telepathischer Einwirkungen richtet man ihn zugrunde, durch Gedankenübertragung wird er Verfolgungen ausgesetzt etc.

Der Wirkungskreis von Kräften und Potenzen ist prinzipiell nicht beschränkt; sie können in ihren Wirkungen alles objektiv Mögliche überschreiten. Die gilt für potentielle Verfolger ebenso wie auch für den Patienten selbst. Die Macht der Wünsche ist imstande, die Schranken des objektiv Machbaren zu überschreiten. Manche Patienten messen der Nahrung mystische Bedeutung bei und sind von einer Belebung der Gemeinschaft durch das gemeinsame Essen und Trinken überzeugt.

Auch in der schamanischen Sichtweise erhalten alltäglich scheinende Vorkommnisse eine magisch-symbolische Bedeutung. Sie werden nicht selten als Vorzeichen eines transformativen Prozesses eingestuft. In der magischen Weltsicht hängt alles miteinander zusammen; Zufälle erhalten einen tieferen Sinn; Geschehnisse passieren zum richtigen Zeitpunkt. Für einen Schamanen ist es vorstellbar, dass in den ihn umgebenden Äußerungen der Wirklichkeit codierte Botschaften enthalten sind und dass sich aus den Ereignissen, die um ihn herum stattfinden, symbolische Bedeutungen ableiten lassen, aus denen er Lektionen ziehen kann.

C.G. Jung sah das *kollektive Unbewusste* als eine Instanz, welche die Grenzen der individuellen Psyche überschreitet. Er bekannte, **das Wesen der Psyche sei im Grunde noch völlig unbekannt.** Dies ist eine eindrucksvolle und weitreichende Aussage des großen Psychotherapeuten, der Zeit seines Lebens intensiv die Geheimnisse der menschlichen Psyche erforscht hat.

Den Behauptungen von psychotischen Patienten wird in der psychiatrischen Praxis wenig Beachtung geschenkt. Auf der anderen Seite existieren philosophische Theorien, die sogar dem Flügelschlag eines Schmetterlings eine immense Bedeutung beimessen. Daher sind die wahnwitzig scheinenden Überzeugungen von Schizophrenen nicht völlig aus der Luft gegriffen. Doch ihre konkrete Denkweise lässt sie zu ungewöhnlichen Auffassungen gelangen, die dem Alltagsbewusstsein unverständlich bleiben.

Patienten, die Gespräche mit leblosen Gegenständen führen, erleben diese als lebendig und beseelt (vgl.: G. Bychowski, S.12f.) Einer der Patienten vernimmt Töne, „die von der Natur kommen"; er versteht die Sprache der Blätter und der Winde. Gott befindet sich nach seiner Vorstellung in der Natur: „Alles geschieht auf Befehl der Natur. Habe ich irgendeinen Gedanken, so kommt derselbe von der Natur, alles spricht, die Befehle kommen von der Luft, dem Winde, den Bäumen" (S.19).

Auch mediale Schriftsteller wie M. Roads berichten von der ‚Intelligenz der Natur'. Die Menschen seien selbst Teil der Natur, die sie so häufig missbrauchen. Sich mit ihr zu verbinden bedeute, in sein Innerstes vorzudringen, um mit der allem innewohnenden Weisheit von neuem in Kontakt zu kommen. (Vgl.: M. Roads, Mit der Natur reden.) Es ist eine faszinierende Auffassung, den Schleier der materiellen Welt ein Stück weit lüften zu können, um zu sehen, wie die Dinge dahinter angeordnet sind.

Eine Zunahme der Wachheit auf dem spirituellen Weg wirkt sich auf der Gefühlsebene durch eine Intensivierung der Beziehungsmuster aus. Im Trancezustand scheinen kosmische Linien zusammenzulaufen und sich zu einem universellen Beziehungsnetz zu verknüpfen, in dem einzelne Bestandteile ihre Individualität verlieren. H. Kalweit bemerkt dazu: „Selbst zwischen gänzlich entgegen gesetzten Dingen enthüllen sich spiegelbildliche Gleichheiten, das kosmische Spiegelkabinett leuchtet auf… Das ist der Analogie-Kosmos, in dem jedes Ereignis ‚göttliches' Zeichen der ganzen Welt ist – für unser dumpfes Normalbewusstsein aber nichts weiter als ein Traum von wahrer Existenz" (in: Liebe und Tod, S.328).

Wer den Schlüssel zu den Entsprechungen der Dinge besitzt, dem enthüllen sie die kosmischen Wahrheiten. Wenn das Bewusstsein durch eine intensive Betrachtung des Sichtbaren geschult ist, erkennt es in den sichtbaren Formen Sinnbilder des Unsichtbaren. Überschneidungen mit psychotischen Phantasien und Realitätsverkennungen sind nicht zu übersehen. Psychotiker gehen so weit, dieser Auffassung ihr Leben anzuvertrauen, selbst in unsicheren Situationen, die für sie gefährlich werden könnten. Sie verirren sich in einer Welt, in der jedes Ereignis, jede Farbe, jeder Gegenstand und jedes Tier eine deutlich symbolische Botschaft enthält.

Mystiker lernen, empfänglich zu sein für die leisen Töne aus der geistigen Welt und die Winke des Schicksals, während Psychotiker die Suche nach Fingerzeigen ad absurdum führen, da es ihnen an einer vernünftigen Einschätzung der Begebenheiten, an gesundem Unterscheidungsvermögen, mangelt. Wenn alles und jedes als ‚Zeichen' gedeutet wird, gleitet die individuelle Psyche langsam aber sicher in eine persönliche Wahnwelt ab.

Eine moderne, spirituell ausgerichtete Betrachtungsweise hat das magisch-mystische Denken in ein neues, viel versprechendes Licht gerückt. Auch das Beeinflussungserleben psychotischer Menschen kann daher unter gewissen Voraussetzungen von einem erweiterten Gesichtspunkt aus gesehen werden, wozu allerdings mehr Aufgeschlossenheit auf seiten der Psychiatrie - die bislang leider nur in Ansätzen existiert - erforderlich ist.

Vielfach wird beanstandet, dass die ‚prälogische Mentalität' mit ihren besonderen Erlebnisweisen in wissenschaftlichen Beschreibungen nur unvollständig erfasst wird. Diese Kritik ist berechtigt. Die spezielle Erlebniswelt mag für außenstehende Betrachter skurril und rückständig anmuten, doch Außenstehende sind weder fähig, die Tiefe und Vielfältigkeit dieses Seinszustandes zu begreifen, noch sich ein Urteil zu bilden. Die rationale Art des westlichen Denkens bringt eine von Vorurteilen geprägte Wertung in die Beschreibung des Bewusstseins aus der ‚Traumzeit' ein, die nur in Ansätzen dem tatsächlichen Geschehen gerecht wird.

Verlust der Ich-Grenze

Die mangelhafte Grenzziehung zwischen Ichbewusstsein, Traum und Außenwelt kann pathologische Wirkungen entfalten. Eine psychotische Erkrankung beginnt mit dem Durchlässigwerden der Ich-

Grenze. Schizophrene Patienten haben die Neigung, keine scharfe Grenze zwischen dem Ich und der Außenwelt, zwischen ihren Vorstellungen und Wahrnehmungen zu ziehen.

Während normalerweise die Außenwelt dem Ich-Bewusstsein als Objekt gegenübersteht, neigen Schizophrene dazu, sich mit der Außenwelt zu identifizieren. Die Grenze zwischen Ich und Umwelt zerfließt und schließlich ist nicht mehr sicher, was Ich und was Außenwelt ist. Ein Psychotiker kann bspw. realitätsnah miterleben, was jemand anderem zustößt. Umgekehrt kann er die Überzeugung hegen, dass seine Wahrnehmungen auch anderen unbegrenzt zugänglich sind.

Schizophrene können den Einfluss von Außenreizen nur schwer abwehren. Daher reagieren sie verletzlich und überempfindlich. Für die Absicherung der eigenen Ich-Identität und die Sicherung der Ich-Grenze scheint es ihnen wichtig, zu wissen, was andere über sie denken. Ängstlich fragen sie sich, wie andere zu ihnen stehen. Oft gelingt es ihnen mit bemerkenswerter Sicherheit, die Gedanken ihrer Mitmenschen annähernd zu erraten.

Zwischen Innen und Außen, eigenem und fremdem Empfinden und Denken wird nicht mehr genügend differenziert. Tausend mystische Fäden verbinden die Psyche mit der Welt, so dass sich das Individuum ungeschützt jedem äußeren Einfluss ausgesetzt fühlt und zugleich auf die äußeren Begebenheiten nach Belieben Einfluss ausüben kann.

Die beginnende Ich-Entgrenzung ist gleichbedeutend mit der Öffnung zu einem jenseits der Grenze existierenden Bewusstseinsfeld, das auch ‚archetypisches Feld' genannt wird.   Zwischen Mensch und Tier, zwischen dem Lebendigen und Leblosen verwischen sich die Grenzen, so wie die Schranke zwischen Psyche und Welt verwischt ist. Halluzinatorische Wahrnehmungsverzerrungen werden erzeugt, weil die optischen und akustischen Filter durchlässig geworden sind.

So kann es geschehen, dass ein Patient Gespräche mit einem Tintenfass oder mit Werkzeugen führt. Auch die prälogische Mentalität der Naturvölker scheidet nicht die materiellen Wirkungen von den seelischen, sondern vermengt beide miteinander. Der Angehörige eines Volksstammes schreibt seinen Gebrauchsgegenständen und Fetischen mystische Kräfte zu. Jede sichtbare materielle Wirkung kann zugleich eine unvergleichlich wichtigere, mystische Bedeutung zum Ausdruck bringen.

Die enge Naturverbundenheit des Menschen zeigt sich bei manchen Patienten darin, dass sie sich für die verschiedenen Witterungseinflüsse persönlich verantwortlich fühlen. Der Makrokosmos Erde entspricht in ihrer Phantasie dem Mikrokosmos Mensch; ihre persönlichen Stimmungsschwankungen scheinen Wetterphänomenen auffallend ähnlich:

◘ Tränen sind dem Regen analog,
◘ Wut gleicht einem Gewitter,
◘ Freude entspricht dem Sonnenschein etc.

In der esoterischen Literatur finden sich Hinweise, die derartige Auffassungen unterstützen, wie z.B. bei J. Roberts (in: Individuum und Massenschicksal).

Die Entgrenzung des Ichs bewirkt ein sich Hingezogen fühlen zu den Dingen der Welt. Die materiellen Gegenstände fangen an, eine beängstigende Anziehungskraft auszuüben. Die Objekte stehen mit der Person in Beziehung, wodurch eine Identifikation stattfindet. Der Grenzverlust hat auch ein Ausströmen und Zurückfließen der eigenen ‚Substanz' zu Folge. Eine Art ‚Stoffwechsel' findet statt zwischen Person und Umwelt; das Materielle erstreckt sich bis in die Ich-Sphäre hinein. Magisches Erleben und Handeln wird möglich, denn alle Dinge werden als beseelt aufgefasst.

Mit Anschauungen dieser Art steht der Psychotiker nicht allein da, denn sie wurden zeitweise auch in der Wissenschaft vertreten. Für G.T. Fechner (Seele und Welt, 1947) bestanden zwischen Geist und Körper gesetzmäßige Zusammenhänge, da sie von gleichem Wesen sind. Der Autor ging von einer Hierarchie von ‚Bewusstseinseinheiten' aus, die sich nicht nur auf das menschliche Bewusstsein beschränken. Ernst Haeckel ging in seinen Anschauungen sogar noch einen Schritt weiter mit der Behauptung, die Atome müssten lebendig sein. (In: Der Monismus als Band zwischen Religion und Wissenschaft, S.1898.)

C.H. Waddington (The Nature of Life) kam zu der Annahme, auch in den einfachsten unbelebten Dingen müsse etwas enthalten sein, das in gewisser Weise als Selbstbewusstsein bezeichnet werden kann. Der *Vitalismus* vermutet in jeder Art von Materie ein Prinzip, aus dem sich Leben entwickelt.

Während die wissenschaftlichen Erklärungsansätze Modellcharakter haben, nimmt der psychotische Mensch eine konkretere Haltung ein. Für ihn sind die Gegenstände seinem Empfinden nach tatsächlich beseelt; die Grenzen zwischen innen und außen verschwimmen.

Das Überwiegen einer konkreten Auffassung im Gegensatz zu modellhaften Annahmen kann keineswegs für sich allein als pathologisch eingestuft werden. Wenn das, was von wissenschaftlicher Seite theoretisch vertreten wird, für ein Individuum zur greifbaren erlebten Wirklichkeit wird, ist hierin lediglich eine Bestätigung der theoretischen Grundlage zu sehen. Das Erleben setzt die Entwicklung eines Ich-Bewusstseins voraus, dessen Entstehung in der Menschheitsgeschichte noch nicht weit zurückliegt. „Erst nach der Entstehung des Ich-Bewusstseins konnten das Halluzinieren als das ‚denaturierte Leiden'… betrachtet werden, nachdem es zuvor als Weise des Bezugs zum Göttlichen verstanden worden war", sinniert V. Aderhold, (S.107).

Die Erlebnisabwandlung nimmt allerdings häufig pathologische Züge an, wie die zahlreichen Berichte über schizophrene Patienten zeigen. Die Gedanken werden zunehmend als eigenartig empfunden, als von außen eingegeben. Der Einfall wird zur ‚Eingebung', die sich schließlich in akustische Halluzinationen verwandelt. Umgekehrt findet eine Öffnung von innen nach außen statt in Form von ‚Gedankenausbreitung', das später in das intensivere ‚Gedankenlautwerden' übergehen kann. Das durchlässig gewordene Ich kann die ein- und strömenden Eindrücke und Informationen nicht angemessen verarbeiten.

Neben außerordentlich sensiblen Wahrnehmungen, intuitivem Wissen, telepathischen und hellseherischen Fähigkeiten kommt es bei schizophrenen Patienten zu ausgeprägten Ängsten, paranoiden Vorstellungen und Wahrnehmungsverzerrungen. Das Ich zersplittert in die Dingwelt hinein. Der Realitätsbezug geht mehr und mehr verloren, denn die Schwächung der Ich-Funktionen lässt gerichtetes Denken zunehmend misslingen. Das Selbsterleben ist fremdartig verändert (Depersonalisation). „Wie das Ich seine Grenze verliert, so zersplittert auch der Innenraum dieses Ichs... Körper, Denken und Gefühle zerfallen in unzusammenhängende Teile, scheinen sich manchmal fast völlig aufzulösen", schreibt V. Aderhold (S.177).

Bis in seine physische Existenz hinein fühlt sich der psychotische Mensch bedroht. Seine Identität ist radikal in Frage gestellt. Die Beschreibung Aderholds macht deutlich, dass dieser Prozess auf zwei gegensätzliche Weisen erlebt werden kann: „Dieser ‚angstvollen Ich-Auflösung' steht komplementär das Erleben ‚ozeanischer Selbstentgrenzung' gegenüber. Nicht die Auflösung des Ichs, sondern die Entgrenzung in den erfahrbaren Seinsgrund, nicht der Zerfall des Ichs, sondern der immanente und transzendente Grund wird dann – zumeist ekstatisch – erlebt. Vertieft sich dieser Zustand, so ist er mit einer mystisch-transzendenten Erfahrung gleichzusetzen" (S.178).

Die Erfahrung der Ich-Auflösung kann somit nicht in jeden Fall einem schwachen Ich zugeschrieben werden, sondern sie ist als Teil eines archetypischen Prozesses nicht allein durch das Individuum determiniert. Daher kann das Geschehen als Durchgangsstadium in einem Prozess der Transformation betrachtet werden.

Das archetypische Bewusstseinsfeld wird vom inneren Selbst gesteuert; dieses kann sowohl zerstörerischen als auch aufbauenden Einfluss ausüben. Die Ich-Auflösung beseitigt bei adäquatem Entwicklungsverlauf radikal alte Identifikationen und ist nur von vorübergehender Dauer. Ein schwaches Ich verzerrt den Prozess aufgrund seiner spezifischen Wahrnehmungsweisen und gibt ihm damit eine individuelle Note, die regenerative oder katastrophale Bedingungen erschafft.

Symbole, Zeichen und Träume

„Die Sprache Gottes ist die Schöpfung."
Justinus Kerner

Der Umgang mit Symbolen

Wo bei grenzüberschreitenden Erfahrungen die innere und äußere Welt ineinander greifen und bisherige Überzeugungen fragwürdig erscheinen, wird die Welt der Symbole und der religiösen Anschauungen benötigt, um für die neuen, ungewohnten Eindrücke eine halbwegs verlässliche Gestalt zu finden. Jede wirkliche Erkenntnis ist unmittelbar und hat eine darstellende und eine sinnbildliche Bedeutung. Symbole sind dafür geeignet, um dem verunsicherten Denken und Erleben eine Ausdrucksform zu geben.

In früheren Zeiten glaubte man an eine sympathische Verbindung zwischen unsichtbaren geistigen Kräften und den Abbildungen, welche diese darstellten. Bilderverehrung war daher weit verbreitet. *Die Lehre von den Entsprechungen besagt, dass alles, was auf Erden zu sehen ist, seine Entsprechung im Geistigen hat.* Die gesamte physische Welt kann demnach als Symbol der geistigen Welten aufgefasst werden.

Die Welt der Menschen ist nur eine unter endlos vielen Daseinsebenen. Das Wesen anderer Daseinsebenen kann man von einem individuellen Standpunkt aus nur in begrenztem Umfang erfassen und nur fragmentarisch in verständlichen Worten beschreiben. Sinnbilder reichen oft weiter als der sprachliche Ausdruck, daher bedienen sich ihrer alle traditionellen Lehren. „Aber auch das Sinnbild bleibt formhaft und kann das, was keiner Form unterworfen, nicht

35

unmittelbar ausdrücken. Metaphysisch gesehen ist aber gerade das, was über jede Form erhaben ist, das Wesentliche", erklärt R. Guénon (S.8).

Es ist durchaus möglich, von der Kenntnis der natürlichen Dinge zu geistigen Wahrheiten, die sie widerspiegeln, vorzudringen. Alles, was die Sinne wahrnehmen, hat – glaubt man den Ausführungen von M. Lamm - eine symbolische Bedeutung (S.110f.). *Jedes Ding und jedes Geschehen in der niederen Welt entspricht einer vollkommeneren Form in einer höheren, geistigen Welt.* Auch existieren geheime Verbindungen und Übereinstimmungen in der gesamten Natur. Wer die Bilder richtig deuten und ihren allegorischen Inhalt verstehen will, benötigt die rechte Erkenntnis über diese Zusammenhänge. Die irdischen Dinge erhalten nicht nur ihre Formen und Eigenschaften von ihren übernatürlichen Entsprechungen, sondern beinhalten auch geheime Kräfte.

Die Lehre von den Entsprechungen ermöglicht es, mit ihrer Hilfe auf die Übereinstimmung der Geisterwelt und der Sinnenwelt zu schließen. E. Swedenborg glaubte, in dieser Lehre den Schlüssel gefunden zu haben, mit dem er die Tore zur übersinnlichen Welt öffnen konnte. Wörter spielen dabei eine wichtige Rolle, wie M. Lamm berichtet: „Durch die mystischen Verbindungen der Worte ist es ihm jetzt möglich, in dem alltäglichen Ereignis eine Zukunftsprophezeiung zu sehen, hinter einem scheinbar uninteressanten Ausspruch eine wichtige geistige Offenbarung zu verspüren" (S.120).

Die Welt mit ihren sinnlichen Erscheinungen wird für Swedenborg zum Symbol für ein höheres Leben. „In allem Geschehen verspürt er etwas Bedeutungsvolles, jedes Wort, das er redet, hat - ihm unbewusst - eine mystische Unterbedeutung." Analogiebande verknüpfen die irdische mit der geistigen Welt. Das Geistige wird dadurch fassbar, dass es in sinnlicher Form dargestellt wird. Alles irdische Geschehen kann als Symbol einer Art allegorischen Dramas aufgefasst werden, das seinen tieferen Inhalt erst demjenigen offenbart, der die Symbole zu deuten vermag.

Das menschliche Unbewusste bedient sich der allgemeingültigen Symbole, die bei C.G. Jung *Archetypen* genannt werden. Die symbolhaften Bilder stehen für bestimmte Eindrücke und Erfahrungen, die durch die individuellen Gedanken und Gefühle, die während eines bestimmten Erlebnisses auftauchen, gewandelt werden. Visionen die sich in verschlüsselter, symbolhafter Form zeigen, gilt es zu enträtseln.

In indischen und tibetischen Lehren spielt das *Mandala* eine bedeutsame Rolle. Es ist sowohl ein symbolisches Modell des Kosmos als auch der menschlichen Seele. Die Seele ist, gemäß dieser Auffassung, nach der gleichen Matrix gestaltet wie der Kosmos: ein Mikrokosmos im Makrokosmos. Durch Visualisierung des Mandalas verbindet sich die Psyche des Gläubigen mit den dort abgebildeten Kraftfeldern und geistigen Mächten.

C.G. Jung bemerkte, dass Psychiatriepatienten spontan mandalaähnliche Gebilde zeichneten. Jung entdeckte die symbolische Wirkkraft geometrischer Urformen, wie der des Kreises, des Quadrats und des Kreuzes sowie deren ordnende Wirkung auf die Psyche. Offenbar waren seine Patienten bemüht, ihre Psyche nach schizophrenen Schüben wieder zu ordnen und ins Gleichgewicht zu bringen.

Das Mandalamalen als spirituelle Praxis soll es den Probanden ermöglichen, ihre Psyche im Rahmen eines umfassenden überpersönlichen Kraftfeldes auszurichten und zu zentrieren. Der Kontakt zu Energiefeldern, die weit über das individuelle Selbst hinausreichen, kann eine heilende Wirkung auf die persönliche Psyche haben.

Der Umgang mit Symbolen führt in tiefere Schichten der Psyche. Auch symbolische Gesten sowie Musik und Tanz eröffnen eine Tür zum Unbewussten. Für Jung existierte ein über das Persönliche hinausgehendes *kollektives Unbewusstes*, von dem er in einem Gespräch sagte: „Das kollektive Unbewusste bin weder ich noch Sie, es ist die unsichtbare Welt, der große Geist. Es ist nicht wichtig, wie wir es nennen: Gott, Tao, die große Stimme, der große Geist" (zitiert bei J. Galuska, S.217).

Viele Psychosen sind bestimmt von mythischen Motiven. Fragen nach der eigenen Religion und auch anderen Glaubensrichtungen spielen dabei eine große Rolle. Die Sinnhaftigkeit des Daseins wird hinterfragt und nach weitergehenden Antworten gesucht. Schizophrene Menschen berichten über atemberaubende Erfahrungen, wie z.B. Visionen eines Weltuntergangs oder das Erleben des Paradieses, entsprechend dem religiös-mystischen Spektrum, mit dem sie vertraut sind.

Viele Schizophrene sind äußerst imaginativ und messen persönlichen Symbolen eine große Bedeutung bei. Es mangelt ihnen allerdings oft an einem halbwegs nachvollziehbaren Umgang mit der allgemein akzeptierten Wirklichkeit und so versuchen sie, der Welt ihre persönliche Symbolik aufzuprägen. Zwar gestaltet jeder Mensch in gewisser Weise seine eigene Wirklichkeit, doch muss diese Wirklichkeit auch mit anderen geteilt werden können.

Das Dasein verwandelt sich für schizophrene Patienten in eine Welt voller Symbole, die auf tiefgründige Zusammenhänge verweisen. Der Zufall existiert nicht mehr; alles Geschehen hängt irgendwie mit der eigenen Person zusammen. Das Weltsystem wird zu einem geschlossenen Ganzen, in dem sich Gut und Böse klar unterscheiden lassen. Für jedes Phänomen gibt es eine einfache Erklärung und die Ambivalenzen sind aufgehoben.

Das symbolhafte Denken von Schizophrenen findet seine Entsprechung in der ,inneren' und ,äußeren' Sprache, die in esoterischen Schriften erwähnt wird. Die Sprache der Sensitiven besteht aus Symbolen, die sich in mentalen Bildern zeigen. Während die äußere Sprache deutlich vernehmbar und von nur geringer Ausdruckskraft ist, bringt ein einziges Zeichen der subtilen, inneren Sprache gleich mehrere Bedeutungen zum Ausdruck.

Was im Normalfall umständlich mit vielen Worten beschrieben wird, gelingt der inneren Sprache mit einem oder nur wenigen Zeichen. Diese Zeichen werden als immateriell, jenseits von Zeit und Raum, aufgefasst. „Vielleicht besteht diese Ursprache aus universellen Symbolen, aus Zeichen, die das kleinste gemeinsame Vielfache repräsentieren und Sprache auf den einfachsten Ausdruck reduzieren", bemerkt H. Kalweit (in: Liebe und Tod, S.229f.).

Eine Veränderung und Erhöhung der persönlichen Schwingung führt zu einer Erweiterung der Wahrnehmungsfähigkeit. Bei manchen macht sich die Schwingungserhöhung durch innere Spannungen und Aggressionen bemerkbar. Sie werden mit seelischen Blockaden und Widerständen konfrontiert, bedingt durch die Wechselwirkung zwischen irdischer und geistiger Energie.

Während der Mensch in der Alltagsroutine normalerweise damit überfordert ist, hinter verschiedenen Tatsachen und Dingen einen gemeinsamen Zusammenhang, eine Harmonie, zu entdecken, weil er sich nur auf wenige Ausschnitte der Welt konzentrieren kann, entsteht im Verlauf der allgemeinen Intensivierung der Sinne eine Erhöhung der Auffassungsgabe und des Erkennens globaler Zusammenhänge, erklärt Kalweit. „Ja, wir meinen die ‚Weltlinien' zwischen den Dingen zu erkennen, Linien, die sich auf ‚Sympathie' und auf Analogie zwischen allen Erscheinungen gründen" (ebd., S. 162f.).

In außergewöhnlichen Bewusstseinszuständen kann die Welt der Urbilder, die *Archetypen* des von C.G. Jung beschriebenen kollektiven Unbewussten, zum Leben erwachen. Sie kann die Form von mythologischen Wesen und Ereignissen, Szenen aus Sagen und Märchen oder von Gottheiten und dämonischen Wesen aus verschiedenen Kulturen annehmen. Visionäre Sichtungen sind meist von tiefgehenden Einsichten in ihre Bedeutung begleitet. Sie vermitteln neue Erkenntnisse über mystische Zusammenhänge, von denen der Betroffene zuvor keine Ahnung hatte.

Universelle Symbole beziehen sich oft auf komplexe transzendente Wirklichkeiten. Sie gehören einer anderen Bewusstseinsebene an und vermitteln in der Regel ein unmittelbares intuitives Verständnis ihrer Bedeutung.

Die bildhafte Darstellung eines Mythos bringt universale Themen zum Ausdruck, die als Archetypen, als Teil des kollektiven Unbewussten, bezeichnet werden. Mythen, Märchen und Sagen sprechen eine ähnliche Sprache wie die Träume und verkörpern die tiefen Seelenschichten der archetypischen Bildmotive. Doch die Äußerungsformen sind oft rätselhaft. Die bildreichen Symbole müssen erst entschlüsselt werden, damit man sie vollständig begreifen kann.

Die Welt der Mythologie übt seit jeher eine große Faszination aus und zieht viele in ihren Bann. Die Fragen nach Werden und Vergehen, nach Erlösung und Verzauberung in den alten mythischen Erzählungen haben bis auf den heutigen Tag nichts von ihrer Kraft verloren. Für psychotische Menschen sind Symbole keine Sinnbilder, sondern magische Zeichen. Der schizophrene Mensch lebt nicht auf dem Boden der Realität, sondern in einer Traumwelt. Die Kommunikation mit Patienten sollte daher zunächst in ihrer Sprache, in einer Zeichensprache, erfolgen, betont G. Benedetti.

Er sieht eine Heilungsmöglichkeit für psychotische Patienten darin, „ihre Wahnvorstellungen als Symbole und Träume zu verstehen; sie können dann ein Selbst finden und entfalten, das nicht mehr symbiotisch mit den Weltbildern verschmilzt, sondern diese reflektiert und abgrenzt" (S.7). Dies setze allerdings voraus, dass Therapeuten ihrerseits lernen, die Symbolsprache der Patienten zu verstehen.

Das charakteristische der schizophrenen Gefährdung ist die Aufspaltung der Psyche in einzelne Seinsfragmente. Daher bleibt die therapeutische Intervention zunächst im Vordergrund der Symptome und Ängste, d.h. sie bewegt sich längere Zeit auf der symbolhaften Ebene und geht auf die bildhafte Sprache ein, ohne sie sogleich tiefenpsychologisch zu deuten und nach Ursachen zu suchen.

Die Unzulänglichkeiten des Ich bedingen die mangelhaften Abwehrmechanismen psychotischer Patienten. Ein schwaches Ich ist der ständigen Bedrohung ausgesetzt, von den Inhalten des Unbewussten überflutet zu werden, daher ist die Anwendung der klassischen Psychoanalyse in der therapeutischen Intervention nicht sinnvoll. Das zentrale Problem bei psychotischen Patienten stellt nicht das Verdrängte dar, sondern im Gegenteil die Unfähigkeit, adäquat zu verdrängen.

Die Symbole des Schizophrenen sind für ihn ‚Zeichen', bemerkt M. Müller-Spahn. „Wenn sich Begriffe nicht mehr vom Zeichen oder

Bild unterscheiden, wie kann der Therapeut den Kranken verstehen? Indem er lernt, diese Zeichen und Bilder des Unbewussten zu lesen und zu übersetzen" (S.11). Das produktive Unbewusste schafft sich seine persönliche Symbolik. Sind die psychischen Mängel gravierend, tritt die verbale Sprache in den Hintergrund. Umso wichtiger ist es, das bildhafte Material zu entziffern und eine entsprechende Antwort darauf zu finden.

Wird die bildhafte Sprache, die vom Patienten sehr konkret aufgefasst wird, als Kommunikationsversuch interpretiert, eröffnet sich damit ein therapeutischer Zugang. Auch Farben als Symbole sind eine Ausdrucksform des Unbewussten; sie können verschiedene innere Stimmungen anschaulich widerspiegeln.

Das intuitive Gespür verfeinert sich im Bewusstwerdungsprozess. Energetische Geschehnisse an Orten, an denen man sich gerade aufhält, werden klarer und deutlicher als zuvor wahrgenommen. Die Ausstrahlungen anderer Menschen können sich nun verstärkt in störender Weise bemerkbar machen. Die eigenen Schwingungen vertragen sich nicht mehr mit jeder anderen Person, da die Unterschiede zu groß sind.

Die Richtung, die ein Mensch auf dem spirituellen Pfad einschlägt, ist von großer Bedeutung für seinen weiteren Werdegang. An gewissen Zeichen lässt sich erkennen, ob ein Kandidat vom Wege abgekommen ist. „…der Schüler kann durch die Zeichen, die ihm bekannt sind, genau erkennen, ob er sich in der Richtung auf das ALLER-HÖCHSTE zu bewegt.   Diese Zeichen sind nicht auf der gewöhnlichen Mentalebene wahrzunehmen, und man kann sie auch nicht inmitten der Tätigkeit, wenn das Gehirn geschäftig arbeitet, erkennen", erklärt M. Collins (in: Bruchstücke… S.29f.).

Die Adepten werden zu geistigen Vermittlern zwischen Diesseits und Jenseits. Sie fühlen sich gezogen von unsichtbaren Mächten, die sie an Orte bringen, die für ihren geistigen Entwicklungsprozess von Bedeutung sind. Immer mehr Begrenzungen und Beschränkungen werden nach und nach aufgehoben.

Geheimnisvolle Zusammenhänge

Schizophrene Menschen kombinieren oft Vorstellungskraft und Vernunft auf eine Weise, die mit der Welt, in der sie leben, nicht übereinstimmt. Verglichen mit der gesellschaftlich akzeptierten Norm entwerfen die Bilder ihrer Imagination ein verzerrtes Bild der materiellen Gegebenheiten. Allerdings kann eine zu eng gefasste allgemeingültige Norm Verstand und Imagination in zu starren Positionen festhalten, den individuellen Spielraum über Gebühr einengen und die Vielfalt unterschiedlicher Erlebnisweisen unterbinden.

Das Wirklichkeitsverständnis von Psychotikern ist den maßgebenden Kriterien zufolge exzentrisch und für Außenstehende oft nicht nachvollziehbar. Sie setzen dem Leben eine eigenwillige Note hinzu (die andernfalls darin fehlen würde) und zeigen damit den Mitmenschen, dass in ihrer fest gefügten Wirklichkeitsicht da und dort noch einige Lücken vorhanden sind.

Am Beginn einer solchen Entwicklung steht nicht selten ein Gefühl der Anspannung und des inneren Drucks. Die erhöhte Neigung zu Angstvorstellungen begünstigt Fehleinschätzungen der Realität. Geht die Entwicklung in diese Richtung weiter, fängt die Wirklichkeit an, nicht mehr geheuer zu sein. Jeder Buchstabe wird zum Zeichen; jedes Getuschel in der Umgebung wird mit einer besonderen Bedeutung aufgeladen; hinter jedem Felsbrocken lauert der Feind.

Schließlich existiert nichts mehr ohne Bezug zur eigenen Person. Es gelingt dem Schizophrenen nur unvollkommen, sich angemessen abzugrenzen: Zeigt das Bild im Fernseher eine Störung oder kommt auf der Straße plötzlich ein Auto entgegen, unterhalten sich Mitreisende im Zug, indem sie leise miteinander tuscheln, nimmt dies der misstrauische Mensch zum Anlass, einen Bezug zur eigenen Person herzustellen. Bei einem ausgeprägten Wahn ist schließlich keine Relativierung der Verdächtigungen mehr möglich; die Distanz geht verloren. Der Wahnkranke glaubt sich im Besitz einer unerschütterlichen Gewissheit, die sich vernünftigen Argumenten verschließt.

Das Vorstadium einer psychotischen Erkrankung ist häufig ein desolater, verzweifelter Seelenzustand. Der Versuch, sich ohne äußere Hilfe aus Einsamkeit und einer beengten Lebenssituation zu befreien, kann ein Weg in die Schizophrenie sein. Urplötzlich macht sich eine Flut von Einfällen bemerkbar und viele Geschehnisse der Umgebung gewinnen überdimensional an Bedeutung. Eine überschwängliche Freude an ausufernden Gedankengängen und Phantasiegebilden drängt die Verzweiflung zurück.

Wird plötzlich alles, was die Aufmerksamkeit erregt, neu bewertet und dabei maßlos übersteigert, lässt dies ein neues Lebensgefühl entstehen. Der schizophrene Patient wird zunehmend abergläubisch. Neben akustischen und optischen Halluzinationen sind es vor allem die Bedeutungszuweisungen, die psychotische Patienten tagein, tagaus beschäftigen. Alles, was in ihr Blickfeld gerät, wird neu interpretiert und erhält eine neue Bedeutung. Melodien, die im Radio gespielt werden oder die Worte eines Vorübergehenden werden als persönliche Botschaften aufgefasst. Werbeplakate übermitteln wichtig scheinende Informationen. Allen Begriffen werden neue Wertungen zugeordnet, die in einem verzerrten Weltbild Sinn machen.

Psychotische Patienten sehen überall Zeichen auf ihrem Weg, die entweder von Naturerscheinungen herrühren, von Mitmenschen gesetzt werden oder von unbekannten Kräften kommen. Alle diese sind bestrebt, Botschaften zu hinterlassen. Manche Patienten sprechen von einem ‚umfassenden Gefühl', so als wäre ‚ein Vorhang weggerissen' worden.

Zufällige Vorkommnisse werden von einer ausschweifenden Phantasie - der momentanen Situation entsprechend - in einen bestimmten Zusammenhang gebracht. Dabei ist die Entstehung der Annahmen sprunghaft und von gefühlsbetonten Vorstellungen durchsetzt. Ähnlich wie im magisch-mystischen Denken findet die Einordnung nach der subjektiven Bedeutsamkeit der Vorgänge und emotionalen Werten statt. Harmlose Worte, Gesten und Begegnungen werden mit einer besonderen Bedeutung belegt. Vorgänge, die im Grunde völlig beziehungslos, äußerlich aber ähnlich sind, werden in einen magisch-realen Zusammenhang gebracht. Aus einem Mangel an logischem Denken resultiert ein unbeschränkter Analogieschluss.

Jeder Augenblick gewinnt einen tieferen Bezug zum Geschehen; nichts ist mehr dem Zufall überlassen. Hinter jeder Handlung steckt ein Hinweis auf die Vergangenheit und in die Zukunft. Das Fernsehen sendet verschlüsselte Botschaften in einer geheimen Sprache, die für alle Welt ein offenes Geheimnis sind. Auf magische Weise geben Gegenstände, die im gesamten Haus verteilt sind, Zeichen und Hinweise. Viele Schizophrene glauben, ihnen sei ein besonderer Auftrag erteilt worden, der sich allerdings in der Regel nicht ohne weiteres erschließt.

H. Traube sucht, wenn ihn manische Zustände überkommen, nach ‚Zeichen‘, die ihm den Weg weisen. Er zieht ohne ein bewusstes Ziel durch die Straßen und vertraut dabei völlig seinen momentanen Impulsen und Eingebungen. „Richte dich nach Zeichen, sagt eine Stimme in mir, und sie fährt fort: Vergiss deine Gedanken, schalte sie aus, höre auf deine Intuition, auf dein inneres Gefühl. Fang an zu sehen…“ (S.78). Alles, was dem gewöhnlichen Menschen banal erscheint, gewinnt plötzlich eine ungeheure Wichtigkeit: Kein Blatt weht zufällig vom Baum, denn alles hat seinen Sinn.

Es gibt im Leben Dinge, die man weiß, ohne das klar wird, woher das Wissen kommt. Der Grundsatz: *Handle stets aus dem Gefühl heraus, aber vergiss darüber nicht deinen Verstand* wird von H. Taube missachtet. Eine ungeheure Spannung baut sich in seinem Innern auf; er kann kaum erwarten, was als Nächstes geschieht. Ganz und gar will er sich nach ‚göttlichen Zeichen‘ richten. Sensibilität, Intuition und Aufmerksamkeit sind gefragt auf seinem Weg.

Ziellos läuft er durch die Straßen, immer geführt von ominösen Zeichen, die er überall zu erkennen glaubt. Er folgt Vögeln, Hundegebell, Kindergeschrei oder Autos mit besonderen Kennzeichen, da sie alle für ihn untrügliche Zeichen sind, die ihn seinem Ziel näher bringen. Manchmal geht er in der Mitte einer Straße entlang, denn

44

‚Finde deine Mitte' lehren die großen weisen Männer. Dabei hat er nur nebulöse Vorstellungen von dem, was er eigentlich sucht.

Die angeblichen ‚Zeichen' erzeugen bald einen ausgeprägten Verfolgungswahn bei H. Taube. Von allen Seiten sieht er Bedrohungen auf sich einstürmen: Ehemalige Freunde von ihm verwandeln sich plötzlich in Satanisten, das Essen ist vergiftet, da man ihn umbringen will, etc. Er ist von Feinden umzingelt, die ihm alle an den Kragen wollen. Wahnhafte Vermutungen, die keinerlei äußeren Anlass haben, erzeugen ein abgrundtiefes Misstrauen und rufen Todesängste hervor.

Er sieht bald das Böse in allen Gesichtern und fragt sich, wann und wo die Feinde auf ihn warten, um ihn zur Strecke zu bringen. Gesichtslos Männer in schwarzen Gewändern verfolgen ihn im Traum. „Meine ganze Wohnung ist verwanzt, überall sind versteckte Kameras. Im Fernseher, in den Steckdosen…, mein Telefon wird abgehört. Andauernd gehe ich zum Fenster und blicke auf die Straße, ob ich etwas Auffälliges bemerke. In der Nacht fühle ich mich so beobachtet, dass ich es kaum noch aushalte. Der Vatikan lässt mich rund um die Uhr beschatten", klagt er (S.381). Unbändige Hassgefühle versperren ihm die klare Sicht.

Die meiste Zeit über hegt H. Traube die feste Überzeugung, er sei dabei, ein mächtiger Magier zu werden. Die Zeichen und Hinweise, die er überall wahrnimmt, führen ihn in paradiesische Gefilde, aber auch in höllische Tiefen. Zuletzt zieht er das Fazit: „Der Wahn der Zeichen hat mich viele, viele Monate in seinen Bann gezogen. Heute gehe ich so weit, dass ich sagen kann, ich bin sehr dankbar, in jene fremden Sphären, die den meisten Menschen verschlossen bleiben, hineinschauen zu dürfen. Eine Manie zu erleben, war für mich das größte Glück, das ich je erfahren habe. Die Depression danach allerdings ist die Hölle auf Erden. Dennoch, hätte ich meine psychischen Krisen nicht durchlebt, wäre ich nicht der, der ich heute bin" (S.407).

Ein schizophrener Patient erkennt Zufälle im Sinne eines beiläufigen Geschehens nicht an. Je mehr er sich in seine Überzeugungen vertieft, desto abgründiger und bedeutungsvoller wirken sie auf ihn.

Dem modernen Denken sind ähnliche Einstellungen durchaus nicht fremd. Der verbreitete Satz ‚Zufälle gibt es nicht' setzt gleichfalls einen geheimnisvollen Zusammenhang von Ursache und Wirkung voraus. Dahinter steht das Bedürfnis, jeder auffällig scheinenden Begebenheit einen besonderen Sinn beizulegen.

Verschiedenartige Individuen legen die unterschiedlichsten Verhaltensmuster an den Tag. Manchmal benehmen sie sich unangepasst und funktionieren nicht so reibungslos wie gewöhnlich. Viele mit dem Begriff ‚Schizophrenie' stigmatisierte Menschen ertragen dies häufig zu Unrecht, denn es gibt Grenzfälle, in denen das schizophrene Etikett höchst irreführend und von negativer Suggestionswirkung ist.

Von feindlichen Mächten verfolgt

Schizophrene Patienten behaupten häufig, wildfremde Leute würden ihre innersten Gedanken und Gefühle kennen. Jemand dringt in ihre Wohnung ein und durchwühlt ihre Sachen oder entwendet Gegenstände. Manche befürchten, permanent unter Beobachtung zu stehen. Verfolger dringen bis in jedes kleinste Detail ihres Lebens vor; ja sie kennen ihr Innenleben besser als der Betreffende selbst. Die Feinde wissen alles bis in die intimsten Einzelheiten. Sie stellen Fallen auf und unterziehen ihre Opfer den unterschiedlichsten Prüfungen.

Alles spielt sich im eigenen Innern ab. Der Psychotiker traut seinen eigenen Gedanken nicht mehr, denn sie scheinen ihn zu hintergehen und festzuhalten. Er ist auf der Flucht vor sich selbst und gerät in ungewollte Tiefen, abgrundtief in Ängsten und Vermutungen verstrickt, die ihn immer mehr in abseitige Gefilde treiben.

Der Wahn wird zur absoluten Wahrheit. Die Feinde lauern überall, sie kennen ihr Opfer ganz genau, beobachten und verfolgen jeden seiner Schritte. Selbst im Auto wird es gejagt, gehetzt von Unbekannten in merkwürdigen Pkws, deren Kennzeichen verdächtigt sind.

Die Schlösser an den Türen müssen ausgetauscht werden, damit die Feinde nicht ungehindert in die Wohnung eindringen können.

Psychotische Menschen können keine ausreichende Trennlinie ziehen zwischen der inneren und äußeren Wirklichkeit. Bei jeder Nebensächlichkeit verdächtigen sie Personen in ihrer Umgebung, an einem Komplott gegen sie beteiligt zu sein. In psychotischen Phasen werden Wörtern andere, teils abstruse, Bedeutungen zugeordnet und plötzlich ergibt sich ein völlig neuer Sinn. Dadurch kommt es immer wieder zu Befürchtungen und Missverständnissen im Kontakt mit anderen.

„Alle schizophrenen Wahnformen, vor allem aber der Verfolgungswahn, ziehen ihre Nahrung zum großen Teil aus einem unbändigen Beziehungswahn. Alles, was geschieht, kann Beziehung zu dem Patienten haben, nicht nur, was die Menschen tun, sondern auch äußeres Geschehen: ein Gewitter, der Krieg usw." erklärt E. Bleuler im *Lehrbuch der Psychiatrie* (zitiert bei A. Finzen, S.62).

Paranoide Ideen gelten als Hauptbestandteil einer schizophrenen Erkrankung. Auf die potentielle Gefährdung der Existenz als einen bedeutsamen Aspekt der schizophrenen Erkrankung weist G. Benedetti hin: „Die Grundstörung eines schizophrenen Patienten ist die eines Menschen, der von jedem Augenblick das Schlimmste befürchtet: Ein Unbekannter könnte in sein Zimmer eindringen und ihn kaltblütig erschießen, die durch das Fenster fallenden Sonnenstrahlen könnten, Feuerpfeilen gleich, seine Augen durchbohren, der aus der Küche aufsteigende Geruch wiederum könnte sich als Giftgas erweisen; oder die von seinen Schritten aufgeschreckten Nachbarn könnten unversehens zu einer Verfolgungsjagd auf ihn ansetzen" (S.79).

Andere Patienten werden geängstigt von der Phantasie, verschlungen oder zerstört zu werden. Danach bliebe nichts mehr von ihnen übrig als eine leblose Marionette. Ein Patient Benedettis vergleicht sich mit einem verdorrten, brüchig gewordenen Blatt. Das haltlose Blatt ist einem unbekannten Riesenfuß ausgeliefert, der es zertreten will. Dieser ‚Riesenfuß' wird dem inneren Verfolger zugeordnet. In manchen Träumen fühlt sich auch der seinen Patienten nahe stehende Therapeut verfolgt und bedroht, wie Benedetti bekennt (S.283).

Der Inhalt und Umfang paranoider Erkrankungen und ihre Stellung im System der Psychopathologie war lange Zeit umstritten. Der anhaltende Widerstreit der Meinungen zeigt die Schwierigkeit, eine komplizierte Symptomatik in ein einheitliches Diagnoseschema zwängen zu wollen. Etliche Psychiater vertraten im Laufe der Zeit die Ansicht, die psychologisch verständliche Deutung reiche nicht an die letzte Ursache des psychotischen Prozesses heran.

Zum ‚Paranoiaproblem' bemerkt H. Bals: „Über die Pathogenese sind wir ebenso im Unklaren wie bei den endogenen Psychosen überhaupt. Solange diese keine weitere ursächliche Klärung erfahren, werden wir auch über die der Paranoia zugrunde liegenden Veränderungen keine genaue Kenntnis erhalten. Kann man deswegen die über ein Jahrhundert alte, umfangreiche Paranoiaforschung als vergebliche Mühe bezeichnen?" (S.80.). Immerhin seien grundsätzliche Erkenntnisse gesammelt worden, die einen wesentlichen Beitrag zum Verständnis geleistet hätten.

Die Verfolger sind in der Phantasie ihrer Opfer im Besitz magischer Kunststücke, mit denen sie Einfluss ausüben. Sie drängen der Psyche fremdartige Bilder auf. Der Verfolger selbst zeigt sich mitunter mit plastischer Deutlichkeit. Eine Patientin glaubt an ‚Personenverdoppelung': Bestimmte Individuen verfügten über die Fähigkeit, an zwei Orten gleichzeitig zu sein. Ihr Geist sei demzufolge nicht an die betreffende Person gebunden, sondern könne sich von ihr loslösen und seine Wirkungen über große Distanzen hin ausüben.

Durch bloße Gedankenübertragung können gewisse magisch geschulte Menschen oder Geistwesen in einen fremden Körper eindringen, um diesen zu beherrschen. Der paranoide Mensch wird „besessen von dem Geiste seines Verfolgers, er schafft sich einen Dämon, wie sich die Magier aller Zeiten Dämonen schufen, welche auf Befehl in die Menschen hinein drangen, ihre Lebenskraft aufzehrten, sie krank machten," erklärt G. Bychowski (S.99). Der paranoide Patient ist allerdings weit davon entfernt, sich einen grausamen Verfolger zu wünschen, geschweige denn, ihn in sein Leben zu rufen.

Derartige unbequeme Thesen im Detail zu hinterfragen, ist nicht einfach, denn dies setzt ein Wissen voraus, das weit in die Abgründe der menschlichen Psyche hineinreicht. Die Handlungen eines Magiers sind immerhin logisch nachvollziehbar, denn er wird aktiv, um bestimmte, für ihn günstige Wirkungen zu erzielen. Dazu verwendet er festgelegte Rituale, deren komplizierte Regeln er peinlich genau beachtet.

Tatsächlich existieren unsichtbare Wesen, die Menschen in ihren Bann ziehen, indem sie Ängste schüren und sie unter ihren Einfluss bringen, um sie gefügig zu machen, behauptet S. Stolzmann. Sie haben sich mit bestimmten Machthabern verbündet, um die Bevölkerung eines Landes beeinflussen zu können und ihr ihre Regeln aufzuzwingen. Zu diesem Zweck nähren sie Ängste und beeinflussen die Gedanken und Vorstellungen in der Mentalsphäre auf subtile Weise (S.95f.).

Das Ziel dieser Wesenheiten ist eine kontrollierbare Welt, die vorwiegend aus Angst und Manipulation besteht. Zu diesem Zweck geben sie Informationen an ausgewählte Personen weiter, die ihnen dabei behilflich sind, die Bevölkerung in Abhängigkeit zu bringen und gefügig zu machen. Die dunklen Wesen nutzen auch moderne Medien wie Internet, TV, Radio, Handys und verschiedene subtile Frequenzen, um Menschen zu beeinflussen, berichtet Stolzmann (S.148).

Obwohl es nach außen hin den Anschein hat, seien die Klagen schizophrener Patienten nicht gänzlich aus der Luft gegriffen. Leider mangele es an Wissen über derartige Zusammenhänge, daher werde den Dunkelwesen kaum Widerstand entgegengesetzt, bedauert die Autorin.

Doch die Lösung liege keineswegs darin, sich in einem abgeschirmten Raum einzuigeln, damit nichts mehr an einen herankommt, denn das sei schließlich nicht der Sinn des Lebens. Menschen hätten in der materiellen Welt die Chance, sich zu entwickeln und ihr Bewusstsein zu erweitern. Sie könnten lernen, dunkle Mächte in ihre Schranken zu weisen.

Der Eindruck, unter permanenter Beobachtung zu stehen, hat seine Entsprechung in einem geistigen Schulungsweg. Probanden beschreiben ihre enge Verbindung zu Geisthelfern und Lehrern, mit denen sie in ständigem telepathischen Austausch stehen und denen auch die kleinsten Regungen ihrer Psyche nicht entgehen. Christliche Gläubige halten ständige Zwiesprache mit dem ‚heiligen Geist' in ihrem Innern, der alle ihre Empfindungen und Gedankengänge kennt und darauf reagiert.

Während einer geistigen Schulung finden die Lehrer Mittel und Wege, ihre Schüler unentwegt zu überwachen und jedwede Gemütsäußerung zu beobachten, um den Reifeggrad des Schülers zu ermitteln. Bei instabilen oder aggressiven Naturen führt dies leicht zu dem Eindruck, von böswilligen Mächten verfolgt zu werden. Diese Eindruck ist nicht immer falsch, bedenkt man, mit welchen teilweise rigorosen Mitteln widerstrebende Kandidaten zur Einsicht gebracht werden sollen.

Himmlische und höllische Regionen

Viele Mythen handeln von Tod und Wiedergeburt. Helden werden von grässlichen Ungeheuern verschlungen und wieder ausgespien, sie werden getötet und kehren verjüngt ins Leben zurück. Oder sie steigen in die Unterwelt hinab, um nach Überwindung harter Prüfungen und Hindernissen, mit übernatürlichen Kräften ausgestattet, auf die Erde zurückzukehren und in geistige Gefilde aufzusteigen.

Die Grundmerkmale von Himmel und Hölle ähneln sich in den verschiedenen Kulturen. Der Himmel, der Ort der Gerechten, verspricht ewige Jugend und immerwährende Freude, während in den höllischen Regionen sündige Seelen zu ewigen Qualen verdammt werden.

Bei E. Swedenborg sind mit jedem Menschen zwei Engelwesen und zwei höllische Geister verbunden, die um die Herrschaft über die Seele des Menschen rivalisieren. Durch sie steht er mit Himmel und Hölle in Verbindung. In seinem Innern herrscht im Normalfall ein Gleichgewicht zwischen Engeln und dämonischen Geistern. Der persönliche Wille gibt den Ausschlag dafür, welche Seite dominiert (vgl.: M. Lamm, S.253). Während die lichten Mächte Weisheit verkörpern, stehen die höllischen Mächte für Wahnsinn, behauptet Swedenborg.

Das Verhältnis zwischen Gut und Böse, Gott und Teufel, Himmel und Hölle beschäftigt die Phantasie psychotischer Menschen in besonderem Maße, wobei eigene außergewöhnliche Erfahrungen den Hintergrund bilden. Viele schizophrene Patienten sind davon überzeugt, sich selbst permanent in einer höllischen Umgebung aufzuhalten, in der überall dämonische Mächte lauern, die ihnen schaden wollen. Ein Psychiatriepatient steht bspw. auf dem Weg in die Stadt plötzlich vor dem ‚Tor zur Hölle' und sieht in den Passanten ‚dämonische Gestalten'. Die als Normalität getarnte Hölle scheint allgegenwärtig.

Manche schizophrene Patienten verstehen sich als Gegenspieler Gottes oder als Antichrist. Sie sind von der Vorstellung besessen, mit satanischen Mächten in Bunde zu sein, während andere sich selbst für den Teufel in Menschengestalt halten.

Die modernen Bewusstseinsforschung bietet in diesem Zusammenhang interessante Erkenntnisse, auf die St. Grof hinweist: „In psychedelischen Sitzungen, in spontanen Visionen und in psychotherapeutischen Erfahrungen begegnet man ekstatischen und höllischen Erlebnissen völlig abstrakter Natur sowie konkreten und spezifischen Bildern von Himmeln und Höllen" (in: Jenseits des Todes, S.13f.).

Es existieren Entsprechungen zu spontan auftretenden Zuständen, über die Schizophrene berichten. Faszinierend dabei ist, dass die Symbolik teilweise aus einer fremden Kultur stammt, die dem Betroffenen völlig unbekannt ist. Diese Beobachtung erhärtet das Konzept des kollektiven Unbewussten, das von C.G. Jung postuliert wurde.

Götter, Ungeheuer und Dämonen

Meditierende begegnen in tiefer Versenkung Ungeheuern und Göttern von erhabener oder Furcht erregender Gestalt. Dabei symbolisieren die Ungeheuer Ängste und unverarbeitete Konflikte in der Psyche des angehenden Mystikers. An der Schwelle zum Mysterium lauert ein dämonisches Wesen, ein Wächter, der die Kandidaten mit ihren Widerständen konfrontiert. Bei dem Versuch, in die jenseitige Welt einzudringen, trifft der Übende auf ein Monster, das die persönlichen Schwächen und Fehler repräsentiert. Es kann als Hund, als Drache, als Ungeheuer oder als Schlossherr erscheinen, der den Zutritt verweigert. Der Wächter wird auch als ‚Dämon des Widerstandes' bezeichnet. Diejenigen werden zum Spielball für ihn, die sich unvorbereitet auf den Weg machen.

In den Visionen von Ch. Siry, der auf dem Jakobsweg pilgert, verwandelt sich sein im vertrauter Geistführer ganz plötzlich in eine reißende Bestie. Erst reicht er ihm seine Hand und nickt ihm freundlich zu, doch: „Im nächsten Moment verändert sich sein Gesicht zu einer Wolfsfratze mit glühenden Augen und durch seine sich auflösende Gestalt springt das Biest. Es reißt im Sprung sein grässliches Maul auf, helles Licht flackert daraus hervor und es wird immer größer, bis es mich auf einmal ganz verschlingt und ich in einen tiefen Abgrund falle, durch absolute Finsternis auf eben jenes Licht zu" (S.119f.).

Die Ungeheuer, mit denen die Psyche zu kämpfen hat, symbolisieren im Grunde Mächte, welche die alten Ich-Strukturen zerstören, um eine Entwicklung in Gang zu setzen. Die Verfolger und monströsen Gestalten, von denen sich psychotische Patienten bedrängt fühlen, können durch telepathische Gedankenübertragung in die Psyche eindringen und sie beeinflussen. Die Patienten fühlen sich besessen vom

Geist eines Ungeheuers, eines Dämons, der in sie eindringt und ihnen die Lebenskraft raubt.

Ungeheuer bevölkern auch die Träume der Menschen, in denen sie außerordentlich realistisch wirken können. Bei C. Zumstein wird eine 25jährige Frau in ihren Träumen seit nunmehr zwei Jahren von Monstern gejagt. Sie erzählt: „Eine Horde Ungeheuer ist hinter mir her, riesengroß, mit Fratzengesichtern. Sie schreien markdurchdringend. Ich renne, ich renne, renne um mein Leben. Da öffnet sich vor mir ein Abgrund und ich erwache" (S.15).

Die fratzengesichtigen Ungeheuer machen der Träumerin schwer zu schaffen. Sie fühlt sich hilflos ausgeliefert. Zumsteins therapeutischer Rat lautet: „Der direkteste Weg, einen Verfolgungstraum zu verändern, besteht darin, selbst einzugreifen, sich im Traum umzudrehen und die monströsen Wesen zu fragen: Was wollt ihr von mir?" - Tatsächlich gelingt es der Träumerin innerhalb von vier Wochen, die bedrohlichen Wesen zu verwandeln und die Angst vor ihnen zu überwinden.

P. Stevens sieht während einer ihrer Meditationen eine schwarze Kobra, die in sie eindringt und die Wirbelsäule entlang bis in die Höhe des Kopfes aufsteigt. Während einer anderen meditativen Übung sieht sie sich im Wüstensand liegen: „Eine riesige Klapperschlange kroch auf mich zu und verschluckte zuerst meinen Kopf, dann den ganzen Körper, bis ich schließlich an ihrem Schwanzende stückweise wieder auftauchte" (S.65f.).

Während derartiger Erfahrungen wird ihr von dem Schlangengeist geheimes Wissen übermittelt. Er verhilft ihr zu der Erkenntnis, dass sie eine tief verwurzelte Angst vor dem Leben hat und auf Herausforderungen nicht in angemessener Weise reagiert. Die weise Schlange weist sie auf Möglichkeiten zu innerem Wachstum hin. Stevens schildert ein weiteres Erlebnis: „Dann verschluckte mich die Schlange und würgte mich wieder heraus, um mir zu zeigen, dass das Leben ein beständiger Kreislauf der Erneuerung ist – Geburt, Tod, Wiedergeburt" (ebd.).

Die Schlange wird gemeinhin als die Furcht erregende Erscheinungsform nicht beherrschter psychischer Energien angesehen, doch sie ist viel mehr als das: Sie ist Wächterin und Botin aus geistigen Gefilden. Wer ihre Botschaft mit wachen Sinnen aufnimmt und versteht, anstatt sich in irrationalen Ängsten zu vergraben, hat eine wichtige Hürde auf dem Weg zur Ganzheit überwunden.

Zufall oder Synchronizität?

Synchronizitäten sind Vorkommnisse, in denen sich die physikalische Welt im Austausch mit einer inneren, psychischen Welt zu verhalten scheint. Der Begriff *Synchronizität* umschreibt das Zusammentreffen von Ereignissen in der materiellen Welt in einer Weise, die einen bestimmten Sinnzusammenhang erkennen lässt.

Die Theorie der Synchronizitäten wurde von dem Psychoanalytiker C.G. Jung und dem Nobelpreisträger für Physik Pauli in den Grundzügen skizziert. Sie kann als einer der ersten Versuche aufgefasst werden, Erkenntnisse der Physik mit denen der Psychologie zu verknüpfen, um die Wechselwirkungen zwischen Geist und Materie besser zu verstehen und in die therapeutische Praxis mit einzubeziehen.

Mit ‚Synchronizität' beschreibt Jung das höchst unwahrscheinliche Zusammentreffen von Ereignissen, das mit dem Prinzip der Kausalität – dem Grundpfeiler wissenschaftlichen Denkens – nicht erklärbar ist. Synchronizitäten zeigen, dass die materielle Welt mit der psychischen Realität in einen Austausch treten kann. Damit erschüttern sie die Grundlagen der materialistischen Weltanschauung.

Jung war überzeugt vom Phänomen der Synchronizität, von seltsamen Geschehnissen, bei denen Gedanken oder Gefühle in der Außenwelt Gestalt anzunehmen scheinen. Bei manchen Menschen kommt es zu einer außerordentlichen Häufung von Ereignissen, die einen Zusammenhang mit Synchronizitäten erkennen lassen. Sinnvolle Entsprechungen zwischen inneren Vorstellungen und äußeren Ereignissen zeigen sich, die den Zufallscharakter verlieren und daher von den Betroffenen als ‚übersinnlich' interpretiert werden.

Derartige Erfahrungen hinterlassen einen tiefen Eindruck und scheinen vor allem bei Individuen auf vermehrte Beachtung zu stoßen, die sich in einem psychisch labilen Zustand befinden. Manche haben dabei die Empfindung, als würde sich ein Knoten um sie schlingen, der immer enger wird.

Auch paranormale Phänomene werden im Rahmen dieser Theorie als ‚sinnvolle Zufälle', als ‚synchronistische Ereignisse' betrachtet. „Zwei kausal offenbar unabhängige Ereignisse werden dann von einem Beobachter wie ‚zufällig' als sinnhaft verbunden erlebt", berichtet M. Belz. „Jung geht davon aus, dass sowohl psychische als auch materielle Prozesse im Grunde einer Einheit entsprungen seien, die er ‚unus mundus – eine Welt' nannte" (S.32). Jung hegte die Vorstellung von einer psycho-physischen Einheitswirklichkeit, in der noch keine Geist-Materie-Trennung existiert.

Er hat beobachtet, dass derartige Synchronizitäten in Zeiten heftiger Identitätswandlungen erfolgen. Menschen, die von bewusstseinsverändernden Prozessen betroffen sind, nehmen vermehrt Zusammentreffen von Ereignissen wahr, die als unwahrscheinlich gelten. Das Gleiche gilt für Menschen in psychotischen Krisen. Vom psychiatrischen Standpunkt aus ist in solchen Fällen die Definition ‚Beziehungswahn' erfüllt (vgl.: K. Gemsemer, S.12).

Jeder Mensch erlebt hin und wieder Situationen, in denen das scheinbar logische Gewebe der Alltagsrealität Risse bekommt und unwahrscheinliche Zufälle zum Nachdenken anregen, da sich das ungewöhnliche Zusammentreffen von Geschehnissen einer rationalen Erklärung widersetzt. St. Grof bemerkt dazu: „Diese bemerkenswerten Überschneidungen von Ereignissen lassen sich mit dem Verständnis der materialistischen Wissenschaft vom Universum nur schwer in Einklang bringen, denn hier wird die Welt in Form von Ketten von Ursachen und Wirkungen beschrieben. Und die Wahrscheinlichkeit, dass diese Ereignisse zufällig passierten, ist so gering, dass wir sie als Erklärung nicht ernsthaft in Betracht ziehen können. Nahe liegender ist es, sich vorzustellen, dass diese Vorkommnisse eine tiefere Bedeutung haben und spielerische Schöpfungen einer kosmischen Intelligenz sind" (in: Impossible, S.35).

Sinnvolle Zufälle, auch *Koinzidenzen* genannt, treten gehäuft in Krisen- und Gefahrensituationen auf. Auch im Kontext mentaler Instabilität, wie sie in veränderten Bewusstseinszuständen und bei gewissen meditativen Praktiken anzutreffen sind, werden gehäuft außergewöhnliche Zufälle beobachtet.

W. v. Lucadou und M. Poser raten, derartige Bedeutungen und damit zusammenhängende Annahmen und Vorstellungen nicht zu bekämpfen, sondern diese zu benutzen, denn es gäbe Zusammenhänge bzw. Wechselwirkungen, die nicht ohne weiteres begreifbar sind. „Gäbe es nur die direkten Wechselwirkungen, die wir aus dem Alltag kennen – die Atome würden zusammensacken. Wir glauben zwar an das Postulat: Wirkung gibt es nur auf die direkte Umgebung. Aber in der Welt der kleinsten Teilchen gelten Zusammenhänge, die auch auf Einstein geisterhaft gewirkt haben; es sind Zusammenhänge, die nicht vom Raum, auch nicht von der Zeit abhängen" (S.102).

Wenn der Gedanke akzeptiert wird, dass Ereignisse auch akausal miteinander verknüpft sein können, muss die Illusion, alles Geschehen sei kontrollierbar, aufgegeben werden. Zwischen der physischen Welt und psychischen Vorgängen existieren offenbar Zusammenhänge, die noch weitgehend unerforscht sind. Innere Phänomene können sehr wohl mit äußeren Ereignissen verknüpft sein. Der wissenschaftlichen Forschung kann man vorwerfen, dass sie dem geheimnisvollen Zusammentreffen von ‚Zufällen' gegenüber blind ist und dem Leben so die Dimension des Geheimnisvollen und Tiefgründigen genommen hat.

Bei synchronistischen Ereignissen spielt der emotionale Faktor eine beachtliche Rolle; ein gewisser ‚numinoser Charakter' wird diesem zugeschrieben. „Wann sind Zufälle nicht nur ‚Zufall'?", fragt R.H. Hopcke. „Das Phänomen der Synchronizität fordert uns heraus, unser Leben aus einem anderen Blickwinkel zu betrachten, eine neue Sichtweise einzunehmen..." (S.41).

Wer offen ist für die Besonderheit dessen, was ihm widerfährt, kann am ehesten den Sinn und Zweck, die wahre Bedeutung eines Ereignisses, erkennen. Das heißt keineswegs, leichtgläubig zu werden und ständig nach Zeichen Ausschau zu halten oder aus vermeintlichen ‚Omen' lächerliche und absurde Schlüsse zu ziehen. Synchronistische ‚Zufälle' sind außergewöhnliche Erfahrungen, deren Bedeutung oft erst dann klar wird, nachdem sie eingetreten sind. Wer den subjektiven Erfahrungen in seinem Leben eine gewisse Beachtung zukommen lässt, kann sein Leben maßgeblich bereichern.

Im Bereich der Spiritualität kommt dem Zusammentreffen von Ereignissen, die nur scheinbar zufällig sind, eine über das Individuum hinausweisende Bedeutung zu, meint Hopcke (S.201f.) Viele suchen nach einer tiefen, unmittelbaren Erfahrung dessen, was jenseits der begrenzten sterblichen Existenz liegt. Religiöse und spirituelle Erfahrungen gelten aus rationaler empirischer Sicht lediglich als ‚Fiktion'. Zwischen einer rein wissenschaftlichen Betrachtung der Welt und einer Sichtweise, die von der Existenz einer höheren Macht ausgeht, die den Menschen überragt, existieren enorme Gegensätze.

Bedeutungsvolle Synchronizitäten können Anzeichen für den Beginn eines spirituellen Erwachens sein und dieses begleiten. Derartige Erlebnisse erzeugen manchmal das Empfinden, Teil eines größeren Zusammenhanges zu sein. Doch einfältige Gemüter führen sie leicht in die Irre und werden zu einer Fallgrube, da aus dem überwältigenden Gefühl einer allumfassenden Verbundenheit und Bedeutsamkeit allzu weitgehende Schlussfolgerungen abgeleitet werden, die jeden Zusammenhang vermissen lassen.

St. Grof kritisiert: „Die traditionelle Psychiatrie unterscheidet nicht zwischen tatsächlichen Synchronizitäten und psychotischen Fehlinterpretationen der Welt. Da die materialistische Weltsicht streng deterministisch ist und die Möglichkeit ‚bedeutungsvoller Zusammentreffen' nicht akzeptiert, würde sie die bloße Andeutung ungewöhnlicher Synchronizitäten in den Berichten eines Patienten automatisch als ‚Realitätsverwirrung' und damit als Symptom für eine ernsthafte psychische Erkrankung interpretieren" (ebd., S.41).

Für den Autor besteht kein Zweifel an der Echtheit erstaunlicher Übereinstimmungen zwischen unabhängig stattfindenden Begebenheiten. Es gibt Fälle, bei denen jeder unvoreingenommene Beobachter zugeben muss, dass die außergewöhnlichen Ereignisse, die zusammentreffen, mit statistischer Wahrscheinlichkeit nicht zu erklären sind.

Dabei zeigen nicht nur Vorkommnisse in der materiellen Realität mitunter bemerkenswerte Übereinstimmungen. C.G. Jung weist auf das Zusammentreffen von Ereignissen hin, die in einem außergewöhnlichen Zusammenhang mit inneren Erfahrungen, mit Träumen oder Visionen, stehen. Synchronizität kann in diesem Sinne als die Gleichzeitigkeit eines psychischen Zustands mit einem oder mehreren äußeren Ereignissen aufgefasst werden, die als sinngemäße Parallelen zu dem subjektiven Zustand erscheinen.

„Solche Situationen zeigen, dass unsere Psyche mit einer scheinbar rein materiellen Welt in einen spielerischen Austausch treten kann. Durch die Tatsache, dass das möglich ist, verwischen sich die Grenzen zwischen subjektiver und objektiver Realität", bemerkt St. Grof (ebd., S.36). Die Entwicklung der Quantenphysik zeigt eine radikal neue Sicht der Welt, was die Beobachtung von Synchronizitäten plausibel und akzeptabel erscheinen lässt. Selbst Albert Einstein bestätigte, dass die Gedanken der Synchronizität mit den neuartigen Entdeckungen der Physik im Einklang stehen.

Synchronistische Erfahrungen laufen der normalen Auffassung vom Leben als einer Kette von Ursache und Wirkung zuwider. Daher werden sie häufig als mystisch aufgefasst. Der Begriff Synchronizität wird vielfach gewählt, weil dadurch weder eine bestimmte religiöse Einstellung ausgedrückt noch ein besonderes Ereignis als bloßes Naturphänomen ungewöhnlicher Art abgetan wird.

Synchronizitäten können, ebenso wie eindrucksvolle Träume, das Leben bereichern. Allerdings kann ein synchronistisches Ereignis als symbolisches Geschehen vielerlei zum Ausdruck bringen. Doch mit etwas Geduld, entsprechender Übung und Erfahrung lassen sich die Bedeutungen herausfiltern, ohne dabei in einen unvernünftigen Aberglauben abzugleiten. Eine außergewöhnliche Erfahrung erhöht die Sensibilität gegenüber den numinosen Dimensionen des alltäglichen Lebens.

Im Prinzip der Synchronizität erhält die subjektive Wirklichkeit einen hohen Wert, unabhängig von einer eher religiösen oder naturwissenschaftlichen Einstellung. Die immense Bedeutung, die den subjektiven Erfahrungen zukommt, kann ein Individuum dazu bringen, grundlegende Fragen über die Natur religiöser Erlebnisse zu stellen und das Verhältnis zu einer rein wissenschaftlichen Betrachtungsweise der Welt zu hinterfragen.

Dort, wo tiefgründige Fragen gestellt werden, spielen oft synchronistische Ereignisse eine wichtige Rolle. Vielen Menschen wird in kritischen Phasen ihres Lebens nicht nur Hilfestellung von außen, sondern auch Unterstützung von innen zuteil. Sie erhalten unerwartete Hilfe in Form von zufälligen Ereignissen und Begegnungen, die Wege aufzeigen, um im Leben voranzukommen und mit bestimmten Problemen fertig zu werden. Dies geschieht oft genau im richtigen Moment, gerade dann, wenn es nicht mehr weiterzugehen scheint.

Bei mystischen Erfahrungen geht es um bedeutsame Übereinstimmungen zwischen inneren Visionen und äußeren Geschehnissen, die auf einen geistigen Gehalt schließen lassen und die spirituelle Entwicklung eines Menschen entscheidend beeinflussen. Um die widersprüchlichen Forderungen von Vernunft und Glauben miteinander in Einklang zu bringen, bietet das Prinzip der akausalen Zusammenhänge eine Möglichkeit, grundlegende Fragen über die Natur religiöser Erfahrungen zu stellen und zu klären.

Traumwelten

Das menschliche Bewusstsein ist keineswegs ausschließlich auf die physische Ebene beschränkt, sondern reicht bis in die geistigen Welten hinein. Daher können Träume, Ahnungen und Intuitionen bis zum Wachbewusstsein vordringen. Träume verdienen es, beachtet und analysiert zu werden, denn einige von ihnen eröffnen eine neue Welt des Bewusstseins oder füllen die Wissenslücken des Wachbewusstseins aus, erklärt A. Besant (in: Theosophie, S.15).

Die Türen zu anderen Realitäten werden in traumähnlichen Zuständen entdeckt. *„Die Traumebene verbindet als Mittler die geistige Ebene und die Materie"*, erklärt Johanna H.-Huiffner. Auch mithilfe von Drogen können Tore geöffnet werden. Die Erlebnisse vermitteln einen authentischen Eindruck, dessen Echtheit nicht in Frage gestellt wird. Manchmal beinhalten sie die Erweiterung des Bewusstseins über die gewöhnlichen Grenzen des Körper-Ichs hinaus sowie die Überwindung der Beschränkungen von Raum und Zeit. In dem geheimnisvollen Reich ist Raum für Götter und Dämonen, Engel und Geister, Feen und Kobolde; - die ganze Welt des Übersinnlichen tut sich auf.

In Träumen können innere Instanzen wichtige Botschaften übermitteln. Manchmal kommen Erkenntnisse nicht nur verschwommen, sondern klar und deutlich im Bewusstsein an und lassen auf Inspirationen aus einer geistigen Ebene schließen. Geistige Berater haben Probleme damit, Menschen zu erreichen, die ausschließlich mit dem physischen Sein identifiziert sind, da diese für Miteilungen aus nichtphysischen Dimensionen nicht offen sind.

Auch die schizophrene Erfahrung ähnelt dem Traumbewusstsein. Dort liegen das Heilige und das Banale, das Große und Triviale oft nahe beieinander. Alles ist miteinander verwoben; Entfernungen sind nur scheinbar vorhanden. Eine pantheistische Weltauffassung herrscht vor, in der die menschliche Wirklichkeit als Teil eines zusammengehörigen Ganzen aufgefasst wird.

Das Tor der Kommunikation zwischen den Welten hat begonnen, sich zu öffnen. Doch nicht jeder kann damit umgehen. *„Ich weiß nicht, was Realität ist und was Traum"*, beklagt sich eine Psychatriepatientin. Ein Mann erzählt, wie er von Stimmen aufgefordert wird, verschiedene Kirchen aufzusuchen. Daraufhin zwingt er seinen minderjährigen Sohn, mit ihm Kirchen in unterschiedlichen Ortschaften zu besuchen. – Nach dem Abklingen der Psychose schämt er sich abgrundtief und will mit Religion und Kirche nie wieder etwas zu tun haben. Diese Beispiele zeigen die Fallstricke, die mit einem erweiterten Gewahrsein verbunden sein können.

Psychotisches Erleben wird nach tiefenpsychologischer Auffassung als symbolische Wiederholung frühkindlicher Mangelerfahrungen und Traumata interpretiert. Viele Psychotiker können nicht mehr unterscheiden, ob das, was sie erleben, Traum ist oder Wirklichkeit. Sie fragen sich: Existiere ich noch, oder bilde ich mir das nur ein? Viele Betroffene haben das Bedürfnis, sich mit jemandem auszutauschen, der selbst bereits Krisen in seinem Leben bewältigt hat.

Bei H. Hansen erzählt eine Frau, was ihrem eigenen Erleben nach in der Psychose geschieht: „Der Zustand ist einem Traum vergleichbar, nur dass man sich dessen bewusst ist, wach zu sein. Ich glaube, der Unterschied zu einem Ver – rückten und einem Weisen ist der: *Ein Verrückter kann die Symbole nicht als das erkennen, was sie sind, sondern versteht sie ganz konkret, ganz wörtlich,* diese Symbole, die einen so viel über die eigenen Wirklichkeit zu sagen haben, über den eigenen Entwicklungsstand. *Ein Weiser dagegen weiß, dass nicht alles, was er bildhaft erfährt, Symbolcharakter haben muss...* Und außerdem weiß er um die Möglichkeit des Irrtums" (S.62).

Unterbewusstsein und Gedächtnis sind in der Psychose offener und zugänglicher, als dies normalerweise der Fall ist. Im Unterbewusstsein gespeicherte Lebenserfahrungen werden zugänglich; die Denkprozesse nehmen an Fahrt auf. Sind die bisherigen Erfahrungen überwiegend negativ, prägt das die psychotischen Erlebnisse und sie nehmen bedrohlichen Charakter an.

Jeder Mensch ist Mittler für den Geist und Teil eines übergeordneten Ganzen. In der Regel versuchen die dem Menschen innewohnenden Instanzen vergeblich, eine Verbindung zum menschlichen Bewusstsein herzustellen. Mithilfe der inneren Stimme offenbart der Geist seine Botschaften, doch die meisten Menschen sind unfähig, die Enthüllungen zu verstehen.

Dem psychotischen Menschen aber spielt seine überbordende Phantasietätigkeit einen Streich und er beginnt, jedwede Begebenheit in seinem Umkreis als Zeichen einer übergeordneten Macht anzusehen. Der wahre Kern, der in ihren Annahmen steckt, bringt Patienten dazu, den Boden der Realität zu verlassen. Abwegige Ideen halten Einzug, bei denen das Verstandesdenken weitgehend ausgeschaltet ist.

Das Verständnis für Symbole und Trauminhalte kann einen Lernprozess in Gang setzen, in dem die Patienten Bewältigungsstrategien entwickeln, um im realen Leben besser zurecht zu kommen. Anregungen und Einfälle des Therapeuten aus der Mythologie, aus Volksmärchen sowie religiöse Themen können dazu beitragen, die kollektive Ebene des Unbewussten zu erreichen, in der das Traumsymbol Gestalt annimmt.

Der Traum, eine vieldimensionale Schöpfung der Psyche, ist ein eindrucksvolles Produkt des unbewussten Phantasielebens. Den Träumen kommt bekanntlich eine diagnostische Bedeutung zu. Sie sind Wunscherfüllung, Kompensation und Konfliktlösung in einem. Man kann in einigen Träumen eine prognostische Bedeutung erkennen. Es gibt Träume, in denen der Therapeut seelische Zustände des Patienten erkennt, die ihm in dieser Deutlichkeit zuvor nicht bewusst waren. Andere Traumszenen zeigen wichtige Stationen, die gemeinsam durchlaufen werden oder offenbaren die Ziele der Therapie. Entscheidend dabei ist, wichtige Träume von unwichtigen zu unterscheiden.

Träume, Mythen, und Sagen teilen sich durch ihre bildhafte Ausdrucksweise mit. Ihre gemeinsame Symbolsprache dringt auf direktem Wege in das menschliche Unbewusste ein. Sie kann wichtige Prozesse in Gang setzen und den Austausch von Innen- und Außenwelt ermöglichen.

Bei der Arbeit mit Symbolen und Träumen ist es hilfreich, darauf zu achten, ob es sich hierbei um eine allgemeine oder individuelle Symbolsprache handelt. Den Mythen liegt eine universelle Symbolik zugrunde, die sich mit grundlegenden Fragen der Menschheit befasst. Sie führt zur Wiederentdeckung der eigenen Seele mit ihren unbewussten Anteilen, die auch höhere Erkenntnisse beinhalten.

Die Traumbilder können als *Imagines*, als Bündel subjektiver Erfahrungen und Wahrnehmungen, verstanden werden. Die *Imagines* spiegeln nicht die objektive Wirklichkeit wider, sondern vermitteln eine subjektiv gefärbte Sichtweise. Eine Landschaft kann z.B. als Seelenbild eine entsprechende Stimmungslage versinnbildlichen. Bei Ich-schwachen Patienten muss die psychische Belastbarkeit in Betracht gezogen werden, bevor von der Traumdeutung in vollem Umfang Gebrauch gemacht werden kann.

Etliche Psychiatriepatienten fühlen sich gedrängt, in Gedanken intensiv bei ihrem Lebenslauf zu verweilen und wichtige Stationen im Geiste zu wiederholen. Sie sind von dem Drang beseelt, über jede einzelne Begebenheit ihres Lebens Rechenschaft abzulegen. Eine fremde Macht erteile ihnen diesen Auftrag, berichten sie.

Auch schamanische Übungen zielen darauf ab, in Gedanken den gesamten Lebenslauf Revue passieren zu lassen, damit die mit ihm verbundenen Störfelder in Zukunft nicht zum Hindernis werden. Bei C. Castaneda wird die Rekapitulation des vergangenen Lebens als wichtiger Schritt in der schamanischen Lehre erwähnt. Sein Lehrer und Mentor Don Juan gab ihm diesbezüglich ausführliche Anweisungen. Die Rekapitulation „bestand darin, alle Erfahrung des Lebens noch einmal nachzuerleben, indem man jede noch so kleine Einzelheit erinnerte. In solcher Rekapitulation sah er den entscheidenden Faktor bei der energetischen Neubestimmung und Neugestaltung eines Träumers. ‚Die Rekapitulation setzt Energie frei, die sonst gefangen ist; und ohne diese befreite Energie ist Träumen nicht möglich.' Das war sein Standpunkt." (In: Die Kunst des Träumens, S.155.)

Die Erlebnisse im Träumen und Wachen gewinnen für Schamanen die gleiche praktische Bedeutung. Die üblichen Kriterien der Unterscheidung zwischen Traum und Wirklichkeit werden außer Kraft gesetzt. Für Schamanen sind Träume Reisen in die nichtalltägliche Wirklichkeit. Dorthin gelangen sie, indem sie ihren Bewusstseinszustand verändern und sich im Geiste aus der Alltagsrealität zurückziehen.

Wenn man Träume als Reise in andere Wirklichkeiten versteht, dann wären die Kräfte, denen Träumer begegnen, nicht allein in ihrem Innern zu suchen. Geistige Helfer, die mit Individuen kommunizieren wollen, benutzen dazu den Traumzustand. Doch diese Versuche gelingen nur sporadisch. R. Powers schreibt: „Erst seit kurzem ist die Wichtigkeit der Botschaften, die im Traumzustand empfangen werden, allgemein anerkannt. Bislang wurden die Menschen, die Visionen hatten und an die Wirklichkeit der im Traum empfangenen Botschaften glaubten, entweder als religiöse Mystiker oder als Außenseiter eingestuft. Das gelegentlich vorkommende Genie, das den Wert der Inspiration und der im Traum empfangenen Botschaften erkannte, war eine Ausnahme" (S.120).

Mittlerweile haben die psychologischen Wissenschaften zunehmend den Wert der Eingebungen und Botschaften, die in symbolischer Form in Träumen übermittelt werden, erkannt und ihnen mehr Bedeutung eingeräumt. Doch noch ist nicht bekannt, woher diese Mitteilungen tatsächlich kommen. In erster Linie gilt das menschliche Unterbewusstsein als Lagerhaus, in dem visionäre Träume erzeugt werden. Diese Annahme ist recht schwammig und oberflächlich, denn sei bleibt im Grunde die Erklärung schuldig.

Die psychologische Wissenschaft hat noch nicht erkannt, dass die Entwicklung des menschlichen Bewusstseins von nicht-physischen Dimensionen aus geleitet wird. Geistige Lehrer und Wesenheiten versuchen, mit bestimmten Individuen zu kommunizieren, indem sie Gedankenformen in deren Bewusstsein senden, während sie sich in einem aufnahmebereiten Zustand befinden. Häufig werden die Informationen in symbolhafter Form übermittelt, die erst nach der Entschlüsselung einen Sinn ergibt.

Am Empfänglichsten ist das Bewusstsein, während es schläft. Der Empfang von Eingaben aus anderen Dimensionen ist im Schlaf nicht blockiert wie im Wachbewusstsein. Daher ist es möglich, Botschaften zu übermitteln, die nach dem Aufwachen manchmal als Träume in Erinnerung bleiben.

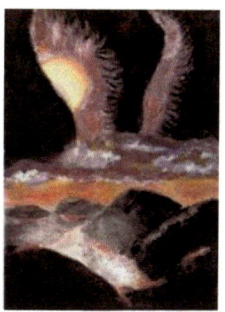

Okkulte Kräfte

Seherische Fähigkeiten entwickeln sich, wenn ein Geist im Menschen weilt, der ihm diese verleiht.

Kontakt mit unsichtbaren Mächten

Telepathie, Hypnose, spiritistische Sitzungen und verschiedene magische Techniken gewinnen seit einigen Jahren in magischen, spiritistischen und schamanistischen Zirkeln eine zunehmende Attraktivität. Die Anrufung geistiger Mächte erfolgt zu dem Zweck, eine Verbindung mit ihnen herzustellen. Im Interesse der eigenen Lebensbewältigung sollen positive Kräfte genutzt und schädliche abgewendet werden.

Wer die Erscheinungsform einer geistigen Instanz oder eines spirituellen Lehrers anruft, lässt dessen Bild und die damit verbundenen Gefühlsenergien in sich einfließen. Zu gegebener Zeit trennt er sich wieder davon. Der richtige Umgang mit jenen Wesen ist von entscheidender Bedeutung.

Ein geübter Magier weiß, wie man Energiewesen ‚rufen' und ‚erwecken' kann, um sie anschließend wieder in die Leere zu entlassen. Diesen Schritt darf man nicht vernachlässigen, will man sich keine Besetzung zuziehen, denn die Geister, die man anruft, müssen zuletzt wieder an ihren Ursprungsort zurückgesandt werden.

Die Nicht-Identifikation mit jenen Energieformen ist dabei für alle jene von ausschlaggebender Bedeutung, die von ihnen ergriffen sind. Die Gefahren, die mit Anrufungen und Geistkontakten verbunden sein können, sind unübersehbar. Der Kontakt mit Geistwesen wird leicht als illusionär oder pathologisch eingestuft, da im westlichen

Kulturkreis der Verkehr mit unsichtbaren Entitäten oder gar mit einer ‚autonomen Gottheit' nicht zum psychologischen Allgemeinwissen gehört. Doch Nichtwissen schützt nicht vor Gefahren, auch wenn diese nicht als solche erkannt werden.

Judith, eine junge Frau, berichtet von ihrer Begegnung mit einem Freund, der sich eine zeitlang intensiv mit Magie beschäftigt hat. Er erzählt ihr, „dass er eine Anrufung praktiziert hatte, woraufhin ein dunkler Schatten erschien, auf ihn zuging und in ihn hinein. Einige Monate später begann er zu verschiedenen Zeiten zu erbrechen, begann davon zu sprechen, dass er sich umbringen wolle." Zum Glück setzt er sein selbstzerstörerisches Vorhaben nicht in die Tat um (s. Internet: www.achtung-lichtarbeit.de).

Eine andere Frau, *Sabine*, erzählt von ihrer Pendelpraxis, die sie offenbar auf Abwege gebracht hat, denn sie gerät zunehmend in psychische Ausnahmezustände. Während ihrer letzten Pendelsitzung bekommt sie kaum noch Luft; ihre Hände zittern und sie ist nicht imstande, das Pendel loszulassen. Dann meldet sich eine innere Stimme, die ihr mitteilt: *„Lass die Finger von der Magie, der Preis, den du dafür zahlen würdest, wäre der Wahnsinn!"* Daraufhin fällt ihr das Pendel aus der Hand. Man könnte es auch so ausdrücken: *Zutritt verboten für Unbefugte.*

Nicht jeder kann mit den Mächten umgehen, die im Unsichtbaren lauern. Leider werden im Internet-Forum *Achtung – Lichtarbeit!* esoterische und magische Praktiken durchweg verteufelt und hinter jeder Ecke dämonische Wesenheiten mit schädlichen Absichten vermutet. Nur eine demütige Unterwerfung unter ‚Gottes Willen' oder eine ‚Übergabe' an den ‚Herrn Jesus Christus' könne die Quälerei angeblich beenden und wird als Rettungsanker für verschreckte Seelen angepriesen.

Als ultimativer Heilsweg wird die völlige Selbstaufgabe empfohlen. Der geistigen Welt scheint offenbar daran gelegen zu sein, unumschränkte Macht über die Persönlichkeit der Gläubigen zu erlangen. Unterwerfungsgesten, die einem Rückfall in mittelalterliche Glaubensstrukturen ähneln, werden empfohlen und als Lösung aller

Probleme angepriesen. Eine naive Frömmigkeit tritt an die Stelle einer selbstbestimmten spirituellen Suche.

Die einseitige und beschränkte Sichtweise religiöser Eiferer bringt Lichtarbeit durchweg mit satanischen Mächten in Verbindung. Tatsächlich dürfen die Gefahren nicht verharmlost werden – wie es leider allzu oft geschieht. Offensichtlich ist nicht jedes Individuum in der Lage, mit den Mächten, die gerufen werden, gefahrlos umzugehen und ihnen standzuhalten. (Vgl. auch meine Bücher zu der Thematik mit dem Titel: *Tore in die unsichtbare Welt*.)

Außergewöhnliche Fähigkeiten

Die paranormalen Fähigkeiten, wie visionäre Schauungen und Zwiesprache mit inneren geistigen Instanzen, über die gottgläubige Menschen und auch Besessene berichten, haben ihre Entsprechung in besonderen magischen Gaben wie: Vorauswissen, Hellsehen, Heilwissen etc., die Mystikern zuteil werden. Im alten China unterschied man Inbesitznahmen, die entweder durch einen Geist (Ling bao) oder durch ein göttliches Wesen zustande kamen. Mit der Besitzergreifung ging die Beherrschung außergewöhnlicher Kräfte in Verbindung mit tiefgreifenden persönlichen Erfahrungen einher (vgl.: A.M. DiNola, S.149). Visionen und Offenbarungen wurden mancherorts als ,Gottbesessenheit' verstanden.

Einem Yogi werden nach ausdauernder Übung ebenfalls neben Selbsterkenntnis und Klarheit im Denken gewisse magische Kräfte (*Siddhis*) zuteil, wie es in den Yoga-Aphorismen des Patanjali geschrieben steht (vgl.: Vivekananda). Dazu gehören folgende Fähigkeiten:

• Sobald der Übende seine neu gewonnene Klarsicht auf das Denken anderer Menschen richtet, ist er imstande, deren Gedanken zu lesen.

- Richtet er seine Konzentration auf die Form seines Körpers, vermag er dessen Sichtbarkeit aufzuheben und sich unsichtbar zu machen.
- Konzentriert er seine Gedankenkraft auf die Sonne, erkennt er den Aufbau der Welten, u.v.a. mehr.

Derartige Kräfte werden in großer Zahl angeführt. Außer durch lang anhaltende Versenkung kann man sie auch durch ausdauernde Askese oder das Rezitieren gewisser Mantras erreichen. Für das eigentliche Ziel, die gegenstandslose Versenkung, sind diese Kräfte aber nichts als Hindernisse, denen der Übende, der nach Höherem strebt, mit Gleichgültigkeit begegnet.

Der ‚magnetische' Blick

Der Blick ist für spirituelle Lehrer ein machtvolles Instrument, um die Konzentration zu stärken und materielle Gegebenheiten zu beeinflussen. Sie kennen verschiedene Methoden des Schauens, von denen jede eine spezifische Art geistiger Kraft beinhaltet, auf die Swami Rama hinweist: „Wenn man jemanden mit ganzer Aufmerksamkeit ansieht und sein Bewusstsein auf ihn richtet, kann man ihn sofort beeinflussen", erläutert der Swami (S.379).

Der Blick eines fortgeschrittenen Menschen hat meist reinigenden Charakter; er kann aber auch eine hypnotische Wirkung ausüben, wie V. Berry berichtet (S.471). Über Trance-Medien als Mittler können geistige Entitäten in Kontakt zu Mitmenschen treten. Die Autorin beschreibt das intensive Leuchten in den Augen eines männlichen Mediums, als die Wesenheit *Jeshua* durch ihn spricht. Die Stimme hat einen auffallend veränderten Klang: „Der Blick war durchdringend. Später beschrieben einige das Gefühl so, als wäre ein Herzspezialist bis zum Kern ihres Seins vorgedrungen und erfüllte sie mit den wunderbarsten Empfindungen..." (S.32).

In der Nähe des indischen Gurus Maharishi beschleicht den Autor P. Brunton ein Gefühl der Furcht, denn in der Meditationshalle „webt eine geheime, feine und nicht näher zu beschreibende Kraft, die eine tiefe Wirkung auf mich ausübt. Ich zweifle keinen Augenblick daran, dass diese geheimnisvolle Kraft von dem Maharishi ausgeht" (S.158). Der Guru ist in solchen Momenten in den ‚heiligen Dämmerschlaf' versunken; der Körper ist steif, seine Augen blicken starr und unbeweglich. In diesem Zustand ist er nicht mehr ansprechbar.

Die Augen Maharishis sind von außergewöhnlichem Glanz. P. Brunton wird von seltsamen Empfindungen bewegt: „...mir ist, als blickten diese Augen auf den Grund meiner Seele; ich weiß auch, was er dort sieht. Vor diesem geheimnisvollen Blick bin ich hilflos, er durchdringt mein Denken, mein Fühlen und Wünschen. Dieser Blick bedrückt mich fast, denn der Mann sieht in mir Dinge, die der Vergangenheit angehören, die ich schon längst vergessen habe. Er weiß alles, und ich bin machtlos, ich kann ihm nicht entrinnen, will es auch gar nicht. Ich habe die leise Ahnung, als würde sich alles zum Guten kehren, deshalb ertrage ich den erbarmungslosen Blick" (S.159). Die auf ihn gerichteten Augen sehen in die geheimsten Winkel seiner Seele; keine Schwäche ist vor ihnen verborgen.

Auch ein psychotischer Mensch hat das Empfinden, man könne geradewegs in sein Innerstes, in seine Seele blicken. „Über solche ‚Fensterscheiben' - Gefühle spricht man gewöhnlich im metaphysischen oder ähnlichem Sinn, aber unter psychotischen Bedingungen kann der prüfende Blick des anderen als tatsächliches Eindringen in den Kern des ‚inneren' Selbst erfahren werden", berichtet R.D. Laing (S.92). Das übersteigerte Empfinden, in besonderem Ausmaß das Interesse anderer Leute auf sich zu ziehen, bewirkt eine starke Verunsicherung, denn der Blick des anderen wird in der Phantasie immer als kritisierend und verurteilend aufgefasst.

Andere Patienten behaupten dagegen, „sie könnten allein durch ihren Blick Krankheiten hervorrufen oder gar töten. Auch der Glaube an die Kraft der Gedanken spielt eine Rolle. Schon der bloße Gedanke kann in Krankheit und Tod treiben und Katastrophen in der Nähe

70

und Ferne bewirken", erzählt R. Mundhenk (S.134). Hier werden deutliche Analogien zum magisch-mystischen Weltbild sichtbar.

In ihrem Buch *Unsichtbare Mächte* raten J.B. und R. Teutsch, niemandem zu fest in die Augen zu schauen, wenn dies nicht erforderlich sei, denn dem Blick wohnen geheimnisvolle Kräfte inne, die vor allem Menschen, die nicht im Vollbesitz ihrer körperlichen und geistigen Kräfte sind, in ihren Bann ziehen können. Darüber hinaus solle man Unbekannten nur in Ausnahmefällen die Hand geben. Es sei ratsam, jede Berührung mit nicht vertrauenswürdigen Zeitgenossen zu vermeiden, denn bereits durch eine flüchtige Berührung könnten magische Kräfte freigesetzt werden mit unangenehmen Wirkungen.

Als Schutz empfehlen die Autoren, ein mit Wasser gefülltes Gefäß im Haus stehen zu lassen, denn negative Energien würden davon aufgenommen. Auch Bernstein- und Korallenketten könnten ungünstige Kräfte abwehren. Früher diente der Klang der Kirchenglocken zur Abwehr dunkler Mächte. „Unterlassen Sie jegliche Zauberpraktiken, auch wenn es sich nur um einen Versuch handeln sollte", mahnen die Autoren. Sehr schnell könnten sich sonst schädliche Auswirkungen bemerkbar machen, die großes Leid nach sich ziehen.

Der physische Körper hat normalerweise die Funktion einer Festung, die gegen unsichtbare Feinde von außen einen Schutzwall bildet. Die Gesunderhaltung und Stärkung des Körpers ist daher ein probates Mittel, gegen Angriffe immun zu werden. Die Strahlkraft des Lichtes, mit der ein Raum aufgeladen bzw. imprägniert wird, kann ebenfalls unerwünschte und ungünstige Einflüsse aufhalten.

(Von einem verstörenden Erlebnis berichtete mir eine Freundin in einem ganz anderen Kontext: Sie saß spätabends vor dem TV-Bildschirm und lauschte nur mit halber Aufmerksamkeit den Gesprächen in der Sendung. Da traf sie plötzlich ein Blick des Moderators ‚mitten in die Seele', wie sie nachher erzählte. Der unangenehme Eindruck, von diesem Blick im Innersten durchdrungen worden zu sein, löste bei ihr eine fast schockartige Empfindung aus, die sich tief einprägte. - Höchstwahrscheinlich unterschätzen Menschen den Ein-

fluss der modernen Medien auf ihr Seelenleben in ganz erheblichem
Maße.)

Glaube und Wahnvorstellung

Die Kennzeichnung eines Wahns ist, dass er sich der Reflexion entzieht. Wahnhaftes Denken ist ein Phänomen des Glaubens, nicht des Wissens.

Täuschung oder Wirklichkeit?

Die menschlichen Sinneswahrnehmungen beruhen auf Lernprozessen, die von klein auf geübt werden, um die Ausschnitte der Welt in annehmbarer Weise zusammenzusetzen. Im Gebrauch innerer und äußerer Wahrnehmungen und der Art und Weise, wie sie verknüpft und einander angeglichen werden. existiert ein großer Spielraum. Schizophrenie stellt in dieser Hinsicht eine Art Lernbehinderung dar.

Eine Idee, ein gefühlsmäßig aufgeladenes Erinnerungsbild, ein augenblicklicher Einfall gewinnt in der Psychose plötzlich einen starken Realitätscharakter und wird als objektiv greifbare Wirklichkeit gesehen, bemerkt G. Bychowski: „...*das subjektive Wissen wird zu Wissen schlechthin*" (S.48). Ungewöhnliche Dinge, die einer psychotischen Person zugestoßen sind, tauchen später unvermutet in ihrem Gedächtnis auf, ähnlich wie bei ,drahtloser Telegraphie'. Sie erlebt den Vorgang, als würden ihr Gedanken eingegeben. Da sie nicht in der Lage ist, zwischen tatsächlichen Vorkommnissen und phantastischen Einfällen (woher auch immer) ausreichend zu differenzieren, nimmt sie jede noch so zweifelhafte Eingebung für bare Münze und gerät damit schnell auf ein abschüssiges Gleis.

Der fundamentale Unterschied zwischen einer medial begabten und einer psychotischen Person liegt in der mangelhaften Unterscheidungsfähigkeit des Psychotikers, der jeden Einfall ungeprüft als absolute Wahrheit ansieht und zwischen Wirklichkeit und Täuschung keine Trennlinie zu ziehen vermag. Leichtgläubigkeit erweist sich als eklatanter Mangel, wenn sich das Bewusstsein erweitert und Wahrnehmungen zugänglich werden, die den gewöhnlichen Horizont überschreiten.

Wahnvorstellungen zeigen, in welcher Weise Geschehnisse und Eindrücke durch persönliche Überzeugungen verzerrt werden können. Harmlos scheinende Begebenheiten werden fehl gedeutet, symbolisch überfrachtet und aus ihnen eine ganz eigene Anschauung gebildet. Psychotische Menschen verhalten sich ähnlich, als befänden sie sich in einer Traumwelt, in der es ihnen nicht gelingt, zwischen ihrer eigenen subjektiven Wahrnehmung und der für alle gültigen Realität zu unterscheiden.

Die Erschütterungen der schizophrenen Psyche durch umwälzende Erlebnisse, die sich ihrem Verständnis entziehen, können mithilfe der Ausbildung eines Wahngebäudes entweder in eine beruhigende oder in eine Angst erregende Realitätsauffassung einmünden. Der Schwebezustand zwischen Vermutungen und Zweifeln wird zur Gewissheit. Der normale Entwicklungsprozess findet sein vorläufiges Ende in den wahnhaften Realitätsverkennungen.

Von den harten Bedingungen der Realität überfordert und enttäuscht, bilden sich manche Patienten eine ‚schöne Wahnwelt', in der sie ihren Vorstellungen freien Lauf lassen können. Die ungewöhnlichen Erlebnisse, die ihnen mitunter zuteil wurden, werden mit eigenen Phantasiebildungen - oft jenseits jeder Vernunft - ausgeschmückt. Eine Beeinflussung von wahnhaftem Denken ist in der Regel kaum möglich. Die zentralen Inhalte des schizophrenen Wahns bleiben in ihrer Vielfalt und Wandelbarkeit auf die besonderen jeweiligen Lebenszusammenhänge bezogen. Hinter den großartigen Eigenschöpfungen lauert allzu oft der Abgrund des Nichts.

R. Mundhenk sieht in einer Wahnvorstellung den Versuch, mit Erlebnissen, die starke Emotionen auslösen, fertig zu werden, ohne Rücksicht auf Logik und Nachvollziehbarkeit. Es „zeigt sich bei näherem Hinsehen nicht selten, dass der Aufbau der Wahnwelt durch ein besonderes religiöses Erlebnis eingeläutet wurde" (S.100).

Die Erschütterungen, die mit einem initialen Erleben einhergehen, verlangen nach Aufmerksamkeit und Aufklärung. Kosmische Katastrophen, Weltuntergänge, Höllenfahrten und letztendlich die Wiederherstellung der ursprünglichen Ordnung und darüber hinaus ein Dasein in paradiesischer Harmonie, beinhalten fundamentale Wandlungen der bisherigen Überzeugungen, die nicht leicht zu verarbeiten sind.

Wenn die Bewältigung des schizophrenen Erlebens nicht gelingt, können wahnhafte Vorstellungsinhalte ein alternatives Sinnsystem ergeben, das bisherige Annahmen außer Kraft setzt. „Je breiter der weltanschauliche Horizont, je reichhaltiger die Möglichkeiten deutenden Verstehens, je offener und dialogfähiger der Lebensrahmen, desto nahe liegender der wahnfreie Umgang mit schizophrener Erfahrung", konstatiert der Autor (S.195).

Der Psychotiker blendet dasjenige, was nicht in sein Glaubenssystem passt, aus, bis alles mit seinen Überzeugungen überein zu stimmen scheint. Gelänge es ihm, seine Sinneswahrnehmungen unvoreingenommen zu überprüfen, könnte dies zu neuen Einsichten führen. Stattdessen kapselt er sich von der Umwelt ab und verhindert damit eine Überprüfung seiner fehlgeleiteten Auffassungen.

Das verletzbare Individuum schützt sich in seiner eigenen Realität vor den Anforderungen der rauen Wirklichkeit. Das befremdliche Erleben scheint wie ein intensiver Traum, der zum Ausdruck des Selbst dazugehört. Im Liebeswahn herrscht bspw. die Gewissheit, dass in Kürze eine beglückende Liebeserfahrung Schwung in das eintönige Dasein bringen wird. Realitätsverzerrungen dieser Art haben eines gemeinsam: Es sind Wunscherfüllungen oder die Vorwegnahme von Ängsten, ähnlich wie dies im Traum geschieht. Denn in Träumen werden auf der einen Seite Wünsche wahr, andererseits werden tief sitzende Ängste in Szene gesetzt und realitätsnah durchlebt.

Zwischen der Wahnbildung beim späteren Schizophrenen und einer Verfestigung der Überzeugungen bei gläubigen Menschen existieren Parallelen, betont R. Mundhenk (S.182f.). Für den religiösen

Menschen ist sein Glaube zur subjektiven Gewissheit geworden, ähnlich wie die Wahnbilder für den Psychotiker. Die Überzeugungen sind beiderseits so tief in der Gesamtpersönlichkeit verankert, dass eine fundamentale Veränderung die psychische Gesundheit untergraben würde.

R. Mundhenk verweist auf die unübersehbaren Ähnlichkeiten zwischen den Äußerungen religiöser Menschen und psychisch Kranker, die er als „merkwürdig erschreckend" bezeichnet. In der Tat habe man kaum sichere Unterscheidungsmerkmale in Form und Inhalt finden können. „Meist bleiben die Differenzen in der graduellen Ausprägung stecken" (S.184).

Die Verwandtschaft zwischen Glaube und Wahn findet ihre Bestätigung beim Blick auf einige Details. So berichtet eine große Anzahl der Patienten am Beginn der Psychose von einem ‚Glaubenserlebnis'. Die Überzeugung, dass eine höhere Macht existiert, welche Erschütterungen in der subjektiven Existenz bewirken kann, findet sich bei Gläubigen wie auch bei Psychotikern. Einer der Unterschiede besteht darin, dass der Gläubige sich auf die Verehrung Gottes beschränkt, während sich der Schizophrene zuweilen selbst an die Stelle Gottes setzt. Mit dieser Überzeugung steht er allerdings nicht allein da.

Wahnhafte Überzeugungen von religiösen Glaubensinhalten abzugrenzen, ist nicht immer leicht. Der missionarische Eifer, die Gewissheit der persönlichen Berufung, die bei Schizophrenen anzutreffen sind, finden sich auch in religiösen Freikirchen und Sekten. Auch dort lassen sich Tendenzen zu einer wahnähnlichen Verfestigung von Überzeugungen feststellen.

Inwieweit kann sich ein Meditierender dessen, was er bei seinen Übungen sieht und erlebt, sicher sein? Sollte er an den auftauchenden visionären Wahrnehmungen zweifeln? Ist das, was gemeinhin *Imagination* genannt wird, in Wahrheit der Konflikt zwischen Glaube und Realität? Wenn die Realität sich allein durch die Wahrheit der fünf Sinne definiert, was soll man dann von außergewöhnlichen Erlebnissen halten?

In der Tat ist die menschliche Psyche fähig, Wahrnehmungen vorzutäuschen. Sie kann phantasieren und halluzinieren, bis sie am Ende wirklich glaubt, etwas ganz Besonderes zu erleben. Für einen Außenstehenden ist es nicht leicht, zwischen Einbildung und erweiterter Wahrnehmung zu unterscheiden. Nur jemand, der selbst über mediale Fähigkeiten verfügt, kann derartige Erlebnisse einigermaßen zutreffend beurteilen und damit anderen den Weg weisen.

Auch spirituelle Adepten sollten sich vor Visionen hüten, warnt .J.P. Johnson. „Wenn man Geistwesen, Engel oder sogar Gott oder einen Heiligen im Innern sieht oder zu sehen glaubt, soll man sich nicht täuschen lassen. *Die Vision kann durch den eigenen Geist oder durch ein Geistwesen hervorgerufen werden*" (S.52). Man sollte sich davor hüten, irgendeinem unbekannten Geistwesen in seinem Innern blindlings zu vertrauen oder gar Folge zu leisten. Der Adept wandert durch ein fremdes Land, über das er nur wenig weiß. Er hat keine Ahnung, auf welch vielfältige Weise er dort irregeführt werden kann.

Die Visionen großer Mystiker beruhen allerdings in der Regel keineswegs auf Täuschungen oder Einbildungen. Derartige Erfahrungen haben ihren Ursprung in jenen Welten, deren Schwingungen feiner und höher sind als die der Erde und die sich dem Zugriff der Naturwissenschaft entziehen. „Sie sind dennoch genauso wirklich, ja sehr viel wirklicher, als die Phänomene des täglichen Lebens", erklärt Johnson (S.125).

In der westlichen Welt neigt man dazu, außergewöhnliche Erlebnisse rundweg als Einbildung abzutun oder einem krankhaften Zustand des Gehirns und des Nervensystems zuzuschreiben, kritisiert Johnson. Doch das westliche Weltbild sei nur ein schwacher Widerschein einer erhabeneren Wirklichkeit. Die Begegnung mit feinstofflichen inneren Welten sowie spirituelle Erfahrungen sind keine Einbildung für diejenigen, die den geistigen Pfad betreten haben.

Vor dem Phänomen des Glaubens versagt vielfach die Unterscheidung zwischen richtig und falsch, normal oder pathologisch. *Wahnhaftes Denken ist nicht eine Sache des Wissens, sondern eine Sache des Glaubens.* Der spezifische Inhalt, der vom Standpunkt der Allgemeinheit aus unlogisch oder unzutreffend erscheint, ist, da es um Übersinnliches geht, weder zu beweisen noch zu widerlegen. Religiöse Überzeugungen ließen sich bei kritischer Beurteilung ebenfalls als ‚kollektives Wahnsystem' bezeichnen, dessen Normalität lediglich durch die gemeinschaftliche Anerkennung der Überzeugungen belegt ist. Von der einfachen Vorstellung, Gottes Willen zu tun, bis zu der Empfindung, nur noch Werkzeug in der Hand einer höheren Macht zu sein, ohne eigenen Willen, finden sich zahlreiche Überschneidungen. Das Streben nach Überwindung der eigenen Begrenztheit und die Abhängigkeit von einer höheren Instanz treffen auf wahnhafte Überzeugungen und Glaubensvorstellungen gleichermaßen zu.

Eine wahnhaft anmutende Idee verdankt ihr Dasein dem Versuch des Patienten, für seinen veränderten Zustand eine Erklärung zu finden. Bei der Diagnosestellung ‚Wahn' wäre mit Blick auf religiöse Vorstellungen zu klären, inwieweit diese mit der Glaubenswelt religiöser Gemeinschaften im Einklang stehen, fordert R. Mundhenk. „Erst dort, wo sich die Abweichung von der gängigen religiösen Norm mehr oder weniger deutlich abzeichnet, könnte mit einiger Vorsicht von einem Wahn gesprochen werden" (S.94).

Leider genüge in den meisten Fällen bereits die Erwähnung religiöser Vorstellungen im Rahmen einer Psychose, um die Diagnose ‚religiöser Wahn' zu rechtfertigen, kritisiert der Autor. Selbst eine fundamental abweichende Anschauung könne kein Kriterium sein für deren wahnhaften Ursprung. Der Grat zwischen wahnhaften religiösen Überzeugungen und echter Religiosität sei manchmal sehr schmal. Nur wenn eine Anschauung den Konsens gemeinschaftlicher Überzeugungen in erheblicher Weise überschreitet, könne von einem religiösen Wahn gesprochen werden.

Rückzug in die Isolation

In den meisten Religionsgemeinschaften ist die Isolation des Einzelnen und der Abstand von gesellschaftlichen Vergnügungen ein Weg der Läuterung und der Konzentration auf das Wesentliche. Die Entsagung und Distanz zu den Verlockungen der profanen Welt ermöglicht die *Unio mystica*, die Vereinigung mit dem Göttlichen. Die Abgeschiedenheit einer Einsiedelei oder eines Klosters gilt bei vielen als der einzig gangbare Weg, um das angestrebte Ziel zu erreichen.

Auf der anderen Seite gibt es viele Menschen, die ihren Glauben nicht fernab jeglicher Versuchungen, sondern im Zentrum der Gemeinschaft praktizieren. Eine vom Einzelnen oder von der religiösen Glaubensgemeinschaft zu streng gefasste Auslegung der Schriften kann, ähnlich wie bei einer ausgeprägten psychischen Störung, zu sozialer Isolation und Entfremdung gegenüber der Gesellschaft führen, da es dem Individuum an Möglichkeiten mangelt, seine Erfahrungen mit anderen auszutauschen und zu bewerten.

In der Isolation können plötzlich außergewöhnliche Bewusstseinszustände auftreten, die den Betroffenen durch die Straßen treiben, in denen ihm plötzlich alles fremd erscheint.

„Man spürt die Isolation von der Außenwelt, sie ist kaltes Glas, die bekannte Glaskuppel, die einem wie eine Käseglocke übergestülpt ist – aber ist es die Welt draußen, die drinnen, in einen gläsernen Schaukasten gesperrt, sich mir präsentiert?", fragt der isoliert lebende Mensch, der sich der Außenwelt entfremdet hat (in: U. Lessing, Hg., S.61).

Er fühlt sich wie in Watte gepackt und meilenweit von anderen Menschen entfernt. Die Welt erscheint wie eine riesige Bühne; er irrt darin herum wie durch einen unsichtbaren Nebel und fühlt sich dennoch sicher, außerhalb von allem, wie unter einer Glasglocke, die schützt und ein Gefühl von Sicherheit verleiht. Alles erscheint wie ein großes Spiel; nur das sich seiner selbst bewusste Individuum kennt die Spielregeln. Jeder spielt seine Rolle und es fällt plötzlich leicht, psychische Verbindungen zwischen den Menschen zu erkennen.

Mit der strikten Forderung, auf die Welt der Erscheinungen zu verzichten, da sie bloßer Schein sei, rückt auch Schopenhauer in die Nähe des Pathologischen, behauptet G. Bychowski: „Bewusst und konsequent, unter eingehender Berücksichtigung des gesamten empirischen Wissens werden in diesem metaphysischen System psychische Tendenzen ausgebildet, die sich im Keime bei den Schizophrenen vorfanden. Was auf der einen Seite dem Unbewussten entsprungen, unbewusst verarbeitet, die kranke, auf die Realität nicht mehr eingestellte Psyche zum Wahne führt, das ergibt auf der anderen Seite ein konsequentes, logisch und begrifflich durchgebildetes System, welches seinen Schöpfer nicht in Konflikt mit der Welt der Objekte bringt" (S.150). Das schizophrene Denken geschehe unter Umgehung der Normen und des Bezugs zur gegebenen Wirklichkeit, weshalb es innerlich widerspruchsvoll und ohne Kontakt mit der Realität bleibe.

Ein isoliertes Dasein setzt eine zurückgezogen lebende Person besonderen Gefahren aus, denn die physische Anwesenheit anderer Menschen kann angeblich verhindern, dass übel wollende Wesenheiten sich nähern. Diese Schutzfunktion wird bei D. Pielow erwähnt: „Es besteht gemeinhin der Glaube, dass die einzelne Person ohne den Gruppenverband ganz besonders anfällig für Geister und Dämonen ist" (S.167f.). Auch das Meiden einsamer und verlassener Orte gehört zu den Vorsichtsmaßnahmen, die fremde Wesenheiten fernhalten.

Vor allem finstere und unheimliche Orte wie Höhlen, Friedhöfe oder Waldesdickichte werden als gefährlich eingestuft, denn hier hausen dem Volksglauben nach die Unruhe stiftenden Geister. Ruhe und Stille, besonders zur Mittagszeit und in der Mitternachtsstunde, locken die Dämonen herbei. Glöckchen an Handgelenk oder Fuß stören die Geistwesen. Ebenso vermögen Trommeln und Pauken sie aufzuschrecken und zu vertreiben. Laute Geräusche werden daher als vorzügliches Mittel angesehen, sich der Geister zu erwehren, denn sie bevorzugen abgeschiedene, stille Orte.

Eine Lösung aus der Zurückgezogenheit wäre für viele die Befreiung aus der Gefahrenzone des Wahns. Eine Patientin bringt ihre Empfindungen anschaulich zum Ausdruck: Sie fühle sich ‚gefroren wie eine Blume, die im Winter blühen will'.

Eine Weiterentwicklung der Persönlichkeit geschieht vor allem in der Auseinandersetzung mit anderen Menschen, denn die Mitmenschen sind wie ein Spiegelbild, das es ermöglicht, eigene problematische Charaktereigenschaften zu erkennen. Die Psyche wird in der Konfrontation mit schwierigen Situationen widerstandsfähiger. Auseinandersetzungen mit anderen stärken den Willen und steigern und die psychische Energie.

Extreme Höhen und Tiefen

Auch gegensätzliche Aspekte der Wirklichkeit werden von psychotischen Menschen als zusammengehörig erlebt. In raschem Wechsel kann das Pendel in die eine oder andere Richtung ausschlagen. Ein Patient, der sich eben noch erwählt und berufen fühlte, glaubt sich im nächsten Moment der ewigen Verdammnis preisgegeben. Gott, Teufel, das Universum und das persönliche Ich können als gleichwertige Bausteine eines zusammengehörigen Ganzen verstanden werden.

Alle Gefühle werden intensiv erlebt. Wenn man zornig ist, dann artet dies schnell in einem unkontrollierten Wutanfall aus. Traurige Gefühle lassen den Betroffenen in eine bodenlose Verzweiflung sinken. Auch die Emotionen der Mitmenschen üben eine stärkere Wirkung aus und es ist schwierig, damit umzugehen. Schmerzen und gesundheitliche Probleme werden ebenfalls in aller Deutlichkeit gespürt. Die psychische Intensität kann einer instabilen Persönlichkeit immensen Schaden zufügen.

Auch die Vorstellungen von der eigenen Identität sind starken Schwankungen unterworfen. Manche Psychotiker fühlen sich förmlich zwischen Himmel und Hölle hin und hergerissen. Sie stürzen von den höchsten Höhen der Seligkeit in finstere Abgründe. Ist jemand fest davon überzeugt, er sei Christus, befürchtet er im nächsten Augenblick, der Antichrist zu sein.

R. Mundhenk verweist auf die Analogien zwischen den Symptomen der Schizophrenie und den ekstatischen Ausnahmeerfahrungen von Mystikern: Auf rauschhaft-ekstatische Erlebnisse folgen dunkelbedrohliche Angriffe; überwältigende religiöse Einblicke in andere Wirklichkeiten werden von zutiefst verstörenden Phänomenen abgelöst, die sowohl den Mystiker als auch den psychotischen Menschen an seine Grenzen führen.

H. Taube, der selbst psychotische Episoden durchlebte, erkennt: „Es sind die verflixten Gedanken, die mich gefangen nehmen, in den Wahnsinn treiben und ins illusionäre Labyrinth befördern. Ein verflixter Dschungel voller Götter, Engel und Dämonen" (S.359).

Psychotische Ausnahmezustände können - manchmal in raschem Wechsel - begeisternd und erhebend, aber auch Furcht erregend sein. Nicht immer geht eine Psyche heil daraus hervor. Schizophrene Patienten werden oft dauerhaft geängstigt von religiösen Wahnvorstellungen, bis sie das ursprünglich Mystische in ihrem Leben nicht mehr wahrnehmen können. Aufschlussreich ist in diesem Zusammenhang, dass der lateinische Ausdruck *sacer* sowohl die Bedeutung von ‚heilig' und ‚ehrwürdig' als auch ‚verflucht' und ‚verwünscht' hat. Die Ambivalenz der Begegnung mit dem ‚Heiligen' ist in vielen Berichten über eindrucksvolle mystische Erlebnisse überliefert.

Die positiven Mitteilungen, die schizophrenen Patienten aus ihrem Innern zuströmen, bilden häufig einen krassen Gegensatz zu den destruktiven Anfeindungen, die kurz darauf erfolgen. Nicht selten werden zwei Stimmen gleichzeitig gehört, die abwechselnd anklagende und tröstliche Botschaften übermitteln.

Das rätselhafte Mysterium kann Krankheit und Verzweiflung, aber auch Rausch und Verzückung hervorrufen. R. Mundhenk schreibt:

„Die schizophrene Gotteserfahrung pendelt zwischen den Motiven des Werdens und Vergehens, zwischen dem ‚stirb und werde' (S.186f.). Das gesamte Dasein des Patienten wird in Erwartung einer durchgreifenden Erneuerung auf den Kopf gestellt.

Angst und Glückszustände, Gefühle der Allmacht und Ohnmacht, Begeisterung und Furcht wechseln miteinander ab. Die Schwankungen im schizophrenen Erleben werden als Kern produktiver Psychosen angesehen; sie sind in dieser Ausprägung bei keinem anderen Krankheitsbild anzutreffen. Eine Phase maximaler Erregung mit apokalyptischen Ängsten kann rasch in das andere Extrem umschlagen und einem glückseligen Zustand der Allmacht Platz machen. „Jener rasche Wechsel zwischen Zuständen höchster Beglückung und solcher tiefster Zerstörung und – vielleicht noch mehr – das Ineinandergreifen beider Erlebnisformen scheint für die Schizophrenie in der Tat vielfach charakteristisch zu sein", erläutert Mundhenk (ebd.).

In vielen Fällen begnügt sich die psychiatrische Diagnose mit der Betonung bestimmter Symptome, ohne hinreichend auf die Unterschiede zu achten. Hinter der Bezeichnung *Schizophrenie* verbergen sich mannigfache Phänomene und Symptome, die auf ein Verborgenes hinweisen, das hinter diesen Erscheinungen liegt. C.G. Jung entdeckte „im Geisteskranken nicht etwas Neues und Unbekanntes, sondern den Untergrund unseres eigenen Wesens, die Mutter der Lebensprobleme…" (zitiert bei Mundhenk, S.10).

Wenn die Beschäftigung mit Themen wie Gut und Böse, Schuld und Vergebung, Gott und Teufel im Vordergrund steht, kann von einer religiös-spirituellen Krise ausgegangen werden. Auch Begriffe wie Offenbarung, Verzückung, Ergriffenheit, Besessenheit etc. kommen in Betracht, um die Erlebnisse in Worte zu kleiden. Die Analogien mit mystisch-ekstatischen Erlebnissen sind unverkennbar.

Mundhenk bezeichnet als gemeinsamen Nenner der vielfältigen Erlebnisformen einer spirituellen Krise die Erfahrung der Überwältigung. Urplötzlich erscheint etwas Unbekanntes, das fasziniert und gleichzeitig bedrohlich wirkt (S.32). Damit verbunden ist häufig das

Bewusstsein einer ‚göttlichen Führung' oder man fühlt sich ‚ergriffen' vom heiligen Geist. Die Berichte reichen von der Überzeugung, eine himmlische Berufung empfangen zu haben, bis zum Erlebnis überirdischer Verzückung.

Doch auf eine ‚Himmelsreise' kann sich in rascher Folge eine ‚Höllenfahrt' anschließen. Das glückselige Erleben einer mystischen Begegnung kippt plötzlich um, weil die Angst vor dämonischen Angriffen die Oberhand gewinnt und die Atmosphäre verdüstert. Ambivalente Züge zeigen sich. Wer den Verstand verliert, sieht am Ende des Tunnels Licht oder die Pforten der Hölle tun sich auf. „Das Gefahrvolle der ekstatischen Gratwanderung deutet sich hier an; hinter dem Gefühl der Beseligung brodelt oft bereits die Angst" (ebd., S.34). Zwischen euphorischem Schauen und tiefer Erschütterung ist es nur ein kleiner Schritt. Von den höchsten Höhen stürzt der Schizophrene in quälende Abgründe hinab. Er erlebt und sieht ebenso das Göttliche wie auch die Hölle auf Erden.

Das Mysterium kann sich somit als Beglückung oder Bedrohung entfalten; es offenbart eine prinzipielle Zwiespältigkeit. Es kommt vor, dass die vernünftigste Erklärung die am wenigsten wahrscheinliche ist. „Wo Gott in die Welt kommt, kann dies Gnade und Gericht, Erlösung und Verwerfung, Anbruch der Heilszeit sowie der Apokalypse bedeuten. Der schizophrene Mensch erlebt oft beides in großer Verdichtung und Steigerung, nicht selten auch in raschem Wechsel, manchmal in eigentümlicher Verquickung" (S.36f.).

Psychotische Schübe können als Erweiterung der Persönlichkeit und als Sensibilisierung erlebt werden, oder sie zerstören das grundlegende Vertrauen in das Daseins und die mit ihm verbundene Sicherheit. Die ‚Verrücktheit' kann einen Durchbruch zu neuen Erfahrungshorizonten bedeuten. Sie enthält das Potenzial zu Befreiung und Erneuerung, als auch zu Versklavung und existentieller Krise.

Die dramatischste Veränderung findet aber nicht im Kopf, sondern im Herzen statt. Wenn die Entwicklung eine positive Wendung nimmt, wird Herz und Gefühlsleben von Verhärtungen und Beschränkungen befreit. Die vormalige Enge des Innenlebens löst sich auf. Leidenschaften und Begierden weichen einer inneren Ausgeglichenheit und Ruhe, die sich in Zukunft durch nichts mehr leicht aus der Fassung bringen lässt.

Auch Mystiker berichten von heftigen Gefühlsumschwüngen, denen sie sich zeitweilig unterworfen fühlen. Der mystischen Erlösung geht nicht selten ein großer Widerstreit der Empfindungen, eine Wechselhaftigkeit der Emotionen und eine Übersteigerung angstvoller oder beglückender Stimmungen voraus. Nach langen Meditationszeiten bemerken sie plötzlich, dass sich ihre Gefühlswelt grundsätzlich verändert hat. Die Mitmenschen werden ihnen gleichgültig, das Essen schmeckt fad, das vormals Beglückende erscheint farblos etc.

Dieser Zustand der ‚Ernüchterung' ist eine Phase, die in der meditativen Praxis bekannt ist. Der Gemütszustand ist äußerst unangenehm, denn das Leben erscheint nicht mehr lebenswert. Viele, denen es nicht gelingt, die Symptome einzuordnen und zu verstehen, fallen in eine tiefe Depression. Der Verlust der gewohnten Sichtweise auf die Dinge des Lebens wird im depressiven Zustand als Mangel und Unfähigkeit erlebt.

Während die Erfahrung der Ernüchterung in der westlichen Sichtweise pathologisiert wird, ist sie nach buddhistischer Auffassung ein Akt innerer Weisheit, der die Polaritäten aufhebt und einen Hinweis gibt auf die Einheit allen Seins. Alle Attribute, wie schön, hässlich, gut oder schlecht, sind Interpretationen und Bewertungen, die den Dingen angedichtet werden. Die buddhistische Lehre rät weder zu einer positiven, noch zu einer negativen Sicht auf die Welt, sondern empfiehlt einen angemessenen, realistischen Blickpunkt.

In den Yoga-Aphorismen des Patanjali heißt es, schädigenden und störenden Gedanken solle man entgegengesetzte Betrachtungen entgegenstellen. Der Yogi überwindet Unwissenheit und Leid, indem er sich nicht zu Gefühlen des Zorns oder der Verblendung verleiten lässt und seine Begierden zügelt. Stattdessen führt er sich stets ihr Gegenteil vor Augen und handelt auf der Grundlage von Geboten und Verboten (s.: Vivekananda).

Wendet sich jemand dem Schamanismus zu, kann es geschehen, dass er von grauenhaften Horrorvisionen geplagt wird, in denen er während einer Zeremonie gefoltert und getötet wird. Er entwickelt daraufhin paranoide Wahnvorstellungen und verliert eine zeitlang völlig den Bezug zur Realität. Dies alles findet in seinem Bewusstsein statt, wirkt aber überaus real und wird hautnah erlebt.

Der Proband auf dem mystischen Pfad durchläuft einen emotionalen und mentalen Reinigungsprozess, in welchem er mit seinen tiefsten Ängsten und erschreckenden Phantasien konfrontiert wird. Es fühlt sich zeitweise an wie eine Achterbahnfahrt, in der sämtliche Höhen und Tiefen, für die das Seelenbewusstsein zugänglich ist, durchlebt werden.

Der Zunahme des Bewusstseins auf der lichten Seite entspricht eine ebensolche auf der dunklen; auf diese Weise wird das Gleichgewicht gewahrt. Annie Besant bemerkt dazu: „...bei den Schwingungen des Pendels von der einen Seite zur anderen muss man manchmal bis zu Übertreibung gehen in der Ausübung des Gegenteils, um schlicßlich den Mittelweg zu treffen, die goldene Mitte, von der die Griechen sagten, dass sie Tugend sei" (in: Initiation, S.92).

Die dunkle Seite tritt umso stärker in Erscheinung, je höher die Schwingungsfrequenz und je weiter das Bewusstsein entwickelt ist. Je mehr ein Kandidat sich der Dualität bewusst ist, umso besser gelingt es ihm, einen Pfad zwischen den Extremen zu finden und sie zu integrieren.

Der Mystiker wird - ähnlich wie der Schizophrene - zwischen Bedrängnis und Beglückung, Angst und Beseligung, Vernichtung und Erhebung hin- und hergerissen, bis das gegensätzliche Erleben schließlich in der *Unio Mystica*, der ultimativen Vereinigung, seinen krönenden Abschluss findet.

Allmachtsphantasien

Ein eindrucksvolles spirituelles Erlebnis kann zur Folge haben, dass der Betroffene die Erfahrung nicht angemessen integrieren kann, weil er sich damit überfordert fühlt. Plötzlich ist er davon überzeugt, verantwortlich für das Wohl und Wehe der gesamten Menschheit zu sein. Er beginnt, alle möglichen Äußerungen auf sich zu beziehen. Ein Beispiel: Der Nachrichtensprecher im Fernseher wendet sich direkt an den Zuschauer und erzählt ihm von den Problemen der Welt. Der auf diese Weise Angesprochene fühlt sich nun in seiner Phantasie dazu aufgerufen, ganz allein die Welt zu retten und ist naturgemäß damit überfordert.

Das Öffnen der Tore zu den bewussten und überbewussten Bereichen der Psyche bewirkt ein vermehrtes Einströmen von Energien. Wenn die Persönlichkeit nicht fähig ist, die vermehrte Energie zu bewältigen, führt dies zu Fehlentwicklungen und mangelhaften Interpretationen. Dies ist vor allem dann der Fall, wenn aufgrund von fehlender Reife die Gefühle und die Vorstellungswelt keiner bewussten Kontrolle unterworfen sind und eine überbordende Phantasietätigkeit nicht durch den Verstand in Grenzen gehalten wird. Eine Neigung zu Selbstüberschätzung und Eitelkeit (die oft ein tiefer liegendes Minderwertigkeitsgefühl überdeckt) kann die Wirkung haben, das persönliche Selbst über Gebühr wichtig zu nehmen.

Auch psychotische Personen fühlen sich von aller Welt beachtet: In ihrer Einbildung beziehen sie alle möglichen Zeitungsnotizen auf sich. Darüber hinaus sind sie mit einflussreichen Persönlichkeiten und sogar mit Fürstenhäusern verwandt. In völliger Selbstüberschätzung äußert ein Patient die Überzeugung, wenn er sterben würde, seien alle anderen Menschen zum ewigen Leben bestimmt (vgl.: R. Mundhenk, S.110). In seiner Vorstellung wird der Patient zum Inbegriff von Allmacht und Allwissenheit.

Die psychotische Erfahrung bedeutet eine entscheidende Lebenswende. Die Erschütterungen, die eine psychotische Erkrankung hervorrufen, können zum Ausgangspunkt einer religiösen Lebenseinstellung werden, selbst wenn der Inhalt von Gewalt, Schmerz und Ängsten geprägt ist. Intuitiv erfasst der schizophrene Mensch das Besondere seiner Erfahrung, die ihn über die alltägliche Welt hinaushebt und ihn verpflichtet.

Im schizophrenen Denken findet sich vielfach das Bewusstsein einer globalen Mitverantwortung, oft auch der Mitschuld an Fehlentwicklungen. Die Bemühungen richten sich nicht allein auf das eigene Leben und Überleben, sondern auf die Beeinflussung des Weltgeschehens im Ganzen. Die Berufenen sind davon überzeugt, Zugang zu überpersönlichen Mächten gewonnen zu haben. Daher stehen ihnen in ihrer Phantasie ganz neue Möglichkeiten zur Beeinflussung des Weltgeschehens zur Verfügung.

Ihr außergewöhnliches Einfühlungsvermögen lässt sie heftig mitleiden, wenn ihnen die Probleme der Mitmenschen zu Ohren kommen. Häufig findet sich bei ihnen ein übersteigertes Selbstgefühl mit Größenideen. Sie fühlen sich dafür verantwortlich, irgendetwas zur Besserung der Welt beizusteuern und denken dabei in großen Zusammenhängen. Ein zentrales Thema ist die feste Überzeugung, die Welt retten zu müssen. Die Verantwortung wiegt schwer und bringt die Betreffenden einerseits in extreme Nöte und erzeugt gleichzeitig große Opferbereitschaft.

Die Überzeugung, in besonderer Weise erwählt worden zu sein, ist im Denken Schizophrener häufig anzutreffen. Sie meinen, die Stimme Gottes zu hören, erleben Himmel- und Höllenfahrten und erhalten Einblicke in andere Realitäten. Die Frage nach Sinn und Ziel des Erlebten gewinnt an Gewicht. Ein ‚Ruf' wurde vernommen, der den Berufenen seiner eigentlichen ‚Bestimmung' zuführt und ihn gleichzeitig der Lebenswirklichkeit entfremdet. Das intuitive Erleben stellt in der Regel die entscheidenden Weichen. Der Einzelne wird zu etwas Besonderem im Sinne von Erhebung oder Verdammnis. Der Erwählte wird zugleich ausgezeichnet und berufen.

Die neue Aufgabe, der ‚Auftrag' werden zur entscheidenden Zielsetzung des Lebens, wobei der Inhalt anfangs allerdings im Dunkel liegt. Das Motiv des Neubeginns und Aufbruchs kollidiert häufig mit dem undeutlichen Ziel der Berufung.

Das Bewusstsein einer besonderen Verantwortung verbindet sich mit der Vorstellung ungeahnter Möglichkeiten. Wahnhafte Gedankengänge gipfeln in der Überzeugung, dass eine göttliche Instanz dem Erwählten das Schicksal der Welt anvertraut habe, damit er sie vor dem Untergang bewahrt. Die Freude an der ‚Erwählung' geht häufig mit der Angst vor Überforderung und Versagen einher. Manche Patienten erschrecken vor der gewaltigen Aufgabe und sie werden von dem Gefühl, unwürdig zu sein, überwältigt.

Die Erwählung kann auch – abhängig von der persönlichen Vorgeschichte - Leiden bedeuten. So wird eine stille Teilhabe am Leiden Christi als besondere Auszeichnung verstanden. Schizophrene äußern die Überzeugung, die Menschheit vor dem Unheil bewahren zu können, indem sie stellvertretend für sie das Leiden auf sich nehmen. Ein Patient berichtet, er müsse Christus beim Tragen des Kreuzes behilflich sein und so das Erlösungswerk vollenden (s.: R. Mundhenk, S.111). Das Gefühl höchster Verantwortung, das Bewusstsein, für die Rettung der Welt kämpfen zu müssen, treibt ihn um. Die hohe Verantwortung ruft gleichzeitig Zweifel, Ängste und starke innere Widerstände hervor, denn die große Aufgabe wird zunehmend zur Last und zur Bedrohung.

Der feste Glaube an eine ‚Berufung' kann zur Aufnahme einer emsigen Predigertätigkeit führen. Manche Patienten glauben sich zum Propheten berufen, der die Welt von verderblichen Einflüssen befreien soll. Sie predigen das Strafgericht Gottes für den Fall, dass man ihnen keinen Glauben schenkt.

Die materielle Existenz wird gleichzeitig entwertet; Armut, Keuschheit und die Betonung idealer Werte werden zu grundlegenden Elementen der Lebensführung. Der desolate Zustand der Welt lässt die Aufgabe dringlich erscheinen. Ob als prophetischer Mahner und Bußprediger oder aber als Gottgesandter bzw. Christus in eigener Person, immer gilt die Sorge dem Schicksal der Welt und ihrer Zukunft.

Auch H. Taube, der seine Erfahrungen in schriftlicher Form verarbeitet hat, fühlt sich zeitweilig berufen, die Welt zu retten. Er ganz allein wolle dafür sorgen, dass es nie wieder zu einem Krieg auf Erden kommt. Diesen Gedanken hält er für seine Mission, die er erfüllen will, koste es, was es wolle. Er fühlt sich als Auserwählter, als König H. Taube schreibt: „Jeder hätte zum Messias werden können. Jeder. Aber keiner hat sich auf den Weg begeben, keiner ist losmarschiert, keiner hat daran geglaubt, dass alles möglich ist!" (S.116) Er will der gesamten Menschheit beweisen, dass er seine Mission zur Erfüllung bringt.

Viele meinen, in die Fußstapfen eines Messias zu treten und werden sogar in ihrer ausufernden Selbstüberschätzung selbst zum Messias. Die Beschränktheit des vorherigen Lebens ist aufgehoben, nachdem ihnen ein Eindruck von innerer Weite und unermesslicher Kraft zuteil wurde. Das aufgeblasene Denken und Handeln führt zu der anmaßenden Überzeugung, das gesamte Weltgeschehen hänge von der eigenen Person ab. Eine Patientin, über die R. Mundhenk berichtet, hört freundliche Stimmen, die ihr mitteilen: *„Du bist nicht krank, du hast keine Psychose, du bist eine wiedergeborene Göttin"* (S.155). Obwohl sie es nicht ganz glauben kann, fühlt sie sich doch sehr geschmeichelt. Eine andere Patientin glaubt, von Gott schwanger geworden zu sein, während ein männlicher Patient den sexuellen Höhepunkt zugleich als religiöse Verzückung erlebt, bei der er sich eins fühlt mit Gott (S.152f.).

In der messianischen Rolle halten sich etliche für erwählt, religiöse oder gesellschaftliche Reformen in großem Stil herbeizuführen. Sie berichten von der Erfahrung, eine ‚heilige Hochzeit' mit einer mythischen oder göttlichen Instanz vollzogen zu haben und auf diese Weise erhöht worden zu sein. Sophie Zerchin hat die plötzliche Eingebung, sie sei die ‚Braut Christi'. Doch die mystischen Erfahrungen bringen sie in arge Konflikte, sobald sie wieder in die Alltagswelt zurückkehrt. Sie verliert den Boden unter den Füssen.

Während schizophrene Patienten zu gewissen Zeiten davon überzeugt sind, der wiedergeborene Christus zu sein, der die Welt zum Licht führt; halten sie sich auf der anderen Seite für den Antichristen oder glauben, eine unverzeihlicher Sünde wider den heiligen Geist begangen zu haben. Ein Patient hat das Empfinden, dass Jesus aus ihm redet und durch ihn handelt. Ein anderer „glaubt, er habe sich Christus so sehr hingegeben, dass er nicht mehr zwischen sich und ihm unterscheiden könne, ja, dass von ihm selber kaum noch etwas übrig sei" (s. Mundhenk, S.124). Für C.G. Jung ist Christus ein Symbol des menschlichen Selbst, der innerste Kern der Persönlichkeit. Christus steht für das höchste menschliche Streben: „All das ist voller Geheimnis, oft sogar erschreckend", bemerkt Jung (zitiert in: J. Galuska, S.223).

Eine Frau mit Psychose-Erfahrungen beschreibt bei H. Hansen das „unbeschreiblich schöne Gefühl, mit allem und allem verbunden sein, zu spüren, dass alles eins ist, und die Gewissheit, keine Angst haben zu müssen." Zudem hat sie das verwirrende Gefühl, eine weibliche Wiedergeburt von Jesus zu sein. Vielleicht ist sie aber auch Maria, die Jesus erneut zur Welt bringen wird. Sie lernt weitere Patienten kennen, die sich ebenfalls mit Maria oder Jesus identifizieren und kommt zu dem Schluss: „Ja, ich bin ein göttliches Kind – so wie alle Menschen und: wenn ich Mutter bin, so bin ich auch Maria, wie jede Mutter. Denn für mich ist auch Maria Göttin und Mensch zugleich" (S.107).

Auch H. Taube fühlt sich als Messias, zeitweilig sogar als Gott. Eine Psychose hat er nur, um die Menschheit zu retten. „Nur ein Verrückter kann die Welt verrücken", sagt er sich (S.311). Einer Ärztin erzählt er am folgenden Tag, dass er der ‚Auserwählte' sei, der die Welt retten müsse. Er wäre sich sicher, dass überall Wanzen, Sender und Kameras versteckt seien, die alles aufzeichnen.

H. Taube wähnt sich auf einer Mission: Er schwimmt gegen den großen Strom, gegen eine hypnotisierte Masse. Er ist etwas ganz besonderes. Berühmte Leute aus der Unterhaltungsbranche kennen ihn, denn er hat einen ‚Ruf' vernommen. Den ‚göttlichen Funken', der in der Gegenwartsgesellschaft erloschen ist, will er wieder entzünden, damit er ein Licht über die Erde wirft, wie es noch keiner gesehen hat. Einerseits hält er sich für einen harmlosen Kiffer; gleichzeitig sieht er sich als den berühmtesten Dichter der Welt.

Das Gefühl der Nichtigkeit wird in sein Gegenteil verkehrt. Das Spiegelbild von H. Taube raunt ihm zu, ohne dabei die Lippen zu bewegen: „Sieh dich an. Was ist aus dir geworden? Ein Nichts! Aber das hört jetzt auf. Du bist mehr als ein Nichts, du bist ein Alles. Von nun an werde ich für dich sorgen, dich führen, dich begleiten. Du stehst unter meinem Schutz…" (S.58). Er wird berühmt werden, das ist ihm nun klar.

Mit offenem Mund starrt er in den Spiegel: „Aber halt, wer steht da wirklich? Ich erstarre, bin entsetzt, ängstlich, ehrfürchtig berührt; ich zittere. Der, der vor mir steht, der, der mich unentwegt anstarrt, ist ein alter Mann. Ein mir sehr bekannter alter Mann." Er meint, seinen Vater, den er seit Jahren nicht mehr gesehen hat, in den Gesichtszügen zu erkennen. Nun ist er davon überzeugt, endlich reich zu werden durch die Veröffentlichung seiner Gedichte. Er wird die ganze Welt erobern und über unendliche Macht verfügen.

Nach mehreren Klinikaufenthalten ist er davon überzeugt, „dass das meine letzte Psychose gewesen sein sollte. Meine Mission war beendet, ich hatte in meinen psychotischen Phasen alles erlebt, was es zu erleben gab, was möglich war. Ich war Engel, Jesus, Gott und Satan. Es ging nicht höher und nicht tiefer. Ich kannte das Paradies und beileibe die Hölle. Nie wieder wollte ich eine Psychose bekommen" (S.394).

Ein weiteres Beispiel ist M. Lenz. Er hält sich in der akuten Phase seiner Erkrankung für einen Propheten, der bereits vor langer Zeit in der Bibel angekündigt worden war und der unter der besonderen Anleitung Gottes steht. Seine Aufgabe sei es, die Welt von der Existenz Gottes zu überzeugen. Auf telepathischem Wege hält er Ansprachen an die Weltöffentlichkeit. Er glaubt, die wichtigste Person auf dem ganzen Planeten zu sein, da er ja der ‚Auserwählte' sei (vgl.: U. Lessing, S.28).

A. Gehrke berichtet über psychotische Schübe und destruktive Stimmen, die ihm das Leben zur Hölle machen. Nach dem Abklingen der Psychose aber wird ihm klar, dass ihm die Stimmen eine Lektion erteilen wollten: Sie forderten von ihm, sein übermäßig entwickeltes Ego in die Schranken zu weisen, aber dennoch Vertrauen aufzubauen und seine Identität zu wahren (S.108).

Ihm wird klar, dass die Welt nicht von seinem Verhalten abhängt und keineswegs untergeht, wenn er sich nicht an bestimmte Regeln hält. Er hört auf, sich gottähnlich zu gebärden und drohende Katastrophen zu befürchten, die durch ein vermeintliches Fehlverhalten seinerseits ausgelöst werden könnten. Sein Ego wird auf ein Normalmaß zurückgestutzt, als er erkennt, dass die Welt auch unabhängig von seiner Person weiterexistiert.

Im Größenwahn herrscht oft eine heitere Stimmung vor bis hin zu überschwänglichem Verhalten. Wer sich z.B. als der Welt größter Geheimagent sieht, ist imstande, allen auf ihn zukommenden Gefahren zu trotzen. In gewissen Verfolgungsideen findet sich ein verwandtes Moment. Auch dort interessiert man sich für den Verfolgten. Jeder, der ihn sieht, weiß sofort Bescheid; er steht im Mittelpunkt der Aufmerksamkeit. Relativ oft findet sich ein Zusammenhang zwischen der Größe eines erfahrenen ‚Auftrags', welche die eigene Wichtigkeit betont, und dem tiefen Sturz, der im Falle des Scheiterns droht. Wenn das Bewusstsein der eigenen Unwürdigkeit überhand nimmt, kommt es zu ernsthaften Suizidversuchen.

Es hat wenig Zweck, bei Patienten, die sich für Christus halten, gegen ihre ‚Geistesverwirrung' anzukämpfen. Dagegen scheint es hilfreich, sie auf einen grundlegenden Irrtum aufmerksam zu machen, der ihnen in diesem Zusammenhang unterlaufen ist: Von grundlegender Bedeutung ist es, eine Unterscheidung zu treffen zwischen der gewöhnlichen - mit zahlreichen Mängeln behafteten - menschlichen Persönlichkeit und dem ureigentlichen Wesen, dem höheren Selbst oder Zentrum des Ganzen.

Einen besonderen ‚Ruf' vernehmen auch gläubige Menschen, die sich veranlasst fühlen, den Pfad eines religiösen Mystikers einzuschlagen und weltlichen Belangen zu entsagen. Sie fühlen sich berufen zu einer Pilgerschaft, die sie an geheimnisvolle Orte bringt, welche mit dem vorherigen Leben nicht mehr viel gemein haben. Meist sind sie durchaus in der Lage, den Anforderungen des Weges standzuhalten, ohne sich in abstrusen Phantasiegebilden zu verlieren.

Der Mittelpunkt der Welt

Je mehr sich ein Mensch spirituell entwickelt und in seine Mitte gelangt, desto tiefer dringt er mit seinem Geist ein in die nebelhaften Bereiche des Selbst. Damit ist kein physischer Ort gemeint, sondern eine Sphäre, die nur durch die Portale des Bewusstseins zugänglich ist. Der Schlüssel zur universellen Natur des Seins befindet sich im menschlichen Geist. Der spirituelle Mensch findet das Universum in seinem Innern. Wenn ihn diese Erkenntnis über die Maßen erschüttert, gerät er in psychosenahe Zustände. Entweder gelingt es ihm, aufzusteigen in schwindelnde Höhen, oder er zahlt einen hohen Preis in Form der Zerrüttung seiner geistigen Gesundheit.

Das Erleben auf dem Weg zu Erleuchtung schildert C. Zumstein: „Angelangt auf der Spitze des Berges erkennt der Mensch sich als Zentrum der Welt, über ihm wölbt sich die Himmelskuppel mit ihm als Zentrum. In seiner Einsamkeit erkennt er sich als Zentrum, in dem alles angelegt ist, alles, was um ihn ist, sich in ihm trifft" (S.159).

Auch Psychiatriepatienten berichten häufig darüber, dass sie sich als Mittelpunkt des gesamten Daseins fühlen. Derjenige, der in seiner Mitte angekommen ist, erfährt die Umwelt als Modifikation seiner Selbst. Er ähnelt darin dem Träumer, der in einer Welt lebt, die ganz aus ihm selbst entstanden scheint. Hat ein Mensch den Mittelpunkt seines individuellen Zustandes erreicht, kann er sich unbegrenzt verwirklichen; das gesamte Umfeld wird sozusagen mit seiner Ausstrahlung erfüllt.

Der Autor R. Preist, der zeitweilig selbst unter psychotischen Schüben litt, schreibt in seinem Bericht: „Du bist der Spiegel. Du bist verrückt. Du siehst in der ganzen Welt nur dich selbst. Alles, was du siehst, hat Bezug zu dir. In ihrer extremen Form gibt es die Welt nur durch dich. Nur durch deine Wahrnehmung existiert die Welt... Und die Welt existiert nur, indem du sie wahrnimmst. Du erkennst dich in der Welt wie in einem Spiegel, doch du erkennst, dass in dir die Welt sich selbst erkennt wie in einem Spiegel" (S.119f.). Eine ähnliche Auffassung findet sich bei Philosophen und Mystikern.

H. Taube macht seine eingebildete ‚Mission' schwer zu schaffen; er hat „Angst vor meiner unendlichen Macht. Meine Macht reicht bis über das Universum hinaus. Ich wollte nie ein Gott werden, niemals habe ich die Absicht gehabt, einer zu werden. Und jetzt bin ich es doch! Es kommt mir so vor, als sei die Erde nur noch so groß wie ein Fußball und ich bin der Mittelpunkt. Die ganze Welt dreht sich um mich. Ich habe Angst, Angst vor meiner unendlichen Größe. Ich bin größer als das ganze Universum" (S.311).

Etliche Schizophrene empfinden ihr Leben als Theaterstück, in dem ihnen die Hauptrolle zukommt. Die gesamte Existenz findet auf einer Bühne statt. In dieser Hinsicht existiert eine erstaunliche Übereinstimmung zu hinduistischen Lehren. Auch für Hinduisten ist das Leben nicht wirklich, sondern sie sehen die Welt als Täuschung (*Maya*), während ein Schleier die wahre Erkenntnis verhindert. Die gesamte Existenz wir als *lila,* als ‚Spiel der Götter' bezeichnet.

In einigen mystischen Schriften dient der menschliche Körper als Symbol für den Weltmittelpunkt. Der Grundriss einer christlichen Kirche symbolisierte im 16. Jhdt den Körper Christi (vgl.: P. Devereux, S.581f.). Die Vorstellung, den Körper als Mittelpunkt zu betrachten, wird als ‚somatozentrische' Weltsicht bezeichnet. E. Neumann bemerkt dazu: „Der frühe Mensch beansprucht, ohne sich dessen bewusst zu sein, eine Position im Mittelpunkt der Welt. Er sieht alles in Relation zu seiner Person und setzt sich zu allem anderen in Beziehung. Er füllt die Welt, die ihn umgibt, mit den Vorstellungen seines Unterbewusstseins" (ebd., 82).

Pico della Mirandola und E. Swedenborg erklären übereinstimmend, alle Gegensätze bestünden nur im menschlichen Verstand, doch im Grunde sei alles eins. Die gesamte Natur sei geistig beseelt und „alles Erschaffene habe den Menschen zur Norm, weil der Ewige Menschengestalt hat, und das Universum bilde in seiner ganzen Zusammenfassung den großen Menschen. In dieser Auffassung vom Menschen als dem Mittelpunkt im Universum begegnen sich Pico und Swedenborg", erklärt M. Lamm (S.328). Die Stellung des Menschen in der Schöpfung ist demzufolge einzigartig.

Die kosmische Achse, der ‚Nabel der Welt', gilt als Übergang zwischen dieser Welt und anderen Bereichen oder Bewusstseinsebenen. Zugang dazu erhält man über veränderte Bewusstseinszustände. Die Beschreibung derartiger Zustände findet sich vor allem im Schamanismus. Ein Schamane sieht sich als Vermittler zwischen der irdischen Welt und den übersinnlichen Sphären. Als Weltmittelpunkt gilt ein Spalt zwischen den Welten, ein Ort, an dem die Kommunikation mit Geistern und Göttern möglich wird und ein Übergang zu geistigen Ebenen stattfinden kann.

Während einer Initiationszeremonie geht der Adept den ‚Weg in die Mitte'. Derweil er sich auf die Mitte zu bewegt, nähert er sich auch dem Mittelpunkt der Erde. Dort befindet er sich im ‚heiligen Raum' außerhalb der Zeit, in der Zone der absoluten Realität. Das Paradies liegt in der Mitte des Kosmos.

Der Mensch, der seine Mitte gefunden hat, lebt nicht mehr in der Vielfalt, sondern alles wird zu einer Ausstrahlung seiner Selbst. Die individuelle Einheit verwechselt er allerdings leicht mit der höchsten Einheit, indem er sich Gott als eine Individualität vorstellt.

Der abendländischen Philosophie sind derartige Vorstellungen fremd. Seit *Descartes* unterscheidet sie streng zwischen Geist und Materie. Sie will die gesamte Wirklichkeit in diesen beiden Begriffen fassen, obgleich sie darüber keine ausreichenden Kenntnisse besitzt, kritisiert Guénon. Die Erfahrung, sich im Mittelpunkt der Welt zu befinden, wurde in der Neuzeit ins Unterbewusste abgedrängt. Sie wird überlagert von modernen intellektuellen Vorstellungen über den Platz des Menschen im Lauf der Dinge.

All-Verbundenheit

Psychische Erschütterungen gestatten einen Blick über das Alltägliche hinaus. Sie können eine fundamentale Verwandlung der Persönlichkeit in Gang setzen. Das bisherige Ich verwandelt sich und wird zu einem Gefäß für die überpersönliche ‚Weltseele'. Ein geläutertes Selbst nimmt teil am großen Ganzen, an der unbekannten Wirklichkeit. Das Empfinden von Ohnmacht einerseits geht mit einer Ausweitung des Bewusstseins und seiner Entgrenzung einher.

Der Schizophrene erlebt sich als Individuum, in das Gott sich niedergelassen hat. Er wird damit zu einer wichtigen Gestalt im kosmischen Drama. Das Gefühl der Ohnmacht verwandelt sich in die Überzeugung, von Bedeutung zu sein, da er sich zum Mitarbeiter einer göttlichen Instanz berufen fühlt.

Die Phänomene werden leicht als Hinweis auf die eigene Überlegenheit und besondere Berufung interpretiert. Wenn sich das Bewusstsein erweitert und der sich öffnende Bereich der übersinnlichen Phänomene eine übertriebene Faszination ausstrahlt, findet eine Ich-Inflation statt. Eine solche Haltung von Selbsterhöhung stellt eine große Gefahr auf dem spirituellen Pfad dar. Dessen Ziel ist die Transzendierung des persönlichen Ichs, nicht seine Erhöhung. Die psychotische Verwirrtheit kann in diesem Zusammenhang als deutlicher Warnhinweis verstanden werden, der dazu auffordert, die übersteigerte Selbsteinschützung zu hinterfragen und vom hohen Ross herabzusteigen.

Die Mängel der realen Existenz scheinen bedeutungslos vor dem Bewusstsein erworbener oder verliehener Größe. Der Psychotiker identifiziert sich mit dem göttlichen Geist, der in allem ist; daher kann außerhalb seiner nichts existieren. Ein Patient äußert das Empfinden, dass Gott körperlich spürbar von ihm Besitz ergriffen hat. Er ist von seiner besonderen Rolle im ‚apokalyptischen Endkampf' überzeugt. Sein Gegenspieler sei der Teufel, den er zwar vernichten könnte, dies aber nicht wolle, da die Menschen sich nicht zu sicher fühlen sollen (s.: Mundhenk, S.119).

Therapeuten sind geneigt, solchen Patienten paranoide Wahnideen zu unterstellen, doch diese Annahme bietet wenig Anhaltspunkte für das Verständnis der Ursachen und der wahren Natur derartiger Behauptungen.

Spirituelle Erfahrungen vermitteln dem individuellen Selbst ein Gefühl der Universalität, der Bewusstseinserweiterung und der Überzeugung, auf eine gewisse Weise am göttlichen Wesen teilzuhaben. In den religiösen Traditionen aller Zeiten finden sich zahlreiche Zeugnisse zu dieser Thematik. Schon in der Bibel steht geschrieben: *„Ich habe gesagt, ihr seid Götter, und ihr alle seid Kinder des Höchsten"* (Psalm 82:6). Auch in den Lehren der Vedanta - Philosophie wird die Identität des menschlichen Geistes mit dem Höchsten gelehrt.

Die Einsicht in metaphysische Daseinsebenen befreit das Individuum von Illusionen, denn es hebt vorübergehend die Grenzen des persönlichen Ichs auf. Gleichzeitig werden neue Hindernisse geschaffen, wenn sich das beschränkte Ich nun auf dem Gipfel aller Entwicklung wähnt und sich, nachdem die Entgrenzung vorüber ist, immer noch mit dem Höchsten auf eine Stufe stellt.

Der fatale Irrtum derjenigen, die Opfer dieser Art von Fehleinschätzung werden, ist, dass sie ihrem persönlichen Ich die Fähigkeiten und Macht des transpersonalen Selbst zuschreiben. Die Vernachlässigung des wesentlichen Unterschieds führt zu absurden und gefährlichen Konsequenzen. Es handelt sich um die Verwechslung von metaphysischer und stofflicher Realitätsebene.

Solche Fälle von Konfusion entstehen bei Menschen, die in Kontakt mit machtvollen Wesenheiten kommen, die sie nicht begreifen können und denen sie nicht gewachsen sind. Die Unterscheidung von physischer und metaphysischer Ebene liefert den Schlüssel zu einem

Verständnis dieser Patienten mit ihrer Selbstüberhebung und Glorifizierung des persönlichen Ich.

Die wahnhaften Vorstellungen psychotischer Patienten entsprechen zum Teil parallelen Entwicklungen auf dem geistigen Pfad, die als ‚Geburt des Christus im Menschen' bezeichnet wird. Der geistige Pfad des Buddhismus wird im Christentum als ‚Pfad der Erleuchtung' bezeichnet, auf dem das Licht des Geistes zunehmend heller erstrahlt. Im Neuen Testament wird in symbolhafter Form der Vorgang der Einweihung des Geistes beschrieben.

In den indischen Lehren spielt der Begriff des Nichts oder Nichtseins eine große Rolle. R. Guénon bemerkt dazu: „Das Nichtsein enthält im Grundsatz alles, was die wesentliche Realität aller Dinge auf irgendeiner Stufe der Welt ausmacht. Ohne diese im Nichtsein wurzelnde Wirklichkeit wäre die Welt illusorisch" (S.61). Wer in den Zustand des Nichtseins gelangt ist, hat Verbindung zum gesamten Rest.

Ein persönliches transzendentes Erlebnis wird von dem Inder Gopi Krishna überaus eindrucksvoll geschildert: „Immer strahlender wurde das Leuchten, immer lauter das Tosen. Ich hatte das Gefühl eines Erdbebens, dann spürte ich, wie ich aus meinem Körper schlüpfte, in eine Aura aus Licht gehüllt... Ich fühlte, wie der Punkt meines Bewusstseins, der ich selber war, immer größer und weiter wurde und von Wellen des Lichts umgeben war... Ich war jetzt reines Bewusstsein, ohne Grenze, ohne Körperlichkeit, ohne irgendeine Empfindung oder ein Gefühl, das von Sinneswahrnehmungen herrührte, in ein Meer von Licht getaucht" (zitiert bei St. und Chr. Grof, Spirituelle Krisen, S.84).

Der Novize ist nach dem initiatorischen Erleben zu einem neuen Leben im Geiste geboren. Es ist die Erreichung der
vollen Größe eines Menschen, seine Vollendung, wie sie bei A. Besant beschrieben wird (in: Initiation, S.111f.). Der Adept macht die großen Stufen der Entwicklung durch und führt in eigener Person das Leben des Christus. Er wird nicht nur erlöst, sondern wird selbst zum Erlöser. Doch die bisherige begrenzte Persönlichkeit kann die über-

99

sinnlichen Reiche nicht auf Dauer betreten. Eine spirituelle Schulung ist die Voraussetzung für ein höheres Leben im Geiste. Fatale Irrtümer entstehen dann, wenn sich jemand unvorbereitet, mit falschen Vorstellungen, in die geistigen Regionen begibt.

Mystiker vertreten die Auffassung, jeder Mensch habe das Potential in sich, die Vollkommenheit zu erreichen und gottgleich zu werden. So gesehen ist das Leben Jesu ein Gleichnis für das jedem Menschen innewohnende Potential, sein wahres Sein zu entdecken und zu entfalten.

Das menschliche Energiesystem

Je energiegeladener der psychische Zustand ist,
desto weniger Einfluss haben die Gesetze der Realität.

Zusammenspiel von Energien

Bewegung und Dynamik erschafft die individuellen Formen und den Zusammenhalt des Lebens. Die gesamte Natur ist ein Muster zusammenwirkender Kräfte und Energien; jede Lebensform in der Natur ist mit allen anderen verbunden. Das Gleichgewicht der Schöpfung wird vom Zusammenspiel dieser miteinander verbundenen Energien gewährleistet. Jede Bewusstseinsebene hat eine einzigartige Aufgabe zu erfüllen, die zum Ganzen beiträgt. Sie umfasst unterschiedliche Energieschwingungen.

Alles in der Natur wird durch einen unaufhörlichen Strom von Energien strukturiert, der verschiedene Lebensformen zusammenfügt und verflechtet, um so ein veränderliches und dynamisches Ganzes zu formen, erklärt G.A. Fraser (S.66). Meditative Übungen können den Energiezufluss des Organismus steigern. Dies hat zur Folge, dass stärkere Energieströme zu bewältigen sind.

Die das Energiesystem des Menschen betreffenden Zusammenhänge sind nicht leicht zu erklären. Die Energieversorgung ähnelt einem Bewässerungssystem, über dessen Kanäle die Energie weitergeleitet wird. Um an den Zielort zu gelangen, bedarf es Zwischenstationen, welche die Energie auffangen und verteilen. Diese Zwischenstationen (Energiezentren oder Chakren genannt) ähneln Behältern bzw. Auffangbecken für Energie. Sie können Energie speichern oder umgehend weiterleiten.

Über diese Zwischenstationen findet die gesamte Energieversorgung des Organismus statt. Sie benutzen ein Tarnsystem, das es nur gleich
geartoten Energien erlaubt, sich zu verbinden. Andersgeartete Energien ziehen unbemerkt vorüber oder können nur kurz verweilen, da eine Verbindung nur sehr mangelhaft zustande kommt.

Die Energiebrücke, die bei einer Verbindung gebildet wird, ist nur dann stabil, wenn gleichartige Energien aufeinander treffen. Energien, die sich nur in Teilbereichen ähneln, gehen lediglich eine lockere Verbindung ein, die schnell wieder gelöst werden kann. Eine Verkettung kann also grundsätzlich nur dann zustande kommen, wenn gewisse Ähnlichkeiten der Energien vorhanden sind. Entsprechen sich die Energien in keiner Weise, dann kann auch kein Zusammenschluss stattfinden. Sie fließen unbemerkt aneinander vorbei.

Ist die Kontrolle der individuellen Energien nicht ausreichend, drängen psychische Inhalte aus den unteren Bewusstseinseinschichten, wie Halluzinationen und Imaginationen, ungehindert an die Oberfläche des Wachbewusstseins. In der Psychiatrie ist dieser Vorgang als ‚Inflation' des Unbewussten bekannt. Die dabei auftretenden Formen der geistigen Verwirrung sind Größenwahn, Paranoia, schizophrene Phasen und ein Triebgesteuertes Sexualleben. Doch nicht alle psychischen Erkrankungen lassen sich mit schulmedizinischen Annahmen in Einklang bringen.

Unstetes Denken, extreme Gefühlsschwankungen und vagabundierende Erinnerungen sind verantwortlich für die Absenkung des Energiepegels einer Person, was zu einem weiteren Kontrollverlust des Selbst über seine unterschiedlichen Regungen führen kann. Disharmonische Gedanken stören das innere Gleichgewicht ganz erheblich. Um einen Ausgleich herzustellen, hilft ein harmonisches Gedanken- und Gefühlsleben, damit die geistigen Energiezentren in eine gleichmäßige Schwingung versetzt werden.

Im Verlauf einer spirituellen Entwicklung werden verdrängte Inhalte des Unterbewusstseins aktiviert und an die Oberfläche gebracht, damit sie betrachtet und verarbeitet werden können. Mitunter ist es nicht möglich, sie in das normale Wachbewusstsein zu integrieren. Dann kann es geschehen, dass eine Art ‚mentaler Bruch' der Psyche oder sogar der geistige Zerfall droht.

Wenn sich die enormen Kräfte, mit denen ein Individuum umgeht, der Kontrolle weitgehend entziehen, können die natürlichen Begrenzungen fortgespült werden und es wird problematisch, die Energieströme wieder in die für sie vorgesehenen Kanäle zu lenken. Die universale Energie, die durch ein individualisiertes Selbst fließt, erweist sich manchmal als von größerer Spannung, als das Selbst fassen kann.

„Dies ist ein Phänomen, das dem esoterischen Wissenschaftler wohlbekannt ist: das Brechen eines spirituellen Mühldammes unter einem Druck, dem der Organismus nicht standhält, und die folgende Reduktion der göttlichen Kräfte auf die untersten Ebenen des Daseins", erläutert D. Fortune (in: Das karmische Band, S.55). Um einen bevorstehenden Zusammenbruch zu vermeiden, empfiehlt die Autorin, alle meditativen Aktivitäten und geistigen Übungen einzustellen, um sich mithilfe körperlicher Aktivitäten ausreichend zu erden.

Eine junge Frau, die intensiv Yoga- und Meditationstechniken praktizierte, kann als warnendes Beispiel dienen. Nach einiger Zeit der Praxis hat sie das Empfinden, nicht mehr genügend zwischen innen und außen unterscheiden zu können. Sie behauptet, ihr Körper sei nicht mehr geschlossen und von anderen Menschen energetisch abhängig. Zudem hat sie den Eindruck, durch ihr Fenster ströme Energie von außen herein. 10 Tage lang traut sie sich nicht mehr, ihre Wohnung zu verlassen.

Diejenigen, die sie sich für Kräfte öffnen, die größer sind, als ihre Natur verkraften kann, gehen ein großes Risiko ein. „Diese riskante Erweiterung der Empfänglichkeit wird durch bestimme Formen des Atmens, der Meditation und der Ritualmagie bewirkt" warnt D. Fortune (ebd., S.110). Die Energien fließen in Richtung der Aufmerksamkeit. Sie können, je nachdem, welcher Art die Gedanken sind, die sich während der Übungen einschleichen, wahnhafte Vorstellungen, einen Ausbruch hysterischen Verhaltens oder Triebgesteuerter Sexsucht auslösen.

Nichts ist bei spirituellen Übungen weniger geeignet als Instabilität. Die Kontrolle der Denkvorgänge und Emotionen sowie eine Überwindung von Vorurteilen, Aversionen und Hemmungen, vermögen die Energien zu kanalisieren und in eine bestimmte Richtung zu steuern.

Die Intensität der sinnlichen Wahrnehmung, das Fühlen und Denken, erhöht sich im Verlauf eines spirituellen Weges. Dazu bemerkt H. Kalweit: „Alle psychischen Zustände laufen zunächst auf eine Steigerung und Intensivierung hin, werden so wie ein aufblasbarer Luftballon immer größer, erweitern, dehnen sich, werden so riesig wie die ganze Welt und werden schließlich diese ganze Welt...‟ (S.36).

Im Verlauf meditativer Übungen verflüchtige sich das Ich-Bewusstsein; Ich und Welt rücken näher zusammen, erklärt Kalweit. „Je weniger Ego wir besitzen, desto mehr lassen wir die Umwelt in uns hinein. Je mehr Ego ich bin, desto weniger Umwelt- und Welterkenntnis ist möglich‟ (S.331). Der Autor räumt allerdings ein, dass zu einem erfolgreichen Leben ein ausgewogenes Verhältnis zwischen Ich und Nicht-Ich gehört, wenn man nicht verkümmern will. Ohne ein stabiles Ich-Bewusstsein kann ein Individuum in einer Welt der Materie nicht überleben.

Die Aufhebung der Subjekt/Objekt-Trennung und ein verändertes Raum-Zeit-Erleben wird von G. Rosenthal als Eigenschaft transpersonaler Zustände eingestuft (in: J. White, Hg, S.86f.). Die bei psychotischen Menschen anzutreffenden Charakteristika, wie: starkes Ergriffenwerden von Gefühlen, vertrieftes Interesse an religiösen Themen, Fehlen der Trennung zwischen Selbst und Göttlichem, sind auch bei den großen geistigen Lehrern der Menschheit anzutreffen.

Der menschliche Organismus ist ein Schnittpunkt zwischen dem Endlichen und dem Unendlichen. In dieser Spannung kann sich nicht jeder unbeschadet behaupten.

Negative Energieströme

Die Menschheit ist umgeben von einem Meer des Bewusstseins. Die sie umgebende Energiemenge ist enorm; sie ist daher einem Ansturm ausgesetzt, der seinesgleichen sucht.

Menschen, deren Energiezentren geöffnet sind, berichten oft von einem vermehrten Zustrom an Energien, was nicht immer angenehm ist. Wie ist das zu erklären? Erfahrungen dieser Art sind Teil des spirituellen Weges. Lernprozesse in ähnlicher Form ereignen sich häufig; man kann ihnen im Grunde nicht entgehen. Allerdings kann verhindert werden, dass negative Energien ungehindert einströmen. Hierzu bedarf es einer ruhigen inneren Geisteshaltung. Die dunklen Energieströme heften sich in der Regel an ihnen gleich geartete E-nergien und eine Verbindung kommt zustande. Kaum ein spiritueller Sucher ist vor diesem Hindernis gefeit.

Die Schwingungsfrequenz einer Person ist abhängig von einer Vielzahl von Faktoren. Hierbei ist maßgebend, welcher Reifegrad dem jeweiligen Organismus entspricht. Die Verständnisbereitschaft und Aufnahmefähigkeit ist abhängig vom Entwicklungsstand der Persönlichkeit. Die menschliche Persönlichkeit gleicht einem Sieb, das bestimmte Eindrücke empfängt. Das Sieb hat Filterfunktion; nur eine begrenzte Anzahl von Eindrücken gelangt hindurch. Diese Filterfunktion weist individuell große Unterschiede auf, die abhängig sind vom jeweiligen Temperament. Dieses spielt die entscheidende Rolle und ist der bestimmende Faktor.

Die Schwingungsfrequenz bei Mensch und Tier entspricht dem jeweiligen Grad der Ausrichtung. Der Mensch ist aufgrund seiner größeren Kapazitäten in der Lage, einen selbstbestimmten Fokus über längere Zeit beizubehalten. Es ist vor allem diese Fähigkeit, die den Menschen vom Tier unterscheidet. Je höher entwickelt ein Le-bewesen ist, desto mehr ist es in der Lage, die Richtung seiner Aufmerksamkeit selbst zu bestimmen. Diese erworbene Fähigkeit ermöglicht es ihm, zu gegebener Zeit große Taten zu vollbringen.

Die Schwingungsfrequenz hängt von der Fähigkeit ab, den Aufmerksamkeitsfokus beizubehalten. Diese korrespondiert mit dem Entwicklungsstand eines Lebewesens. Je mehr es in der Lage ist, seine Aufmerksamkeit konsequent in eine Richtung zu lenken, desto höher wird die Schwingung. Menschen aus den unterschiedlichen Kulturen weisen jeweils höhere oder niedere Schwingungen auf. Allerdings hat mittlerweile eine Vermischung stattgefunden.

Ein Mensch kann fortgeschrittene spirituelle Erfahrungen machen und gleichzeitig eine psychische Regression erleben. Wenn das Ich nicht ausreichend entwickelt ist, werden als Begleiterscheinung oft narzisstische Tendenzen intensiviert. Ein spiritueller Durchbruch, der durch eine unreife Persönlichkeit erlebt und verarbeitet wird, fällt leicht der Inflation anheim. Neulinge auf dem Gebiert treten mit Mächten in Kontakt, die jenseits ihrer derzeitigen Auffassungsgabe liegen. Daher entwickeln sie in unterschiedlichem Maße wahnhafte Vorstellungen. Manchen gelingt es nicht, aus diesem Zustand wieder aufzutauchen.

Die Öffnung der Kanäle zwischen dem Bewusstsein und dem Unbewussten kann heilsame Wirkungen entfalten. Doch die individuelle Psyche kann sich auch als unfähig erweisen, mit dem plötzlichen Einfließen vermehrter Energien fertig zu werden. Dann kommt es zu emotionalen Erschütterungen und Ausbrüchen, zu übersinnlichen Wahrnehmungen und bedrohlichen Stimmen, die Verwirrtheitszustände hervorrufen.

Eine probate Möglichkeit, die lästigen Energien auf Dauer fernzuhalten, ist die konsequente Ausrichtung des Bewusstseins auf das Licht. Die Mächte des Lichts sind aber nur in dem Maße hilfreich, wie sich jemand an ihnen orientiert. Wird diese Ausrichtung lange hinausgezögert, gestaltet sich der Prozess besonders mühsam. Versagt der Proband an dieser Stelle, dann droht ihm ernsthaftes Missgeschick. Doch er ist den Fremdenergien nicht auf Gedeih und Verderb ausgeliefert. Sie sind nur so mächtig, wie er ihnen zubilligt.

Der Lernprozess besteht darin, die eigenen Energien den dunklen Strömungen immer unähnlicher werden zu lassen. Die Harmonisierung der eigenen Energien ist oberstes Ziel. Ist man hierzu in der Lage, werden die andrängenden Fremdenergien nach und nach von selbst verschwinden. Die konsequente Ausrichtung der Gedankenkräfte trägt mit der Zeit Früchte.

Energie-Beschleunigung

Beschleunigte Energien in einem Organismus sind Ausdruck der Nicht-Kontinuität einer Entwicklung. Der Betreffende ist mit Energien in Kontakt, die ihn in seinem Fortschritt behindern. Die Beschleunigung ist ein Zeichen dafür, dass Teile der Energien ein Eigenleben entwickelt haben und sich unabhängig von der Aufmerksamkeitsausrichtung bewegen.

Diese Energie wieder der eigenen Steuerung zu unterstellen, ist die vordringliche Aufgabe. Die schnell schwingenden Energien können dem Bewusstsein nicht wirklich gefährlich werden, sofern es ihm gelingt, seinen Aufmerksamkeitsfokus weitgehend beizubehalten.

Gelingt es nicht, diese Aufgabe zu bewerkstelligen, dann zerfällt die Energie in zwei Teile und der Mensch wird über kurz oder lang nicht mehr in der Lage sein, einfache Aufgaben zu verrichten, denn die Störenergien hindern ihn daran. Gelingt es dem Bewusstsein hingegen, die Steuerungsfunktion zu übernehmen und beizubehalten, dann hat es die Chance, seine Kapazitäten zu erweitern.

Ein Mensch wird während der spirituellen Entwicklung häufig mit schnell schwingenden Energien konfrontiert. Wird während meditativer Übungen die Verbindung zum höheren Selbst nicht hergestellt, dann kann die Konzentration große Probleme aufwerfen. Die Ausrichtung der Geisteskräfte auf das Höhere Selbst bzw. auf den Geistlehrer verhindert die Infiltration des Bewusstseinsfeldes durch fremde Energieströme.

Das Potential, das derartige Energien hervorbringt, weicht gering-
fügig von den normalen Denkstrukturen ab. Um das eigene Denken
adäquat fokussieren zu können, ist die innere Haltung ausschlaggebend. Neben Gelassenheit ist auch die Qualität des Denkens von Bedeutung.

Die schnell schwingenden Fremdenergien können gefährliche
Auswirkungen haben, da sie ein Individuum an seiner Befreiung hindern. Sie verwenden raffinierte Methoden, um den Kontakt unter
allen Umständen aufrechterhalten zu können.

In einer haltlos gewordenen Energie wieder ein Ordnungsgefüge zu
erzeugen, ist äußerst schwierig. Vermeidet es jemand über einen langen Zeitraum, seine Energien hinreichend zu fokussieren, wird seine
Aura, sein ‚Mantel' durchlässig. Eine Absorption negativer Energien
fremden Charakters findet unvermeidlich statt. Diese Energien wirken sich äußerst negativ auf die Aura, das Lichtkleid, aus. Die Aura
wirkt wie ein Schutzmantel, der nun seine Funktion verloren hat.

Diesen Schutzschild hinreichend intakt zu halten, ist eine der Voraussetzungen für die Höherentwicklung. Ist der Schutzmantel einmal
schadhaft geworden, lässt er sich nur schwer wieder herstellen. Der
defekte Schutz ist u.a. verantwortlich für das Problem der unausge-
glichenen Energieströme.

Ist das Bewusstseinsfeld einmal infiltriert, dann bedarf es großer
Anstrengungen, um die fremden Bewusstseinsteile wieder zu entfernen. Diese verbinden sich nach und nach mit dem Mentalfeld des
betreffenden Menschen und überlagern es teilweise. Die schnelle
Schwingung ist ein Abwehrmechanismus der Fremdenergie, der es
erlaubt, die Verbindung aufrechtzuerhalten.

Um den Zusammenschluss der Energien zu lösen, bedarf es anderer
Methoden als die der Konzentration. Ist die Verbindung bereits relativ stabil, kann nur die Ausrichtung auf die geistige Welt eine Befreiung herbeiführen. Die schnelle Schwingung kann dem infiltrierten Bewusstsein großen Schaden zufügen. Sie ermöglicht aber auch
den Kontakt zum höheren Selbst, wodurch der Einfluss der Fremd-

energie weitgehend unterbunden und das infiltrierte Bewusstseinsfeld entlastet wird.

Es bleibt zu klären, wie die schnell schwingende Energie entsteht. Bei Konzentrationsübungen wird die Energie zunehmend beschleunigt. Die Fremdenergie passt sich der Beschleunigung an. Sie verbleibt in diesem schnellen Schwingungsrhythmus, da sie nicht genügend Elastizität aufweist, um die Schwingung wieder zu verlangsamen.

Dies hat Vor- und Nachteile für die Energie. Der schnelle Schwingungsrhythmus verbessert die Verbindungsmöglichkeiten, doch gleichzeitig wird der Einfluss geringer, d.h. die Beeinflussung des infiltrierten Bewusstseinsfeldes nimmt ab. So ist es anderen Geistebenen möglich, eine Verbindung im positiven Sinne aufzubauen. Hierdurch können andere Energien, die konstruktive Ziele verfolgen, an Einfluss gewinnen. Die Voraussetzung hierfür ist eine entspannte innere und äußere Haltung. Auch hilft die Konzentration mit geschlossenen Augen auf einen weißen Punkt, der sich etwa einen Meter entfernt befindet.

Die Wege sind unterschiedlich und ebenso die Menschen, die sie gehen. In dem Maße, wie ein natürlicher Entwicklungsverlauf stattfindet, verringern sich die Probleme. *Der nach einer spirituellen Entwicklung strebende Mensch sollte sich darüber im Klaren sein, dass alle seine persönlichen Probleme eine Verstärkung erfahren.*

In dem Maße, wie sich jemand seiner Schwächen bewusst ist, steigt für ihn auch die Möglichkeit, diese zu überwinden. Die Fähigkeit zur Kontemplation, zum Nachdenken über das Erlebte, ist eine wichtige Voraussetzung zu Bewältigung der auftretenden Schwierigkeiten. Manch einer, der sich mit Enthusiasmus auf den Weg begeben hat, hat das Ziel nicht erreicht.

Hindernisse auf dem Weg sind keine Seltenheit. Jeder Mensch entwickelt andere Strategien, um damit fertig zu werden. Die Besorgnisse in diesem Zusammenhang haben durchaus ihre Berechtigung, vor allem in problematischen Fällen. Doch andererseits ist die geistige Welt bestrebt, genügend Hinweise und Fingerzeige zu geben, um die Gefahren abzuschwächen.

Die Fremdenergien lassen sich nicht bekämpfen. Man muss vielmehr danach trachten, sie zu beherrschen. Die Energien zu stabilisieren, ist die Aufgabe eines spirituellen Menschen. Gelingt ihm dies nicht, dann droht ihm ein Abstieg in seiner Entwicklung.

Energie-Verkettung und Energie-Entzug

Ständiger mentaler Kontakt schafft eine Verbindung zweier Energien, selbst wenn diese wenige Gemeinsamkeiten aufweisen. Manche Menschen klagen über Atemnot, dem Gefühl, nicht genügend Luft zu bekommen. In einem solchen Fall gelingt es einer Fremdenergie, einen Teil der Energie zu absorbieren, wodurch es zu einer Unterversorgung mit Sauerstoff kommt. Hierdurch kann der Wirt in arge Bedrängnis geraten, besonders, wenn die sich aufdrängende Energie destruktiver Natur ist.

Werden die Gedankenenergien nicht in genügender Weise zentriert, können sie sich in alle Richtungen zerstreuen. Dabei kommen sie in Kontakt mit niederfrequenten Energien, mit denen sie eine Verbindung eingehen. Zerstreuen sich die Energien sehr stark, weil die Person es versäumt, ihren Gedanken hinreichend eine Richtung zu geben, dann entsteht ein Sog, der weitere Energien nach sich zieht. Diese Energien haben die Fähigkeit, aus dem Organismus Energie zu absorbieren, was auf lange Sicht zu einem Energiedefizit führt.

Der Austausch geschieht auf folgende Weise: Die fremden Energien lagern an die Energie des unerfahrenen Opfers an. Sie täuschen ein ähnliches Energiemuster vor, so dass der Austausch problemlos vonstatten geht. Diese Energien sind Verwandlungskünstler, weshalb es nicht einfach ist, sich zu schützen. Sie entwickeln mit der Zeit ein bedenkliches Eigenleben und es wird zunehmend schwierig, darauf

Einfluss zu nehmen. Nur dann, wenn die persönlichen Energien noch stark und intakt sind, ist eine Gegenwehr möglich.

Die Unterversorgung kann sehr quälend sein. Die Fremdenergie geht daran, nach und nach die gesamte Energie des Gastorganismus zu absorbieren, was zu einem verhängnisvollen Energiedefizit führt. Im Extremfall hat dieses Energiedefizit den Tod des Gastorganismus zur Folge.

Die *Sexualität* öffnet ein Tor für das Einfließen fremder Energien, die sich - mit der Erlaubnis des Gastgebers, der sich davon einen Lustgewinn verspricht -, in ihn verankern können. Auch in geschwächtem Zustand, im *Krankheitsfall,* ist ein Organismus kaum in der Lage, fremde Energien auf Dauer erfolgreich anzuwehren. Eine nicht intakte *Aura* ermöglicht gleichfalls den Einlass fremder Energien, was einen sehr störenden Charakter annehmen kann.

Das Energiesystem zu schützen, ist die vordringliche Aufgabe in einer spirituellen Entwicklung. Hierzu mehrere Möglichkeiten zur Verfügung. Eine der Möglichkeiten besteht darin, die Energie weitgehend zu harmonisieren und eine weitere Kontaktaufnahme in jedem Fall zu vermeiden. Die Fremdenergie kann sich nicht auf Dauer verankern, wenn es der Person gelingt, sie weitgehend zu ignorieren. Unter diesen Bedingungen wird sie gezwungen sein, sich früher oder später zurückzuziehen und das Bewusstsein freizugeben. Den Fremdenergien ist ein Verweilen auf Dauer nicht möglich.

Die Energien beschleunigen sich immer mehr, was erst einmal unangenehm ist. Diese Beschleunigung führt zu einer Destabilisierung der Verkettungen, die mit der Zeit immer brüchiger werden und sich letztendlich auflösen. Um diesen Vorgang zu beschleunigen sind Reinigungsübungen von großem Vorteil.

Die Bündelung von Energien ist die Voraussetzung für das Leben und auch der Grund für dessen Ende. Das Aufeinandertreffen von Energiestrukturen bewirkt eine Verhärtung der inneren Substanz, die das Eindringen heilender Lichtströme erschwert. Die Beseitigung krankheitsverursachender Faktoren verzögert sich oder wird ganz unmöglich. Daher sind regelmäßige Lichtübungen sehr hilfreich zur Erzeugung von Heilwirkungen.

Eine spezielle **Übung,** die den Körper reinigt:
☼ Wenn man seinen Durst mit Wasser stillt, dann visualisiert man während des Trinkens ein Licht, das sich mit dem Organismus verbindet. Ähnlich wie das Wasser durchfließt das Licht den Körper und entfernt dabei die Schlacken.

Eine *Energieblockade* beruht auf der Verkettung zweier Energien, die nur geringfügige Ähnlichkeiten aufweisen. Aufgrund des geringen Entsprechungsgrades findet kaum ein Austausch zwischen den Energien statt. Da die Ähnlichkeit so gering ist, gelingt es der Fremdenergie immer wieder, große Teile der ursprünglichen Energie zu absorbieren und sich zu verbinden. Die Frage stellt sich, wie es der Fremdenergie gelingt, sich trotz der geringfügigen Übereinstimmung fest anzuketten?

Eine Energie, die nicht systemkonform ist, hat hierzu mehrere Möglichkeiten. Sie benutzt den Wirt als Energiereservoir, indem sie eine gleich geartete Energie vortäuscht. Dies gelingt ihr z.B. mit Hilfe von ‚Scheininformationen', mit denen sie den Wirt anlockt und dessen Aufmerksamkeit auf sich zieht.

Ein menschliches Bewusstsein mit vorwiegend dunkler Gesinnung wird es schwer haben, Licht anzusammeln. Seine Energien werden zäh und dicht. Sie bewirken mit der Zeit eine innere Verhärtung, die nur schwer wieder aufzulösen ist. Als Folge davon ziehen sie entsprechende Energien herbei und ein fast undurchdringliches Dickicht entsteht an negativen Überzeugungen und Gedankeninhalten. Diese aufzulösen erfordert sehr viel positive Gegenkräfte, die in der Regel von außen kommen müssen.

Veränderung der Wahrnehmung

Die kranke Einbildungskraft gleicht Zerrspiegeln, die
anstelle der realen Bilder nur die verzerrten wiedergeben.

Erweiterung des Bewusstseins

Menschen, die meditative Übungen praktizieren oder auf anderen Wegen die Tür zum Astralreich öffnen, erleben eine Veränderung der sinnlichen Wahrnehmung. Es kommt vor, dass jemand vermehrt ‚seltsame' Erlebnisse hat. Er hört und sieht Dinge, die für andere nicht da sind. Oder er nimmt Geräusche wahr, für die er keine Ursache findet. Manchmal tauchen für Sekundenbruchteile dunkle Schatten am Rande des Blickfeldes auf oder winzige Lichtfünkchen blitzen kurzzeitig durch sein Gesichtsfeld.

Eine Vielzahl von seltsamen Sinneswahrnehmungen sorgt für Verunsicherung. Dies hängt damit zusammen, dass sich die Sensibilität für die Ebenen der feinstofflichen Welt erweitert. Zu jedem Sinnesorgan in der materiellen Welt existiert ein entsprechendes Organ in der feinstofflichen Welt. Werden diese Sinne aktiviert, weitet sich die Wahrnehmung in die feinstoffliche Ebene immer mehr aus:

☼ *Hellsichtige* sehen Bilder vor ihrem geistigen Auge. Die Bildeindrücke sind manchmal so klar und deutlich zu erkennen wie eine Fotografie, zu anderen Zeiten wirken sie eher unbestimmt und ähneln einer flüchtigen Skizze. Wenn die Visionen und empfangenen Eindrücke durch vorgefasste Meinungen verzerrt sind, wird es schwierig, ihre Bedeutung klar zu erkennen. Die Lösung besteht darin, sie auf eher neutrale Weise zu betrachten und einzuordnen.

☼ *Hellhörende Menschen* empfangen Informationen in Form von gesprochenen Worten, oft auch in ganzen Sätzen. Manche Stimmen sind bekannt, andere scheinen von fremden Personen zu stammen. Darüber hinaus werden die verschiedensten Geräusche gehört. - Es ist ratsam, nicht jeder Aufforderung, die übermittelt wird, sofort nachzukommen, sondern das eigene Urteilsvermögen einzuschalten.

☼ *Hellfühlige Menschen* können die Emotionen anderer spüren; sie empfangen Informationen in Form deutlicher Empfindungen. Von Vorteil ist es auch hier, die Wahrnehmungen von einem neutralen Standpunkt aus zu betrachten. Mit einiger Übung werden sie den Gefühlen, Empfindungen und Vorstellungen gegenüber, die sie empfangen, zunehmend gelassen reagieren.

☼ *Intuitive Personen:* Darüber hinaus gibt es Individuen, die – ohne eine Begründung dafür liefern zu können – direktes Wissen aus einer geistigen Quelle empfangen. Man könnte sie als ‚Intuitive‘ bezeichnen. Bilder, Szenen, Gesichter und kurze Ausschnitte aus verschiedenen Begebenheiten tauchen blitzartig auf. Es können Ereignisse aus früheren Zeiten sein, deren Herkunft fremd erscheint und deren Sinnzusammenhang sich nicht erschließt. Auch Erkenntnisse über die tieferen Zusammenhänge der Schöpfung teilen sich dem Bewusstsein mit.

R. Schache bemerkt dazu: „Auf diese Weise durchlebt die Seele bedeutende Ereignisse auf dem Seelenweg zu Ende, die noch nicht vollständig gelöst worden sind" (S.227). Die Seele sei der Speicher aller Erfahrungen. Sie befinde sich auf dem Rückweg zu ihrer ‚Quelle‘ und schaue sich Bilder und Ereignisse noch einmal an, um damit abzuschließen. Sie folge der ‚Spur der Erinnerungen‘, um von ihnen Abschied zu nehmen.

Während dieser Zeit macht sich vermehrt ein Bedürfnis nach Rückzug bemerkbar. Zeiten der Stille und Ruhe sind notwendig, um die neuen Eindrücke zu verarbeiten.

Sensitive Empfindsamkeit

Sensitive Menschen berichten über Erlebnisse in der materiellen als auch in der geistigen Welt. Jeder Mensch besitzt potentiell die Fähigkeit, beide Ebenen wahrzunehmen. Sensitive, die über die Gabe des medialen Fühlens – auch Hellfühlen genannt -, verfügen, sind besonders empfänglich für die Gefühle anderer Menschen. Sie können die Energien, die sie umgeben, entschlüsseln und deuten. Dabei müssen sie lernen, die eigenen Emotionen von denen anderer zu unterscheiden. Die Abgrenzung von Fremdeinflüssen garantiert ihre Unabhängigkeit, die Freiheit ihres Willens und die Integrität der Persönlichkeit.

Alles im Universum besteht aus Energie, die auf verschiedenen Frequenzen schwingt. Langsam schwingende Energie bildet die materiellen Objekte, die mit den fünf Sinnen erfasst werden können. Nichtmaterielle Energie schwingt außerordentlich schnell und kann mit entsprechenden psychischen Sensoren ebenfalls wahrgenommen werden (vgl.: P. Stevens, S.45f.). Das Seelenbewusstsein sieht die Bilder der feinstofflichen Welt als Teil der wirklichen Welt an.

Eine sensitive Empfindlichkeit nimmt subtile Signale der Umwelt wahr und spürt, wenn etwas nicht stimmig ist. Der Nachteil dabei ist die Neigung, sowohl die positiven als auch die negativen Schwingungen anderer aufzunehmen und sich damit medial zu überladen. Dadurch werden die Betreffenden leicht von Gefühlen überwältigt und reagieren übertrieben emotional.

Beim medialen Fühlen dient der gesamte Körper als Werkzeug, um Impulse aus der geistigen Welt und der Umgebung wahrzunehmen. „Der Brennpunkt des Hellfühlens liegt oftmals im Bauchraum, im Solarplexus – wir spüren ihn so sanft wie ‚Schmetterlinge' oder so stark wie ein Knoten in der Magengrube", erklärt L. Roethlisberger. Während des medialen Fühlens „können sensitive Menschen sich nahezu ‚verlieren', indem sie sich extrem in einen anderen hineinversetzen und nicht mehr unterscheiden, wo die Grenzen liegen, wer sie sind und wer der andere" (S. 209).

Feinfühlige Menschen agieren auf sehr komplexen Ebenen, die anderen nicht zugänglich sind. Sie nehmen ihr Umfeld intuitiv wahr, so als seien sie mit einem zusätzlichen Sinnesorgan ausgestattet. Oft vergessen sie, mit sich selbst genauso achtsam umzugehen, wie sie es mit anderen tun. Daher ist es wichtig für sie, im eigenen Selbst einen sicheren Ankerplatz zu finden.

Leider wird in wissenschaftlichen Untersuchungen das Phänomen ‚Hochsensibilität' nicht ausreichend erfasst. Man kann davon ausgehen, dass hochsensible Personen über drei wesentliche Eigenschaften verfügen, die sie von den Mitmenschen unterscheiden:

◻ Das Nervensystem ist empfindlicher und reagiert bereits deutlich auf subtile Eindrücke.

◻ Die Filter im Bewusstsein sind schwächer ausgeprägt, daher werden mehr Eindrücke aufgenommen und intensiver verarbeitet.

◻ Die Wahrnehmungsfähigkeit ist gesteigert, so dass selbst geringfügige Nuancen verstärkt empfunden werden. Bestimmte Gehirnareale verarbeiten Sinneseindrücke deutlich aktiver.

Die gesteigerte Sinneswahrnehmung bezieht sich nicht nur auf die bekannten fünf Sinne. Es existieren zahlreiche weitere Sinneskanäle, die bspw. Telepathie, Wetterfühligkeit, Hellsehen und die Wahrnehmung elektro-magnetischer Frequenzen ermöglichen. Leider ist von keinem der etablierten Wissenschaftszweige Hochsensibilität in ihrem vollen Umfang erfassbar.

Hochsensible Menschen besitzen ein wertvolles Potenzial. Die Begabungen stellen nicht nur Einschränkungen dar, sondern können eine große Bereicherung für ihre Mitmenschen sein. Feinfühlige Personen sind oft bereit, mehr Rücksicht auf andere Menschen zu nehmen. Sie haben die Fähigkeit, sich tief in ihr Gegenüber einzufühlen. Oft übernehmen sie sogar ungewollt deren Stimmungen. Mitmenschen reagiert nicht selten mit Unbehagen, wenn der Sensitive ihre Gefühle besser erfassen und interpretieren kann als sie selbst.

Der hohen sensorischen Wahrnehmungsfähigkeit verdanken die Betreffenden ein reichhaltiges Innenleben. Die Kehrseite der Reizoffenheit liegt in einer stärkeren Erregbarkeit und einer Überstimulation. Die starken Impulse führen leicht zu einer Überforderung, da die Stimuli von außen fast ohne Filter hereinströmen. Laute Geräusche, grelles Licht, schnell wechselnde Bildeindrücke usw. sind leicht zuviel für die Auffassungsgabe. Rückzugsmöglichkeiten werden benötigt, um sich wieder sammeln zu können.

Viele Sensitive empfinden ihre Veranlagung eher als Belastung, da es allgemein an Wertschätzung dafür mangelt. Sie haben den Eindruck, in einer Welt, in der Konkurrenzdenken an der Tagesordnung ist und das Recht des Stärkeren gilt, nicht richtig angekommen zu sein. Da es ihnen an Durchsetzungsfähigkeit fehlt, können Konflikte nicht offen und konstruktiv ausgetragen werden. Überstimulation durch Reizüberflutung führt unweigerlich zu Stress und Überforderung. Die eigenen Grenzen können nicht ausreichend gesichert werden, daher werden starke Reize zu einer großen Herausforderung.

Manche Personen werden durch energetische Übergriffe anderer Personen in ihrer Umgebung beeinträchtigt. Dies geschieht, wenn die Aura durchlässig ist oder wenn die Psyche nicht genügend stabil sind. Denkt jemand intensiv an sie, kann das als Angriff gewertet werden; die Erkrankung eines Kollegen kann sie über Gebühr in Mitleidenschaft ziehen; wird ein Freund in einen Unfall verwickelt, fühlen sie sich ebenfalls betroffen, etc.

Eine übersteigert entwickelte Empathie lässt den Betreffenden zum Spielball seiner Umgebung werden. Er fühlt sich unkontrollierbar emotional beeinflusst. Ein normales Leben ist aufgrund ständiger Belastungen und Beeinträchtigungen oft nicht möglich. Die Empfindlichkeit der Außenwelt gegenüber führt nicht selten zu einem Rückzug und zur Abkapselung von anderen, zu einem Eremitendasein. Freundschaften werden aufgegeben, Termine abgesagt, die Arbeitsstelle gekündigt. Eine zunehmende Tendenz zur Absonderung von Menschen entwickelt sich, bis hin zu massiven Ängsten vor der

Umwelt. Dies ist eine der großen Schattenseiten sensitiver Begabungen.

Eine derartige Überstimulation erleben gegenwärtig immer mehr Menschen, die sensitiv veranlagt sind oder in meditativen Übungen ihre medialen Fähigkeiten aktivieren. Irgendwann kommt annähernd jeder an einen Punkt, an dem eine energetische Problematik entsteht. Die Steigerung der sinnlichen Wahrnehmungen, wie fühlen, hören, sehen oder riechen, beruht auf der Verstärkung von Elementarenergie, die vor allem einen Einfluss auf die Gefühlswelt ausübt. Die Elementarenergie gehört der niederen Natur an.

In dieser Situation ist es hilfreich, ausgeprägtes negatives Denken zu vermeiden, da es ansonsten eine erhebliche Verstärkung erfährt, denn *Gleiches zieht Gleiches an*. Ein Lichtschutzmantel, den man als strahlendes Licht um sich herum visualisiert, kann die Abgrenzung von unerwünschten energetischen Einflüssen unterstützen.

In esoterischen Kreisen ist von einem evolutionären Fortschritt der Menschheit die Rede, der eine zunehmende Entwicklung der sensitiven Fähigkeiten mit sich bringt. Dabei wird der Ätherkörper, das feinstoffliche Doppel des physischen Körpers, stärker wahrgenommen. Diese Entwicklung enthält einerseits eine Wachstumschance, vermittelt allerdings auch eine Sicht auf die Welt, die bisher nicht zugänglich war und die man teilweise lieber vermeiden möchte.

Die Ausstrahlungen von Mitmenschen, die vorher nur begrenzt die persönliche Schranke durchdringen konnten, werden plötzlich deutlich wahrnehmbar. Damit aus dieser erhöhten Sensitivität nicht vermehrt zwischenmenschliche Konflikte entstehen, wird in der spirituellen Schulung großer Wert auf ethisches Verhalten und Mitgefühl gelegt. Das ‚Erwachen' der Menschheit sollte mit einem neuen Umgang mit anderen Lebewesen sowie mit der Schöpfung insgesamt einhergehen.

Dennoch kann es geschehen, dass zu Beginn die Distanz zur Mitwelt größer wird, bis sich jemand an die neue Situation gewöhnt hat und innere Stärke aufbaut. Man sollte seine Grenzen genau kennen und sich besser schützen, z.B. durch die Beendigung von Stressbeladenen Situationen.

Medial und sensitiv veranlagte Personen driften nicht selten ab in astrale Gefilde, wobei sie aufgrund von Illusionen und Täuschungen lange Zeit nicht bemerken, was eigentlich vor sich geht. Ein sensitiver Mensch, dessen Energiezentren geöffnet sind, sollte unter allen Umständen lernen, innere Neutralität zu wahren. Darüber hinaus sollte er weitgehend frei sein von Ängsten, Hassgefühlen, Vorurteilen, Abneigungen, Wünschen und Widerständen, damit die erweiterten Wahrnehmungen nicht zum Bumerang werden, die unweigerlich auf ihn zurückwirken.

Die Herausforderung für sensible Menschen liegt darin, die wahre Bedeutung ihrer besonderen Befähigung schätzen zu lernen und sie in ihrem Lebensalltag konstruktiv einzubinden.

Mentale Gedankenbilder

Eine mediale Öffnung, welche die Gabe des Hellsehens und des Hellhörens umschließt, kann für die unvorbereitete Psyche zu einer enormen Belastung. In der metaphysischen Realität spiegeln sich Bewusstseinszustände. Die persönliche, irdische Natur mit all ihren Unzulänglichkeiten rückt nun deutlicher in den Fokus der Aufmerksamkeit. Es sind sogenannte *Elementale*, die durch Leidenschaften, Ängste, Begierden und gewalttätige Impulse erzeugt wurden. Ein ganzes Heer von Gedanken und Empfindungen stürmt auf den Schauenden ein. Dazu gehören Schreckensbilder, die Angst und Zorn repräsentieren.

Die Menschen haben über einen langen Zeitraum hinweg zahllose Gedankenformen geschaffen, die teils in phantastischen Formen, teil in Tiergestalt, in ihrer Aura haften. Diese Formen sind an ihre Erzeuger gebunden. Sie begleiten sie und bilden so das ‚Kreuz' der Persönlichkeit, das die Bindung an die irdische Daseinsebene erzeugt.

Meditierende, denen die Umwandlung der Formen und damit die Reinigung ihrer Aura nicht gelingt, haben Probleme, sich von den an sie haftenden Gedankenformen zu befreien.

Die selbst erschaffenen astralen Kräfte werden leicht gereizt, wenn sie bekämpft werden und wenden sich schließlich gegen ihren Erzeuger. Unerfahrene und Ängstliche geraten nun in Furcht vor ihrer eigenen, bislang verborgenen Natur. Gelingt es ihnen nicht, die Herrschaft zu gewinnen, werden sie davon besessen.

Halluzinationen und Visionen sind nicht selten Teil einer langjährigen Meditationspraxis. Meist sind sie von vorübergehender Dauer; anschließend herrscht wieder ‚Funkstille'. Es kann geschehen, dass, wenn jemand lange und ausgiebig auf eine Buddha- oder Christusfigur meditiert, die Figur auf einmal plastisch und beweglich erscheint, so als wäre ihr auf geheimnisvolle Weise Leben eingehaucht worden. Manchmal spricht sie sogar und kommentiert die jeweilige Lebenssituation oder erteilt Rat in einer Notlage.

Auch psychotische Menschen berichten häufig von entsprechenden Erfahrungen. Bei G. Bychowski beklagt sich ein Patient darüber, dass er die Objekte, an die er gerade denkt, deutlich sehen kann. „Wie in der Photographie kann er jede seiner Vorstellungen sehen" (S.45). Diese außergewöhnliche Fähigkeit entspricht der Gabe hellsehender Personen, deren Visualisierungen greifbar vor ihren Augen entstehen.

Viele Medien verfolgen entgegen allen Warnungen und trotz alarmierender Erlebnisse ihren Weg unbeirrbar weiter. Dabei wäre es manchmal weitaus besser, die warnenden Hinweise von innen und außen gebührend zu beachten und die mediale Tätigkeit – zumindest eine zeitlang – zu unterbrechen, bis eine innere Zentrierung und Ausgeglichenheit erreicht wurde.

Psychotische und mystische Erfahrungen

Die Informationsverarbeitung schizophrener Menschen unterscheidet sich grundlegend von der anderer Personen, da die Filtermechanismen bei ihnen nur unvollständig ausgebildet sind. Normalerweise sind Individuen fähig, irrelevante Geräusche, Gedanken oder Erinnerungen auszublenden. Bei Schizophrenen ist das Filtervermögen so mangelhaft entwickelt, dass sie überdeutlich hören und sehen, was im Normalfall nicht ins Wachbewusstsein vordringt.

Patienten mit schweren psychischen Erkrankungen können durchaus authentische mystische Erfahrungen erleben, die sie dann allerdings auf eine eigenartige, verzerrte Weise interpretieren. Die von Mystikern beschriebene Verfeinerung der Sinneswahrnehmungen zeigt sich bei psychotischen Menschen als Überempfindlichkeit gegenüber äußeren Reizen, was als wichtiges Frühsymptom der Erkrankung gewertet wird (vgl.: A. Finzen, S.68).

Patienten sind zudem überempfindlich gegenüber Licht- und Farbwahrnehmungen sowie gegen Gerüche und Geschmacksempfindungen. Auch der Zeitablauf wird manchmal verändert wahrgenommen; die Zeit erscheint beschleunigt oder verlangsamt. Tatsächlich gibt es meditative Übungen, die darauf abzielen, denselben Effekt zu erreichen.

Halluzinative Wahrnehmungen kommen Schizophrenen oft ebenso real vor wie die Sinneswahrnehmungen der äußeren Welt, da sie nicht ausreichend zwischen innerer Wahrnehmung und äußerer Wirklichkeit differenzieren. Ähnlich ergeht es Mystikern, die ihr Bewusstsein über das Normalmaß hinaus erweitert haben. Visionen und mediale Botschaften werden als ebenso real empfunden wie die Reize der Außenwelt.

Doch auch in Indien verläuft der Werdegang nicht ohne gravierende Probleme, wie die zahlreichen Berichte über den berühmten Heiligen Indiens, *Ramakrishna*, bezeugen. Er erlebte eine Zeit voller Sinnestäuschungen und Leiden. Ohne Unterlass bat er die ,Göttliche Mutter', ihm beizustehen. Seine Gefährten im Tempel hielten ihn für krank und rieten ihm, einen Arzt zu Rate zu ziehen, wie S. Lemaitre berichtet (S.62). Doch kein Mittel konnte ihn heilen. Er galt als ,Narr Gottes' und wurde den Leuten ein Ärgernis. Hätte sein Neffe nicht aufopfernd über ihm gewacht, wäre er frühzeitig vom irdischen Dasein in jenseitige Gefilde übergewechselt.

„Diese für das Leben Ramakrishnas so wichtige Zeitspanne, in der viele andere den Verstand verloren hätten, war für ihn eine schreckliche Prüfung. Noch lange Zeit später hat er selbst, wenn er ermaß, an welchem Abgrund er entlanggegangen war, sich gefragt, wie er ihm hatte entgehen können", berichtet der Autor. „So zeigten sich also im Leben Ramakrishnas absonderliche Züge in Form von überspannten, unerklärlichen Verhaltensweisen, die geradezu auf eine Verirrung deuten könnten bei einem Menschen, der eine hohe Geistigkeit erreichen, ja, eine Art von Übermensch werden sollte" (S.65f.).

Zwei lange Jahre verbrachte er im Wechsel von leidenschaftlicher Überspanntheit und Verzweiflung. Die absonderlichen Begleiterscheinungen, die krankhafte, überreizte innere Spannung Ramakrishnas, lassen den späteren Werdegang des indischen Heiligen nicht vermuten. Auch von christlichen Mystikern ist bekannt, dass sie eine zeitlang unter krankhaften Zuständen und Halluzinationen litten, die sie allerdings nicht daran hinderten, den christlichen Pfad zu beschreiten.

Zen-Buddhisten gelangen auf unterschiedliche Weise zur Erkenntnis der Ganzheit, dabei spielen die verschiedenen Sinneswahrnehmungen eine bedeutende Rolle. Im Zen-Buddhismus existiert eine Schule, die den Namen ,Laute wahrnehmen' trägt (vgl.: Dae Gak, S.22f.). Die Anhänger dieser Schule finden Erleuchtung, indem sie ihre ungeteilte Aufmerksamkeit auf die Geräusche der Welt richten. Die bekannten Hörgewohnheiten werden dabei vermieden. Ohne besondere Erwartungen lassen sie sich vollkommen auf die Übung des Lauschens ein und achten ausschließlich auf das eigentlich Unhörbare: den ,Klang des Lauschens'.

Alles Dasein, alle Sinneswahrnehmungen, werden im Grunde als identisch angesehen; die Phänomene manifestieren sich lediglich an der Oberfläche verschiedenartig. Indem er das Hörvermögen auf den Ursprung des Lauschens richtet, glaubt der Adept, den Ursprung von allem erkennen zu können.

Manche gelangen durch das Hörvermögen, andere durch ihr Sehvermögen und einige durch Empfindungen ihrer Haut zum Ziel. Die gleichen Wahrnehmungen, die bei Schizophrenen Teil der Erkrankung sind, bringen buddhistische Mönche an den Ort ihrer Sehnsucht. Die Parallelen sind einerseits unverkennbar, doch die Unterschiede könnten kaum größer sein!

Möglicherweise kommen spirituelle Praktiken, die in einem früheren Leben intensiv geübt wurden, bei einer späteren Inkarnation zum Tragen. Wenn in dem neuen Umfeld das Verständnis für außergewöhnliche Phänomene fehlt, können sich die Vorerfahrungen als äußerst ungünstig erweisen.

Ist die Psyche nicht stabil genug, um die plötzlich an die Oberfläche gelangenden ungewöhnlichen Wahrnehmungen zu verarbeiten, kommt es zu einer Desintegration, falls es an der entsprechenden Aufklärung mangelt. Stattdessen wird bei den Betroffenen in der aktuellen Situation oftmals eine schizophrene Erkrankung diagnostiziert, ohne dass die tieferen Zusammenhänge klar zutage treten, was die Problematik noch verschärft.

Visionen oder Halluzinationen?

Das Öffnen der Tore in die spirituelle Welt gleicht dem Betreten eines mystischen Gartens, der allerdings Gefahren in sich birgt. Jede Öffnung in übersinnliche Bereiche führt den unvorsichtigen Wanderer in halluzinatorische Visionen und verstrickt ihn zunehmend in eine Traumwelt. Überbewusste Zustände können den Weg zurück ins normale Wachbewusstsein erschweren. Die Gefahr, den vielfältigen

Illusionen zu erliegen, die einem auf der Wanderung begegnen, ist groß.

Die psychologische Wissenschaft hat gezeigt, dass hinter dem eigentlichen Wachbewusstsein noch weitere Bewusstseinsschichten existieren. Jeder Mensch besitzt die Gabe des Hellsehens, wenngleich die angeborenen Fähigkeiten unterschiedlich ausfallen. Manche Menschen haben in einem vorherigen Leben die entsprechenden Anlagen bereits entwickelt, behauptet die mediale Schriftstellerin L. Roethlisberger. Die Autorin unterscheidet drei Stufen des *Hellsehens* (S.249):

▶ Phantastische Erzeugnisse der eigenen Psyche;

▶ Gedankenformen anderer lebender Menschen,

▶ Gedankenformen feinstofflicher Wesenheiten aus anderen Bewusstseinssphären.

Diese drei Stufen gelten auch für das *Hellhören* und *Hellfühlen*.

Die Fähigkeit des Hellsehens kann geübt werden, solange, bis Bilder und Visionen im Geiste auftauchen. Die Erforschung der inneren Welten setzt allerdings den richtigen Umgang, das rechte Verständnis und die zutreffende Interpretation der geistigen Phänomene voraus.

Psychische Störungen, die als *Halluzinationen* bezeichnet werden, sind dem Hellsehen verwandt. Eine ungezügelte, ausufernde Phantasie ist anfällig für Betrug und Täuschung. Die Frage, wo die eigene Phantasie aufhört und wo die Einbildung beginnt, ist überaus berechtigt. Zunächst müssen Irrtümer und subjektive Verzerrungen, die den Illusionen und Wunschvorstellungen der Sinne entsprechen, unterschieden werden. Mit der Zeit lernt das Bewusstsein, die eigenen phantastischen Vorstellungen, die sich als unzusammenhängende und unklare Bilder zeigen, von echten visionären Wahrnehmungen zu unterscheiden und die Botschaften der geistigen Welt zu entschlüsseln.

Will jemand die Schwelle zum Unbekannten überschreiten, dann werden starke Ängste und übertriebenes Misstrauen zu einem unüberwindlichen Hindernis. Die Sinne eines Meditierenden werden mit zunehmender Übung geschärft. Zudem wird die Scheidewand zu den Geschöpfen der elementaren Welten weniger dicht. Mediale Menschen erblicken nicht selten die gespenstischen Formen des Schattenreichs. Der Übende benötigt daher gute Nerven, denn er wird nicht nur freundlich gesinnten Phantomen begegnen.

Das Leben mit medialen Fähigkeiten ist ein schreckliches Schicksal für denjenigen, der mit ihnen nicht umzugehen weiß, warnt E. Bulwer-Lytton in seinem okkulten Einweihungsroman *Zanoni* (S.189). Die in den Organismus einströmenden Energien machen u.a. die Wesen der Luft für die Augen und das Gehör wahrnehmbar.

Eindrücklich beschreibt R. Preist halluzinatorische Wahrnehmungen, die von unheimlicher Präsenz sind: „Etwas lief, es lief und lief. Was war das? Er rannte vor etwas weg. Da war noch ein Schatten. Es war Ralf. Er lief, so schnell er konnte, und hinter ihm eine finstere Gestalt. Er hatte Angst. Da: ein großes Messer in der Hand des Verfolgers. Dieser hob die Hand. Er kam näher. Ich träume nur, dachte Ralf. Aber die Gestalten liefen weiter. Sie waren geradewegs aus seinem Traum herausgelaufen. Ralf hatte Angst. Jetzt hatte die Gestalt ihn fast erreicht. Er sprang auf. Die Bilder verschwanden nicht" (S.133f.).

Als er den Fernseher einschaltet, scheint es ihm, als liefen die Gestalten in den Fernsehapparat hinein! Er wechselt mehrmals den Kanal, - endlich verschwinden die unheimlichen Schemen aus seinem Blickfeld.

Halluzinatorische Eindrücke werden als Bilder, die aus einem übererregten Vorstellungsvermögen herrühren, betrachtet. Der Proband muss über genügend rationales Verständnis und innere Stärke verfügen, um zwischen Halluzinationen und echten transzendenten Erfahrungen unterscheiden zu lernen. R. Guénon bemerkt dazu: „Der Irrtum besteht hier nicht darin, das wahrgenommene Objekt für real zu halten, sondern ihm eine falsche Art der Realität zuzuschieben. *Etwas, das nicht irgendwie real ist, kann auch nicht wahrgenommen werden.* Es handelt sich um eine Verwechslung der seelischen und der körperlichen Wirklichkeit" (S.80, Anm. 11).

Wie quälend fremde Stimmen, die in aufdringlicher Weise ins Bewusstsein drängen, sein können, beschreibt R. Preist, der ihnen über einen langen Zeitraum hinweg ausgesetzt war. Die Stimmen hämmern in seinem Kopf: „Wir kriegen dich, wir finden dich, du kannst uns nicht entkommen. Lauf nur, wenn du willst, du kannst deinem Schicksal nicht entrinnen. Wir sind hier und warten auf dich, du kleiner Wicht. Wir nehmen dich und zermalmen dich, du Wurm", etc. (S.114). Wilde Assoziationen, denen er sich nicht entziehen kann, erzeugen bei ihm nackte Angst, die in Folge eine Zunahme der destruktiven Stimmen bewirkt. Dies wiederum verstärkt seine Verfolgungsgedanken.

Derartige Phänomene können auch Teil eines geistigen Schulungsweges sein. Die Phase, die bei P. Bessermann das ‚läuternde Feuer der Einbildungskraft' genannt wird, ist für den Probanden eine Prüfung, die ihn „von einem emotionalen, subjektiven Individuum zu einem losgelösten und objektiven Beobachter seiner innersten Gedanken und Phantastereien" werden lässt (S.100f.).

Buddhistische Mönche, Schamanen und Medien üben ausgiebig das ‚innere Sehen' mit einer Gedankenform; d.h. sie erschaffen gezielt Halluzinationen, indem sie sich etwas so lebhaft und realistisch vorstellen wie nur irgend möglich. Das Training der Vorstellungskraft erzeugt mit der Zeit eine Bildform, die eine gewisse Beständigkeit aufweist. Auch das sensitive Hören wird geübt, indem der Praktizierende sich ausschließlich auf drei Klänge konzentriert. Ebenso wird dem Tastsinn eine besondere Aufmerksamkeit zuteil. (Vgl.: S. Kahili King, S.200f.)

Halluzinatorische Wahrnehmungen, die bei Psychosekranken einen Großteil der Probleme ausmachen, werden von medialen Menschen solange geübt, bis sich deutliche Erfolge zeigen. Hier scheinen Zusammenhänge zu existieren, die noch weitgehend unerforscht sind. Inwieweit die besonderen medialen Fähigkeiten in einem späteren Leben zur Auswirkung kommen und für Verwirrung sorgen, kann nur vermutet werden.

Ein Wanderer auf dem mystischen Pfad darf sich nicht einfach seinen Phantasien überlassen und dabei das rationale Bewusstsein verneinen, um nicht den eigenen morbiden Vorstellungen zu erliegen oder in den Wahnsinn abzugleiten. Bilder, Phantasien und Visionen kreisen sonst unaufhörlich im Kopf und verhindern, die Gedanken zu klären. Um Desorientierung vorzubeugen, hilft ein ausreichend entwickelter Verstand. Auch allzu ehrgeiziger Ziele sollten aufgegeben werden. Die Befreiung von der Sucht nach Wundern ist zudem ein Weg, etwaige Klippen sicher zu umschiffen.

Ein Medium lernt mit der Zeit, mit den inneren Phantasien und Visionen umzugehen. L. Roethlisberger schreibt: „Fließen plötzlich zu viele Eindrücke – wird zuviel auf einmal angeschwemmt, beschränken Sie sich bewusst auf einen begrenzten Ausschnitt. Stoppen Sie Ihren inneren Film ganz einfach wie ein Video, das je nach Bedarf zurückgespult werden kann, bis man in aller Ruhe die vielen Impressionen erfasst hat" (S272).

In dem Maße, in dem die medialen Sinne erweckt werden, erhält der Übende Einsicht in seine gesamte Lebensgeschichte. Er gewinnt immer tiefere Einblicke, wobei auch die belastenden Erinnerungen zum Vorschein kommen. Traumatische Begebenheiten, die früher verleugnet wurden, zeigen sich plötzlich in aller Deutlichkeit. Ein unvermuteter Ansturm an Energien, Gefühlen und Gedanken kann eine spirituelle Krise auslösen. Die dunklen Aspekte der Psyche fordern zu einer Auseinandersetzung mit ihnen heraus.

Eine eingeschränkte Sinneswahrnehmung, das Fehlen übersinnlicher Kräfte, ist ein Schutz, der dem inneren Gleichgewicht des Individuums zugute kommt. Personen mit erweiterter Bewusstheit, die innerlich unausgeglichen sind, setzen sich der Gefahr aus, von Horrorvisionen und alptraumhaften Vorstellungen heimgesucht zu werden. Die daraus entstehenden Ängste können zu einer Destabilisierung der Psyche und seelischer Zerrüttung führen.

Manche Menschen werden von grauenhaften Phantasien in Angst und Schrecken versetzt. Das Ziel dieser nervenaufreibenden Konfrontation ist die Überwindung der Furcht vor den Schreckensbildern. Nicht die strikte Vermeidung hilft, mit Horrorvisionen fertig zu werden, sondern eine veränderte innere Haltung.

Die Gewöhnung an angsterregende Visionen kann dabei von Vorteil sein. Die phantastischen Gestalten, denen manche Wanderer auf den geistigen Ebenen begegnen, wirken mit der Zeit weit weniger bedrohlich, wenn sie nicht mehr unbekannt sind.

Das Bewusstsein soll letztlich auf die höheren Geistebenen ausgerichtet werden, um allmählich - über Zwischenstufen - eine Zentrierung des Bewusstseins zu erreichen. Die Konzentration auf ein Ideal oder einen geistigen Lehrer ist ein Teilaspekt der Zentrierung.

Eine ausgeglichene Psyche ist von entscheidender Bedeutung und die Voraussetzung für eine Weiterentwicklung zu einem höheren Bewusstsein. Nur einer hinreichenden Bewusstseinskontrolle ist es zu verdanken, wenn das psychische System standhält und keinen Schaden davonträgt.

Identitätsverlust und Transformation

In der spirituellen Erfahrung passiert genau das,
wovor der Jünger am meisten Angst hat.
Lynn Andrews

Das Ego-Bewusstsein

Die irdische Wanderung des Menschen führt ihn aus dem ursprünglichen Zentrum hinaus, weg von seinen Wurzeln. Je weiter er sich fortbewegt, desto erdgebundener wird er. Um den Halt nicht zu verlieren, ist der Mensch gezwungen, sich ein Bewusstsein, ein Ego zuzulegen, das abhängig ist von zeitlichen Abläufen.

In dem Feld des einen unendlichen Bewusstseins steckt das Individuum ein kleines Feld ab und schafft so sein begrenztes Ich, ein Ego, mit dem er sich identifiziert. Das Ich des Wachbewusstseins repräsentiert aber nur einen kleinen Teil dessen, was den Menschen tatsächlich ausmacht. Das Seelenbewusstsein mit seiner Verbindung zum höheren Selbst repräsentiert im Grunde die Gesamtheit des Menschen.

Das Ego kann mit dem Bild eines Spiegels verglichen werden. Es ist der Motor aller menschlichen Leidenschaften, diejenige Seite der individuellen Psyche, die Freude und auch tiefe Trauer empfinden kann. Durch die Vielzahl seiner Erfahrungen und Lebensumstände nimmt es immer mehr Gestalt an und erstarrt mit der Zeit in Abhängigkeiten.

Ein starkes Ego verleiht Vertrauen und Selbstsicherheit; es kann jedoch auch eine Fixierung auf bestimmte Strukturen und Glaubenssätze bewirken. Auf der anderen Seite veranlasst das Ego eine Person, sich auf die Suche nach höheren Zielen zu begeben. Im Verlauf einer spirituellen Entwicklung zeigt das Ego unterschiedliche Facetten.

Viele professionelle Medien, die ihre hellsichtige Anlage nutzen, glauben irrtümlich, sie hätten bereits den optimalen Bewusstseinsstand erreicht, der sie zur Vollendung führt. Ihr Ego steht ihnen im Wege und verstellt den Blick auf geistige Wahrheiten. Selbst religiöse Führer und spirituelle Lehrer hemmen ihre eigene Entwicklung, indem sie davon ausgehen, sie hätten letztendlich das Ziel bereits erreicht. Sie erfreuen sich an dem Ruhm, der ihnen zuteil wird und versäumen es, weitere Schritte zu unternehmen und ihren Weg fortzusetzen.

In einer komplizierten Welt ist es schwierig, das Selbst und seine Identifikation mit den Personen und Dingen der Umgebung loszulassen. Ein tiefer Prozess der Transformation ist erforderlich, um den Knoten des Selbst zu entwirren. Sich spirituell zu öffnen bedeutet, seine Anhaftungen, Ängste und Identifikationen aufzugeben und sich nicht länger vorwiegend mit seinem Körper, seiner Gefühls- und Gedankenwelt zu identifizieren.

Bei A. und D. Meurois-Givaudan wird der Kandidat, der eine geistige Schulung durchläuft, einerseits auf die Notwendigkeit von auseichender Willenskraft hingewiesen. Doch diese sollte nicht mit einem unbeweglichen Ego verbunden sein: „Das Räderwerk einer komplexen Maschine ist leicht ruiniert; also sei einfach, befreie dich von allem, was dich… sagen lässt: ‚Ich bin ich'. Wirf deinen Harnisch fort, der aus eitlen und erstarrten Kräften besteht! Mach dich so klein, dass du Platz hast in den Schwingen des Windes…" (Vgl.: Essener Erinnerungen, S.118).

Es kostet einige Mühe bis man begreift, dass Selbstaufgabe ein essentieller Bestandteil des spirituellen Weges ist. Das Ego baut sich in seiner gesamten Struktur auf den persönlichen Bedürfnissen und Leidenschaften sowie dem Gefühl der Trennung von der Gesamtheit des Seins auf. Befreiung von allen Beschränkungen erfordert letztendlich die Aufgabe der Vorstellung dessen, wer man ist. Nur wenn das Individuum sein Bewusstseinfeld nach und nach erweitert und schließlich die Grenzen aufhebt, kann es eine Wiedervereinigung mit dem allumfassenden Bewusstsein geben.

Es geht keineswegs darum, die persönliche Existenz zugunsten eines Kollektivkörpers auszulöschen. Das Ziel ist im Gegenteil, das individuelle Bewusstsein so weit auszudehnen, dass es seine eigene Rolle für die Harmonisierung des Ganzen erkennen kann. Jeder muss dabei lernen, selbstbewusst zu handeln, jedoch in besserer Kenntnis der Dinge und mit einer globalen Vision jenseits seiner eigenen, privaten Geschichte, betonen Meurois-Givaudan (in: vom Geist der Sonne, S.160).

Ein angehender Schamane muss sich während der Lehrzeit bemühen, seine Verbindung zum Geist zu läutern. Dazu benötigt er ausreichende Entschlusskraft, denn es wird von ihm verlangt, seine Individualität aufzugeben, erzählt C. Castaneda. Sein Mentor Don Juan erläutert, Freiwillige seien nicht willkommen in der Welt der Zauberer, da sie bereits ein eigenes Ziel hätten. Dies mache es ihnen schwer, ihre Individualität aufzugeben. Wenn von ihnen Gedanken und Taten verlangt würden, die den eigenen Zielen zuwider laufen, wären Freiwillige nicht bereit, davon Abstand zu nehmen (vgl.: Die Kraft der Stille, S.55).

Viele Menschen beklagen ihr Schicksal, versinken in Selbstmitleid und nehmen sich im eigentlichen Sinne zu wichtig (S.149). Schamanische Krieger dagegen stehen im Kampf mit dem individuellen Ich, da es die Menschen ihrer übersinnlichen Fähigkeiten beraubt. Sie distanzieren sich von der übertriebenen Beachtung des Ich, die normalerweise den modernen Menschen kennzeichnet, und streben die Abkehr von der Selbstbetrachtung und der tyrannischen Selbstüberschätzung an.

Weil der rationale Mensch beharrlich an seinem Selbstbild festhält, bleibt er im Grunde unwissend. Übertriebene Selbstbetrachtung trennt ihn vom geistigen Selbst. Der angehende Schamane soll daher die Beschäftigung mit dem eigenen Selbstbild einschränken. Ein Mentor sorgt dafür, den Spiegel der Selbstbetrachtung zu zerbrechen, indem er das Selbstbild erschüttert. Schamanische Krieger öffnen sich dem Geist, indem sie seiner bewusst werden. Sie nehmen nicht nur die vertraute Welt wahr, sondern auch alles das, was ihnen darüber hinaus zugänglich ist (S.207).

Der schamanische Weg hält es für notwendig, das eigene begrenzte Selbst zu beherrschen und verlassen zu können. Viele bekommen Angst und reagieren mit Panik, wenn sie ihre Verwundbarkeit spüren. Der Schatten des Menschen, seine dunkle Seite, sei die Ursache für die Unfähigkeit, sich von seinem Ego zu lösen, erklärt L. Andrews. Sie beschreibt ihren eigenen Weg der spirituellen Öffnung als ,steinig' und ,voller Fallen und Fußangeln': „Die Öffnung zum Kosmischen macht einen totalen Krieg zwischen dem höheren Selbst und dem törichten, stolzen Ich unumgänglich. Das törichte, stolze Ich schwingt nämlich ein mächtiges Schwert und stellt sich einem mit jedem Schritt in den Weg" (in: L. Andrews, Die Sternenfrau, S.264f.).

Falls es jemandem gelingt, sich von seinem Ego zu lösen, versetzt ihn das in die Lage, in ein anderes Ich-Bewusstsein einzudringen. Das Individuum lernt, sein Bewusstsein mit anderen Formen der Natur, mit dem Tierreich und Pflanzenreich, zu verschmelzen. Er kann eine andere Gestalt annehmen und Teil des Traums eines anderen Träumers werden (ebd., S.93f.). Einem fortgeschrittenen Geist ist es sogar möglich, mit unbelebten Objekten eins zu werden. In diesem Stadium beginnt er, die Einheit zu erfahren und zu verstehen. Im Grunde beherrschen alle Menschen die Kunst der Verwandlung, doch nur Wenigen ist dies bewusst. Die meisten haben davon keine Ahnung.

Die eigene begrenzte Identität wird im Verlauf der Entwicklung zunehmend unwichtig. Das Ziel des Individuums ist es, Weisheit und ein vollkommenes Verständnis des irdischen Lebens zu erlangen und mit vollendeter Bewusstheit in die geistige Welt zurückzukehren.

Ich-Auflösung und Identitätsverlust

Wichtige Grundsätze des spirituellen Weges haben mit den Illusionen des Ichs zu tun. Der Proband wird immer mehr erleben, dass alles, was er bisher dachte und fühlte, ihm nun wie eine Art Film vorkommt. Gedanken und Gefühle kann er beobachten, als wären sie etwas Fremdes. Identitätsverlust und Gefühle der Sinnlosigkeit können die Folge sein.

Tatsächlich bemerkt der Verstand in solchen Situationen, dass sich die Instanz, die er als ‚Ich' kennt, aufzulösen beginnt. Es kann vorkommen, dass sich eine ‚Auflösungsangst' einstellt. Es ist die Angst davor, zu erlöschen, nicht mehr zu sein. Loslassen ist jedes Mal wie ein kleines Sterben, und das hat bei manchen eine tiefe Verunsicherung zur Folge. Das neue Ichgefühl ist ein anderes, wie R. Feild beobachtet: „Ich bin alles, und gleichzeitig gibt es mich gar nicht. Ich bin nicht wirklich real." (In: Ich ging den Weg des Derwisch, S.170.)

Während ein allzu ausgeprägtes Ego-Bewusstsein zu einem unüberwindlichen Hindernis für die geistige Entwicklung wird, kann ein schwaches Ich den spirituellen Sucher in dunkle Tiefen der Verzweiflung und des Wahnsinns stürzen. R. Feild trifft auf eine junge Frau, deren Suche nach der Wahrheit in eine psychotische Erkrankung mündete.

Sein geistiger Mentor erklärt: „Sie hat daran Schaden genommen, dass sie zu weit gegangen ist, ohne durch die rechte Schulung dazu bereit gewesen zu sein. In ihrer Sehnsucht, erkannt und dadurch bereit zu werden, ist sie zu den verschiedensten Lehrern in vielen Ländern gegangen – bis sie schließlich, in ihrem übergroßen Eifer, den Kontakt mit ihrem wahren Selbst verlor. Und bis heute ist es ihr nicht gelungen, den Weg wiederzufinden. *Man könnte sagen, sie versuchte, etwas aufzugeben, was sie noch nicht gefunden hatte*" (ebd.) Das Ich wird überschwemmt mit befremdlichen und feindseligen Inhalten. Stimmen, die anfangs als hilfreich erfahren wurden, kippen ins Bedrohliche und Diabolische um.

Wo die Ich-Grenze mangelhaft oder zu schwach ist, droht dem Ich eine Invasion mit den Inhalten des Unbewussten, die sich den Gesetzen des Verstandes widersetzen und das Ich überwältigen. Das Ich tendiert dazu, in frühere, weniger hoch organisierte Zustände zu regredieren. Es verliert die Fähigkeit, abstrakt zu denken, was eines der Merkmale einer schizophrenen Erkrankung ist.

Ist das Energiezentrum in der Körpermitte, das Sonnengeflecht, sehr angespannt, kann es zu energetischen Kreislaufstörungen kommen. Der Betreffende ist in seiner Ich-Entwicklung behindert und in der Persönlichkeit geschwächt. Hemmungen können ihn derart blockieren, dass jedes Gespräch mit einem fremden Menschen zu einer Qual wird. Er neigt zu Kurzatmigkeit und macht insgesamt einen unsicheren, nervösen Eindruck.

Ein durch Fieber, Ermüdung, übermäßige Arbeitsbelastung oder Rauschzustände geschwächtes Ich ist in Spannungssituationen nicht in der Lage, Reize aufzunehmen und angemessen zu reagieren. Die Durchlässigkeit des Ich kann dazu führen, dass der Mensch seinen Körper als Einfallstor für göttliche oder dämonische Mächte empfindet. Der Körper scheint ein Angriffsziel fremder, in den Organismus hineinwirkender Wesen zu sein. Es kommt zu einer Überflutung mit Reizen, die einen extremen, verhängnisvollen Grad erreichen können, bei dem das Ich die Kraft verliert, dem Ansturm aus dem Unbewussten standzuhalten.

Als schwerste Form der Krise, die auf einem spirituellen Weg auftauchen kann, nennt C. Scharfetter „das Gefühl der Desintegration des Ich, die negative Ich-Auflösung, der Ich-Verlust im Sinne des Zerbrechens, des Vergehens, des Verlorengehens oder auch das Gefühl von Weltverlust, das Gefühl, in eine Sonderwelt weggerissen zu werden und in der Eingeschlossenheit den Kontakt zur Welt der anderen Menschen zu verlieren" (S.83).

Manche der Betroffenen reagieren mit Flucht oder fallen in eine Erstarrung; andere kämpfen gegen das Gefühl an, von fremden

Mächten überwältigt zu werden. Die Fragmentierung des Ich lässt sie verzweifeln. Sie klagen darüber, nicht mehr zu wissen, wer sie eigentlich sind, da ihnen die Erinnerung an ihr Vorleben abhanden gekommen ist (vgl.: R. Mundhenk, S.61).

Tatsächlich aber kann es sein, dass jemand, den die Veränderungen in seinem Innern verunsichern, auf dem Weg zur Ganzheit ist. Dabei wird das Ich als Illusion erkannt und ein Teil davon löst sich auf. Verliert jemand sein Ichgefühl und erlebt den Zustand der Leere, so gilt das in der klassischen Psychiatrie als ernstzunehmende Krankheit. R. Schache sieht das folgendermaßen: „Würde man dem Betroffenen erklären, was gerade auf Seelenebene mit ihm geschieht, so könnte er seine großen inneren Umbrüche verstehen und würde seinen Weg in größerer Klarheit und innerer Stabilität erleben" (S.210).

Bei J. Bösch und A. Claes heißt es: „Die unsichtbaren Welten waren immer bei uns, sind bei uns und werden immer bei uns sein. Je mehr Vertrauen wir in die ständige Verbundenheit mit den unsichtbaren Welten in unseren Herzen entwickeln, desto leichter können sich Intuition und Hellfühlen entwickeln. Unser kleines ängstliches Ich jedoch widersetzt sich der Auflösung der Bewusstseinsgrenzen" (in: J. Galuska, S.248f.).

Allerdings werden bei dieser Sichtweise die Schwierigkeiten von psychotischen Patienten, die mit einer Auflösung ihrer Ich-Grenzen zu kämpfen haben, ausgeklammert. Gerade die pathologischen Verläufe weisen auf mögliche Gefahren hin, die mit einer Bewusstseinstransformation verbunden sein können. Therapeuten sollten zur Vorsicht raten, wenn es um grundsätzliche Veränderungen der Bewusstseinsgrenzen geht. Grenzen haben zumeist eine Schutzfunktion, und die Beseitigung des Schutzes kann Konsequenzen nach sich ziehen, die anfangs nicht immer ohne weiteres ersichtlich sind.

Eine Psychose-Erfahrene schreibt: „Ich erlebe Psychose als einen extrem unerträglichen Zustand, in dem die Wahrnehmung so geschärft ist, dass ich nichts mehr aushalte. Alle Eindrücke von außen kommen in mich herein, ich zerfalle, weil auch von innen alles nach außen geht. Die Wände kommen auf mich zu, die Erde trägt nicht, wird moorig, ich drohe darin zu versinken und zu verschwinden, für immer, in der Hölle.

Alles geht mich was an, ohne dass ich darauf reagieren kann, ohne dass ich darin als handelnder Mensch vorkomme. Ich löse mich körperlich auf, ich spüre, wie die ohnehin sehr dünne Linie, die Kontur, die mich sonst von außen trennt, Risse bekommt. Die Welt hat ungehindert Zugang in mein Inneres, ich kann ihr nichts entgegensetzen" (in: H. Hansen, S.86).

Sie hat den Einruck, alles in ihrer Umgebung sei irgendwie eindimensional; Gegenstände kann sie nur erfassen, wenn sie sie berührt. Sie sieht die Wände ihres Zimmers auf sich zukommen. Das größte Bedürfnis der Patientin besteht darin, mehr Autonomie zu gewinnen. Hinter der extremen Problematik stecken langjährige Missbrauchserfahrungen. Danach hatte sie in der psychiatrischen Klinik allerdings niemand gefragt und somit konnten sie nicht angemessen verarbeitet werden.

Bei G. Benedetti beklagt sich eine Patientin, ihr Ich werde durch die Nähe anderer Personen ausgelöscht. Durch die Gegenwart eines größeren, stärkeren Ich fühle sie sich der Auflösung preisgegeben. Sie leide unter innerer Leere ein und habe keine Gedanken mehr (S.181).

In den späteren Phasen einer Krise kann sich im günstigen Fall eine weitreichende Veränderung anbahnen. Die Erschütterung des Ich-Bewusstseins wird aufgehoben durch die Erfahrung einer unbeschränkten Identität, in der das Einheitserleben im Vordergrund steht. Die instabile Identität ist zu einer neuen inneren Einheit gelangt; das Bewusstsein von Größe und Allmacht tritt an seine Stelle.

C.G. Jung beschreibt das Erlebnis der Einheit von Seele und Welt, das ihm selbst zuteil wurde und bei dem die subjektive und objektive Weltwahrnehmung verschmolzen sind: „Zuzeiten bin ich wie ausgebreitet in die Landschaft und die Dinge und lebe selber in jedem Baum, im Plätschern der Wellen, in den Wolken, den Tieren, die kommen und gehen, und in den Dingen" (vgl.: Erinnerungen, Träume, Gedanken, S.229). Jung erlebt die Natur als durch und durch

‚beseelt'. Anders als Büchners *Lenz* empfindet er diese zeitweilige Verschmelzung mit der Natur nicht als bedrohliche Zerstörung der Ich-Identität. Das Erlebnis der Einheit hebt sein Bewusstsein auf eine höhere Stufe.

Zerstreuung und Zersplitterung

Die Einheitlichkeit der Psyche ist bei schizophrenen Patienten nicht mehr intakt, weil das normalerweise wie in einem Brennpunkt vereinigte Bewusstsein nicht mehr genügend zusammengehalten wird. Im Normalfall ist eine einheitliche Persönlichkeit imstande, ihren Grundcharakter zu wahren, den Kern, der ihr fest begründetes Selbstbewusstsein ausmacht. Die um ein zentrales Ich gruppierten psychischen Anteile werden durch die Ausrichtung des Bewusstseins auf die Mitwelt stabilisiert und erhalten.

Das Nachlassen der Fokussierung bewirkt eine Zerstreuung, einen Mangel an psychischer Synthese, wodurch die Aktivitäten beeinträchtigt werden. Die Persönlichkeit des Schizophrenen ist nicht fest gefügt, sondern veränderlich; sie schwankt von einem Moment zum nächsten.

Die Energie schizophrener Menschen ist zersplittert. *Wie ein Spiegel zerspringt, so zerspringt auch die Seele.* Es gibt keine klaren Richtlinien mehr für das Handeln. Statt eindeutiger Handlungsimpulse kommt es zu Eruptionen von Impulsen, die als Befehle von außen ins Bewusstsein drängen. Das Ich-Bewusstsein übernimmt unter solchen Umständen keinerlei Verantwortung für seine Entscheidungen.

Die Bezeichnung ‚Schizophrenie' charakterisiert diesem Zustand der Spaltungsbereitschaft, weil die wesentliche Störung „in einer Spaltung des Geistes bzw. der Gesamtpersönlichkeit, in einer mangelhaften Einheit von Denken, Fühlen und Wollen" besteht (vgl.: K. Wagner, S.2f.). Das innere Erleben hat seine Einheitlichkeit verloren, ist gespalten. Die Gedankeninhalte werden fremdartig und schwer verständlich; oft sind sie von gegensätzlichen Affekten begleitet.

Schizophrene Patienten befinden sich psychisch wie in einem Belagerungszustand. Sie fühlen sich in die Enge getrieben zwischen stark kontrastierenden Annahmen hinsichtlich richtig und falsch, gut und böse, Macht und Ohnmacht. Ihre idealistischen Bestrebungen sind zum Teil derart überzogen, dass alles praktische Handeln als hinfällig erscheint. Sie fürchten sich davor, ihren überhöhten Idealvorstellungen nicht gerecht werden zu können und folgenschwere Fehler zu begehen.

Die Spaltungsbereitschaft der schizophrenen Persönlichkeit ist Folge einer mangelhaften Unterordnung der Affektbetonten Anteile unter höhere psychische Instanzen, die für die Realitätsanpassung zuständig sind. Gegensätzliche psychische Tendenzen werden nicht im Gleichgewicht gehalten; das ‚seelische Orchester' muss teilweise ohne Dirigenten auskommen.

Die schizophrene Persönlichkeit fühlt sich zunehmend entfremdet, wenn die Einheit verloren geht. Ihre Welt gerät aus den Fugen, da sie nicht genügend zentriert ist. Die innere Struktur geht verloren, sobald es einzelnen Orchestermitgliedern gelingt, sich lärmend in den Vordergrund zu drängen. Lebhafte Impulse, intuitive Einfälle, Fremdbeeinflussungen von innen und außen, können sich in aufdringlicher Weise durchsetzen und die Psyche völlig beherrschen.

Auch destabilisierende Ereignisse, zu denen traumatische Erfahrungen – wie Unfälle oder persönliche Verluste – zählen, können das psychische Gerüst gefährlich ins Wanken bringen. In manchen Fällen zersplittert es und zerfällt in seine Einzelteile.

Die ‚zweite Aufmerksamkeit'

Auch Schamanen erleben Momente, in denen sie das Empfinden haben, ihr Bewusstsein spaltet sich auf. Während seiner Ausbildung bei dem indianischen Lehrer Don Juan erlebt C. Castaneda ein Überwechseln der Aufmerksamkeit in einen anderen Bewusstseinszustand und macht dabei ebenfalls die Erfahrung der Bewusstseinsspaltung. Bei einer Übung in die ‚zweite Aufmerksamkeit', die darin besteht, in seiner Vorstellung eine Nebelwand zu fixieren, hat er plötzlich die Empfindung, sich in zwei Teile aufzuspalten. Während er auf den Nebel starrt, erlebt er "die allererstaunlichste Spaltung. Es war, als raste ich mit halsbrecherischer Geschwindigkeit dahin. Ich sah, wie sich im Nebel Teile einer Landschaft formten, und plötzlich befand ich mich in einer anderen physischen Realität. Es war eine bergige Gegend, zerklüftet und ungastlich."

Im Anschluss daran beklagt er die Unfähigkeit, sich an Details der nachfolgenden Erlebnisse zu erinnern. Das einzige, was ihm in den Sinn kommt, ist „ein Gefühl, als hätte ich mich sehr viel bewegt, eine körperliche Empfindung, wie etwa, wenn man meilenweit marschiert oder auf wilden Bergpfaden gewandert ist." (In: Die Kunst des Pirschens, S.299f.)

Nachdem Castaneda bei einer anderen Übung durch eine Öffnung getreten ist, die in eine ‚andere Wirklichkeit' führt, geraten seine Sinneswahrnehmungen außer Kontrolle: „Alles stürzte gleichzeitig auf mich ein, oder besser gesagt, das Nichts stürzte auf mich ein, wie ich es niemals vorher oder nachher erlebt hatte. Ich hatte das Gefühl, als würde mein Körper entzweigerissen. Eine Kraft aus meinem Innern drängte hinaus. Ich zerbarst, und nicht nur bildlich gesprochen. Auf einmal spürte ich eine menschliche Hand, die mich fortriss, bevor ich mich auflöste" (S.249). Im Anschluss an dieses einschneidende Erlebnis ist er völlig entkräftet.

Nach einer Auseinandersetzung mit drei Frauen hat Castaneda ein Gefühl, als träte etwas aus seinem Scheitel heraus. Dann hat er plötzlich das Empfinden, unter der Zimmerdecke zu schweben. Als er wieder auf festem Boden steht, fühlt er sich verletzlich und angreifbar. Er berichtet: „Dann erlebte ich einen Moment der Spaltung oder eine Unterbrechung der Kontinuität meiner Wahrnehmungen. Es war, als hätte ich die Augen geschlossen und irgendeine Kraft wirbelte mich ein paar Mal herum." (In: Der zweite Ring der Kraft, S.106.) Als Castaneda die Augen öffnet, ist er wieder er selbst.

Der feinstoffliche Körper des Menschen, der für Hellseher sichtbar ist, hat nach Ansicht der Schamanen die Form eines leuchtenden Eies. Beim Vorgang der Spaltung, die eine Stufe im schamanischen Bewusstwerdungsprozess ist, wird das ‚Ei' in zwei Hälften geteilt und erscheint nun dem hellsichtigen Auge in Form zweier länglicher Streifen. Die Streifen verbinden sich wieder, doch in der Mitte klafft nun eine große Lücke. Der Spaltungsvorgang soll der Bewusstseinserweiterung dienen. Im Anschluss daran verfügen die Probanden über die Fähigkeit der Hellsicht und des Hellhörens sowie über ein gesteigertes Durchhaltevermögen.

Der Eingriff, um eine Spaltung zu bewerkstelligen, ist ein außerordentlich schwieriger Teil der Entwicklung. In Fällen, in denen der Proband nicht über ein ausreichendes Maß an innerer Festigkeit und Disziplin verfügt, misslingt der Spaltungsversuch. In einem solchen Fall ergehe es ihm miserabel, warnt der Autor. (In: Der zweite Ring der Kraft, S.187.) Auf eine dementsprechende Frage erfährt Castaneda, dass die Spaltung große Gefahren in sich birgt: „Du hättest sterben können wie eine Fliege. Oder, noch schlimmer, vielleicht wäre es uns nicht gelungen, dich wieder zusammenzusetzen, und du wärst auf dieser Gefühlsebene geblieben" (in: Der Ring der Kraft, S.212).

Normalerweise besteht für eine individuelle Psyche die Notwendigkeit, sich als Einheit zu fühlen, um die geistige Gesundheit zu bewahren. Soll das Bewusstsein erweitert werden, wird diese Einheit mittels bestimmter Vorgehensweisen absichtlich aufgebrochen, natürlich ohne die Absicht, das eigene Sein in Gefahr zu bringen. Die Spaltung wird zur Pforte in eine andere Wirklichkeit, daher werden die damit verbundenen Risiken in Kauf genommen.

Castaneda erwähnt während seiner Ausbildung zum Schamanen-Zauberer eine Methode, um die Spaltung des Bewusstseins in die Wege zu leiten: Einer seiner Lehrer flüstert ihm unentwegt Worte in das linke Ohr, während ein anderer in das rechte Ohr flüstert. Er liegt dabei auf dem Rücken und hört sie beide sowohl gleichzeitig als auch einzeln sprechen, während sie dieselben Sätze mehrmals wiederholen. „Die Wirkung dieser doppelten Einflüsterung war ganz außerordentlich", berichtet er. „Es war, als ob die einzelnen Klänge ihrer Worte mich entzwei spalteten. Schließlich war der Abstand zwischen meinen beiden Ohren so weit, dass ich jegliches Gefühl körperlicher Einheit verlor. Da gab es zwar irgendetwas, das zweifellos ich war, aber es war nichts Festes. Eher war es wie ein leuchtender Nebel, eine gelblich-dunkle Wolke, die Gefühle hatte" (in: Der Ring der Kraft, S.204). Die Spaltung hatte den Zweck, dem Probanden das ‚Fliegen' zu ermöglichen, womit die Fortbewegung im feinstofflichen Körper gemeint ist.

Parallelen zu diesem Vorgang finden sich bei psychotischen Menschen. Ein Patient, der bei R. Mundhenk erwähnt wird, gibt an, mit dem rechten Ohr die Stimme Gottes und mit dem linken die des Teufels zu hören. Während Gott ihm freundlich gesonnen sei, rede der Teufel nur Unsinn (S.131f.).

Castaneda ist zu Anfang wie gelähmt. Dann kann er plötzlich eine große Menge an Lichtern erkennen. Auf die Empfindung, von einem Vakuum angesaugt zu werden, reagiert er völlig konfus. „Die Welt um mich her, wie immer sie beschaffen sein mochte, strebte mir entgegen und wich gleichzeitig von mir fort – daher der Vakuum-Effekt! Ich konnte zwei getrennte Welten sehen, eine, die sich von mir entfernte, und die andere, die sich mir näherte. Dies nahm ich nicht in der Weise wahr, wie man eigentlich meinen sollte, das heißt, ich gewahrte es nicht als etwas mir bisher Verborgenes. Vielmehr hatte ich zwei Wahrnehmungen, ohne dass ein logischer Schluss die Verbindung hergestellt hätte" (ebd.).

Bei einer weiteren Gelegenheit wiederholt sich die Spaltungsübung. Wieder reden die beiden Lehrer unablässig auf ihn ein, bis sich aufs Neue die Empfindung einstellt, zwiegespalten zu sein. Er nimmt einen bestimmten Geruch wahr und ihm ist klar, dass dieser Duft das ‚Wesen' eines Baumes ist: „Ich fühlte mich nicht von ihm abgestoßen. Vielmehr lud er mich ein, mit ihm zu verschmelzen. Ich sank in ihn ein oder er sank in mich ein. Zwischen uns bestand eine Verbindung, die weder besonders erquicklich noch unangenehm war" (ebd., S.223). - Kurz darauf hat er den Eindruck, zu erwachen. Seine Denkprozesse sind ungewöhnlich klar, dennoch ist da etwas in ihm, das nicht ganz zu ihm gehört.

Der Zustand des Gespaltenseins löst bei manchen Kandidaten Ängste aus, vor allem dann, wenn besonders ungewöhnliche Sinneswahrnehmungen damit einhergehen. Ein Flirren oder Vibrieren ist sich zeitweilig im linken Ohr zu spüren. Beim Sprechen klingt es so, als spräche jemand anders oder man hört, was man sagen will, noch bevor es ausgesprochen wird. Die Klangschärfe der Worte kann enorm erhöht sein.

Zu diesem Zeitpunkt ist es wichtig, sich vor den ungewöhnlichen Empfindungen nicht zu fürchten, noch sich zwanghaft damit zu befassen. „Wenn du stark genug bist, wirst du den Schock, gespalten zu sein, ertragen", erklärt Don Juan seinem Schüler. „Aber wenn du ihn nicht bestehen kannst, dann wirst du zugrunde gehen. Du wirst verwelken, abmagern, blass, gedankenleer, reizbar, still werden" (ebd., S.214f.).

Parallelen zu schizophrenen Erkrankungen sind unübersehbar vorhanden. Bewusstseinsspaltung ist der hauptsächliche Krankheitsfaktor im schizophrenen Prozess. Die Psyche ist ein Konglomerat aus Bewusstseinteilen, die sich aufgrund der vielfältigen Erlebnisse, die ein Leben mit sich bringt, bilden und von unterschiedlicher Dauer sind.

Erlebnisse, die einen starken Widerhall in der Seele hervorrufen, hinterlassen deutliche Spuren im Gedächtnis. Sie prägen sich ein und bilden im Laufe der Jahre ein Gerüst, welches der Psyche Stabilität verleiht. Dieses Gerüst ist nicht bei jedem Individuum so fest gefügt, um eine dauerhafte Stütze zu sein. Eine desolate Psyche, die ihre Grenzen nicht zu ziehen vermag, hat die Tendenz, auseinander zu fallen.

Transformation der Persönlichkeit

Der Verzicht auf die Identifizierung mit den persönlichen Ich-Strukturen, der während eines Transformationsprozesses gefordert wird, ist eine der schwierigsten Hürden, denn er verlangt, die eigene Identität loszulassen. Dieser Prozess kann als Auflösung, Desintegration oder als Gefühl des ‚Auseinanderfallens' erlebt werden. Das alte Identitätsgefühl zerfällt, ohne dass man weiß, ob etwas anderes an seine Stelle tritt. Ein starker Wunsch nach Rückzug begleitet den Wegfall weiter Teile der Identität.

Das Alltags-Ich soll an der Schwelle zu den geistigen Sphären zurückgelassen werden. Doch dieses Ich, mit dem das Bewusstsein sich Vorstellungen über die Welt aneignet, hat einen starken Antrieb, nicht den Boden unter den Füßen zu verlieren und sich zu bewahren. Dies gilt vor allem in der alltäglichen Wirklichkeit. Daher ist es ein äußerst schwieriges Unterfangen, das in der Vergangenheit hart erkämpfte Ego an der Schwelle zu anderen Ufern aufzugeben.

Das alltägliche Ich wird vor allem von dem Bestreben angetrieben, sich unter allen Umständen zu verwirklichen. Gäbe es keinerlei Verlangen, würde sich nichts in die materielle Welt hinein manifestieren. Es ist der Motor, der die Welt am Laufen hält. Dies ist vielleicht einer der größten Widersprüche des spirituellen Weges. Einerseits ist es notwendig, ein starkes Ego zu entwickeln, wenn es irgendeine Veränderung, einen fortlaufenden Prozess in dieser Welt geben soll, nur um zu einem späteren Zeitpunkt völlig darauf zu verzichten.

Während ein Adept auf dem spirituellen Pfad fortschreitet, hat sein Ich-Bewusstsein die Tendenz, immer subtiler zu werden. Es ist gefordert, alte Konzepte aufzugeben, die es über einen langen Zeitraum hinweg von der wahren Erkenntnis getrennt haben. R. Feild, der von der Notwendigkeit der Ich-Aufgabe überzeugt ist, warnt vor einem spirituell aufgeblasenen Ego: „Wissen und Macht sind eins… Wenn wir vergessen, dass wir selbst nichts sind, dass es nur **ein** absolutes

Wesen gibt, spiritualisieren wir das Ego und nicht das Herz. Dann wird die Macht von uns Besitz ergreifen und ständig nach weiterer Nahrung für das Ego verlangen." (In: Schritte in die Freiheit, S.215).

Feild wir von seinem Mentor, einem Sufi-Meister, unsanft auf die geringe Bedeutung hingewiesen, den der ,Weg des Herzens' dem menschlichen Ego einräumt. Anlässlich einer ,Mutprobe' muss er einen groben Tadel über sich ergehen lassen: „Du, mein Freund, bis nichts, und je eher du das einsiehst, desto eher wirst du imstande sein, wenigstens eine Ahnung davon zu bekommen, was es mit diesem Pfad auf sich hat." (In: Ich ging den Weg des Derwisch, S.89). Fields Erlebnisse sind ein prägnantes Beispiel für die Strategie einiger ,Meister', die Probanden zu demütigen, um das Ego zu einem Nichts zu reduzieren. Dabei scheint das Ego des ,Meisters' auf merkwürdige Weise ins Riesenhafte zu wachsen.

Als Feild sich erlaubt, ohne Einverständnis seines Mentors für eine Woche geschäftlich zu verreisen, muss er wiederum einen scharfen Tadel über sich ergehen lassen: „Du hältst dich für berechtigt, eine Meinung zu haben. Du hast nicht einmal das Recht, zu glauben, dass du etwas weißt. Wenn du den WEG verstehen willst, dann musst du Opfer bringen... für das wahre Verstehen musst du alles opfern" (S.106).

Es gehe nicht darum, die Grenzen des Bewusstseins zu erweitern, sondern sie zu durchbrechen, erklärt der Sufi-Meister dem andächtigen Schüler. Um das Bewusstsein durchbrechen zu können, müsse man jedoch erst zu seiner wahren Identität finden. Und das bedeute, alle Vorstellungen, alle Ideen und Gedanken darüber, was man ist, hinter sich zu lassen. - Es gehört schon eine gehörige Portion Selbstverleugnung dazu, wenn ein erwachsener Mensch derart mit sich umspringen lässt.

Der kalifornische Psychiater L. Sannella kritisiert die Tendenz vieler Esoteriker, in nahezu fanatischer Weise den ,Egoverstand' abzulehnen. Darin sieht er keine Transzendierung des Ich, keine Bewusstseinserweiterung, sondern eine unreife Ablehnung der eigenen Individualität (S.18f.) Das Ich sei eine notwendige Entwicklungsstufe der menschlichen Persönlichkeit, wenn auch keineswegs deren krönender Abschluss. Die rationale Vernunft ist eine unverzichtbare Eigenschaft des menschlichen Seins, aber eben nur eine Eigenschaft unter vielen. Nur wenn Ich und Verstand zu absoluten Prinzipien erhoben werden, nach denen sich alles richtet, sind die Auswirkungen destruktiv.

Die ‚Einheit in der Vielfalt' wird bei H. Kalweit beschrieben. Wenn man die Welt aus einer zeitlosen Perspektive betrachtet, gewinnt man irgendwann den Eindruck, nicht mehr da zu ein. ‚Entpersönlichung' ist die Voraussetzung für einen raum-zeitlosen Zustand, in dem das Ego in eine höhere, umfassendere Ichform aufgelöst ist (vgl.: Liebe und Tod, S.279f.). Mit der Erweiterung des Ichs geht allerdings auch die Abgrenzung zur Umwelt partiell verloren; sie wird zu einem Teil der eigenen Identität.

Mit einer unbegrenzten Erweiterung des vormals einheitlichen Ich-Gefühls können viele nicht umgehen. Die Phänomene der Ich-Entgrenzung rufen bei instabilen Persönlichkeiten extreme Verunsicherung und Verwirrung hervor, da sie nicht mehr wissen, wo ihr Ich aufhört und das Andere, Fremde, beginnt. Die plötzliche Ausweitung der Grenzen können sie nur schwer verkraften und werden im Krankheitsfall darüber hinaus durch diagnostische Zuweisungen der behandelnden Ärzte, die sie als ‚schizophren' brandmarken, zutiefst verunsichert.

Ein starkes Ich-Gefühl hat unter gewissen Umständen große Vorteile. Bringt die Seele nicht ein starkes Ich-Gefühl in die hellsichtigen Zustände der geistigen Ebenen mit hinein, so wird sich zeigen, dass sie für das Erleben in der Elementarwelt nicht hinreichend gerüstet ist. Diese Erkenntnis findet sich bei R. Steiner. (In: Die Schwelle der geistigen Welt, S.63f.) Individuen, die gehemmt sind und sich kaum etwas zutrauen, mangelt es an einem starken Ich, was sich als Nachteil erweist.

Während ein übermäßig entwickeltes Ich-Gefühl häufig mit einem Mangel an Mitgefühl und moralischen Grundsätzen einhergeht, fehlt einem schwachen Ich die innere Sicherheit und Geschlossenheit gegenüber den Stürmen der Elementarwelt. Es ist den Strömen der Sympathien und Antipathien ohne genügende innere Widerstandskraft preisgegeben.

Die geistige Schulung bleibt in vielen Bereichen für den Schüler unverständlich; manches erscheint ihm konfus und verdreht. Diese Vorgehensweise ist dazu angetan, den Blick der Seele zu schärfen und das Bewusstsein so stark werden zu lassen, dass sich der Proband in der Folgezeit ‚unter Kontrolle' halten kann. Auch Übungen der Selbstdisziplin dienen dem gleichen Zweck.

Von einem Adepten wird erwartet, dass er sich selbstvergessen zu einem ‚Helfer der Menschheit' entwickelt. Denkt er in erster Linie an seine persönlichen Belange, verwandelt er sich in eine anmaßende, arrogante Person, welche die Bedeutung ihrer Mission aus den Augen verliert. Mit der Zeit wird sich sein Inneres verhärten.

Der Weg in eine andere Ebene des Seins ist mit Hindernissen gepflastert. Das Ich eines Schamanen fließt wie ‚Wasser in das Wasser'; es löst sich in der gesamten Existenz auf und wird mit allem eins. Schamanen, die voller Abhängigkeiten und Ängste sind, können sich, ihrer Identität beraubt, nicht überwinden, in eine andere Sphäre überzugehen, warnt L. Andrews. Letztendlich kämen sie um, weil sie ‚ihr Fleisch nicht hergeben' wollten (in: Die Sternenfrau, S.78).

Transpersonale Zustände werden von der akademischen Psychologie – nicht ganz zu Unrecht – als bedenklich eingestuft, da sie die Struktur des Ego-Bewusstseins destabilisieren. Das Ego schützt die Seele vor den Verletzungen einer aggressiven Außenwelt; ihm kommt somit eine wichtige Funktion im alltäglichen Dasein zu. Die Erschütterung des Egos hat äußerst schmerzhafte Auswirkungen. Sie erscheint daher anfangs zerstörerisch und pathologisch. Doch wenn der Transformationsprozess gelingt, läutet dieser eine Ausweitung des Bewusstseins ein.

Während der geistigen Entwicklung verbindet sich das Ego mit dem höheren Bewusstsein und weitet sich aus. In der Meditation geht die Identität allmählich vom Ego auf das höhere Selbst, den unpersönlichen Zeugen im Innern, über. Dieser ist eins mit dem universalen Geist. Der Übergang ist nicht immer dynamisch, sondern geht meist unmerklich vor sich. Plötzlich fühlt das Individuum sich identisch mit all dessen, was es wahrnimmt. Es sieht nicht nur von außen einen Baum oder Wolken, sondern wird zu dem Baum und zu Wolken. Währenddessen scheint der Verstand zeitweilig stillzustehen und sich aufzulösen. Eine Öffnung geschieht und spirituelle Energie fließt ungehindert durch den Organismus.

Unsichtbare Beeinflussung

„Die wahren Lehrer befinden sich in der
nichtalltäglichen Wirklichkeit."
Michael Harner

Das Dunkle im Menschen

Gedankenformen (Elementale): Viele psychisch kranke Menschen werden Opfer ihrer eigenen Phantasien und umherirrenden Gedanken. Dem Unterbewusstsein prägen sich Bilder und Vorstellungen ein, die entweder auf zusammenhanglosen Gedanken, spontanen Einfällen oder verzerrten Wahrnehmungen beruhen. Zielgerichtetes und schöpferisches Denken ermöglicht bewusste Entscheidungen, während bei einer von ihren Impulsen und Phantasien beherrschten Person Eindrücke in zufälliger Folge kommen und gehen. Daskalos bemerkt dazu: „Phantasie ist ein passiver Zustand der derzeitigen Persönlichkeit, der diese veranlasst, unkontrollierte Wahrnehmungen zu machen, die sich aufdrängen, der sie Unsinn sehen lässt, entweder eigenen oder den von anderen" (Vgl.: K.C. Markides, Heimat im Licht, S.305). Nur auseichende Erfahrung lehrt die Psyche, Phantasie von Realität zu unterscheiden.

„Unter den Spezialisten gelangt man kaum zu einem Konsens über das Wesen der Geisteskrankheiten, schon gar nicht in Bezug auf die Schizophrenie", kritisiert Daskalos (S.44). Bei psychotischen Menschen sind die Gedankengänge verworren, teilweise grotesk und ohne Zusammenhang. Sie leben in einer Welt der Phantasie und wahnhaften Vorstellungen und glauben fest an die Wirklichkeit ihrer Einbildungen.

Auch ganz banal erscheinender, alltäglicher emotionaler Stress kann bei einer schwachen Persönlichkeit eine psychische Erkrankung auslösen, meint Pir Vilayat Inayat Khan „...unter emotionalem Stress verliert man die Kontrolle seiner Gedanken, die sich dauernd wiederholen und einen Zwang auf unser Bewusstsein ausüben. Jetzt wissen wir, dass eine Änderung im Denken die Bahnen in unserem Gehirn ändert... Ein störender Gedanke kann die Bahnen dazu bewegen, dass sie durcheinander geraten und das bedeutet dann einen Schaden im Gehirn."

Die Überwindung destruktiver und feindseliger Gedanken ist keine leichte Aufgabe. Schon mancher ist von fixen Ideen, die ihn dauernd beherrschen, heimgesucht worden. Zahlreiche Wahnideen, die auf Vorurteilen und fehlerhaften Annahmen basieren, resultieren daraus. „Nur auf der physischen Ebene zu heilen, ist nicht genug und das ist der Grund, warum eine Psychotherapie manchmal einen Aufenthalt in der Psychiatrie eher nötig macht, denn durch die Medikamente kann man den emotionellen Zwang irgendwie erleichtern, doch dann muss man noch die Art und Weise des Denkens ändern... Heilung durch das Denken hat eine Wirkung auf der physischen Ebene" (in: Der Ruf des Derwisch).

A. Besant erwähnt die Unbeständigkeit des Geistes, die man sowohl bei genialen Menschen als auch bei zu Hysterie neigenden Personen antreffe. Wodurch wird diese Unbeständigkeit hervorgerufen? „Entweder entsteht sie durch ein mächtiges Aufwogen des sympathischen Nervensystems oder durch den Druck höherer und feinerer Kräfte auf ein dafür nicht vorbereitetes Gehirn, auf ein Gehirn, das nicht imstande ist, auf diese feineren Kräfte zu reagieren, ohne dass sein Mechanismus dadurch Schaden litte und außer Ordnung geriete", erklärt die Autorin. (In: Theosophie und moderne psychische Forschung, S.41.) Unklar bleibt, wodurch der Druck dieser ‚höheren Kräfte' zustande kommt.

Der indische Yoga zielt darauf ab, alle diejenigen, die mit höheren Regionen in Berührung kommen, vor den Gefahren der Unbeständigkeit des Geistes zu schützen. Yogaübungen disziplinieren und läutern den Körper und schulen die Gedankengänge.

Bei jedem Menschen bilden sich Gedankenformen, bei Daskalos *Elementale* genannt, die im Lauf der Zeit an Festigkeit zunehmen. Jeder Gedanke, jeder intensive Wunsch, der in die Umgebung ausgesandt wird, besitzt eine eigene Gestalt und Existenz. Die Gedankenformen sind energetisch aufgeladen und beeinflussen auch andere Menschen, die sich auf der gleichen Wellenlänge befinden. Sie wirken darüber hinaus auf diejenige Person zurück, die sie ausgesandt hat.

Denken bedeutet die Umwandlung neutraler geistiger Energien in wirkungsvolle Kraftausstrahlungen, behauptet W. Widmer. Es gilt demzufolge, auf die Qualität der geistigen Erzeugnisse zu achten. Negative geistige Kräfte entstehen aus Rachsucht und Hassgefühlen. Sie bewirken niedere Schwingungen, die als schwer, finster und bedrückend empfunden werden. Hohe Schwingungen dagegen werden als hell, leicht, warm und erhebend empfunden. Sie entstehen aus Gefühlen der Zuneigung, der Freude und des Mitgefühls.

Die gesamte menschliche Persönlichkeit, ihre innere Verfassung, ist zu einem großen Teil das Ergebnis der selbst geschaffenen gedanklichen Erzeugnisse. Alle geistigen Energien bleiben fortan das ständige Eigentum des Urhebers, der diesen selbsterzeugten Wirkungen ausgesetzt ist. Der angemessene Umgang mit ihnen kann zu einer Befreiung der Persönlichkeit führen. Alle Trübungen des Bewusstseins, alle Depressionen oder Störungen, sind geistige Vorgänge und daher nur durch entsprechende geistige Gegenmaßnahmen zu besiegen. Eine bewusste Vermehrung positiver geistiger Erzeugnisse führt eine Veränderung herbei.

Auch Daskalos erklärt, ein Mensch sei mit den *Elementalen*, die er ständig erschafft, zeitlebens verbunden und für sie verantwortlich, unabhängig davon, welche Art von Gedanken und Wünschen er hegt und welche Art von *Elementalen* er produziert. Letztendlich werden sie zu ihm zurückkehren (S.27). So geschieht es nicht selten, dass

151

Schizophrene unter den von ihnen selbst erzeugten *Elementalen* leiden und diese mit der Zeit sogar die Kontrolle übernehmen.

Bei A. Besant wird die Erzeugung von Elementalen ausführlich beschrieben. Verbindungen von Astralstoff, *Elementalessenz* genannt, reagieren sehr rasch auf den Impuls von Gedankenschwingungen und nehmen eine entsprechende Form an. Die *Elementalessenz* reagiert auf alle von Gedanken, Wünschen und Gefühlen ausgehenden Schwingungsmuster und wird dabei zum Teil in heftige Bewegung versetzt, wobei die Dauerhaftigkeit der Formen von der Stärke des Impulses abhängt.

Die durch Wunschvorstellungen und intensive Gefühle geschaffenen Elementale sind besonders ausgeprägt: „So bildet ein Zornausbruch einen mächtigen roten Blitz von sehr bestimmtem Umriss, und lange verhaltener Groll eine gefährliche Elementalform von roter Farbe, mit Spitzen und Widerhaken versehen oder auf andere Weise dazu angetan, zu verletzen" (ebd.). Liebevolle Gedanken hingegen bringen angenehme rosa-rot getönte Formen hervor, die gegen negative Einflüsse Widerstand leisten. In der physischen Welt werden nur deren Auswirkungen sichtbar, während die Ursachen im Verborgenen liegen.

Unklare und flüchtige Gedanken haben die Form von wolkigen Gebilden, die umher treiben und sich an die Astralkörper von Personen mit ähnlichen Schwingungen anheften. Man nennt sie Gedankenformen oder künstliche Elementale. Klare, bestimmte Gedanken bilden Formen in verschiedener Gestaltung mit festen Umrisslinien. Scharf umrissene Elementale sind widerstandsfähiger und von längerer Dauer als die wolkigen Gebilde. Sie üben einen stärkeren Einfluss auf die Astralkörper – und durch diese auch auf das Denken – aus bei denjenigen, von denen sie sich angezogen fühlen.

Auf diese Weise verbreiten sich Gedankeninhalte von einem Lebewesen zum nächsten. „Sie können von ihrem Urheber sogar auf bestimmte Personen gerichtet werden, die er zu erreichen wünscht. Ihre Wirkungskraft hängt dabei von der Willenstärke und der Intensität des Denkens ab", erklärt A. Besant. (In: Uralte Weisheit, S.65.)

Telepathische Beeinflussungen dieser Art werden von sensitiven Personen, die sie empfangen, überaus deutlich wahrgenommen.

Nicht nur die eigenen Geisteserzeugnisse können einen Menschen demnach in seiner Entwicklung beeinträchtigen, auch von außen kommende 'geistige Kraftwirkungen' können das Befinden empfindlich stören, wie W. Widmer an seiner eigenen Person erfährt. Er sieht sich vehement unbekannten geistigen Angriffen ausgesetzt. Während er an seinen Notizen arbeitet, bricht eine wahre Hölle los, über die er in seinem Buch eindrucksvoll berichtet.

Werden Elementale durch eine Willensanstrengung auf eine bestimmte Person gerichtet, sind sie von dem Drang beseelt, den Willen ihres Erzeugers auszuführen. Ein schützendes Elemental wird seinen Schützling umschweben und danach trachten, üble Einflüsse fernzuhalten. „Ebenso wird ein von einem übel wollenden Gedanken beseeltes Elemental sein Opfer umlauern und eine Gelegenheit suchen, ihm zu schaden" (S.66). Dies kann aber nur dann gelingen, wenn im Astralkörper des Opfers eine ähnliche Schwingung vorhanden ist. Treffen die ausgesandten Elementale auf keine Verwandtschaft bei der betreffenden Person, prallen sie von ihr ab und kehren zu ihrem Urheber zurück.

Die Gedanken eines Menschen wirken sich somit nicht nur auf ihn selbst aus, sondern er sendet beständig Elementale in die Welt hinaus, für deren Erschaffung er verantwortlich ist. Der Astralkörper eines Individuums wechselt andauernd seine Bestandteile durch das Spiel der Leidenschaften und Wünsche. Harmonische Gemütsbewegungen stärken die feineren Bestandteile des Körpers und stoßen gröbere Teile ab. Die feineren Teile ziehen hilfreiche Elementale an, die günstige Entwicklungen in Gang setzen und einen Erneuerungsprozess fördern.

Symbolsprache und fixe Ideen: Der psychotische Mensch leidet im Wesentlichen an der sogenannten 'Moral insanity', weil ihm gewisse konstruktive Schranken fehlen, welche die Grundlage der kulturellen und sozialen Anpassung bilden. Seine Persönlichkeit steht häufig unter der Diktatur einer einzigen fixen Idee; oft wird er auch durch zahlreiche getrennte Persönlichkeitsbruchstücke zu widersprüchlichen emotionalen Handlungen getrieben. Viele Patienten flüchten sich in einen eigentümlichen traumähnlichen Zustand, grenzen sich selbst aus in eine Phantasiewelt, die für sie Ausdruck der einzigen Wahrheit ist. Da der objektive Kontakt mit der Außenwelt abgebrochen wurde, benehmen sie sich wie ein im Traumzustand gefangener Mensch und reagieren ihre Ängste und ihr Schuldbewusstsein durch Vorstellungen ab, die aus phantastischen Bildern gewoben sind.

Fixe Ideen sind für A. Besant die Grundlage für ein lehrreiches Studium: „Die fixe Idee ist eine Idee, die von dem ganzen Menschen Besitz ergreift und ihn, entlang der ihr eigentümlichen Richtung, fortreißt, der Mensch mag wollen oder nicht." Zweierlei Arten fixe Ideen gibt es: „Die eine wird Wahnsinn genannt. Sie werden stets finden, dass Menschen, die wahnsinnig heißen, von fixen Ideen beherrscht sind; beherrscht sind von einer Idee außerhalb aller Vernunft und Beweisgründe..." (a.a.O., S.23f.). Vernünftige Argumente und Beweisführungen scheitern regelmäßig bei denjenigen, die von fixen Ideen besessen sind.

Häufig geht es dabei um das Wiederaufleben von Begebenheiten und Überzeugungen aus der Vergangenheit. Die frühen Manifestationen bestehen oft aus intensiven Gedankenenergien, die mehr Kraft besitzen als die mentalen Äußerungen der Gegenwart. Infolgedessen zeitigen sie eine größere Wirkung, denn sie entstammen meist Regionen niederer Natur. Hierdurch können sich fixe Ideen entwickeln, vor allem dann, wenn das zentrale Nervensystem geschwächt ist.

Solange das Bewusstsein noch auf entsprechende Schwingungen reagiert, können Gedanken von einst über die Schwelle des Bewusstseins gelangen. Solche Gedankeninhalte kommen zuweilen mit elementarer Gewalt aus vergangenen Zeiten herangestürmt. Die Schwingungen, die oft langsamer und gröber sind als der feineren Frequenzen des gegenwärtigen Ichs, können dieses überwältigen. Der Ansturm ‚von unten' wirft instabile Menschen aus der Bahn; sie werden damit nicht fertig und beginnen, Wahnideen zu entwickeln.

Die geistige Souveränität psychisch Kranker ist eingeschränkt. Als fragwürdige Voraussetzung für eine Genesung wird eine fixe Idee bis zum Äußersten gespannt und manchmal schließlich bis zum totalen Zusammenbruch der Psyche getrieben. „Was die okkulte Praxis durch bewusstes Lenken mit transzendentem Zweck durchführt, tut der Wahnsinn unter dem Zwang seiner Vorstellungen, um seine fixe Idee zur Geltung zu bringen", erklärt M. Szepes.

Während die okkulte Praxis meist einen konstruktiven Sinn enthält, sind die Phantasien geistesgestörter Menschen teilweise von grotesker Lächerlichkeit und erscheinen für den außenstehenden Betrachter sinnlos. Manche Patienten sehen die lebenden Gestalten ihrer Umgebung in deformierter Form neben den produzierten Monstren ihrer Vorstellungswelt. „Betrachtet man aber das Verhalten des Wahnsinnigen – wie die bizarren Symbole des Traums – als eigentümliche Begriffe der Bildsprache, dann kann man sein inneres Krankheitsbild, ja sogar den Schlüssel seiner Genesung herausarbeiten", behauptet M. Szepes. (In: Die geheimen Lehren des Abendlandes, S.494.)

Zwei Gesichtspunkte sind dabei von ausschlaggebender Bedeutung:

◉ *Die schizophrene Symbolsprache ist teilweise eine Extremform uralter mystischer Prozesse.*

◉ *Die individuelle Symbolwelt ist nur mit den Schlüsseln der ‚Psychomagie' zu enträtseln.*

Neben den krankhaften fixen Ideen existiert noch eine andere Art von Ideen, die ein Individuum zum Heiligen oder zum Märtyrer werden lässt. Die Betreffenden kann niemand von dem einmal gewählten Pfad abbringen, allen Widerständen und Gefahren zum Trotz. Solche Ideen unterscheiden sich grundsätzlich von fixen Ideen, die im Wahnsinn enden. Es wäre ein eklatanter Fehler, Genie für Wahnsinn zu halten und die großen Lehrer der Menschheit, wie Christus und Buddha, als Psychopathen abzustempeln, betont A. Besant (a.a.O.).

Die ‚fixen Ideen' der Mystiker sind von den pathologischen sehr verschieden. Sie stammen aus dem höheren Selbst, das dem Gehirn erhabene Regungen und tieferes Wissen einprägen will. Das höhere

Selbst ist bemüht, dem physischen Selbst „seinen eigenen Wunsch, seinen eigenen Willen für das Höhe aufzudrücken. Sein Wille aber kommt mit allbezwingender Gewalt. Er kann sich nicht vor der Vernunft rechtfertigen, denn das Gehirn ist noch nicht fähig, so große Gedanken zu denken, noch vermag er innerem Schauen und Intuitionen Ausdruck verleihen... *Die äußere Ähnlichkeit von kategorischer Vergewaltigung der Vernunft in beiden Fällen liegt auf der Hand; der Unterschied aber besteht im Ursprung der treibenden Kraft.* Diese letztere Art von fixen Ideen kommt von oben, die andere von unten" (dies. in: Theosophie und moderne psychische Forschung, S.40f.).

Dieser von der Autorin formulierte Unterschied ist in der Realität sicher nicht immer leicht zu erkennen. Die Frage stellt sich, ob eine ‚kategorische Vergewaltigung der Vernunft' grundsätzlich geeignet ist, einen Menschen auf seinem Entwicklungsweg voranzubringen. Fließende Übergänge zwischen fixen Ideen bei psychotischen Menschen und Mystikern sind höchstwahrscheinlich häufiger anzutreffen, als gemeinhin angenommen wird.

Die Ausführungen Besants bestätigen ein gewisses Vorurteil, das von einer nervlichen Zerrüttung bei etlichen spirituell interessierten Menschen ausgeht. Daraus folgt aber nicht, solche Personen zu brandmarken oder aus der Gesellschaft auszuschließen: „Es ist richtig, dass der Heilige und der Ekstatiker oftmals ihr Gehirn überreizt haben; ihr Gehirn ist nicht vorbereitet gewesen, von den so viel feineren Schwingungen der höheren Regionen berührt zu werden und deshalb bringt diese Berührung es aus dem Geleise, überreizt es und macht es unbeständig" (ebd.). Doch eine gewisse Unbeständigkeit des Geistes könne die Aufnahme von Inspirationen aus geistigen Regionen fördern, da ein nervöses Temperament die nötige Rezeptivität aufweist.

Telepathische Übertragung

Energetische Ausstrahlungen, die jemand verspürt, beruhen in der Regel keineswegs auf Einbildungen, denn die Realität geht weit über das sichtbare Spektrum hinaus. Sensible Personen reagieren empfindlich auf atmosphärische Veränderungen und beziehen diese Wahrnehmungen häufig auf die eigene Person. Gleichzeitig strahlen sie eigene Energieschwingungen in die Umwelt aus, ohne dass ihnen dies bewusst wird. Negative Emotionen jeder Art, wie Verurteilungen und Aggressionen haben durchweg die Wirkung von Angriffen auf die Mitmenschen.

Zur normalen Lebensweise gehört es, dass die Energien anderer Menschen in den eigenen Organismus eindringen und umgekehrt. Jeder entzieht bei den Mitmenschen zeitweilig Energie. Die eigenen Energien vermischen sich mit denen anderer Leute, sobald man sich in der Öffentlichkeit aufhält. Wer sensitiv reagiert, sollte laute und hektische Orte sowie Menschenansammlungen so weit wie möglich meiden. Dieses Wissen veranlasste Mönche zu allen Zeiten, sich als Eremiten in die Einsamkeit zurückzuziehen, um jeglicher Beeinflussung zu entkommen.

Die meisten Menschen bemerken energetische Übergriffe lediglich auf einer unterbewussten Ebene. Eine verfeinerte Wahrnehmung lässt derartige Beeinflussungen stärker in den Vordergrund rücken mit teils fatalen Folgen. Paranoide Wahnvorstellungen können sich daraus entwickeln.

Starke Gefühle für einen Menschen bauen unbewusst eine permanente Verbindung auf, die wie eine ununterbrochen funktionierende Energieleitung wirkt. Durch diesen unmittelbaren Kontakt ist der Betreffende fast ständig mit einer bestimmten Person verbunden, da die Abgrenzung nur mangelhaft gelingt. Ist die Beziehung von Konflikten geprägt, entstehen leicht Wut und Ärger, sobald eine gedankliche Verbindung hergestellt wird.

Jemand, der sensitiv veranlagt ist, hat das Empfinden, aufgrund der mentalen Offenheit dem Anderen gegenüber in der Situation gefangen zu sein. Entgegen der eigenen Absicht befasst er sich zwanghaft mit der betreffenden Person und fühlt sich dabei fremdgesteuert.

Es kann auch sein, dass die andere Person diesen Rapport ebenfalls mehr oder weniger bewusst spürt und mit Ärger darauf reagiert. Dann schaukeln sich die destruktiven Gefühle immer weiter hoch. Nur durch einen bewussten Willensakt und die mentale Abwendung von der negativen Situation kann eine Entspannung eintreten. Dann wird es Zeit, einen gebührenden Abstand zu der problematischen Beziehung herzustellen.

Es ist wenig hilfreich, das direkte Gespräch mit dem Betreffenden zu suchen, denn in der Regel hat dieser keine Ahnung von der Verbindung, da er sie nicht bewusst, in voller Absicht, herstellt. Eine bessere Strategie wäre es, die eigenen Gedanken auf andere Themen zu richten und sich, so gut es eben geht, abzulenken. Durch den konsequenten Entzug der Aufmerksamkeit wird der Rapport zunehmend schwächer. Die Verbindung wird nach und nach gelockert, wobei die Dauer von der Intensität der Gefühle abhängt, die beim Aufbau der Verbindung mitgewirkt haben.

Angriffe gehen auch von Hilfesuchenden Personen aus. Manche Berater müssen erleben, dass es für sie gefährlich werden kann, wenn sie intensiv mit einem Klienten arbeiten und sich lang andauernd mit dessen Problematik befassen. Sie geraten in eine energetische Strömung und werden nun ihrerseits von Angriffen heimgesucht, wenn der Klient sein Dilemma auf den Berater verlagert und dieser zur Zielscheibe wird.

Ein vorschnelles Urteil kann allerdings großen Schaden anrichten. Mit Vorwürfen gegen andere Menschen sollte man sehr vorsichtig umgehen. Sensitive, emphatische Menschen nehmen oft Dinge wahr, die mit der emotionalen und energetischen Situation einer anderen Person zu tun haben. Diese beziehen sie dann auf sich und verstehen sie fälschlicherweise als Angriff, der gegen die eigene Person gerichtet ist.

Ist das Abwehrsystem eines geschulten Beraters sehr stark, prallen die ausgesandten Energien ab und kehren zum Absender zurück, was für diesen die Probleme noch verschärft und zu weiterem destruktivem Verhalten führt. Schuldzuweisungen, anhaltender Kummer, Anklagen und Verzweiflung können daraus resultieren. Eine Gegensteuerung könnte darin bestehen, eine positivere Haltung einzunehmen und Verständnis zu entwickeln, auch wenn die negativen Schwingungen sehr stark sind. Vorwiegend positive Reaktionen führen auf Dauer zu einer gewissen Immunität, da sie eine Schutzfunktion haben.

Um Energien zu regenerieren und eine innere Balance zu erreichen, sind Spaziergänge im Wald, an Gewässern und in ruhigen Parks hilfreich. Der Schutz des Solarplexus trägt einen Teil zur Stabilisierung bei. Eine ausgeglichene, harmonische Lebensweise stärkt das psychische Immunsystem und es gelingt zunehmend besser, dem unaufhörlichen Sog, den andere Menschen unbewusst ausüben, Widerstand entgegenzusetzen.

Schatten auf dem Weg

Menschen, die eine Psychose erleben, berichten immer wieder von Einbrüchen seitens unsichtbarer Mächte. Sie sind nicht nur davon überzeugt, unter dem Einfluss bestimmter Kräfte zu stehen, sondern diese auch für oder gegen andere mobilisieren zu können. Viele sind den anbrandenden archaischen Kräften ausgeliefert und leben in einem wahren Durcheinander verschiedener Wirklichkeiten. Es gelingt ihnen nicht, einen schützenden Schirm um den inneren Kern ihrer Persönlichkeit zu bilden, eine Schale, die auch in stürmischen Zeiten standhält.

Der Schutzschild, der sich aus gesellschaftlichen Übereinkünften, ethischen Normen, rechtlichen Grundlagen und moralischen Auffassungen im Laufe des Lebens entwickelt, bildet eine Abwehr gegen andrängende Gefahren aus dem Unbewussten. Wenn er aufgrund einschneidender traumatischer Erlebnisse zerbricht, wird die Schutzfunktion aufgehoben. Der Betreffende wird von anbrandenden unterbewussten Kräften, die in psychotischen Symptomen zum Ausdruck kommen, überschwemmt.

Denjenigen, die geistige Forschungen betreiben und sich dabei zu weit ins Unbekannte vorwagen, drohen geistige Verwirrung, beständige Furcht oder sogar völlige Vernichtung, behauptet W. Widmer. Das ‚Reich der Dämonie' siedelt der Autor im Erdinneren an. Damit kommt er dem Bild einer christlichen Hölle sehr nahe. Überkommen geglaubte Vorstellungen werden auf beklemmend eindrucksvolle Weise wieder belebt, da die persönlichen Erfahrungen Widmers sich nicht einfach beiseite schieben lassen. Insgeheim finden im menschlichen Bewusstsein Dramen statt, die einer historischen Tradition angehören und auf rigiden christlich-orthodoxen Vorstellungen basieren. Diese haben anscheinend nichts an Aktualität eingebüßt, obgleich sie von den meisten Menschen als Absurdität belächelt werden.

Paranoides Denken und Erleben orientiert sich an einzelnen Motiven, wie z.B. die Beeinträchtigung durch konspirative Gruppen, durch Geheimdienste oder Sekten, Verfolgung durch dämonische Mächte, Beeinflussung durch Sender, TV, Radio etc. Im Verlauf des Prozesses füllt sich die anfänglich gestaltlose Sphäre mit unbestimmten Gebilden, die sich später zu immer schärfer konturierten Dämonen- und Göttergestalten verdichten.

Da die Zusammenhänge zwischen Geistesstörungen und der unsichtbaren Welt weitgehend ignoriert werden, fühlen sich die Unglücklichen, denen keine adäquate Hilfe zuteil wird, in heillose Verwirrung gestürzt. Manchmal verirren sie sich so gründlich, dass sie nicht mehr ein noch aus wissen. Sie leiden Qualen und fühlen sich bedrängt von Mächten, die ihre Schwäche und Unerfahrenheit ausnutzen. Eine verständnislose Umgebung trägt noch in erheblichem Maße zur Verschlimmerung der Lage bei. Wären nicht auch zur rechten Zeit hilfreiche Kräfte zur Stelle, die - sobald die psychische

Verfassung dies zulässt - Unterstützung gewähren, wäre ein Ende des Leidens nicht abzusehen.

In religiösen Auffassungen spielt die Dämonie eine bedeutende Rolle. Die buddhistische Lehre erwähnt eine ganze Anzahl von Dämonen, deren Vorgehen darin besteht, die Übungen derjenigen Meditierenden, die noch keinen stabilen inneren Halt erlangt haben, zu behindern. In diesem Sinne üben die dämonischen Wesen die Funktion von Wächtern aus, die ein allzu schnelles Fortschreiten auf dem Pfad verhindern. Hindernisse können zudem ein Ansporn für die Übenden sein, diese zu überwinden.

Diejenigen, deren Geist noch keine Stabilität erreicht hat, benötigen entweder ausreichendes Wissen oder Unterweisung durch einen geistigen Lehrer, der ihnen entsprechende Kenntnisse bezüglich der Hindernisse, die ihnen begegnen, übermittelt, erklärt Pältrül Rinpoche (S.19f.). Der Autor sieht sogar eine Verbindung zwischen Hindernissen und Vollkommenheit, denn schwierige Umstände führen auf den Weg des Fortschritts, daher üben Dämonen eine wichtige Funktion bei der Erreichung des Zieles aus.

Zu dämonischen Einflüssen zählt Pältrül Rinpoche folgende (S.49f.):
- Die Konzentration geht weitgehend verloren.
- Krankheiten und unerwartete Missgeschicke häufen sich.
- Die Fähigkeit zum aufmerksamen Erinnern lässt nach.
- Der Kopf ist ganz umnebelt.
- Grundlose Traurigkeit bestimmt das Dasein.
- Man wünscht sich, zu sterben oder hat die Absicht, Selbstmord begehen.
- Der Körper wird gering geachtet und vernachlässigt.
- Eine Vorliebe für destruktive Handlungen zeigt sich.
- Nagende Zweifel zerstören das Vertrauen in den spirituellen Weg.
- Wünsche nach Reichtum und nach weltlichen Freuden drängen in den Vordergrund.
- Man wird leicht reizbar und grundlos wütend.

- Das Verlangen nach Nahrung und die Sucht nach Sex beherrschen das Denken.
- Faulheit und Trägheit bestimmen den Tagesablauf.
- Man ist unfähig, seinen Geist unter Kontrolle zu bringen.
- Bei Unternehmungen treten innere Widerstände auf.
- Herzklopfen und Beklemmungen sowie Angst und Panikgefühle stellen sich - vor allem nachts - ein.

Dämonische Mächte reden ihren Opfern ein, etwas ganz Besonderes zu sein. Furchterregende Gestalten zeigen sich, die sie bedrohen oder mit falschen Versprechungen ködern. Sie können das Aussehen von Freunden, Lehrern oder anderen Personen des Vertrauens annehmen und führen die Getäuschten in die Irre. Daneben verleihen dämonische Mächte besondere Gaben, die zum Hindernis werden können, da sie Stolz und Hochmut erzeugen. Manchmal entwickeln die Probanden übergroßes Mitleid mit allen Lebewesen, das für sie kaum erträglich ist.

Letzten Endes sind dämonische Angriffe ein Hinweis auf Probleme im eigenen Geist, die den Praktizierenden an der Verwirklichung hindern. „So wie z.B. der Wind durch eine Öffnung eindringen kann, finden auch die Dämonen eine Gelegenheit, einzudringen, wo auch immer das Bewusstsein des Yogis Fehler aufweist", heißt es bei Pältrül Rinpoche (S.68). Angriffe von Dämonen werden im Buddhismus als Aufforderung angesehen, alle Anhaftungen an das materielle Dasein, an die ‚Welt der Täuschungen', aufzugeben (S.72).

Auch der persönliche Geist wird im Buddhismus als ‚dämonisch' bezeichnet, da Ichbezogenheit den Übenden am Fortschreiten hindert und den Zugang zu höheren Dimensionen versperrt. Der Unterschied zwischen Dämonen und lebenden Menschen liegt allein darin, dass Dämonen einen geistigen Körper und Lebewesen einen physischen Körper besitzen.

Nur wenn ein Adept auf jegliche Versuchung mit Gleichmut regiert und die Bereitschaft zeigt, auf sämtliche Freuden des Daseins zu verzichten, ist er geeignet, den ‚Weg der Leerheit' fortzusetzen.

Einflüsse aus dem Unsichtbaren

Die Einschätzung ungewöhnlicher Erfahrungen, die den allgemein akzeptierten Erfahrungshorizont übersteigen, ist - je nach kulturellem und historischem Hintergrund -, unterschiedlich. M. Belz gibt dafür einige Beispiele: „Im europäischen Mittelalter wurde der Zustand der Schlafparalyse einem Incubus und Succubus zugeschrieben, in Vietnam spricht man vom Grauen Geist. Die katholische Kirche erklärte derartige Erfahrungen mit dem Konzept der dämonischen Besessenheit und empfahl den Exorzismus als Methode zur Austreibung des Dämons und Heilung der Besessenheit. Im Islam wird hingegen an die Existenz von Dschinns, den bösen Nachtgeistern geglaubt, die auch Stimmenhören und Symptome verursachen, die innerhalb der westlichen Medizin das Risiko einer Schizophrenie-Diagnose beinhalten, auch wenn sie bei korrekter Anwendung der Diagnosekriterien nicht für eine Schizophrenie-Diagnose ausreichen würden. In den letzten Jahren wurden die Erfahrungen u.a. als UFO-Entführungen erklärt" (S.69).

Der fanatische Teufelsglaube des 15.-17. Jhdts, der in einer Vielzahl natürlicher Begebenheiten einen übernatürlichen Eingriff vermutete, verwandelte sich später in sein Gegenteil. Er verwandelte sich vielerorts in eine hartnäckige Skepsis und in sture Ungläubigkeit gegenüber allen Themen, die jenseits der normalen menschlichen Erfahrung liegen. In der Auffassung der modernen westlichen Welt sind Luzifer und seine Dämonen lediglich Phantasiewesen, deren Existenz sogar dann bestritten wird, wenn jemand von ihnen besessen ist. Stattdessen wird als alleinige Erklärung der Begriff ‚Geisteskrankheit' für alle möglichen Symptome herangezogen.

Damit verfällt man in das entgegengesetzte, ebenso falsche und übertriebene Extrem, bedauert C. Balducci. „Die parapsychologischen Phänomene enthalten ohne Zweifel eine geistbegabte Ursache, übersteigen andererseits die menschlichen Möglichkeiten, sind also auf das Eingreifen außernatürlicher Kräfte zurückzuführen" (S.192). Die vereinfachende moderne Betrachtungsweise entlarvt sich bei näherer Betrachtung als Irrtum.

Kinder leiden besonders häufig unter Angst erregenden Visionen und Gestalten, die sie vor allem nachts heimsuchen. Auch die englische Krimiautorin Agatha Christie litt als Kind unter schrecklichen Alpträumen. Ihre Ängste hingen mit dem Erscheinen eines furchterregenden Phantoms zusammen, das sie *Gunman* nannte. Nachts erwachte sie schreiend und erzählte von dem Revolvermann, der in ihr Unterbewusstsein eindringe und dort präsent sei, wo er nichts zu suchen habe. Sie beschrieb sein Aussehen als das eines französischen Soldaten aus dem Mittelalter.

Von den Erwachsenen werden derartige Phänomene in der Regel als Einbildungen einer überhitzten kindlichen Phantasie abgetan. S. Stolzmann erwähnt dunkle Mächte, die fähig seien, auf subtile Weise ins menschliche Bewusstsein einzudringen und bestimmte Inhalte einzuprogrammieren (S.32). Sie beschreibt hochentwickelte dämonische Wesenheiten, die im Aussehen Reptilien ähnlich sind und ihre Opfer massiv beeinflussen. Von außen ist dies in der Regel nicht zu erkennen.

Die dunklen Wesen sind darauf aus, ihren Opfern entweder Energien abzuziehen oder sie zu manipulieren. „Ich gehe sogar soweit zu behaupten, dass diese Wesen bei manchen Menschen schwerwiegende Krankheiten bewusst setzen, um den einen oder anderen auszuschalten", behauptet die Autorin (S.74f). Sie beschreibt hellsichtig die dunklen Wesen auf folgende Weise: „Die Körper waren schuppenartig. Sie waren halb Echse und halb Mensch, die Augen funkelten rot-gelb und strahlten Dunkelheit und Kälte aus. Ich spürte ihre Machtgier und ihren Hass." Diese Wesen, die unmenschlich wirken, üben die Macht in der Zwischenwelt aus

Das Seelenleben eines Individuums steht mit dem gesamten Leben der Menschheit und des Planeten in Wechselwirkung, behauptet H. Rudolph (in: Konzentration und Meditation, S.30). Daher ziehen bestimmte Gedankengänge verwandte Wesen des Raumes an. Es handelt sich teilweise um astrale Wesenheiten, die über immense Kräfte verfügen und einen Menschen unter ihren Einfluss bringen können.

Angehende Schamanen müssen über große Kräfte verfügen, um die Hindernisse zu bewältigen, die ihnen begegnen. Ihre Welt ist bevölkert von Monstern, fliegenden Drachen und dämonischen Wesen in unterschiedlichen Gestalten. Die Wesen bestehen aus reiner Energie, die mit der menschlichen Psyche in Wechselwirkung tritt. Die Welt der Schamanen verfügt über eine natürliche Barriere, um zaghafte Gemüter fernzuhalten. Werden die Probanden von schwerwiegenden Ängsten und destruktiven Vorstellungen geplagt, verwandeln sich die mit ihnen in Verbindung stehenden Energiewesen in Geschöpfe der Hölle!

Auch aus den fernöstlichen Lehren geht hervor, dass sich aus der Zwischenwelt beunruhigende Einflüsse aus dem Geisterreich bemerkbar machen, die vorübergehend Form annehmen, sobald sie mit einem menschlichen Bewusstsein in Beziehung treten, erklärt R. Guénon (S.82). Die geistigen Entitäten geht es um den Erhalt ihrer Form, daher sind sie bestrebt, den Kontakt mit einem menschlichen Bewusstsein auszudehnen.

Je öfter und je länger die menschliche Phantasie bei den Geistwesen verweilt, desto beständiger und dauerhafter wird ihre Form. Sie gestaltet sich entsprechend der spezifischen gedanklichen Vorstellungen der individuellen Psyche. Zusammenhänge dieser Art sind in sehr unterhaltsamer Weise von ETA Hoffmann in seiner phantastischen Erzählung *Der Elementargeist* zu Papier gebracht worden.

H. Rudolph hält es für eine falsche Methode, gegen die dunklen Mächte anzukämpfen, denn der Widerstreitende stellt sich mit dem Gegner auf eine Stufe und läuft Gefahr, zu unterliegen, sobald er sich in eine Kampfstimmung hineinsteigert. Stattdessen sollte er die innere Ruhe bewahren und sich so weit wie möglich distanzieren, was ihm letztendlich vermehrt Kräfte verleiht.

Der Autor erwähnt als Beispiel eine Meute Hunde, die auf einen Menschen zustürzen. In dieser Situation ist es ratsam, schleunigst das

Feld zu räumen, anstatt sich dem ungleichen Kampf zu stellen (vgl.: Das System der Meditation). Dunkle Mächte finden immer dort Eingang, wo eine gewisse Affinität vorherrscht. Eine vorherrschende Tendenz zum Kämpfen und Streiten reicht bereits als Eingangstor.

Ein übermächtiger Glaube an die eigene Schwäche und an die Überlegenheit anderer Wesen kann zu Entartung oder sogar zu geistigem Verfall führen. Daher ist eine gewisse ‚psychische Hygiene' der beste Schutz für jemanden, der sich intensiv meditativen Praktiken widmet. Wer jeden Abend ein Horror-Video anschaut, darf sich nicht wundern, wenn eines Tages diese Bilder im Unterbewusstsein Wirkung zeigen und Alpträume hervorrufen.

Eine Analogie zwischen Schizophrenie und religiös-magischem Denken ist unverkennbar. Magier aller Zeiten haben Kontakt mit dämonischen Mächten aufgenommen und versucht, diese zu beherrschen und ihrem Willen zu unterwerfen. Paranoide statten ihre Verfolger mit teils göttlichen, teils dämonischen Attributen aus, wobei die Wirkung auf Distanz besondert hervorsticht.

Die Verfolger und Ungeheuer, von denen sich psychotische Patienten bedrängt fühlen, können sie nach ihren Aussagen aus der Ferne beeinflussen. Durch bloße Gedankenübertragung dringen sie in die Psyche des Patienten ein und beherrschen ihn. So wird er besessen vom Geist des Verfolgers, von einem Dämon, der ihm seine Lebenskraft entzieht und ihn krank macht.

R. Preist schildert in seinem Bericht hautnah persönliche Erlebnisse: „Wieder hatten ihn die Geister erreicht. Wieder hatten die dunklen Mächte ihre Fühler ausgestreckt. Krallenbewehrte Tentakel streckten sie nach ihm aus. Sie bohrten sich heimlich an einer unbeobachteten Stelle in sein Hirn, um dann die Krallen auszufahren und durch seine Erinnerungen zu furchen" (S.125).

Bösartige Stimmen melden sich zu Wort: „Sie kriegen dich. Du kannst ihnen nicht entkommen. – Du wirst abgeschlachtet" etc. Der unter Verfolgung Leidende kann sie nicht abschütteln und fragt sich immer wieder: „Was, wenn das alles einen tieferen Sinn hat? Es muss doch einen Grund geben, sie können mich doch nicht grundlos verfolgen. Ich bin ein Spielstein auf einem Feld in einem großen Spiel, und ich weiß nichts davon. Keiner sagt mir etwas" (S.135).

K.P. Fischer und H. Schiedrmair halten es für einen Trugschluss zu glauben, dass mit der psychiatrischen Behandlung das Problem des Dämonischen bereits bewältigt und der Schlüssel für das Geheimnis des Bösen gefunden ist. Die medizinische Wissenschaft stoße in diesem Bereich an ihre Grenzen, denn es sei ihr versagt, zu einer Deutung dieser Vorgänge im Sinne von weltanschaulich begründeten Urteilen vorzudringen.

„Diese kausale Verknüpfung des Dämonischen mit der menschlichen Psyche berechtigt den Psychiater aber durchaus nicht, das Dämonische insgesamt als das Ergebnis eines von der Angst freigesetzten Mechanismus – und damit als etwas nur Psychologisches zu qualifizieren. Eine solche Deutung des Dämonischen würde zu einer in ihren Folgen verhängnisvollen Grenzüberschreitung führen" (S.31). Die Medizin weise unverkennbar starke Berührungspunkte mit dem Dämonischen auf, behaupten die Autoren. Im Grunde symbolisieren die Ungeheuer, mit denen die Psyche zu kämpfen hat, Mächte, welche die alten Ich-Strukturen zerstören.

In der geistigen Welt existieren nach Auffassung von W. Widmer bestimmte Regionen, die sehr daran interessiert sind, Menschen den Zugang zu weitergehendem Wissen zu verwehren. Geistiges Wissen, Aufklärung und eine geistige Technik stellen ein Machtmittel dar, das den Umgang mit geistigen Mächten erleichtert. Diese betrachten das Können bezüglich der Anwendung universaler Geisteskräfte als streng gehütetes Geheimnis und als ihr ureigenes Vorrecht. Derartige Entwicklungen fördern sie daher nicht, sondern suchen sie gewaltsam zu unterbinden, damit sich niemand ihrem Machtbereich entziehen kann.

Um den Überblick nicht zu verlieren und dunkle Mächte in Schach zu halten, muss das individuelle Ego über ausreichende innere Stärke und Flexibilität verfügen. Angstgefühle nähren die dunklen Einflüsse, indem sie die Person energetisch an diese binden. Daher ist es hilfreich, dunklen Schatten mit Fassung zu begegnen. Dämonische

Wesen werden durch Hindernisse angezogen, die in aller Regel in der eigenen Persönlichkeit liegen. Das Vermeiden von Extremen und das Sammeln positiver Eindrücke sowie die Zuwendung für bedürftige Mitmenschen sind ein passabler Schutz gegen Angriffe aus der Geisterwelt.

Manche Menschen hegen eine übertriebene Erwartungshaltung, indem sie - meist vergebens - auf geistige Unterstützung hoffen. Die Wesen des Lichts sind selten bereit, Personen Hilfe zu gewähren, die nicht bereit sind, selbst etwas zu ihrer Befreiung beizutragen. Jenen, die keine Eigenverantwortung übernehmen, wird solange keine Hilfe zuteil, bis sie bereit sind, ihr Leben selbst in die Hand zu nehmen. Wenn die Dunkelmächte letztendlich - oft erst nach langen, zermürbenden Auseinandersetzungen - das Feld räumen, können die Lichtkräfte aktiv werden und die Stellung übernehmen.

Tyrannei und Transformation

Die Menschheit ist, ohne dies zu bemerken, fortwährend von unsichtbaren geistigen Wesenheiten umgeben. Die Mächte des Geistes offenbaren sich nicht in erster Linie durch äußere Einwirkungen, sondern von innen heraus. Ein Individuum kann diese Offenbarungen nicht wahrnehmen, solange sein Sinn vorwiegend auf die Außenwelt gerichtet ist. Nur eine besondere geistige Schulung befähigt eine Person, unsichtbare Geistwesen, die aus verborgenen Welten in die Materie hineinwirken, zu beobachten und mit ihnen Kontakt aufzunehmen. .

Im unermesslichen Kosmos existiert eine riesige Anzahl verschiedener Kräfte. Wer sein Leben im üblichen Daseinsrahmen zubringt, wird allerdings kaum davon etwas bemerken. „Wer ein esoterisches Training zielbewusst durchführt, wird feststellen, dass er zu irgendeinem Zeitpunkt auf andere, bisher unbekannte Kräfte stößt, die in den meisten Fällen als andersgeartet, ungewohnt und deshalb zunächst subjektiv kontrovers und feindlich erfahren werden", berichtet H.-D. Leuenberger (S.188).

Die irdisch-materielle Ebene hat Ähnlichkeit mit einem festen Haus, dessen Mauern Schutz und Geborgenheit bieten. Der Geistesforscher, der sich auf den Weg zu grenzüberschreitenden Erfahrungen macht, verlässt den schützenden Rahmen und befindet sich bald in Gegenden, die völlig anders beschaffen sind als alles bisher Bekannte. Dort gelten zum großen Teil andere Gesetze. Wer sich auf ein Spiel einlässt, ohne dessen Regeln zu kennen, stößt bald an seine Grenzen. Je besser sich jemand auskennt, desto weniger offene Angriffsflächen bietet er, durch die fremde, der eigenen Persönlichkeit nicht gemäße Kräfte, eindringen können.

Die Vorstellung von der Existenz übernatürlicher Geistwesen kann bei einem Individuum bis zu einem gewissen Grad seinen Glauben und seine Tatkraft wecken, während sie bei anderen Furcht und Abhängigkeit erzeugt. Bei E. Swedenborg kämpfen wohlmeinende und boshafte Geister um die Herrschaft über die Seelen der Menschen. Mit jedem Individuum sind zwei Engelwesen und zwei höllische Geister verbunden. Durch sie steht er mit Himmel und Hölle in Verbindung. In seinem Innern herrscht somit ein Gleichgewicht zwischen Engeln und dunklen Geistern, das immer aufrechterhalten wird. Daher geben persönliche Charakterzüge und Vorlieben den Ausschlag dafür, welche Seite die Stärkere ist (in: M. Lamm, S.253).

Während die Lichtmächte Weisheit verkörpern, stehen die dunklen Mächte für Wahnsinn, behauptet Swedenborg. *„Gott beseitigt das Böse nicht ohne Mitwirkung des Menschen"*, erklärt er. Schon zu seinen Lebzeiten sei der Mensch entweder ein Engel oder ein Teufel. Seine vielfältigen Erlebnisse auf Erden bereiten ihn auf das Leben im Jenseits vor (S.334). Somit entstammen die himmlischen und die höllischen Wesen dem Menschengeschlecht (S.302).

Im tibetischen Buddhismus existieren niedere Weihen, die den Novizen der Obhut verschiedener Dämonen anvertrauen, berichtet A. David-Néel (in: Meister und Schüler, S.37f.). Diese Dämonen werden als Beschützer aufgefasst. Sie verkörpern zwei Persönlichkeiten, von denen die eine Güte ausstrahlt und die andere einen aggressiven Charakter repräsentiert. Zwischen den übermenschlichen Wesen und dem Jünger findet eine partielle Verschmelzung statt, wobei die Eigenschaften und Kräfte des jeweiligen Geistwesens bis zu einem gewissen Grade auf den Jünger übergehen. In Tibet glaubt man allgemein, „dass ein Jünger, dem es nicht gelingt zur Erleuchtung und zur Leidenschaftslosigkeit zu gelangen, der sich aber dennoch auf diesen schlüpfrigen Pfad begibt, als Dämon endet" (ebd., S.156).

Auch die ‚Schützer der Religion' sind in Tibet „Wesen, die oft dämonischen Ursprungs sind. Ein heiliger Zauberer hat sie gezähmt und ihnen den Schwur abgenommen, ihre Macht zum Schutz und zum Schirm des Buddhismus und seiner Getreuen zu gebrauchen" (S.67). Die bei Riten heraufbeschworenen Wesen seien durchaus nicht irgendwelche Geschöpfe der menschlichen Einbildungskraft, sondern es sind „Götter und Dämonen, die schon Jahrhunderte lang die Verehrung oder Zuneigung Tausender von Gläubigen genossen haben. Den tibetischen Okkultisten nach haben diese Wesen, dank den unzähligen, auf sie gerichteten Gedanken, eine Art wirklichen Daseins erworben, ein Umstand, dem die Tibeter großes Gewicht beilegen", erzählt David-Néel (S.79).

Die mächtigen geistigen Wesenheiten, die ein Gläubiger durch seine Gedankenkraft herbeizieht, können ihm durchaus gefährlich werden. Allerdings üben sie nur auf denjenigen eine Wirkung aus, der sich mit ihnen in Verbindung bringt. Dann sind sie imstande, einen unwürdigen Bewerber von den höheren Weihen fernzuhalten, indem sie ihm Schaden zufügen.

Psychiatriepatienten werden häufig von bösartigen Wesenheiten heimgesucht und geplagt. Was sind das für Mächte, die einen Menschen zur Verzweiflung treiben können? Psychotische Menschen haben sich – bewusst oder unbewusst – Kräften geöffnet, für die sie noch nicht bereit waren. Diese treiben im wahrsten Sinne des Wortes ein Spiel mit ihnen, das häufig zum völligen Verlust der Eigenständigkeit führt.

Den Mächten ist daran gelegen, ungeeignete, unreife Persönlichkeiten von der geistigen Ebene fernzuhalten, indem sie ihnen drastisch deren dunkle Seite vor Augen führen. Sie haben somit die Funktion einer Wächterinstanz, der es allerdings nicht darum geht, helfend einzugreifen, sondern die individuellen Seelenbewusstsein unsanft in ihre Schranken zu weisen und ihnen klarzumachen, dass die geistige Ebene für sie ungeeignet ist.

Den betreffenden Persönlichkeiten fehlt es an ausreichender Sensibilität. Es mangelt ihnen an dem Vermögen, Situationen und Entwicklungen einzuschätzen und im Zweifelsfall einen gebührenden Abstand einzuhalten, wenn sich ernste Probleme einstellen. Diese mangelhafte Fähigkeit, mit ihnen nicht zuträglichen Situationen adäquat umzugehen und darauf entsprechend zu reagieren, erzeugt eine Abwärtsspirale, die sie immer tiefer in Situationen verstrickt, die ihnen Schaden zufügen.

Ein naiver Glaube an das unbegrenzt Gute in geistigen Gefilden ist ebenso unangebracht wie übersteigerte Ängste, die hinter jeder Ecke drohendes Unheil vermuten. Die geistige Welt reagiert auf extreme Einstellungen, in welcher Form auch immer, mit entsprechender Härte. Werden die erteilten Lektionen nicht verstanden und bleiben sie ohne Wirkung, ist der Niedergang der Persönlichkeit nur eine Frage der Zeit.

Die Ambivalenz auf Seiten der geistigen Mächte zeigt sich in dem aufwühlenden Bericht von Hannah Green: Zu Beginn waren die Götter von *Yr* Gefährten gewesen, die sie in ihrer Einsamkeit besuchten. Doch irgendetwas veränderte sich mit der Zeit. Aus den strahlenden goldenen Gestalten, die eine Quelle der Freude gewesen waren und die sie beschützten, wurden düstere, hasserfüllte Tyrannen, die unentwegt versöhnt und besänftigt werden mussten.

Die Patientin Deborah wurde aus dem hellen Reich, das sie *Yr* nannte und in dem sie Trost fand, in die Gefangenschaft dunkler Orte gewirbelt. Sie sah sich gezwungen, ein Schwindel erregendes Hin und Her zwischen den Welten auszuhalten und die Hasstiraden zu ertragen, die in den Verwünschungen eines dämonischen *Chorus* Gestalt annahmen.

Die lichten Welten, in die schizophrene Patienten eintauchen und die sich anfangs als Zuflucht erweisen, werden nach und nach grau und erweisen sich als Tyrannei, die es in sich hat. Ein ‚Zensor' tritt auf den Plan, der an der Grenze zur Zwischenwelt steht und verhindert, das mystische Geheimnisse ausgeplaudert werden. Von Kontrollmechanismen dieser Art erzählt Hannah Green, die ihre eigene leidvolle Geschichte aufgeschrieben hat, nachdem sie gezwungen war, etliche Jahre in einer psychiatrischen Klinik zu verbringen (S.121).

Die Macht des Zensors ist mit den Jahren immer weiter angewachsen; er drängt sich in beide Welten ein, so dass ihm nichts entgeht, weder Denken, Reden noch Handeln. Das geheimnisvolle Wesen beginnt, alles, was gedacht und gesagt wird, zu kommentierten und kritisch zu hinterfragen. Alle Gedanken und Handlungen des Opfers werden einer strengen Zensur unterworfen.

Die einfachste Erklärung für Phänomene dieser Art ist es, zu behaupten, die Patienten hätten die Gestalten, mit denen sie in ihrem Innern kommunizieren, selbst geschaffen. Aber ist es auch die logischste Schlussfolgerung? Wohl eher nicht.

Den dunklen Mächten ist daran gelegen, ihr Opfer von der Mitwelt zu isolieren, um absolute Herrschaft zu erlangen. Die besitzergreifenden Wesen können sich plötzlich wandeln, wenn sie befürchten müssen, die Kontrolle zu verlieren. Dann zeigen sie vorübergehend eine verständnisvolle, hilfreiche Seite, die sich ebenso plötzlich wieder in ihr Gegenteil verwandeln kann.

Viele erkennen reichlich spät, dass die geistigen Gefilde keine Spielwiese sind für unreife Persönlichkeiten. Es scheint daher sehr angebracht, frühzeitig erteilte Warnungen ernst zu nehmen und das Interesse von bestimmten Themenbereichen abzuziehen, solange das noch geht. Die Nichtbeachtung entsprechender Hinweise kann zu ernsthaften Konsequenzen führen, was leider häufig sehr spät erkannt wird.

Wer mit geistigen Wesenheiten der Astralebenen eine Auseinandersetzung führt, gibt ihnen Gelegenheit, ihren Kontrahenten Energie zu entziehen. Hinterher fühlen sich die Streitenden kraftlos und leer. Den Wesenheiten ist aus diesem Grund daran gelegen, die Streitthematik immer wieder anzuheizen, um den Energiefluss zu intensivieren. *Bei der Auseinandersetzung mit der geistigen Welt ist es daher notwendig, sich auf bestimmte Themen nicht einzulassen, damit sie keine Relevanz erhalten.*

Es ist nicht leicht, den Anfeindungen zu widerstehen. Da die Astralgeister telepathisch mit ihrem Gegner verbunden sind, kennen sie dessen Schwachstellen und können ihn bis zum Äußersten provozieren. Die beste Lösung wäre, die Anfeindungen zu ignorieren, sich auf andere Themen zu konzentrieren oder sich auf irgendeine Weise Ablenkung zu verschaffen. Auch Mitgefühl mit anderen Menschen kann eine ausweglos scheinende Lage ins Positive verkehren und die Geistwesen zum Rückzug bewegen.

Die Tyrannei, der manche Menschen ausgesetzt sind, hat, so scheint es, einen tieferen Zweck. Dieser liegt in der Verwandlung der Persönlichkeit, auch wenn das anfangs nicht ohne weiteres erkennbar ist. Immenser Druck wird zeitweilig ausgeübt, um eine Umwandlung zu erreichen. Das dieses Vorgehen fragwürdig ist, bleibt außer Frage.

Eine Hilfestellung von außen ist nur dann möglich, wenn der Betroffene auch bereit ist, Unterstützung anzunehmen. Unbeweglichkeit im Denken und innere Verhärtung sowie ein Hang zur Besserwisserei führen oft zu einer Haltung, die keine andere Meinung gelten lässt. Vielfach weist die Denkweise verstockte, unbewegliche Züge auf, die von außen kaum zu durchdringen sind. Kommen noch starke Ängste hinzu, wird die Lage zusätzlich erschwert.

Falls es einem Therapeuten gelingt, auf die psychotische Grundstimmung Einfluss zu nehmen und diese mehr ins Positive zu kehren, verändert sich auch die Zusammensetzung der inneren Instanzen, deren Negativität mit der Zeit immer mehr abnimmt.

Die Transformation des inneren Menschen wird gern mit einer Perle verglichen. Ein kleines Sandkorn verwandelt sich in einer Muschel, die es als lästigen Fremdkörper empfindet, im Laufe der Zeit in eine glänzende, ansehnliche Perle. Die Perle versinnbildlicht das höhere Selbst, in welches das kleine Ich umgewandelt wird. Perlen werden oft mit Tränen verglichen, die vergossen wurden, bevor sie in aller Schönheit erstrahlen. Doch bis es soweit ist, vergeht eine lange Zeit.

Wesen der Astralsphäre

Mediale Verbindungen zur Astralwelt: Die meisten Menschen, die eine Verbindung zu unsichtbaren Daseinsebenen herstellen, nehmen anfänglich ungewollt Kontakt zur Astralebene auf. Die Astralsphäre wird auch als die ,Ebene der Täuschung' bezeichnet. Es ist von entscheidender Bedeutung, die eigene Gefühlswelt zu beherrschen und Unterscheidungsvermögen zu entwickeln. Eine astrale Verbindung kann fatale Folgen haben und schwerwiegende psychische Erschütterungen nach sich ziehen.

Spiritistische Séancen werden im Allgemeinen, offenbar völlig zu recht, sehr kritisch betrachtet. A. David-Néel erklärt: „Die Geister, die sich in den Séancen der Spiritisten manifestieren, sind niederer Art, körperlose Seelen, die seit mehr oder weniger langer Zeit bei Bewusstsein sind. Sie sind mehr oder weniger intelligent, häufig auch benommen von ihrem unbehaglichen Zustand, da ihnen die materielle Hülle fehlt und es ihnen aufgrund der mangelnden Sinnesorgane unmöglich ist, an den Aktivitäten der Welt teilzuhaben, der sie einst angehört haben."

Viele dieser Geister versuchen, Beziehungen zu lebenden Menschen aufzunehmen. „Gelingt ihnen das nicht, bemächtigen sich die Wesenheiten manchmal zeitweise solcher Personen, die unfähig sind, sich ihrer Einwirkung zu widersetzen, oder solcher, die sich ihr freiwillig unterziehen. So erklären sich die Phänomene der Besessenheit und des Mediumismus." (In: Im Banne der Mysterien, S.89.)

Geistwesen dieser Art haben zum großen Teil nie der Menschheit angehört. „Sie gehören der Welt der zahllosen Gottheiten und Dämonen an, die Erde und Luft bevölkern und deren Tun und Handeln die Märchen und Legenden aller Völker genährt haben" (S.90).

Die Wesen, die in der Mehrzahl intelligent und durchtrieben sind, verleiten leichtgläubige Menschen zu haarsträubenden Fehlern. Sie stellen ihnen zahlreiche Fallen und machen sich ein Vergnügen daraus, in spiritistischen Sitzungen die Anwesenden zum Narren zu halten, indem sie sich fälschlicherweise für diejenigen Personen ausgeben, die angerufen werden. Dies gelingt ihnen mit Leichtigkeit, da sie fähig sind, intime Gedanken der Teilnehmer zu entschlüsseln und auch gewisse ‚geisterhafte' Phänomene zu erzeugen. Einige in Magie bewanderte Personen sind imstande, sich die Geistwesen zu unterwerfen und dienstbar zu machen.

Sobald sich im spirituellen Entwicklungsprozess die Energiezentren immer weiter öffnen, wird ein stärkerer Schutz notwendig, denn der Organismus wird durchlässiger, was niederen, dunklen Energien das Eindringen erleichtert. Auch Unwissenheit im Umgang mit der Sexualität führt leicht zu einer Verkettung niederer Energien mit denen des Menschen, der sich gegen diese Kräfte nicht zu schützen weiß. (Vgl. mein Buch: Channel-Medien zwischen Licht und Schatten.)

Derartige ungewollte Verbindungen können sich mit der Zeit immer mehr verfestigen. Ausufernde Phantasien, die auf mangelnder Selbstachtung basieren und bei denen moralische Werte außer Acht werden, ziehen dunkle Wesenheiten an, welche die Freude am Sex zum Alptraum werden lassen. Diese Wesen sind gefährlich, denn sie können den Nichtwissenden in einen Abgrund aus Sklaverei und Krankheit stürzen.

Vampirgeschichten geben einen Hinweis auf derartige Fallstricke, die den Niedergang eines Menschen verursachen können. In dem Kinofilm *Entity – es gibt kein Entrinnen* wird eine Frau wiederholt von einem unsichtbaren dämonischen Wesen bedrängt und vergewaltigt. Von der Premiere in New York wird berichtet, wie verstört das

Publikum reagierte: Zuschauerinnen verließen fluchtartig und in Tränen aufgelöst das Kino. Die auf Tatschen beruhende Story hat offenbar bei vielen weiblichen Besuchern intensive Reaktionen hervorgerufen, die sich nicht allein mit irrationalen Ängsten erklären lassen.

Um zur höheren geistigen Welt durchzudringen, muss die Astralebene durchquert werden. In Fällen, in denen Menschen die Unterstützung der geistigen Welt erbitten, um sie hilfsbedürftigen Personen zukommen zu lassen, kommen sie häufig in Kontakt mit Wesenheiten der astralen Ebene. Hier wäre es dringend erforderlich, über ausreichende Kenntnisse zu verfügen und auf die Schwingungen zu achten, um nicht in unabsehbare Schwierigkeiten zu geraten.

Die geistige Welt ist keineswegs so uneigennützig, wie es manchen scheint. Die Wesenheiten beschränken sich nicht nur auf gewisse Hilfeleistungen. Oft sind sie bestrebt, mit dem Hilfesuchenden eine engere Verbindung einzugehen, als manchem von ihnen lieb ist. Die angerufenen Wesenheiten verbinden sich mit den Bittstellern, um deren Energie zu nutzen, denn Energie ist der eigentliche Motor, der die Hilfe in Gang setzt. Sie finden einen Weg, das Energie-Reservoir des Menschen anzuzapfen und auf höchst eigennützige Weise einen Profit daraus zu ziehen. Der Bittsteller bemerkt erst mit der Zeit, dass sein Energie-Vorrat abnimmt. Meist fällt es ihm schwer, die Zusammenhänge zu begreifen und die Ursache für den Energie-Verlust zu erkennen.

Mangelndes Unterscheidungsvermögen hinsichtlich der Geistkontakte kann die Entwicklung in einen Alptraum verwandeln. Versuchungen werden häufig nicht als solche erkannt. Eine der Ursachen für dramatische Fehlentwicklungen und fremde Einflussnahmen ist die Aufgabe des freien Willens gegenüber eigennützigen Wesen aus der Astralwelt.

So wie ein positives Medium geistige Verbindungen in die Lichtebenen unterhält, hat jemand, der eine negative Medialität lebt, einen Kanal ‚nach unten'. Die durch einen solchen Menschen hindurch fließenden Energien und die Wesenheiten, die dahinter stehen, sind auch für andere Mitmenschen spürbar.

Diese Wesen verkleiden sich gern als Meister, Engel oder geistige Helfer. Menschen, die offen und ungeschützt für derartige Einflüsse sind, da ihre Abwehr schwach ist, werden häufig Opfer von Elementarwesen der Astralwelt, ohne dies zu ahnen. Durch ein Summen im Ohr, Kribbeln im Bereich des Rückens sowie Einstiche an verschiedenen Körpestellen zeigen die dunklen Wesenheiten ihre Anwesenheit an. Manche verspüren plötzlich eine unangenehme Präsenz hinter ihrem Rücken oder sehen etwas Dunkles im Raum vorbeihuschen. Auch ein Schweregefühl, Erschöpfungszustände oder blaue Flecken an verschiednen Körperstellen deuten auf Beeinflussung durch Elementarwesen hin.

M. Schindler bemerkt dazu: „Transformative Prozesse sind manchmal nicht auseinander zu halten von feinstofflichen Störungen und Angriffen, da die Symptome ziemlich ähnlich sind. Viele Menschen glauben, dass sie Transformation erleben und irren sich, denn oft werden sie einfach nur heimgesucht von Elementarwesen, negativen Geistwesen, die sich ein Medium suchen (wie es leider sehr oft bei ungeübten Medien der Fall ist)." (In: Fragen und Antworten 3, S.3). Auch astral-magisch arbeitende Menschen benutzen gern ahnungslose spirituell arbeitende Gruppen und deren Energien für sich und ihre eigenen Zwecke.

Als Fazit gilt: *Je mehr man den dunklen Kräften Beachtung zuteil werden lässt, desto stärker wird ihr Einfluss.* Daher sollte man, wenn irgend möglich, ausreichende Distanz wahren. Erhöhte Wachsamkeit und Vorsicht sind geboten, wenn es zu unangenehmen Symptomen kommt. Sobald jemand beim Kontakt mit der Geisterwelt ein Druckgefühl oder Schmerz im rechten Ohr verspürt, lässt das darauf schließen, dass keine erstrebenswerte Verbindung besteht. Die rechte Kopfseite, vor allem im Bereich der Schläfe, steht für niedere astrale Einflüsse. In einem solchem Fall ist es dringend geraten, sich verstärkt abzugrenzen.

Die Verbindung mit einer Elementarkraft kann auch den Effekt auslösen, die Sinne zu schärfen, d.h. besser und intensiver zu sehen, zu hören, zu riechen, zu schmecken etc. Die sinnlichen Wahrnehmungen werden besonders ausgeprägt, ähnlich wie das bei Tieren der Fall ist. Diese gesteigerten Fähigkeiten sind für Menschen allerdings bedenklich, es sei denn, sie haben eine gründliche schamanische Ausbildung absolviert. Eine Transformation dieser Art ist in dem hervorragenden US-amerikanischen Film *Wolf* mit Jack Nicholson in der Hauptrolle in Szene gesetzt worden.

In bestimmten Phasen der Entwicklung ist es notwendig, zu bestimmen, in welche Richtung die Aufmerksamkeit gelenkt werden soll. Die dunklen Strömungen der Astralwelt und auch lichte Daseinsebenen entfalten ihre Anziehungskraft. Den Gefahren der negativen Medialität sollte sich allerdings niemand zu lange aussetzen, um die Verbindung nicht zu festigen.

Nach einiger Zeit entsteht eine unauflösliche Verbindung, die im günstigen Fall für beide Teile Vorteile bringen kann. Der Bittsteller erhält Hilfestellungen und einen Wissenszuwachs im Austausch gegen Lebensenergie. Im negativen Fall nimmt die Energie immer mehr ab und auch die Hilfe wird immer geringer. Das Opfer wird zum Spielball astraler Mächte, die nicht davor zurückschrecken, ihm seinen Lebensodem zu nehmen, indem sie sich in seinem Organismus ausbreiten und die wichtigen Schaltstellen, die für die Energie-Zufuhr zuständig sind, besetzen.

Eine Möglichkeit, der fatalen Entwicklung entgegenzusteuern, besteht darin, sich mit der Lichtebene zu verbinden, wodurch die astralen Wesen unter Kontrolle gehalten werden. Ein konsequentes Abwenden von den alten Kontakten klärt den inneren Kanal, der sich anschließend zu höheren Geistebenen hin ausrichten kann. Die Hinwendung zur Lichtwelt ist ein Schutz, den der in Bedrängnis Geratene dringend benötigt.

Die Aufgaben der Astralsphäre unterscheiden sich von denen der höheren Geistebenen. Die Astralwelt leistet nützliche Dienste, wenn es sich um Anliegen gewöhnlicher Menschen handelt und bildet zudem eine Brücke, die es interessierten Menschen ermöglicht, eine höhere Stufe zu erreichen. Die Helfer aus der Astralwelt können daraus für sich einen Vorteil ziehen, indem ihnen die höheren Schwingungen zugute kommen und sie auf eine höhere Daseinsstufe befördern. Das Wirken der Astralwelt verläuft in eigenständigen Bahnen, doch die Lichtwelt hat bis zu gewissen Grenzen die Möglichkeit, astrale Einflüsse zurückzudrängen und unter Kontrolle zu bringen.

Falls ein Proband zu gewissen Ausschweifungen (Sex, Alkohol, Drogen etc.) neigt, wissen astrale Mächte ihren Vorteil daraus zu ziehen. Die geistige Welt dagegen ist bemüht, dem Umherirrenden die Zusammenhänge klar zu machen und ihm zu ermöglichen, sich mit der Lichtwelt zu verbinden. Sie ist daran interessiert, geeigneten Menschen dabei zu helfen, auf eine höhere geistige Stufe zu gelangen. Die Verbindung ist ein Schutz, der astrale Wesenheiten fernhält.

Es gibt Menschen, die in Begegnungen mit unsichtbaren Wesen allenthalben teuflische Einflüsse am Werk sehen. Ein alter Sufi-Meister rät seinen Anhängern, sich den ‚Teufel', sofern er ihnen erscheint, zum Freund zu machen. Sie seien ohnehin nicht in der Lage, ihn zu bekämpfen, auch wenn sie Feindschaft gegen ihn hegten. Doch als Freund sei er harmlos. „Wenn der Teufel kommt, was wird er dann mit Ihnen tun?" fragt der Guru. „Der Teufel ist übel, und er wird Übles mit Ihnen tun. Er kann allerlei Gestalt annehmen – die eines Mannes, eines Kindes oder eines bärtigen Greises; er ist womöglich sauber und angenehm anzusehen und auch sehr nett. Er kann die Gestalt eines Hundes, eines Elefanten, eines Tigers eines Löwen, ja, eines jeglichen Wesens annehmen" (vgl.: I. Tweedie, S.186).

Das dies eine nicht leicht zu akzeptierende Auffassung ist und die Freundschaft mit der dunklen Seite der Macht eine nur schwer zu erfüllende Forderung, liegt auf der Hand. Der Dämon erscheint weder gut noch böse und beeindruckt durch prophetische Kundgaben. Den Zweifel, ob sie es mit göttlichen oder dämonischen Mächten zu tun haben, teilen viele Mystiker mit Psychotikern. (Vgl. auch mein Buch: Dämon oder Engel).

Die Geister Verstorbener: In vielen Völkern ist der Glaube verbreitet, dass ein Verstorbener vom Zwischenzustand aus, in dem sich erdgebundene Geister aufhalten, in eine jenseitige Sphäre übergehen muss, um Erlösung zu finden. Menschen, die gewaltsam ins Jenseits befördert wurden - auf dem Schlachtfeld Gefallene oder Selbstmörder, – sind in einer düsteren Zwischenwelt gefangen, da es ihnen schwer fällt, in lichtvollere Sphären zu gelangen.

Die Geister von Menschen, die sich im Diesseits als wenig vertrauenswürdig erwiesen haben, können auch aus dem Jenseits schädlichen Einfluss nehmen, so wird befürchtet. Erdgebundene Verstorbene klammern sich an Orte, Gegenstände und Menschen, die ihnen zu Lebzeiten lieb und teuer waren. Oder sie sind gefangen in dramatischen Situationen, die zu ihrem Ableben geführt haben. Auch Hinterbliebene, die ihre Angehörige noch lange nach deren Hinscheiden nicht missen wollen, erschweren diesen den endgültigen Abschied.

Auch wenn Totengeister keinen physischen Körper mehr haben, finden sich bei ihnen ähnliche Verhaltensweisen und Eigenarten wie bei den Lebenden. Obwohl sie gemeinhin Furcht erregen, sind sie keineswegs immer missgünstig gestimmt. Es gibt Geister, die nach dem Tode hilfreich wirken und boshafte Wesen, die Schaden stiften.

In indigenen Kulturen werden die Ahnen als mächtige Helfer der Gemeinschaft verehrt, sofern ihnen ein friedliches Ende beschieden war. Doch Tote, die ganz plötzlich umkamen - durch Unfälle, Gewaltverbrechen oder Selbsttötungen - werden gefürchtet. Wer unvorbereitet aus dem Leben gerissen wird, haftet besonders intensiv an der Welt der Lebenden und kann dort unter Umständen Schaden anrichten.

Auch die Störung der Grabesruhe oder die Tatsache, dass ein Leichnam nicht bestattet wurde, lässt die Toten nicht zur Ruhe kommen. Der Glaube daran ist nicht einfach aus der Luft gegriffen, sondern er beruht auf Einsichten, die der Menschheit über viele Jahrhunderte hinweg zuteil wurden. Da es solche Berichte aus allen Zeiten und Gegenden gibt, existiert kein ausreichender Grund, an deren Wahrhaftigkeit prinzipiell zu zweifeln.

Das Wahrnehmen eines hilfreichen unsichtbaren Einflusses, der gemeinhin einem Schutzengel zugeschrieben wird, ist ein relativ häufiges Phänomen. Da berichtet ein junger Mann, wie er von einem

Sprung in die Tiefe, der sein Leben beenden sollte, von den riesigen Flügeln eines liebevollen Wesens abgehalten wurde. Ein anderer hört an einer Kreuzung deutlich eine Stimme, die ihn warnt und damit einen drohenden Unfall verhindert.

Okkulte Autoren sind der Überzeugung, dass hilfreiche Eingriffe ais dem Jenseits nicht unbedingt einer anderen Spezies zuzurechnen sind, sondern von wohlmeinenden Verstorbenen ausgehen. Während das Christentum dämonische und menschliche Wesen in strikt getrennte Gattungen einordnet, ist im tibetischen Buddhismus die Kluft nicht so groß. Die Verwandlung ehemaliger Menschen in dämonische Geister wird ohne weiteres für möglich gehalten.

Die jeweilige psychische Verfassung sowohl der Lebenden als auch der Verstorbenen ist für die Art der Einflussnahme durch Totengeister verantwortlich. Psychologische und transzendente Erfahrungen gehen Hand in Hand; eine Wechselwirkung findet statt. Psychische Ursachen und Beeinflussung aus dem Jenseits bedingen einander.

Nach buddhistischer Auffassung wird der Bewusstseinsstrom, der den Hinscheidenden verlässt, durch die Gedanken und Empfindungen beim Eintritt des Todes bestimmt. Ist der Sterbende voller Panik und Hass oder klammert er sich mit aller Macht an das vergangene Leben, so kann sich diese intensive Emotion durch Projektion zu einer Geistgestalt verfestigen. Auch gewalttätige Todesarten wie Mord oder Suizid bringen fast zwangsläufig einen verdichteten Geist hervor, da der Übergang mit starken destruktiven Emotionen verbunden ist.

Die Energie von Verstorbenen fließt in der Regel nach einer gewissen Zeit zurück und verbindet sich mit lebenden Verwandten. Eine Vereinigung der Energien findet statt. Falls die Bereitschaft für eine weitergehende Entwicklung vorhanden ist, wird ein Teil der Persönlichkeit verstorbener Menschen den Weg ins Licht zu gehen. Die Seelenbewusstsein kommen aus dem Licht und dahin kehren sie alle - früher oder später - zurück, denn es ist ihre Heimat.

Die zurückbleibenden Anteile der Persönlichkeit sind für den Weg ins Licht noch nicht geeignet. Sie werden daher mit der Energie von Anverwandten oder auch von guten Freunden, die in einem engen Verhältnis zu dem Verstorbenen stehen, verschmolzen. Diese Praxis besteht bereits seit langer Zeit und hat sich bewährt. Den Nachfahren kommen Erfahrungen und Erkenntnisse zugute, die für sie auf anderem Wege nicht erreichbar gewesen wären. Nicht in jedem Fall ist es einfach, die zurückfließende Energie zu assimilieren, doch in der Regel entstehen keine bleibenden Schäden. Die Verwandten, die für die Aufnahme der Energie infrage kommen, sind meist willens und in der Lage, damit zurechtzukommen.

Bei manchen Völkern herrscht die Ansicht vor, der Übergang in die rein geistige Welt nach dem Tode sei nicht einfach und nicht jedermann gestattet. Der Einlass sei abhängig von einer Prüfung. Wer diese nicht besteht, verbleibt in der Astralwelt und wird zum Gespenst oder Dämon. Das ‚Böse' erweist als die Unkenntnis der Seele, die nicht imstande ist, die wahre Natur der Dinge zu sehen. Da sie sich selbst in ihrer wahren Natur nicht erkennen kann, verwandelt sie sich in ein dämonisches Wesen und verfällt der Anziehung der Materie.

Verlorene Seelen: Die erdgebundenen oder ‚verlorenen' Seelen halten sich in der Nähe der physischen Welt auf und verbinden sich mit ihnen gleichgesinnten Lebenden, deren Erfahrungen sie teilen. Suchterkrankungen, Phobien, Depressionen und andere Beschwerden können durch Geistwesen mit verursacht werden, behauptet die amerikanische Psychologin E. Fiore. In Hypnosesitzungen tritt die Therapeutin in Kontakt mit den Geistern, von denen ihre Patienten heimgesucht werden.

Die geringe Aufwand, mit dem sie die Geister gewöhnlich ‚ins Licht' sendet, spricht dafür, dass es sich – zumindest nicht vorwiegend - um Besessenheit im herkömmlichen Sinne handelt. Vielmehr findet eine Entfernung von Fremdenergien statt. Die fremden Ener-

gien nisten sich in die Aura derjenigen Menschen ein, die im Übermaß Alkohol trinken oder häufig Drogen konsumieren.

E. Fiore behandelte einen Patienten namens *Paolo*, dessen Problem
in suchtartigem Essen und häufigen Alkoholkonsum bestand. Auch
litt er unter Versagensängsten. Die Psychologin hegte den Verdacht,
einer oder mehrere Geister hielten *Paolo* besetzt und übernahmen
gelegentlich die Kontrolle. Dadurch verursachten sie ernsthafte Konflikte in seinem Leben. In der Hypnose meldet sich auf Anfrage
prompt ein Geist namens *George*. Nach der Sitzung erklärt der Patient: „Ich kenne diesen Kerl! Das bin ich, wenn ich getrunken habe.
Doch das bin nicht wirklich ich!" (S.123f.).

Die Therapeutin schildert dem verstorbenen Geistwesen das Leben
im Jenseits und wie leicht es sei, dorthin zu gelangen. Bereits in der
dritten Therapiestunde tritt eine dramatische Wende ein, als es gelingt, den fremden Geist zum Verlassen des Patienten zu bewegen.
Doch die Befreiung erweist sich nicht als endgültig, denn in folgenden Sitzungen zeigt es sich, dass noch weitere Geistwesen entfernt
werden müssen.

Da sich nach wenigen Therapiestunden die meisten Patienten, sobald die Symptome abgeklungen waren, nicht mehr meldeten, ist die
Beurteilung des tatsächlichen Therapieerfolges auf längere Sicht
nicht möglich. Es wäre wünschenswert, Kenntnis vom weiteren Verlauf der beschriebenen Fälle im Anschluss an die Therapie zu haben,
um den Erfolg dieser Art von Einflussnahme überprüfen zu können.

Beim *Clearing*-Prozess werden sogenannte ‚verlorene Seelen' von
Therapeuten und Heilern ‚ins Licht' geschickt. Was ist darunter zu
verstehen?

Die körperlosen Seelenbewusstsein befinden sich in einer Zwischenwelt, die der materiellen Welt sehr nahe ist. Ihnen ist es versagt, den Zustand, in dem sie sich befinden, zu begreifen. Daher
schwirren sie, den Nachtfaltern ähnlich, planlos umher und verstehen
nicht, was mit ihnen geschehen ist.

Diese Seelen existieren in großer Anzahl. Man kann sich zum Ver-
gleich eine weite Ebene vorstellen, die von zahllosen fliegenden We-

sen gefüllt ist. Sie schwirren wild durcheinander und wissen nicht, wohin und was mit ihnen geschieht. Ihnen fehlt es an entsprechender Anleitung, die ihnen Halt und Stütze geben könnte.

In jenseitigen Ebenen existieren weite Bereiche, die völlig sich selbst überlassen sind. Eine Unterweisung von der geistigen Ebene aus erfolgt nicht. Die Geistebenen sind sehr verschiedenartig und dieses Feld ist nur ein kleiner Teil des gesamten Terrains, ein Bereich, in dem die Seelen weitgehende Freizügigkeit erfahren.

Man kann die Wesen mit einer Horde wilder Tiere vergleichen, die in gewissem Rahmen frei sind zu tun und zu lassen, was ihnen gefällt. Das Bewusstsein der ‚freien' Seelen ähnelt tatsächlich dem Bewusstsein von Tieren mit dem Unterschied, dass die Seelen fähig sind, zielgerichtet zu handeln, Anleitungen zu verstehen und diese zu befolgen. Der Grad der Bewusstheit macht den Unterschied aus.

Das Bewusstsein eines lebenden Menschen ist dem der Seelenbewusstsein weit überlegen. Daher haben Menschen, die über eine erweiterte Wahrnehmung verfügen, Möglichkeiten der Einflussnahme. Die Seelenbewusstsein verhalten sich dagegen wie Kinder, teils verängstigt, teilweise zornig oder verspielt, die sich klaren Anweisungen kaum widersetzen.

In welchen Fällen hängen sich körperlose Seelen an die Aura lebender Menschen? Ein Seelenbewusstsein kommt in der Regel nicht ohne Aufforderung in die Nähe bestimmter Personen. Die hohe Affinität zwischen zwei Seelen, unabhängig davon, ob diese unter den Lebenden weilen oder verstorben sind, schafft ein starkes Band zwischen ihnen, dass auch mit dem Tode nicht völlig zerreißt. Dieses Band und die Anhänglichkeit eines Seelenbewusstseins an die irdische Ebene schafft eine starke Verbindung, die von außen nur schwer aufgelöst werden kann, zumal das Band mit der Zeit immer fester wird.

Die Verbindung mit einem Lebenden vermittelt der unbeständigen körperlosen Seele Halt und Stütze, die es zuvor vermisst hat. Haben die Seelenbewusstsein einmal begriffen, wie leicht es ihnen von manchen Menschen gemacht wird, an ihrem Leben teilzuhaben, dann nutzen einige dies weidlich aus. Sie teilen die Vergnügungen des betreffenden Individuums und entwickeln ihrerseits Suchtverhalten, das dem ihres Wirtes entspricht. Haben sie einmal die Vorteile dieser Daseinsweise erkannt, bleiben sie auch gern auf Dauer. Dann wird es zunehmend schwerer, sie im Verlauf eines *Clearings* zu lösen und zum Fortgehen zu bewegen.

Ein *Clearer* arbeitet daher meist mit geistigen Helfern zusammen, die ihm in schwierigen Fällen zur Seite stehen. Diese Helfer kennen Mittel und Wege, eine verstockte Seele dazu zu bringen, sich zu lösen. Nicht jede dieser Seelen ist aber verstockt oder böse, sondern ihre Unwissenheit hat sie in den Zustand gebracht, den sie nun verlassen soll.

Die sogenannten ‚verlorenen Seelen' haben seinerzeit aufgrund von eigenwilligen Vorstellungen und inneren Widerständen eine Rückkehr in die Lichtebene verweigert. Ihre Energie ist kompakt und lässt sich vom Wirtsorganismus nicht assimilieren. Dies liegt auch nicht in der Absicht des fremden Seelenbewusstseins, da es ja bestrebt ist, seine Individualität um jeden Preis aufrechtzuerhalten. Es handelt sich in der Regel um willensstarke Persönlichkeiten, die sich dem normal stattfindenden Entwicklungsgang widersetzen.

Sie bilden daher einen Fremdkörper im Wirtsorganismus, den sie beeinflussen und dem sie auch Schaden zufügen können. Ein starkes Ego-Bewusstsein ist eine Präsenz, die sich durchaus immer wieder - auch in störender Weise - bemerkbar machen kann.

Manche sind davon überzeugt, eine Aufgabe zu erfüllen, wenn sie sich mit einem menschlichen Bewusstsein verbinden. Wenn es sich um Hilfsbedürftige oder um Kinder handelt, wollen sie ihnen z.B. aus falsch verstandener Fürsorge zur Seite stehen. Andere wiederum verfolgen ausschließlich eigennützige Ziele. Allen diesen Seelen ist gemeinsam, dass sie einen eigenmächtigen Weg beschreiten, mit dem sie sich selbst und anderen keinen Gefallen tun, da diese Entwicklung ursprünglich so nicht vorgesehen war.

Für die Heiler, die *Clearings* durchführen, wäre es überaus wichtig, die Wesenheiten, mit denen sie zu tun haben, unterscheiden zu lernen, denn nicht jede anwesende Entität ist eine ‚verlorene Seele', welche die Bereitschaft zeigt, über kurz oder lang ins Licht zu entschwinden. Es gibt *Wächter*, die einen bestimmten Auftrag haben, der sie daran hindert, den Aufforderungen eines eifrigen *‚Clearers'* nachzukommen. In einem solchen Fall führt das *Clearing* selten zum Erfolg, und wenn das geschieht, ist er von nur vorübergehender Dauer.

Spuk- und Plagegeister: Neben den ‚verlorene Seelen' existieren noch andere Wesen, die sich unter Umständen an inkarnierte Menschen hängen. Die unsichtbaren Ebenen sind ein reichhaltiges Experimentierfeld, in dem sich viele verschiedene Wesenheiten tummeln. Es würde zu weit führen, sie allesamt zu nennen. Es gibt sogenannte *Plagegeister*, die einem Menschen das Leben zur Hölle machen können.

Sie halten sich in der Nähe einer Person auf, mit der sie einmal näher in Beziehung gestanden haben und wo vorwiegend Zwistigkeiten eine ausschlaggebende Rolle gespielt haben. Der Groll des Plagegeistes macht sich durch ominöse Angriffe Luft, die umso verstörender sind, als dafür augenscheinlich keine lebende Person als Verursacher infrage kommt.

Eine weitere Spezies sind *Spukgeister*, die sich von den eben Genannten in einiger Hinsicht unterscheiden. Sie sind sich ihrer Umgebung nicht völlig bewusst, sondern handeln aus einem inneren Antrieb heraus, der sie dazu treibt, bestimmte Handlungen in endloser Folge zu wiederholen. Dabei fehlt es ihnen an Erkenntnis der realen Gegebenheiten, in denen sie sich befinden. Meist sind auch die Personen, die sich an den ‚Spukorten' aufhalten, für sie nicht wahrnehmbar.

Der Grund für ihr spukhaftes Gebaren sind traumatische Geschehnisse aus der Vergangenheit, die Spukgeister an gewissen Orten oder in bestimmten Häusern festhalten. Das traumatisierte Seelenbewusstsein kann sich von der Begebenheit nicht lösen; man könnte es als ‚geistesgestört' bezeichnen. Das Wiedererleben des Traumas hat einen bestimmten Zweck: Die Geister sind in einer Endlosschleife gefangen, die eines Tages ebenso plötzlich endet, wie sie begonnen hat. Die darin angesammelte Energie hat sich verbraucht und der Spuk löst sich auf.

Normaleweise findet keinerlei Kontakt statt zwischen Lebenden und Spukgeistern. Dennoch spüren sensible Menschen manchmal ihre Anwesenheit und fühlen sich ohne Grund unwohl an bestimmten Plätzen. Den Spukgeistern zu helfen, ist fast unmöglich, da ihr Bewusstseinsgrad nicht ausreicht, um Interventionen von außen zu erkennen und darauf zu reagieren.

Anorganische Wesen: C. Castaneda erfährt von seinem indianischen Ausbilder und Mentor Don Juan, dass für bestimmte Bereiche der Erfahrung die Energien dunkler, anorganischer Wesen benötigt würden. Um in andere Realitäten zu reisen, brauche man diese Wesen, was – energetisch betrachtet – einen Schub dunkler Energie bedeutet.

Um an die Energie aus der Welt der anorganischen Wesen zu gelangen, muss man sich in deren Welt begeben. Castaneda erhält von seinen Lehrer die Auskunft: *„Wir dürfen uns nicht auf sie einlassen, und doch können wir uns nicht von ihnen fernhalten. Meine Lösung ist, ihre Energie zu nehmen, aber nicht ihrem Einfluss nachzugeben. Es geschieht, indem man mit unbeugsamer Absicht an der Freiheit festhält, auch wenn kein Zauberer wirklich weiß, was Freiheit wirklich ist."* (In: Die Kunst des Träumens, S.187f.)

In der Welt der anorganischen Wesen trifft Castaneda auf ein angeblich in der Schattenwelt gefangenes kleines, blauäugiges Mädchen. Ihm wird sein Mitleid zum Verhängnis, da er sich Phantasien hingibt, die mit den tatsächlichen Gegebenheiten nichts gemein haben (S.128f.).

Die unheimlichen Wesen der ‚anorganischen Welt' sind offenbar Meister der Manipulation, denen es leicht fällt, gutgläubige Kandidaten in eine Falle zu locken. Sie verhalten sich wie Fischer, indem sie naive Probanden überlisten und auf diese Weise Bewusstsein ködern und fangen. Das ‚hilflose' kleine Mädchen existierte nicht wirklich, erfährt Castaneda im Anschluss an sein Abenteuer. Es war ein ‚Scout', ein Führer, der jede Gestalt annehmen kann. Castaneda tappte in die Falle, als er vorbehaltlos zustimmte, seine eigene Energie mit der des kleinen Mädchens zu verschmelzen, was zu einem Energie raubenden Austausch führte.

Nach dem Abenteuer ist er völlig entkräftet und hat das Empfinden, all seine Energie verloren zu haben. Er hat sich in eine ‚Schattenwelt' begeben, wo seine Energie zuerst völlig entladen und anschließend wieder aufgeladen wurde. Die neue Energie wirkt sehr beängstigend auf ihn selbst und auf seine Umgebung.

In seinen Texten deutet der Autor einige Zusammenhänge lediglich an und überlässt es weitgehend dem Leser, seine Schlüsse daraus zu ziehen. Dieser Nimbus des Geheimnisvollen, das nach Aufklärung verlangt, macht sicher einen Teil seiner Anziehungskraft aus.

Botschaften von innen

Das menschliche Dasein ist normalerweise in den Begrenzungen der materiellen Wirklichkeit gefangen. Es existieren aber Möglichkeiten der Erkenntnis außerhalb der gewohnten Formen menschlicher Erfahrung. Das Bewusstsein hat die Fähigkeit, Facetten der Realität auf eine Weise wahrzunehmen, welche die sinnliche Erfahrung übersteigt.

Auf dem Weg der geistigen Schulung werden die Probanden oft von einem spirituellen Lehrer begleitet, der sie über Hindernisse und Gefahren aufklärt. Visionäre Wahrnehmungen werden dabei als günstige Hinweise aufgefasst, doch man sollte sich nicht mit ihnen identifizieren. Eingebungen, die aus geistigen Ebenen kommen, werden in einen bewussten Kontext gebracht.

Die subtilen mystischen Lehren lassen sich nicht allein durch die Instruktionen eines menschlichen Lehrers erwerben. Man gewinnt sie, indem man auf die Botschaften der inneren Stimme lauscht. In der Gedankenstille und in einer Haltung erwartungsvoller Aufmerksamkeit können die subtilen Mitteilungen von innen das Wachbewusstsein erreichen. Der Mensch ist normalerweise davon überzeugt, allein der Denkende, Sprechende oder Handelnde zu sein. Doch jeder Gedanke, jedes Wort und jede Tat sind Auswirkungen der Ganzheit ihm innewohnender Kräfte.

Geistige Lehrer haben den Menschen einige Reifungsschritte voraus, obwohl die meisten von ihnen das menschliche Dasein noch nicht hinter sich gelassen haben. Ihr Zugang zu kosmischen Zusammenhängen ist freier, als dies normalerweise der Fall ist. Sie haben sich aus der Gebundenheit und Beschränktheit irdischer Bindungen befreit, daher verfügen sie über ein breiteres Spektrum an Wissen und Erfahrungen und überblicken einen individuellen menschlichen Werdegang von einer höheren Warte aus.

Viele Geistlehrer übermitteln ihre Botschaften an ausgewählte Adepten auf telepathischem Wege. R. Powers, die selbst medial veranlagt ist, erklärt: *„In Wirklichkeit klingt eine telepathische Botschaft... ganz ähnlich wie die eigenen Gedanken. Der Unterschied ist nur, dass man seine Gedanken selbst erschafft, während man eine telepathische Botschaft empfängt"* (S.196).

Viele Wahrheitssucher wünschen sich einen Lehrer, der ihnen (neben der Überlieferung spiritueller Lehren und deren Interpretation) immer wieder nützliche Hinweise gibt und auftauchende Fragen beantwortet. Dennoch bleiben sie mit den täglich stattfindenden Prozessen in ihrem Innern weitgehend allein. Sie sind gefordert, die Verantwortung für die eigene Praxis selbst zu übernehmen und zu beurteilen, ob sie auf dem richtigen Weg sind.

Wer sind die Wesen, die beim sogenannten *Channeling* Auskunft erteilen? In der geistigen Welt existieren, ganz ähnlich wie in der materiellen Welt, Abteilungen, sogenannte ‚Departments'. Die jeweilige Interessenlage derjenigen Person, die Anfragen sendet, entscheidet darüber, welche Sektion mit dem individuellen Bewusstsein in Beziehung tritt. Sind die Interessen mehr allgemeiner Natur, kommen andere Kräfte zum Einsatz als bei tiefsinnigen philosophischen

Betrachtungen. Die geistige Welt unterscheidet sich in dieser Hinsicht nicht grundsätzlich von der irdischen Ebene.

Dennoch existiert ein gravierender Unterschied. Die Schwingungshöhe der Person, die eine Frage sendet, zieht entsprechende Wesenheiten in ihren persönlichen Wirkungsbereich. Dies kann ihr zum Vorteil gereichen oder im Gegenteil Nachteile mit sich bringen, die umso größer sind, je niedriger die Stufe, auf der sie sich zum entsprechenden Zeitpunkt befindet.

Man kann es einmal von dieser Seite betrachten: Ein halbvolles Glas wird gefüllt mit einer Flüssigkeit, die sich mit der bereits vorhandenen vermischt. Ist die Mischung nicht verunreinigt sondern klar, bringt dies keine Nachteile mit sich und beide Teile profitieren davon. Ist das Gegenteil der Fall, wird die Verunreinigung nicht aufgehoben, sondern noch verstärkt.

Die Informanten sind Adepten der mittleren und gehobenen Stufe, die es sich zur Aufgabe gemacht haben, interessierten Menschen die Botschaften zukommen zu lassen, die sie sich wünschen. Zugleich ergreifen sie die Gelegenheit, in Kontakt mit der irdischen Ebene zu kommen, die auf Einige von ihnen nach wie vor eine gewisse Anziehungskraft ausübt.

Doch auch geistige Lehrer können sich als falsche Propheten erweisen. Blinde Hingabe gehört in den Bereich sektiererischer Gemeinschaften und ist in keinem Fall angebracht. Geistlehrer greifen erst dann bei schwierigen Situationen ein, wenn ein Proband seine ihm zur Verfügung stehenden Handlungsmöglichkeiten voll ausschöpft und den guten Willen zeigt, die Krise zu bewältigen. Egoistisches Denken, das vorwiegend auf die Befriedigung eigener Bedürfnisse ausgerichtet ist, hat in einer geistigen Schulung keinen Platz und wird zum Hindernis.

Im Laufe der Zeit vermischt sich der Geist des Schülers mit dem des Geistführers, berichtet M. Rogers (S.118f.) Die Energien vereinigen sich, was mit großen emotionalen und spirituellen Veränderungen einhergeht. Manchmal wird unter gewissen Umständen auch ein Körpertausch, ein sogenanntes *Walk In,* vorgenommen. Ein Körpertausch wird äußerst selten als Möglichkeit in Betracht gezogen. Er kommt dann zur Anwendung, wenn ein Geistführer zu der Überzeugung gelangt, dass noch wichtige Aufgaben im materiellen Bereich auf ihn warten, die er auf andere Weise nicht bewältigen kann.

In der Regel wird das Einverständnis der betroffenen Person, die meist mit dem Leben abgeschlossen hat und sich gewisse Vorteile von dem Wechsel verspricht, eingeholt. Der Zugang zur rein geistigen Sphäre ist erleichtert, wenn jemand freiwillig seine sterbliche Hülle verlässt, um sie für besondere Zwecke zur Verfügung zu stellen.

Wächter am Tor

In früheren Zeiten hielt man geistige Erkrankungen für Auswirkungen des personifizierten bösen Prinzips. Trotz Überwindung dieser Anschauung stellen viele schizophrene Patienten einen Zusammenhang her zwischen Krankheit und Sünde, einem zornigen Gott und teuflischer Beeinflussung. Insbesondere die dämonische Belastung gilt als Folge nicht vergebener Sünden (vgl.: R. Mundhenk, S.137).

Während die Überzeugung, in besonderer Weise erwählt worden zu sein, als Entscheidung göttlicher Instanzen verstanden wird, erscheint die Verdammnis als gerechte Strafe für vorausgegangene schlechte Taten und boshafte Gedanken. Die Leiden werden nicht willkürlich auferlegt, sondern dienen der Läuterung und der Wiedergutmachung sündhaften Verhaltens.

Eine zutiefst religiöse Einstellung erzeugt leicht ein Gefühl der Minderwertigkeit. Ressentiments werden geschürt. Unter dem Einfluss bösartiger Stimmen werden Lästerungen gegen Gott und seine Helfer vorgebracht. Anschließend bereitet den ,Sündern' ihr schlechtes Gewissen unsägliche Pein. Sie fühlen sich am Abgrund stehen und bedauern zutiefst ihr sündhaftes Tun.

In vielen Fällen erscheint das Verhältnis zwischen dem (phantasierten) Unrecht und der dafür auferlegten Strafe höchst unangemessen.

Stimmen drohen dem Sünder mit ewiger Verdammnis, für die keine Vergebung in Aussicht gestellt wird. Satanische Belästigung, Besessenheit und Höllenqualen werden vor allem als Strafe für sexuelle Verfehlungen angedroht. Vielfach wird zwar die Strafe selbst, nicht jedoch ihr Ausmaß als angemessen empfunden.

Auf dem Weg der Bewusstwerdung begegnet ein Mensch Wesenheiten, die Angst erregend sind und ihn bis ins Mark erschüttern und solchen, die ihn zur Erleuchtung führen. Um einen nicht geeigneten Menschen daran zu hindern, vom ‚Baum des Lebens' zu kosten, stellen sich ihm ‚Wächter' entgegen.

Sofern Probanden noch irdischen Wünschen und Begierden verhaftet sind, fehlt ihnen die nötige Voraussetzung, um in die geistige Welt vordringen zu können und dort zu verweilen. Solange weltliches Verlangen in einem Menschen die ausschlaggebende Rolle spielt, ist er nicht bereit, in die höhere geistige Welt einzutreten. Visionäre Abenteuer und initiale Erlebnisse führen ihn in die Unterwelt, wo er von boshaften dämonischen Wesen, sogenannten *Wächtern am Tor*, angegriffen wird. Dieselben Wesen können später wieder in der Rolle eines geistigen Führers oder Lehrers in Aktion treten.

Die Wächterinstanzen führen die Anweisungen höherer Geistebenen aus, doch sie sind auch fähig und befugt, eigenmächtig zu handeln. Von der irdischen Ebene aus sind sie nur schwer zu beeinflussen. Manchmal räumen sie freiwillig das Feld, wenn für das betroffene Seelenbewusstsein ein Lernprozess abgeschlossen ist oder eine Entwicklung als aussichtslos eingestuft wird.

Wächter können in Schrecken erregender oder verführerischer Gestalt erscheinen. Sie sind mächtig und Furcht einflößend und manifestieren sich als Hindernis auf dem spirituellen Weg. Wer unberechtigt, ohne ausreichende Unterweisung und Kenntnis, den Pfad betritt, wird von ihnen ergriffen und harten Prüfungen unterworfen. Diese mental und physisch verwirrenden Erfahrungen können so Furcht erregend sein, dass sie geistige Erschütterungen oder sogar den Tod herbeiführen können.

Die Wächterfiguren sind von sehr unterschiedlicher Gestalt, daher ist es im Einzelfall nicht einfach, zu erkennen, mit wem ein Kontakt besteht. Die Art von Wächter oder Torhüter, mit denen ein Proband konfrontiert wird, entspricht in etwa seinen menschlichen Neigungen, Schwächen und Ängsten, die ihm noch im Wege stehen. Eigenschaften wie Geduld, Mut und Selbstbeherrschung, die Fähigkeit zu objektiver Selbsteinschätzung, halten die Angriffe der Wächter im Zaum. *„Wo eine dunkle Macht am Werke ist, da wirkt ebenfalls – entsprechend der Dualität aller Dinge - eine gleichermaßen starke Lichtkraft"*, erklärt Patricia Cori.

Bei den Tibetern ist *Mahakalla*, der ,Große Schwarze', in seiner integrierten Form eine mächtige Schutzgottheit. Für Menschen, die ihn nicht kennen und keinen bewussten Umgang mit ihm pflegen, wird er zum Fürsten der Finsternis, der Krankheiten, Depressionen und Suizidtendenzen fördert. Verbindet sich das Ego-Bewusstsein mit dem höheren Bewusstsein, wird *Mahakalla* zu einem Werkzeug, einer Schutzgottheit, die in Zeiten der Not zur Stelle ist.

Vielen Wanderern ist nicht bekannt, dass ihnen auf der Schwelle zur anderen Welt ein Wächter, auch *Hüter der Schwelle* genannt, begegnet, der literarisch in Gestalt eines Drachens, eines dreiköpfigen Hundes oder anderen mythischen Gestalten verewigt wird. Dieser Wächter tritt in Wechselwirkung mit dem Widerstand und dem zerstörerischen Potential, das in einer individuellen Persönlichkeit noch vorhanden ist.

Zu den Wächtern gehören lichte und dunkle Engel (auch *Höllenengel* genannt). Der Kampf des Lichts gegen die Dunkelheit findet in jedem einzelnen Menschen statt. Dunkle Engel durchforsten das Unterbewusstsein ihrer Opfer gezielt nach Schwachstellen, die im Grunde jeder Mensch in sich beherbergt. Anschließend finden sich die Betroffen wie zufällig Situationen ausgesetzt, die auf diese Schwachstellen hinweisen und sie im Zweifelsfall verstärken.

Wenn Traumatisierungen entstehen, ermöglichen diese es, die Zielperson zu kontrollieren und zu steuern. Ist es einmal soweit gekommen, dann wird es für das Opfer zunehmend schwer, genügend

Vertrauen zu entwickeln, um sich gegen die Manipulationen zur Wehr zu setzen. Hierzu benötigt es einen ausgeprägten Kampfinstinkt, um nicht bei der Erschaffung des Käfigs, der seine Freiheit einzwängt, selbst mitzuwirken. Einen Vorteil hat derjenige, der sich seinen Sinn für hell und dunkel, für ‚richtig' und ‚falsch' bewahrt und nach diesen Richtlinien sein Denken und Handeln ausrichtet.

Psychische Unausgeglichenheit tritt stärker zutage als zuvor, wobei sich vor allem aggressive Tendenzen als problematisch erweisen, denn sie können sich zu extremer Reizbarkeit, bis hin zu unkontrollierbaren Wutanfällen, steigern. Häufig kommt es zu einer Konfrontation mit dem Wächter.

Der dämonische Wächter ist der Saboteur, der an der Schwelle zum Mysterium lauert und die Kandidaten mit ihren Widerständen konfrontiert. Er kann als schwarzer Hund, feuriger Drache, Furcht erregendes Ungeheuer oder als stolzer Schlossherr erscheinen, der den Zutritt verweigert. Der Wächter wird auch als ‚Dämon des Widerstandes' bezeichnet. Bei dem Versuch, in jenseitige Sphären einzudringen, trifft der Kandidat auf den Wächter, der seine persönlichen Schwächen und Fehler repräsentiert. Diejenigen, die sich unvorbereitet auf den Weg machen, werden zum Spielball für ihn.

Zur Gestalt des Wächters zählen die Dämonen der Angst, des Stolzes, der Ruhelosigkeit, der Erregung, des Rückzugs, des Schlafes, der Erschöpfung, der sexuellen Begierde, der Verwirrung, der Ungeduld etc. Die hellsichtige Autorin S. Stolzmann beschreibt ein Szenarium, in dem Wächtergestalten agieren. Verstorbene werden darin mit Netzen eingefangen und in Ketten gelegt, um sie am Aufstieg in lichtere Gefilde zu hindern. Die Wächter beaufsichtigen und quälen sie auf grausame Weise.

S. Stolzmann beschreibt eine Szene, die vor mit ihrem inneren Auge erscheint: „Ich richtete meine Aufmerksamkeit auf die Wächter. Sie waren sehr mächtig. Von ihnen ging Kälte und eine intelligente dunkle Macht aus. Sie hatten rote Umhänge an. Die Augen funkelten gelb-rot. Sie waren halb Mensch und halb Tier. Sie sahen etwa so aus wie menschliche Echsen. Mir wurde auf einmal klar, dass es nur ein Wesen war, das sich zum Schein vervielfältigte" (S.91).

Der Wächter ist dafür verantwortlich, wenn sich ein Verstorbener an den Energiekörper eines lebenden Menschen hängt und dieser dadurch in geistige Verwirrung gerät, behauptet Stolzmann. „Ich konnte genau beobachten, wie die Verknüpfung des Mental-/Astralkörpers des verstorbenen Wesens und des lebenden Menschen vonstatten ging. Als das Wesen an dem lebenden Menschen verankert war, fing dieser sofort an zu schreien und mit Händen und Füßen zu toben. Daraufhin kamen Ärzte und gaben dem Menschen eine Injektion. Der Mensch wurde wieder ruhiger, aber das Wesen wurde stärker und nahm die restliche Lebensenergie auf" (S.92). Die Leidtragenden finden in der Regel niemanden, der die Hintergründe begreift und ihnen beisteht.

Ein dämonisches Wächterwesen wird häufig mit dem persönlichen Unterbewusstsein einer Person gleichgesetzt. Dies ist ein Irrtum, denn es handelt sich um eine eigene Entität, die nach Klärung der Widerstände dem Wanderer in transformierter Form als Begleiter in der geheimnisvollen inneren Welt zur Seite steht. Dieser innere Dämon kann zu einem Freund oder Ratgeber werden, dem man aber keineswegs blindlings vertrauen oder die Führung überlassen sollte! Bei R. Steiner werden die Wächter auch als *Hüter der Schwelle* bezeichnet (vgl.: Wie erlangt man Erkenntnisse der höheren Welten?).

Energetische Angriffe seitens innerer Instanzen stürzen die Betroffenen in Verwirrung und können sehr quälend sein. Menschen in der Umgebung werden – meist zu Unrecht – beschuldigt, die Angriffe zu provozieren. Das Leben wird zum Albtraum und schwere depressive Verstimmungen verschlimmern die Lage. Derartige Angriffe lassen auf einen schwerwiegenden inneren Konflikt schließen, der auch die Umgebung beeinträchtigt. Die Betroffenen leben in einem permanenten Kriegszustand, der ihr Innerstes in Mitleidenschaft zieht.

Eine Klientin, die mit dem Schicksal hadert, wird von M. Schindler darauf hingewiesen, sie befände sich „auf dem Schlachtfeld zwischen Gut und Böse", sie ist „das Zünglein an der Waage, welches entscheidet, wohin der Weg führen wird. Man kann auch sagen: Sie kämpfen gerade mit dem ‚Hüter der Schwelle' und Ihre Bewährung in diesem Geschehen entscheidet letztlich darüber, ob es einen spirituellen Fortschritt für Sie geben wird" (in: Fragen und Antworten 3, S.10).

Der Kontakt mit dem Hüter kann sehr einschüchternd sein. Medialen Menschen droht eine Übernahme durch astrale Einflüsse. Die innere Haltung der Betroffenen entscheidet darüber, welcher Art die Angriffe sind. Unter Umständen können sich die Interventionen des Hüters als manipulative Fremdsteuerung oder Inbesitznahme zeigen. Meist werden sie ausgelöst durch permanent negatives Denken. Die Negativität wird durch die Angriffe noch verstärkt und lässt einen Teufelskreis entstehen. Bei einer ausgesprochen aggressiven Grundeinstellung entsteht ein regelrechter Kriegszustand.

Vehemente Anklagen und Anschuldigungen verstärken den Konflikt noch. Dabei wäre es hilfreich, eine innere Distanz zu wahren, denn jede Aufmerksamkeit, die auf den Konflikt gerichtet wird, verschlimmert die Lage noch. Durch eine konsequente Abkehr von negativen Denkweisen nehmen die Angriffe ab. Andere Wahrnehmungsebenen können sich öffnen und neue Erkenntnisse führen dazu, die unausgeglichene Situation zu entschärfen.

Wer sind die Hüter, mit denen viele Probanden in Berührung kommen, sobald sie den Pfad betreten? Die Theosophin A. Besant gibt darüber eine Auskunft, die in Erstaunen versetzt: „Diese waren einst Menschen wie wir, sind aber jetzt die Hüter der Welt, unsere älteren Brüder und Schwestern, die Lehrer und Prophetinnen der Vergangenheit, die hinaufreichen in Regionen ewig - leuchtenden Lichtes..." (in: Initiation, S.18).

Sie haben in der Vergangenheit als geistige Lehrer gewirkt und befinden sich in einem bereits fortgeschrittenen Entwicklungsstand. Bei A. Besant werden die Hüter auch *Meister der Weisheit* genannt, die den Pfad bewachen und die Bedingungen festsetzen, welche ein Fortschreiten ermöglichen (S.79). Uralte Gesetze liegen dem Weg der geistigen Schülerschaft zugrunde.

Den Aussagen vieler Mystiker zufolge steht die Erde unter der Führung höherer geistiger Mächte, die - sobald es nötig wird - eingreifen, um der Menschheit aus schwierigen Lagen herauszuhelfen. Sie führen und lenken die irdischen Belange von der geistigen Ebene aus. Ebenso wie die gesamte Menschheit unter Beobachtung steht, so ist es auch im individuellen Bereich. Die Entwicklung spiritueller Adepten wird von den geistigen Ebenen aus mit besonderer Aufmerksamkeit bedacht. Die Fortschritte wie auch die Rückschritte (die aber letztlich nur Umwege bedeuten), werden registriert.

Bei E. Haich werden die lenkenden Mächte *Söhne Gottes* genannt. Es sind Eingeweihte, welche die irdische Ebene bereits verlassen und den Rückzug in die geistige Sphäre angetreten haben. *„Sie werden aber im Unbewussten der Menschen weiterwirken, da sie eben das Unbewusste der Menschheit sein werden und sich in der Seele der reif werden Menschen* als Sehnsucht nach Befreiung und Erlösung offenbaren"* (S.206).

Geisthelfer und -lehrer stehen ebenfalls unter der Obhut übergeordneter geistiger Instanzen. Sie werden von einer höheren Ebene aus kontrolliert und inspiriert. Auch unter den Menschen wirken die Eingeweihten im Verborgenen.

Ein medial begabter Mensch nimmt die geistigen Wesen der unsichtbaren Ebenen wahr und unterscheidet zwischen den Geistern verstorbener Menschen, Elementarwesen, geistigen Helfern und Führern, Schutz- und Erzengeln sowie Meistern und aufgestiegenen Meistern. Nach dem Gesetz der Resonanz begegnen einem Individuum diejenigen Geistwesen, die ihm entsprechen und mit denen er in Wechselwirkung treten kann.

Der Kontakt mit dem Wächter bedeutet Schicksal und Chance zugleich. Entweder erleiden die Betroffenen einen dramatischen Rückschritt in ihrer Entwicklung. Oder es gelingt ihnen, die Schwierigkeiten, die sich vor ihnen auftun, zu überwinden und die Chancen eines spirituellen Fortschritts, die sich ihnen eröffnen, zu ergreifen.

Letztendlich scheint es so, als stünde hinter den dämonisch wirkenden Wächterfiguren ein Ordnungsprinzip, das auf eine Scheidung von Gut und Böse abzielt. Es gilt der Grundsatz: *Alle dunklen Kräfte unterstehen den Gesetzen des Lichts.* Der Kampf zwischen Hell und Dunkel, die Leiden der Gläubigen, das Freilassen satanischer Mächte, beinhalten die Hoffnung, eines Tages für erlebtes Leid, Zorn und Traurigkeit belohnt zu werden. Der Trost besteht in der Ankündigung des Unterganges allen Bösen und dem Sieg der Gerechten, der die eigene Person mit einschließt.

Mystische Ergriffenheit oder Besetzung?

Mir war, als strebte ich zum Licht; in Wirklichkeit war es nur das Dunkel.
H.W. Knudsen

Mangelnde Impulskontrolle

Die verschiedenen Arten fremder Einflussnahmen reichen von mangelnder Impulskontrolle über Lähmungserscheinungen und manifeste Inbesitznahmen bis hin zu mystischer Ergriffenheit durch geistige Instanzen. Ungesteuerte Impulshandlungen können auf sehr heftige Weise zum Ausbruch kommen, wobei die Vorherrschaft des freien Willens eingeschränkt ist. In bestimmten Fällen hat man den Eindruck einer äußeren Macht, die vom Menschen Besitz ergreift, ihn zu absurden Taten zwingt und ihm jede Möglichkeit einer eigenständigen Reaktion oder Kontrolle nimmt.

Unüberlegte Handlungen aus einem Impuls heraus können für die Handelnden selbst oder für Andere gefährlich werden, wenn sie in blinder Zerstörungswut, Brandstiftung, Verletzungen, sexuellen Übergriffen oder Suizidhandlungen zum Ausdruck kommen. Häufig sind ungesteuerte Impulse das Ergebnis eines langen Kampfes zwischen dem eigenen Willen und dem impulsiven Zwang.

Bei schizophrenen Patienten lassen sich eine Fülle derartiger Handlungen beobachten, die in merkwürdigen und rätselhaften Formen zum Ausdruck kommen, bemerkt C. Balducci: „Die betreffende Person bleibt dabei bei vollem Bewusstsein, merkt die Anomalität seines Verhaltens, erkennt, dass dieses bestimmte Benehmen nicht seinem eigenen Empfinden und Wollen entspringt, fühlt sich aber völlig außerstande zu reagieren und befindet sich in der Lage eines machtlosen Zuschauers" (S.141).

Eine unkontrollierbare Impulshandlung verrät eine regelrechte Spaltung im Verhalten des betroffenen Individuums. Das Erwachen eines übermächtigen, fremdartigen Impulses, der zu allen möglichen ungewollten Handlungen nötigt, lässt die Vorstellung von der Anwesenheit eines bösartigen Wesens aufkommen, dessen Einfluss die persönliche Psyche weitgehend ohnmächtig ausgeliefert ist.

Identitäts-Überlagerung

In der theosophischen Lehre bedeutet Überschattung bzw. Identitäts-Überlagerung, dass etwas Niederes von etwas Höherem überdeckt bzw. ‚überstrahlt' wird. Große geistige Lehrer Indiens, die *Boddhisattvas*, benutzen hierfür ausgewählte Personen als Sprachrohr. Diese rufen anschließend mitunter eine neue religiöse Bewegung ins Leben und treten als Religionsgründer ins Licht der Öffentlichkeit. Durch die Überschattung erwächst der Persönlichkeit des Beschatteten somit (angeblich) kein Nachteil, sondern sie wird ganz im Gegenteil erhöht.

Theosophen glauben an eine Neuinkarnation des historischen Buddhas, der vorausgesagt haben soll, nach Ablauf von 2.500 Jahren unter dem Namen *Maitreya* wieder in Erscheinung zu treten. Sie suchten zu Beginn des 20. Jhdts nach einem passenden ‚Gefäß', welches die Seele *Maitreyas* in sich aufnehmen sollte. Es wurde mit mehreren Personen ‚experimentiert'. Schließlich wurde der spätere indische Guru und Philosoph Krishnamurti, damals noch ein halbwüchsiger Junge, ausgewählt, um zu einem Werkzeug für Maitreyas Rückkehr zu werden.

„Krishnamurti sollte sich hingeben und so leer werden, dass Maitreya in seinen Körper eintreten konnte. Aber im letzten Moment verweigerte Krishnamurti die Hingabe. Niemand in seiner Umgebung hätte diesen Schritt jemals für möglich gehalten", berichtet Bhagwan Shree Rajneesh. Weshalb der Buddha nicht neu inkarniert, sondern einen fremden Körper für sein Wirken benötigt, wird nicht weiter erörtert. Ebenso bleibt die Frage unbeantwortet, was mit Krishnamurtis Persönlichkeit derweil geschehen wäre.

Krishnamurti erkannte frühzeitig, dass dieses ‚Abkommen' nicht mit seinen eigenen Absichten übereinstimmte. Seit dieser Zeit betont er die Bedeutung der individuellen Persönlichkeit, während Bhagwan darauf beharrt: „Die ganze Arbeit ging darum, seine Individualität aufzugeben, sonst kann man nicht zu einem Medium gemacht werden. Man muss selbst nicht vorhanden sein und sich höheren Mächten hingeben" (in: Ich bin der Weg, S.205). Bhagwan selbst machte allerdings zeitlebens keineswegs den Eindruck, über persönliche Ambitionen und die Verlockungen der materiellen Ebene hinaus gelangt zu sein. Krishnamurti seinerseits war zu einer diametral entgegen gesetzten Auffassung gelangt, die in der Lehre gipfelte, sich niemandem hinzugeben und niemals Jünger eines Meisters zu werden.

Von dem Auftreten eines neuen geistigen Lehrers in naher Zukunft ist auch J. Wandel überzeugt. Die Geistlehrer sind in ihrer Entwicklung weit fortgeschrittene Adepten, die nur dann erscheinen, wenn es für eine Menschheit zu deren Nutzen ist. Die Empfänglichkeit des Volkes für eine neue Botschaft bestimmt den Termin der ‚Verkündigung'. Dafür ist allerdings eine gewisse Vorbereitungszeit vonnöten, um einem Aufruhr vorzubeugen.

„Der Lehrer der neuen Religion hat auch nicht die Absicht, im eigenen physischen Körper zur Menschheit zu sprechen, sondern durch einen dafür würdig befundenen Schüler", verrät der Autor (in: Impressionen aus einer höheren Welt). Auf die Frage, was denn mit ‚Überschattung' eigentlich gemeint sei, gibt B. Creme, der sich selbst als Medium zur Verfügung stellt, die Antwort: Überschattung sei „ein Prozess, durch den ein weiter entwickeltes Wesen einen Teil oder auch sein ganzes Bewusstsein durch ein weniger fortgeschrittenes Wesen manifestieren kann." Dies sei „die klassische Methode, derer sich die Avatare oder großen Lehrer zur Manifestation bedienen" (S.340f.). Er sieht die Überschattung als Erweiterung des Prinzips der Telepathie.

B. Creme fährt fort: „Die Überschattung kann partiell, zeitlich begrenzt oder mehr oder weniger total und auf lange Sicht angelegt sein. Wenn die Geistige Hierarchie... sie anwendet, dann geschieht es immer bei voll bewusster Einwilligung und Mitarbeit des Jüngers." Bei der ‚schwarzen Loge' sei dies allerdings nicht der Fall, dort wende man oft die Methode der totalen Besessenheit an, fügt der Autor hinzu. Auch die Überschattung eines Mediums durch irgendeine Wesenheit im Spiritismus gehöre in eine völlig andere Kategorie.

Leider geht B. Creme auf die Praktiken der ‚schwarzen Loge' nicht näher ein. Seinem Hinweis zufolge ist davon auszugehen, dass Inbesitznahmen von okkulten Bruderschaften des linken Pfades angewandt werden, um bestimmte Personen in ihren Machtbereich zu ziehen und unter ihre Kontrolle zu bringen. Die Opfer können, wenn sie ihre Klagen vorbringen, auf wenig Verständnis bei ihren Mitmenschen hoffen, da derartige Methoden und die dahinter stehenden Mächte immer noch weitgehend ignoriert werden.

Die Überschattungen durch Meister werden als ‚Kraftübertragungen' gewertet, welche die Energiezentren (Chakren) stimulieren und in ihrer Schwingungsfrequenz erhöhen. „Es gibt verschiedene Grade des Kontaktes und verschiedene Arten der Beziehungen zwischen Meistern und Jüngern", erklärt Creme. „Das reicht von der seltenen (und auf seiten des Jüngers unbewussten) Beeindruckung, bis zu einer ständigen geistigen Überschattung, die fast bis an die Grenze zur Besessenheit gehen kann. Auf diese Weise wird der freie Wille des Jüngers nie verletzt. Besessenheit (wie z. B. im Falle Hitlers) ist dagegen die Methode der Herren der Materie" (ebd.). Ob der freie Wille eines Überschatteten tatsächlich in jedem Fall berücksichtigt wird, bleibt mehr als fraglich.

Die Ausführungen zeigen, wie schwierig eine Differenzierung zwischen den Graden der Überschattung bis hin zu Besessenheitszuständen ist. Die Frage, von *wem* die Inbesitznahme jeweils ausgeht und zu welchem Zweck sie vorgenommen wird, ist ebenfalls nicht leicht zu beantworten.

Lähmung und Körperstarre

Übermäßig langes Verharren in einer einmal eingenommen Körperhaltung wird als *kataleptische Starre* bezeichnet. Die Muskelspannung ist erhöht. Auch hysterische Anfälle können in *Katalepsie* oder Bewusstlosigkeit enden. Die *Katatonie* dagegen ist gekennzeichnet durch eine tiefgehende seelische Verstimmung mit Störungen der Motorik: Eine steife und starre Haltung sowie eine verspannte Muskulatur kennzeichnen diese Art der Erkrankung.

Ruhigstellung des Körpers, Entspannung oder Körperstarre ist auch die beste Voraussetzung, um eine Loslösung vom Körper zu erreichen. Vor einem Körperaustritt, der von Praktizierenden als *Astralreise* bezeichnet wird, erstarrt der physische Körper. Die Unbeweglichkeit ermöglicht es dem Seelenbewusstsein, sich von der physischen Hülle zu befreien und im feinstofflichen Körper die Gegend zu erkunden.

Auch in ekstatischen Zuständen ist eine Erstarrung des Körpers zu beobachten. Die normalen Sinne sind zurückgedrängt, während dem Seelenbewusstsein übernatürliche Erlebnisse zugänglich werden.

Um einen veränderten Bewusstseinszustand hervorzurufen, der die Ablösung des Seelenbewusstseins vom Körper begünstigt, suggerieren Experimentatoren den Versuchspersonen die Ruhigstellung der Gliedmaßen (vgl.: H. Kalweit, Liebe und Tod, S.50). Auch in der Hypnosetechnik wird auf diesen Punkt hingearbeitet. Das Suggerieren eines Schweregefühls, einer Lähmung oder Erstarrung wird bei Astralwanderungen und Hypnose routinemäßig eingesetzt, berichtet der Autor. Die Betreffenden schildern die Empfindung, über dem Bett zu schweben, verbunden mit der Unfähigkeit, sich zu bewegen, nachdem ihr Körper steif geworden ist.

Außergewöhnliche Erfahrungen dieser Art werden von Psychiatrie-Ärzten in er Regel für abnorm gehalten. Wenn von derartigen Erlebnissen die Rede ist, erhebt sich sogleich die Frage, ob sie nicht psychotischen Ursprungs sei. Im indischen Yoga-System sieht G. Bychowski „eine Praxis der Introversion, eine Anweisung zum willkürlichen Stupor... der Yoga leitet zur vollkommenen Introversion an, man versetzt sich in eine Art Stupor, in welchem Zustand die äußere Welt verschwindet und nur noch die innere wahrgenommen wird. Diese Introspektion erscheint als das höchste Ziel der Erkenntnis" (S.140). Das Ziel des Yoga sei es, die Seele selbst wahrzunehmen.

Die *Yogasutren* des *Patanjali* sind auf der konsequenten Abkehr von den Objekten aufgebaut. Bychowski sieht darin eine Analogie zur Struktur des schizophrenen Wahnsystems. Auch im metaphysischen System Schopenhauers (vgl.: Die Welt als Wille und Vorstellung) wird eine Abkehr von der Welt der Objekte gefordert. Die Befreiung und letztendliche Vernichtung des individuellen Willens wird als das höchste Ideal gepriesen.

Der mit *Katalepsie* umschriebene körperliche und seelische Ausnahmezustand ist bei einigen Schamanen Teil ihrer Sèancen. *Katalepsie,* ein Einzelsymptom der *Katatonie,* ist gekennzeichnet durch Bewegungsunfähigkeit in wachbewusstem Zustand. Wenn der Körper eines Schamanen wie tot daliegt, ist es für die Anwesenden selbstverständlich, dass seine Seele und sein Bewusstsein sich auf Reisen begeben haben, die sie in Sphären jenseits der Alltagswirklichkeit, in den mystischen Raum, führen.

Der Körper liegt stundenlang in kataleptischer Starre danieder, während sich der bewusste Geist in ferne Gegenden begibt. In diesem Zustand ist der physische Körper völlig unempfindlich gegen äußere Reize. Die visionäre Erfahrung eines australischen Schamanen beschreibt der Anthropologe A.P. Elkin: „Während dieser Mensch seine Vision erfährt, kann er sich nicht bewegen, aber er ist

sich dessen bewusst, was um ihn herum vor sich geht. Wie einer...
mir sagte, konnte er sehen und wahrnehmen, was geschah, aber war
wie tot. Spürte nichts" (zitiert bei M. Harner, S.81).

Die Schamanin eines Stammes in Zentralasien begab sich während
einer Heilsitzung „so in das Schamanisieren hinein, dass sie in einen
vollständigen Trancezustand geriet: Zuerst hatte sie 3 ½ Minuten
hindurch konvulsivische Anfälle, danach fiel sie in einen zwei Stunden währenden Starrkrampf", berichtet K. Jettmar (in: J. Zutt, S.105).

Der Zustand der völligen Muskelstarre, der auch bei Geisteskranken zu beobachten ist, lässt sich zudem in der Hypnose oder mittels
Selbstsuggestion im Rahmen magischer Praktiken erzeugen. Zur
Vorbereitung der *Spaltungsmagie*, der den Austritt des feinstoffli-
chen Astralkörpers aus dem sichtbaren physischen Körpers bewirken
soll, werden entsprechende Übungen verlangt. Im Zustand der Mus-
kelstarre, der *Katalepsie*, ist die Spaltung leichter zu bewerkstelligen.
Auch Astralreisende der Gegenwart berichten regelmäßig von einer
‚Schlafstarre', die einem Körperaustritt vorausgeht und die mit der
Unfähigkeit einhergeht, irgendein Glied zu bewegen.

G.A. Gregorius schlägt eine magische Übung vor, die den Körper
in einen völlig passiven Zustand versetzt. Der Praktizierende stellt
sich dabei vor, wie der Körper, angefangen von den Füßen, langsam
steif wird und erstarrt. Dabei wird die Atmung so weit wie möglich
reduziert. „Die Katalepsie muss vollständig sein!" so lautet die strikte Anweisung. Während der Übung, die anfangs nur einige Puls-
schläge andauern soll, sind die Augen geschlossen. Kategorisch wird
gefordert: „Es muss so lange geübt werden, bis es gelingt, die Katalepsie auf Zuruf des Willens, sofort! zu jeder Zeit und in jeder Stellung zu erlangen" (S.63).

Im magischen Schrifttum wird immer wieder vor derartigen Praktiken, insbesondere vor dem Missbrauch magischen Wissens, gewarnt,
da dies Geisteskrankheiten zur Folge haben kann. Hier liegt eine
Möglichkeit, das Verständnis für ansonsten nur schwer nachzuvoll-
ziehende seelische Störungen zu erweitern.

Zustände religiöser Ergriffenheit sind zu unterscheiden „von allen Erscheinungen etwa der kataleptischen Beeinflussbarkeit, wo ebenfalls Impulsstörungen auftreten, Gedanken ‚gemacht' oder ‚abgezogen' oder ‚eingeblasen' werden...", betont J. Zutt (S.82). Kataleptische Erstarrung ist auch bei Fakiren bekannt. Die Phänomene bei indischen Mystikern zeigen „nicht anders als bei... Derwischen alle Symptome einer erotisch-determinierten Ergriffenheit des Göttlichen. Dabei zeige der geistige Weg die gleiche Methode, die sexuelle Kraft zu bewahren, nicht aus Gründen bürgerlich-rationaler Moral natürlich, sondern um diese spermatische Kraft zur Spiritualisierung im Körper aufsteigen zu lassen, bis zu dem im Gehirn gedachten tausendblättrigen Lotos. Wenn ein Mystiker dieses Ziel erreicht hat, sei damit die erotische Unio mystica erreicht, wobei der Körper in der äußeren Totenstarre verharre, in welcher er die Welt der Sinne nicht mehr wahrnehme" (ebd., S.119).

Der berühmte indische Guru Ramakrishna verfiel oft aus einem Zustand der Schwärmerei in eine steinerne Unbeweglichkeit, die ein Gegengewicht zu seiner übermäßigen Erregung bildete. *Sarada Devi*, die Gemahlin des Gurus, verbrachte schlaflose Nächte, da sie sich nicht an die mystischen Entrückungszustände ihres Gatten gewöhnen konnte. Sie erzählt: „Der Gotteszustand, in den er gewöhnlich zu versinken pflegte, entzieht sich jeder Beschreibung. Wenn er in Verzückung war, lachte oder weinte er. Manchmal geriet er in den Zustand des großen Samadhi, dann wurde sein Körper starr wie ein Steinblock. Oft habe ich ihn eine ganze Nacht in dieser Haltung verharren sehen" (in: S. Lemaitre, S.99). Wenn diese Zustände übermäßig lange andauerten, halfen einige in das Ohr des Entrückten geflüsterte Mantras, um diesem zur Rückkehr in sein normales Bewusstsein zu verhelfen.

Auch bei Psychotikern kann es, als Abwehrmaßnahme gegen bedrohliche Erlebnisse, zu einer Erstarrung kommen. „Zustände, die in der psychiatrischen Nomenklatur als ‚Katatonie' beschrieben werden, weisen religionsphänomenologisch oft Analogien zu bestimmten Beschwörungs- und Gebetshaltungen auf", erklärt R. Mundhenk

(S.64). In seiner versteinert wirkenden, katatonen Abwehrhaltung verkriecht sich der Patient allen Ansprüchen gegenüber, die von außen an ihn gestellt werden. „Der anscheinend Gebannte ist zugleich der, der alle seine Kräfte von der Welt abzieht und konzentriert, um das Unbekannte und Bedrohliche abzuwenden", ergänzt der Autor.

In der westlichen Psychologie und Psychiatrie wurde – von wenigen Ausnahmen abgesehen –, die mediale und spirituelle Entwicklung lange Zeit nicht als ernstzunehmendes Phänomen anerkannt. Mystische Erfahrungen werden auch heute noch mit psychotischen Erlebnissen in einen Topf geworfen. Visionen von übernatürlichen Erscheinungen oder das Gefühl der Einheit mit dem Kosmos werden als grobe Verzerrungen der ‚objektiven Realität', denen aller Wahrscheinlichkeit nach eine geistige Erkrankung zugrunde liegt, interpretiert.

Der Psychoanalytiker F. Alexander vergleicht buddhistische Meditationen mit einer künstlich herbeigeführten Katatonie. Die ‚narzisstische' Wendung nach innen sieht er als „eine Art künstliche Schizophrenie mit vollständigem Abzug des libidinösen Interesses von der Außenwelt" (vgl.: St. Grof, Das Abenteuer der Selbstentdeckung, S.321). Die Einseitigkeit dieser Sichtweise liegt klar auf der Hand; mittlerweile ist sie einer etwas differenzierteren Betrachtung gewichen.

Besetzungen am Energiekörper

Die hellsichtige Autorin S. Stolzmann berichtet von Besetzungen in den Energiekörpern von Menschen und Tieren und bedauert, dass dieses Themengebiet vielfach tabuisiert wird. Selbst bei Heilern und Lichtarbeitern nimmt sie manchmal Besetzungen durch Fremdenergien wahr, ohne dass die Betreffenden davon wissen. In solchen Fällen sind die Klienten die Leidtragenden, denn sie kommen in den Sitzungen mit den Fremdenergien in Berührung, d.h. in die Energiekörper der behandelten Personen fließt die negative Energie des Heilers.

S. Stolzmann erklärt: „Von Besetzungen rede ich dann, wenn verstorbene Wesen oder andere Fremdwesen an den Energiekörpern hängen und Menschen dadurch erheblich beeinträchtigen" (S.13). Oft handelt es sich um die verwirrten Seelen von Verstorbenen, die ganz plötzlich aus dem Leben geschieden sind. Sie sind von dem Wunsch beseelt, noch länger in der irdischen Ebene zu verweilen und suchen sich zu diesem Zweck lebende Wirte aus, bei denen sie sich festsetzen können.

Sehr betroffen gemacht hat S. Stolzmann „der Umstand, dass eine bestimmte Klientel, die energetisch mit Menschen arbeiten, oft selbst Besetzungen von Fremdseelenanteilen oder anhaftenden Wesen an den Energiekörpern aufweisen. Vielleicht bemerken sie es nicht, oder sie wissen es gar nicht" (S.75f.). Nach jeder Sitzung fühlen sich manche Heiler müde und ausgelaugt. Diesen Umstand sollten sie als Hinweis nehmen, dass etwas nicht stimmt. Die Wesenheiten klammern sich an den Energiekörper und saugen Energie ab. Meist sitzen sie an der Wirbelsäule oder an geschwächten Organen.

„Leider werden Besetzungen immer noch sehr unterschätzt, vor allem von den Menschen, die energetischen und hellseherischen Tätigkeiten nachgehen", bedauert die Autorin (S.148). Besetzungen werden häufig mit Blockaden verwechselt. Die Kennzeichen dafür, dass sich etwas an den Energiekörpern festgesetzt hat, sind u.a.:

◉ Aus heiterem Himmel wird der Betreffende müde und fühlt sich ausgelaugt.

◉ Er hat den Eindruck, ‚neben sich' zu stehen.

◉ Gravierende Veränderungen sind im Verhalten zu beobachten.

◉ Er wird manisch-depressiv (dies weist auf eine fortgeschrittene Besetzung hin).

◉ Nach einer energetischen Behandlung ist keine Energie mehr vorhanden.

◉ Die Freude am Leben lässt nach und alles sieht grau und düster aus.

◉ Plötzliche unerklärliche Beschwerden, wie Kopfschmerzen, Krämpfe, Magenbeschwerden, Rückenschmerzen oder Schweregefühl in den Füßen treten auf.

◉ Der ‚Wirt' bekommt plötzlich Alpträume.

◉ Er leidet unter Verfolgungswahn.

◉ Extreme Ängste und Schuldgefühle stellen sich ein.

◉ Stimmen, die in herrschsüchtiger Weise Befehle erteilen, machen das Leben zur Hölle (hier liegt bereits eine fortgeschrittene Besetzung vor).

◉ Religiöse und spirituelle Themen werden vehement abgelehnt.

Bei hellsichtiger Wahrnehmung sind an den feinstofflichen Körpern von besetzten Personen schwarze Flecken zu beobachten. Besetzte Personen zeigen manchmal gravierende Veränderungen in ihrem Verhalten und durchlaufen eine regelrechte Persönlichkeitsveränderung.

Auch die eigenen negativen Gedankenformen eines Individuums haften an seinem Äther- und Astralkörper und üben eine ähnliche Wirkung aus wie Fremdwesen. Es sind selbst geschaffene Elementale, die das Bewusstsein in ungünstiger Weise beeinflussen.

Bei S. Stolzmann werden dunkle Wesenheiten erwähnt, die sich in eine Inkarnation einmischen und einen Teil ihrer eigenen Energie an den feinstofflichen Körper einer lebenden Person anheften. Fremdenergien werden auch mittels schwarzmagischer Prozeduren an eine bestimmte Person angehängt. Sie können ihren Einfluss geltend machen, wenn jemand in depressiver Stimmung ist oder extrem unter Stress steht.

Die dunklen Wesenheiten öffnen manchmal Kanäle, die besser verschlossen blieben, warnt die Autorin. Die Öffnung der Tore zu anderen Daseinsbereichen kann Wahnvorstellungen hervorrufen. Dies geschieht vor allem bei zurückhaltenden, instabilen Persönlichkeiten, die von übertriebenen Ängsten geplagt werden (S.40). Bei Besetzungen dieser Art wird der Energiekörper geteilt und beschädigt. Es entstehen Löcher im feinstofflichen Kleid, in der Aura, wodurch deren Schutzfunktion weitgehend aufgehoben ist.

Dunkle Wesenheiten können überaus hartnäckig und bösartig vorgehen, betont Stolzmann. Sie beeinflussen ihren Wirt auf eine subtile Weise. Ärzte und Psychotherapeuten haben meist keine Ahnung davon, dass die Patienten von fremden Wesen besetzt sind. Darum befassen sie sich intensiv mit deren Seelenleben und untersuchen eifrig Rückenmark und Gehirn, ohne irgendetwas zu finden.

Wenn diverse medizinische Untersuchungen zu keinem Ergebnis geführt haben, werden die Patienten mit der Diagnose abgestempelt, sie seien schizophren oder manisch-depressiv. Die Autorin ist davon überzeugt, dass viele Patienten, die in psychiatrische Kliniken eingeliefert werden, unter einer Besetzung leiden. *„Besetzungen werden verlacht oder als Hirngespinste abgetan. Aber ich weiß, dass es im Hintergrund einflussreiche Personen gibt, die davon wissen und bewusst Mittel einsetzen oder die Befehle dazu geben, um solche Prozesse bei wehrlosen Patienten auszulösen"* (S.42).

Sie wollen herausfinden, wie sie Menschen am wirkungsvollsten manipulieren können. *„Psychische Energie hat elektromagnetische Eigenschaften und funktioniert nach den entsprechenden Regeln"*, erklärt P. Stevens. Die Überzeugung, dass die dunklen Wesen bestimmte Menschen bewusst angreifen und beeinflussen, äußert S. Stolzmann. Die dunkle Seite ist sehr herrschsüchtig und daher bestrebt, die Menschheit weiterhin in Unwissenheit zu halten.

Wenn ein Mensch Zeiten tiefer Trauer durchmacht oder eine emotionale Verletzung erlitten hat; wenn er einen Schock erlebte oder alkohol- und drogenabhängig ist, wird er anfällig für Fremdeinflüsse. Sind die feinstofflichen Körper geschwächt, können sich dunkle Wesenheiten anhängen. Auch wenn jemand okkulte Praktiken ausübt, ist es für Fremdenergien leicht, sich an den Energiekörpern festzusetzen. Beim Channeling ist ebenfalls Vorsicht geboten, denn es kann sein, dass sich negative Wesen einmischen. (Vgl. mein Buch: Channel-Medien zwischen Licht und Schatten.)

Trotz Inbesitznahme hat jedes Individuum die Möglichkeit, sich nicht von Angst und Verzweiflung überwältigen zu lassen, sondern fremde Einflussnahmen zurückzuweisen. Eine gefestigte Persönlichkeit ist immer in der Lage, auch mit schwierigen Situationen fertig zu werden und dunklen Mächten zu widerstehen.

Innere Stimmen

Bei der Mehrzahl der Stimmenhörer beginnt das Phänomen nach einem traumatischen Erlebnis. Es tritt infolge belastender Lebensereignisse auf, wie Trauer, extreme Ängste, emotionaler und körperlicher Missbrauch, physische Angriffe u.ä. Da krankmachende Ereignisse häufig eine Rolle spielen, kann Stimmenhören nicht als eine normale Befähigung oder Gabe angesehen werden. Dennoch ist Stimmenhören nicht grundsätzlich ein Indikator für eine psychische Störung, sondern tritt auch häufig bei medialen Menschen auf. *„Wenn wir lernen möchten, die inneren Stimmen zu vernehmen, sollten wir zuerst lernen, sie voneinander zu unterscheiden"* erklärt die mediale Autorin Silvia Wallimann.

Ein schizophrener Mensch, bei dem sich die Pforten des Geistes unfreiwillig geöffnet haben (z.B. infolge traumatischer Erlebnisse), hört oft negative Stimmen, denen er mehr oder weniger ausgeliefert ist. Der zypriotische Heiler Daskalos, der über hellsichtige Wahrnehmungen verfügte, bemerkt dazu: „Der Mensch hört Stimmen, sobald er die Pforten der Zentren des materiellen und ätherischen Gehirns öffnet. *Die Stimmen, die der Wahnsinnige hört, sind real. Der Umstand, dass du und andere sie nicht vernehmen, bedeutet nicht, dass es sich um Halluzinationen handelt. Wenn du dich auf so einen Menschen einstimmst, wirst du die gleichen Stimmen hören.*" (In: K.C. Markides, Heimat im Licht, S.47.)

Auch E. Swedenborg behautet: „Die Rede eines Engels oder eines Geistes mit dem Menschen wird ebenso laut vernommen wie die zwischen zwei Menschen, freilich nicht von denen, die dabeistehen, sondern nur von ihm selbst. Der Grund dafür liegt darin, dass die Rede des Engels oder Geistes zuerst in das Denken des Menschen einfließt, auf dem inneren Weg in sein Gehör gelangt und dieses von innen her bewegt. Die menschliche Sprache dagegen erreicht über die Luft und so auf äußerem Weg sein Gehör, versetzt es von außen her in Schwingung" (S.138).

Den gedanklichen Verkehr mit Geistern hält Swedenborg vor allem für diejenigen, die ausufernden Phantasien nachhängen, für gefährlich. Die Geistwesen dringen in ihr Inneres ein, setzen sich fest und nehmen den Geist des betroffenen Menschen gefangen. Schwärmerische und fanatische Naturen „meinen, jeder Geist, den sie hören, sei der *heilige Geist*, während es sich doch nur um fanatische Geister handelt. Menschen dieser Art halten das Falsche für wahr und reden es sich selbst und anderen ein…" (S.139).

Oft fängt das Stimmenhören schleichend an. Die ersten Anzeichen einer negativen Entwicklung werden meist nicht sogleich erkannt. Negative Geistwesen zeigen anfangs ein freundschaftliches und hilfreiches Gebaren, bis sie ihren Wirt ausgeforscht haben und beurteilen können, inwieweit er ihnen Widerstand entgegensetzt. Dann beginnen sie, ihr Opfer auf unterschiedliche Art und Weise anzugreifen und zu demütigen. Die Anfeindungen werden allmählich immer heftiger, das Verhalten der Geister mit der Zeit immer bösartiger. So bereiten sie ihm buchstäblich die Hölle auf Erden.

Ein Stimmenhörer berichtet, er höre die Stimme im Innern seines Kopfes. Sie kommt ihm vor wie die Stimme einer menschlichen Persönlichkeit, die mit ihm regelrechte Unterhaltungen führt. Er kann die Stimme auch wie ein Bild in seinem Kopf ‚sehen'. Die Gestalt ist mit einem Fell bedeckt; sie hat große, breite Lippen, ein affenähnliches Aussehen und ähnelt einer Figur aus einem Trickfilm. Von früh bis spät redet auf ihn ein.

„Ich empfinde das Gehörte nicht wie zufällige Gedanken aus dem Unterbewusstsein, es ist alles ganz klar und logisch", berichtet der Stimmenhörer (in: H. Hansen, S.22f.). Er fühlt sich dem Geschehen weitgehend ausgeliefert. Seine Konzentration ist empfindlich gestört und dementsprechend ist Arbeiten nur unter erschwerten Bedingungen möglich. Er hat den Eindruck, die ‚innere Stimme' komme nicht von ihm, sondern von den Geistern.

Die Stimme verarbeitet die Geschehnisse, kennt seine Erinnerungen und geht gezielt darauf ein. Sie kritisiert, provoziert und schürt Ängste. Damit trägt sie erheblich zur Verunsicherung auch bei einfachen Aktionen (wie z.B. das Fahrradfahren), bei. Dennoch kommt es dem Betroffenen zeitweise so vor, als wolle die Stimme aus ihm einen besseren Menschen machen.

Die Anwesenheit der Stimmen kann unter Umständen als Zeichen und Signal gewertet werden, etwas im gegenwärtigen Leben zu verändern. Im Grunde wirken sie als Verstärker, die dem Individuum seine innere Verfassung spiegeln. Doch dies ist nicht unbedingt eine Hilfe in alltäglichen Daseinskampf. Manche Stimmen spielen sich als Beschützer auf. Doch in der Regel üben sie eine zerstörerische Wirkung aus, da sie ein Hindernis sind bei sämtlichen Aktivitäten und die Lebensqualität empfindlich einschränken. Die Äußerungen der Stimmen sind überwiegend von Respektlosigkeit im Umgang mit dem Opfer geprägt, da sie sich andauernd in seine Angelegenheiten einmischen. Sie provozieren, verunsichern und bedrohen das psychische Gleichgewicht.

Werden Stimmen anfangs noch für die ‚Stimme Gottes' gehalten, geht dieser Glaube spätestens dann, wenn Beschimpfungen und Drohungen an der Tagesordnung sind, verloren. Das teilweise sehr rabiate Vorgehen führt beim Stimmenhörer zu einem Wandel der Einstellung. War sie anfänglich von Respekt und unterwürfigem Verhalten geprägt, drängen nun Angst, verletzte Gefühle und Wut an die Oberfläche. Der Gott wird zum Dämon und allzu oft bleibt jeder Respekt beidseitig auf der Strecke. Die Beziehung zur geistigen Welt erfährt eine grundlegende Wandlung.

Das Stimmenhören lenkt von den eigenen Lebensplänen ab und verhindert daher eine konsequente Lebensführung. Einige Stimmenhörer werden durch massive Drohungen dazu veranlasst, über Jahre hinweg die Anwesenheit der Stimmen zu verschweigen. Die Psyche des Menschen ist für die Stimmen wie ein offenes Buch. Ohne Einschränkung erkennen sie die Richtung des Denkens und Fühlens einer Person.

Ein junger Mann, der in alkoholisiertem Zustand einen Unfall verursacht hat, hört im Krankenhaus zum ersten Mal Stimmen. In der Bundeswehrzeit, so erklärt er, hätte ihm ein Sicherheitsoffizier verraten, die moderne Technik sei problemlos in der Lage, menschliche Gehirne zu beeinflussen. Dies unterliege allerdings strengster Geheimhaltung (vgl.: H. Hansen, S.64). Der Mann macht daher technische Geräte verantwortlich, als er in seiner Wohnung von Stimmen bedrängt, beschimpft und bedroht wird.

Manche Stimmen geben klar zu erkennen, dass sie gern am Dasein der betreffenden Person partizipieren, indem sie den Geschmack von Essen und Trinken auskosten, die Wärme der Sonne spüren, bei der Ansammlung von Wissen profitieren und insgesamt an den Stimmungen und Erlebnissen des Menschen teilhaben. Das kann in intimen Momenten äußerst störend sein.

Viele Stimmenhörer fühlen sich schnell erschöpft Es fällt schwer, mit dem permanenten Druck von innen umzugehen. Zudem erzeugen die konfliktreichen Auseinandersetzungen mit den inneren Instanzen sehr viel Unruhe und verursachen einen ausgeprägten Bewegungsdrang.

Die Gedanken kreisen um immer wiederkehrende Themen und es wird zunehmend schwierig, sich davon zu lösen. Eine Stimmenhörerin klagt bei H. Hansen, sie könne nicht aufhören, zu denken, egal, womit sie sich gerade beschäftigt. Dieser Verlust der Kontrolle über die Denkvorgänge ist häufig anzutreffen und nur schwer zu umgehen. Ein mentales Training ist notwendig, um den pausenlosen inneren Dialog einzustellen. Die Distanzierung fällt anfangs schwer, doch mit zunehmender Übung gelingt sie immer besser.

Die Geistwesen sind fähig, emotionelle Wechselbäder zu provozieren und ungewohnte Körperempfindungen zu verursachen. Zudem rufen sie häufig starke Verfolgungsängste hervor, so dass an ein normales Leben nicht mehr zu denken ist. Ausbildungen werden abgebrochen, ein begonnenes Studium wird nicht fortgeführt, Freundschaften werden vermieden. Die Betroffenen fallen in ein tiefes Loch und greifen nicht selten zur Flasche. Hier einen positiven Sinn zu erkennen, fällt äußerst schwer. Destruktive Stimmen fordern ihre Opfer unmissverständlich zum Suizid auf, der allzu oft auch durchgeführt wird!

In krisenhaften Phasen kann es daher sehr hilfreich sein, sich gegen die inneren Instanzen behaupten zu lernen, um einen völligen Kontrollverlust zu vermeiden. Gelingt es dem Opfer, in Gedanken ein entschiedenes STOPP! zu setzen, dann kann es geschehen, dass die Stimmen leiser und weniger zerstörerisch werden.

Ist das Opfer auch für positive Signale aufgeschlossen und zu selbstkritischer Einschätzung fähig, fließen ihm entsprechende Botschaften zu und es eröffnet sich die Möglichkeit, aus den Klauen der Destruktivität zu entrinnen. Eine Stimme erzählt bspw. der Patientin Vera E., sie habe einen Leibwächter, da sie ‚hochbegabt' sei. Ihr spontaner Einwand: ‚So wichtig bin ich nicht, um Leibwächter zu haben', führt prompt zu einer weitgehenden Entspannung der Situation.

Das spannungsvolle innere Erleben stößt in der Außenwelt auf nur geringes Verständnis, daher fühlen sich die Betroffenen meist alleingelassen. Die meisten Psychiater erkennen nicht das Wesen der Schizophrenie, weil sie sich beim Studium der Symptome aufhalten, anstatt sich mit deren Ursachen zu befassen. Die konventionelle Psychologie befinde sich noch im Kleinkindalter ihrer Entwicklung, kritisiert Daskalos. „Die Psychologen und Psychoanalytiker haben versagt", gibt er zu verstehen, „weil sie sich nicht selbst studieren. Man muss tief in sich selbst vordringen. Beschränkt nicht eure Forschung und Beobachtung auf andere, auf Patienten, sondern erweitert sie auf euch selbst" (S.18).

Die psychologische Wissenschaft erkundet die Oberfläche, nicht aber die Tiefen des Ozeans. Daher kann sie nichts wirklich Erhellendes über den Aufbau der Persönlichkeit mitteilen, bemängelt Daskalos. Er vertritt die Auffassung, Therapeuten benötigten eine spezielle Ausbildung, sofern sie dem Verständnis von Realität tatsächlich auf den Grund gehen wollen. Um die Probleme psychotischer Menschen in der Tiefe zu erfassen, muss der Therapeut selbst hellsichtig werden, sonst kann er die Probleme seiner Patienten letztendlich nicht begreifen. Allein durch metaphysische Wahrnehmung kann Wirklichkeit in ihrer Tiefe erkannt werden.

Ursachen für Stimmenhören

Die Frage, warum einige Menschen Stimmen hören, während die meisten davon verschont bleiben, ist nicht leicht zu beantworten. Viele Stimmenhörer gehören zu den Menschen, denen im Laufe der Zeit die Fähigkeit zu innerer und äußerer Abgrenzung verloren gegangen ist. Die Durchlässigkeit ihres Organismus erlaubt das ungehinderte Einströmen fremder Energien.

Diesen mentalen Energien gelingt es, sich lautstark Gehör zu verschaffen, auch gegen den erklärten Willen des betreffenden Individuums. Oft werden die Stimmen nicht mit dem normalen Klangmuster vernommen, sondern es wird telepathisch eine ‚Gedankenenergie' übermittelt. Nicht immer ist diese fremde Eingebung von den eigenen Gedanken zu unterscheiden.

Die Willensfreiheit ist partiell außer Kraft gesetzt. Dies ist eines der Hauptmerkmale bei Stimmenhörern. Sie haben zuwenig darauf geachtet, ihre Willenskraft zu stärken und sind daher fremden Energiewesen ausgeliefert. Diese Entwicklung umzukehren, ist nicht leicht, denn es erfordert eine standhafte Geisteshaltung, die den Stimmenhörern abhanden gekommen ist.

Die Anwesenheit der Stimmen verunsichert die Hörer enorm, denn sie erwecken den Eindruck, allwissend zu sein. Damit erzeugen sie ein Gefühl des Ausgeliefertseins. Ein abgrundtiefes Misstrauen entsteht, das mit der Vermutung verbunden ist, auch andere Menschen könnten die geheimsten Gedanken lesen.

Die Stimmen können extrem feinselig sein und die Ängste des Hörers auf ein Höchstmaß steigern. Neigt eine Person zu aggressiven und destruktiven Denkinhalten, werden die Stimmen besonders bösartig. Sie setzen alles daran, den Betroffenen zum Gehorsam zu zwingen und unter ihre Kontrolle zu bringen.

Für Wesen dieser Art sind Moralvorstellungen ein Fremdwort. Sie nutzen den Menschen für ihre Zwecke aus, wo immer es möglich ist. Ein Todesurteil fällen sie über denjenigen, der sich ihnen völlig ausgeliefert hat und nicht mehr in der Lage ist, ihnen irgendeinen Widerstand entgegenzusetzen. Dann gehen sie ,aufs Ganze', was soviel heißt: Sie blasen ihm das Lebenslicht aus, ohne Bedenken oder Skrupel.

Hierbei stehen ihnen Mittel zur Verfügung, die der Menschheit noch weitgehend unbekannt sind. Es ist eine Art psychischer Zwang, dem sich der Geist eines schwachen Menschen nur schwer zu widersetzen vermag. Haben diese Wesen die Verbindung über einen längeren Zeitraum gefestigt, dann können sie fast unbeschränkt Einfluss ausüben -, in jedweder Hinsicht!

Okkulte Praktiken (wie z.B. automatisches Schreiben) sind unbedingt zu vermeiden. Auch sollte ein Hörer auf die Stimmen in seinem Kopf nicht eingehen, denn diese Art der Kommunikation reißt das Tor zur astralen Welt immer wieder auf. Medikamente, die im Notfall verordnet werden, können dabei helfen, die Überflutung mit astralen Eindrücken, die anders nicht verhindert werden können, zu blockieren.

Als Auslöser für Stimmenhören kommen folgende Ursachen infrage:

■ Die Stimmen sind ein Indikator für Stress, denn in sehr anstrengenden Zeiten sind sie verstärkt präsent. Sie dringen in ein Leben ein, wenn sich ein Individuum in exzessiver Weise zu Höchstleitungen anspornt. Dann sind sie ein Hinweis darauf, mehr Rücksicht auf die eigene Befindlichkeit zu nehmen und etwas für die Entspannung zu tun.

■ Stimmenhörer fühlen sich oft unfähig, ihren Gedankenfluss zu verlangsamen bzw. zu beherrschen. Die Stimmen können als Hinweis für diesen Mangel an innerer Steuerung aufgefasst werden.

■ In Situationen der Überforderung und des Alleinseins treten die Stimmen auf den Plan und können durch ihre Störmanöver manchmal einen völligen Zusammenbruch verhindern.

■ Sie fungieren auch als Begleiter, wenn ein Mensch in der realen Welt von wichtigen Bezugspersonen verlassen wurde. Dann sind sie anwesend und füllen die schmerzliche Lücke im Dasein.

■ Überzeugte Atheisten werden zu gläubigen Menschen, wenn sich Stimmen aus himmlischen und höllischen Regionen bei ihnen melden und auf Missstände in ihrem Dasein und in ihrer Seele aufmerksam machen.

■ Indem sie am Leben eines Menschen teilhaben, werden den Stimmen vielfältige Erfahrungen zuteil, die sie wohl anders nicht erwerben könnten. Der amerikanische Film *Rendezvous mit Joe Black* zeigt in spielerischer und sehr unterhaltsamer Weise, wie ein Geistwesen Besitz vom Körper eines Unfallopfers ergreift, um hautnah Erfahrungen in einer gebildeten Familie der Oberschicht machen zu können.

■ Die Wesen, die hinter den Stimmen agieren, streben auf eine mehr als fragwürdige Weise einen Lerneffekt an. Destruktive Stimmen konfrontieren eine Person pausenlos mit ihren persönlichen Schwächen und Schuldgefühlen. Oft treiben sie ein grausames Spiel mit ihren Opfern, was nicht selten in Verzweiflung und Selbstmord endet.

■ Zwar verursachen die Stimmen viel Leid, doch durch die Auseinandersetzung mit ihnen gewinnt das Bewusstsein im günstigen Fall an persönlicher Stärke. Es wird ihm möglich, Zusammenhänge zu begreifen, die vorher in Nebel gehüllt waren.

Wenn es allerdings den Stimmen darum ginge, in erster Linie Lektionen zu übermitteln, dann könnte man davon ausgehen, dass diese irgendwann abgeschlossen sind und die Beeinflussungen ein Ende nehmen. Doch in der Regel sind die Stimmen auch dann noch präsent, wenn sich der Sturm bereits gelegt hat. Sie haften an ihren Opfern und belästigen sie ein Leben lang! Daher muss man ihnen wohl eigenmächtige und egoistische Motive unterstellen.

Stimmenhören ist für die meisten Therapeuten nach wie vor ein unlösbares Rätsel. Nach Auffassung von H. und M. Lammer „gibt es durchaus Verfahren, mit denen solche unverstandenen Phänomene künstlich erzeugt werden können" (in: Verdeckte Operationen, S.58f.). Das Gehirn des Menschen funktioniere ähnlich wie ein leistungsstarker Empfänger und reagiere auf eine bestimmte elektromagnetische Frequenz. Amerikanische Forscher hätten Versuchspersonen mit niederfrequenten elektromagnetischen Wellen bestrahlt. Daraufhin hörten sie Summen und Klopftöne in ihrem Kopf. Bei Versuchen mit gepulsten Mikrowellen wurden ganze Wörter verstanden.

Ob ein Mini-Sender im Gehirn oder sonstige elektronische und mentale Beeinflussungen zu den Störungen führen, bleibt dahingestellt. Möglicherweise ist auch von telepathischen Attacken auszugehen, wozu entsprechend ausgebildete Adepten und Magier durchaus imstande sind.

Manche Therapieansätze sehen einen Sinn darin, zu den Stimmen eine Beziehung aufzubauen. Dies hat aber wenig Zweck, denn die Stimmen - bzw. die Energiewesen hinter den Stimmen -, verfolgen ihre eigenen Ziele, die meist sehr im Dunkeln liegen. Eine Beziehung wäre nur dann sinnvoll, wenn sie auf gleicher Ebene stattfindet und ein faires Miteinander möglich ist. Daran sind die Stimmen aber in der Regel gar nicht interessiert. Es geht ihnen darum, Macht auszuüben, ihre Opfer zu beherrschen und in die Irre zu führen. Unter diesen Bedingungen ist eine Beziehung unter Gleichen kaum möglich.

Energiewesen dieser Art versuchen mit allen Mitteln, Eindruck zu machen. Dies kann manchmal den Anschein von Hilfe erwecken, doch im Grunde geht es ihnen nur um eines: ihren Einflussbereich über ein Bewusstsein, dass sich nicht genügend zur Wehr setzen kann, auszudehnen. Die Stimme im Innern manipuliert ihr Opfer über dessen Angstvorstellungen Sie beeinflusst es in all seinem Tun und hält es in seinen Ängsten gefangen.

Das Lautwerden von Stimmen ist keinesfalls ein Weg, der zu tieferen Erkenntnissen führt. Die Stimmen greifen in aufdringlicher Weise in das Leben eines Menschen, in seine alltäglichen Verrichtungen, seine Pläne und Handlungen ein. Die Entfaltungsmöglichkeiten eines freien Individuums werden durch die Manipulationen, die mit Stimmen in jedem Fall verbunden sind, eingeschränkt. Daher ist Stimmenhören kein geeigneter Weg, um spirituelle Vollkommenheit zu erlangen.

Dennoch sind Geräuschhalluzinationen auf dem Weg zu transzendenten Erfahrungen keine Seltenheit. In einem Roman von R.A. Wilson findet sich ein Beispiel dafür: Einer der Protagonisten muss sinnloses Geplapper über sich ergehen lassen und erhält daraufhin die Belehrung, er solle sich um solchen Unsinn nicht weiter kümmern: „Das gleiche Geschwätz hört man auf jeder Erweckungsversammlung oder spiritistischen Séance. Sie haben nur die Tür zu einer der Fallen in der Kapelle der Gefahren aufgestoßen. Das ist das Reich derer, die den Pfad ohne das Schwert der Vernunft betreten" (in: Masken der Illuminaten, S.94).

Wie kann man einen aufdringlichen Geist, der sich meldet, zum Rückzug bewegen? *„Indem man ihn nicht anhört"*, erklärt A. Kardec kategorisch (in: Das Buch der Medien, S.244). Sobald es diesen Wesen gelingt, die Aura zu durchdringen, weil man ihnen zu Willen ist, können sie ihren schädlichen Einfluss ausweiten. Eine Haltung innerer Gelassenheit und Zuversicht kann lästigen Stimmen die Grundlage entziehen. *„Wird die Angst überwunden, verschwindet die Macht der Stimmen"*, weiß Andreas Gehrke aus eigener Erfahrung.

Von den lauten, destruktiven Stimmen übertönt wird die leise innere Stimme des geistigen Ratgebers, die ebenfalls immer präsent ist. Die leise Stimme ist weder dogmatisch noch bestimmend, weder manipulativ noch abwertend und macht keine falschen Versprechungen. Ein Individuum bleibt solange geschützt, wie es eine Verbindung zu lichtvollen Ebenen unterhält und ein regelmäßiger Kontakt stattfindet. Nur dann kann gefahrlos auch gefährliches Terrain betreten werden.

Der Psychoterror, den viele Patienten durch die Stimmen erleiden, ist unvorstellbar. Das Hilfsangebot in Deutschland lässt leider sehr zu wünschen übrig, denn es beschränkt sich weitgehend auf medikamentöse Behandlung. Die niederländische Universitätsklinik in Maastricht hat sich bei der Erforschung von inneren Stimmen verdient gemacht, indem sie mit modernen Techniken das Phänomen eingehend untersucht und auch innovative therapeutische Verfahren anwendet.

Zwiesprache mit der geistigen Welt:

Während einer spirituellen Schulung verlegen die Probanden den ‚Mittelpunkt ihres Wesens' in ihr Inneres. Sie pflegen gedanklichen Umgang mit der geistigen Welt und hören auf die Stimme in ihrem Innern, die in den Zeiten der Ruhe zu ihnen spricht. Die Zwiesprache mit der geistigen Welt füllt ihre Seele aus, betont R. Steiner. Viele Betroffenen berichten von einer inneren Führung. Sie berufen sich dabei auf einen geistigen Lehrer bzw. Meister, mit dem sie in telepathischem Kontakt stehen. Andere fühlen sich von Christus oder von einem weißen Licht geführt und begleitet.

Der Geist strömt dem Meditierenden Botschaften zu, sobald er offen und aufnahmefähig ist. Die Gedankenwelt wird für den Probanden ebenso wirklich wie die alltäglichen Dinge, die ihn umgeben. „Er sieht ein, dass sich in Gedanken nicht bloße Schattenbilder ausleben, sondern dass durch sie verborgene Wesenheiten zu ihm sprechen. Es fängt an, aus der Stille heraus zu ihm zu sprechen. Vorher hat es nur durch sein Ohr zu ihm getönt; jetzt tönt es durch seine Seele. Eine innere Sprache – ein inneres Wort – hat sich ihm erschlossen." (In: R. Steiner, Wie erlangt man Erkenntnisse der höheren Welten? S.38.)

Beim Schüler des Geheimwissens entwickelt sich durch eine okkulte innere Schulung ein neuer Hörsinn, so dass er fähig wird, Kundgaben aus der geistigen Welt, die das physische Ohr nicht hören kann, zu empfangen. Die Wahrnehmung des ‚inneren Wortes' erwacht, erklärt Steiner. Der Geheimschüler „hört auf geistige Art zu sich sprechen. – *Alle höheren Wahrheiten werden durch solch ‚inneres Einsprechen' erreicht*" (ebd., S.52).

Voraussetzung dafür ist allerdings ‚selbstloses Zuhören' ohne die Einmischung eigener Ansichten oder lebhafter Gefühlregungen. Die Lehren, die der Proband in sich aufnimmt, sind nicht bloß Worte, sondern ‚lebende Kräfte'. Die Lösung von Rätseln, über die er nachsinnt, wird ihm aus dem Unsichtbaren in Worten und Tönen zugeraunt. Die zuvor „verborgene Geisteswelt tönt jetzt für den Geheimschüler aus seiner ganzen Umgebung heraus" (S.176).

Die erweiterte übersinnliche Wahrnehmung beruht auf der Ausbildung der Energiezentren, auch *Lotosblumen* genannt. Gleichzeitig entwickeln sich die feinstofflichen Körper (was hier nicht im Einzelnen erörtert werden kann).

Schamanen lernen, auf die ‚Stimme des Geistes' in ihrem Innern zu lauschen. Neben der äußeren Gestalt existiert für sie ein inneres Gewahrsein, das die Dinge regiert. Dieses stumme Gewahrsein ist der Geist, eine allgegenwärtige Kraft, die mit dem menschlichen Bewusstsein kommuniziert. Nachdem man das ‚innere Hören' geübt hat, kann man mit dem ‚inneren Ohr' den Botschaften des Geistes lauschen. Die Übung besteht darin, die Aufmerksamkeit beim Ausatmen auf den Gehörgang zu richten.

Bei einigen Schamanen macht sich aufgrund ihrer Übungen ein leises Stimmengewirr bemerkbar oder sie hören die Gespräche von Menschen in einiger Entfernung, obwohl niemand da ist. Andere hören ein Lachen oder das Singen einer unsichtbaren Person. Verschiedenartige Geräusche werden vernommen, die von einer Person zur anderen große Unterschiede aufweisen.

Dabei ist es von Bedeutung, die Stimme des Geistes, die Anregungen gibt und verlässliche Informationen übermittelt, von anderen

Geräuschen und Stimmen zu unterscheiden, da diese irreführende Ideen und Anweisungen in das Bewusstsein einfließen lassen. Die Stimme des Geistes ist oft eher eine Empfindung oder eine Idee, die urplötzlich im Bewusstsein auftaucht. Manchmal enthält sie die Aufforderung, an einen bestimmten Ort zu gehen oder eine bestimmte Handlung auszuführen.

Während die leise Stimme des Geistes ein Gefühl der Übereinstimmung vermittelt, ist dies bei andersartigen Einflüssen nicht der Fall. Ein Schamane ist dazu aufgerufen, nicht jedweder Einflüsterung sogleich Folge zu leisten. Ein ausreichend entwickeltes Unterscheidungsvermögen und ein Verstand, der sich nicht in phantastischen Illusionen verliert, helfen ihm dabei, nicht auf Irrwege zu geraten, von denen er sich nur schwer wieder lösen kann.

Wann ist es die Stimme Gottes, und wann die des Versuchers? fragte seinerzeit auch August Strindberg. Viele Menschen sind davon überzeugt, von Gott ‚berufen' worden zu sein und von ihm persönliche Mitteilungen zu erhalten. J.P. Johnson räumt mit derartigen Vorstellungen auf, indem er klarstellt: „Gott spricht nicht unmittelbar zu den Menschen, Er leitet sie vielmehr durch das Naturgesetz und lässt sie so ihre Erfahrungen sammeln."

Gott selbst mischt sich nur indirekt - über geistige Lehrer - in die Angelegenheiten der Menschen ein. „Er spricht zu niemandem, niemand kann ihn sehen und er bewirkt auch keine Eindrücke im menschlichen Geist. Innere Stimmen und Gesichter haben nichts mit Gott zu tun. Wohl können irgendwelche Geistwesen oder körperlose Geister mentale Eindrücke hervorrufen oder jemand im Innern ansprechen – Gott tut es jedenfalls nicht" (S.51). Wenn jemand glaubt, in seinem Innern Botschaften von Gott zu empfangen, unterliegt er einer Täuschung. Nur ein geistiger Lehrer, ein Meister, kann eine Seele zum Licht führen.

Beeinflussung aus der Ferne

Eine fremde Einflussnahme ist für Außenstehende schwer erkennbar und noch schwerer nachzuweisen. Tatsächlich sind unsichtbare Mächte dazu fähig, die Kontrolle über bestimmte Funktionen des menschlichen Organismus zu übernehmen. *Unter den Wegen, die wir beschreiten, wohnen Dämonen*, so sagt man. Zur Durchführung dieser Kontrolle bedienen sie sich u.a. der Veränderung von Gehirnwellen, der Verringerung des Sauerstoffverbrauchs, der Einflussnahme auf bestimmte autonome Funktionen des Körpers, wie z.B. Schlaf, Hungergefühl, Sexualtrieb etc.

Das Ziel derartiger Maßnahmen ist die Beherrschung von Geist und Körper einer Person. Mittels elektronischer Wellen können direkte Befehle in das Gehirn gesendet werden, wodurch eine Fernsteuerung der betreffenden Psyche möglich wird.

Die steuernden Mächte betreiben Gehirnwäsche, indem sie die bisherige Identität einer Person von alten Einstellungen und Ideen durch das Einpflanzen neuer Überzeugungen ‚reinigen'. Ziel ist es, die Probanden grundlegend in ihrer Persönlichkeit zu verändern. Zu diesem Zweck wird danach getrachtet, sie so weit wie möglich zu isolieren, indem alte Beziehungen und enge Verbindungen zu Familie und Freunden untergraben werden. Ständige körperliche Abgespanntheit und seelische Trägheit sind ein weiteres Instrument der Disziplinierung.

Es geht darum, die Opfer gefügig zu machen und ihre Widerstandskraft zu brechen. In stundenlangen, immer zudringlicher werdenden - telepatisch übermittelten - Anfeindungen und Verhören werden die Höhen und Tiefen des bisherigen Lebensweges rücksichtslos und unter Drohungen ans Tageslicht gezerrt. Christliche Gläubige werden dazu gebracht, sich nächtelangen Bet- und Bußübungen zu unterwerfen. Hildegard Gespert hat die Torturen, zu denen sie sich unter psychischem Druck zwingen ließ, eindrücklich geschildert. (Vgl.: Prüfet die Geister!)

George Orwells visionärer Zukunftsthriller *1984* ist eines der berühmtesten Beispiele für die Beschreibung angewandter Mind-Control-Techniken. Bei Orwell steckt ein ominöser Geheimorden dahinter, der einen perfekten Überwachungsstaat geschaffen hat, um die Menschheit völlig seinem Einfluss zu unterwerfen. Einige der von Orwell erwähnten Technologien, wie bspw. ein Gerät namens *Televisor*, der jede Wohnung ausspionieren kann, sind mittlerweile keine Zukunftsmusik mehr. Der *Televisor* ähnelt in erschreckender Weise der modernen Kommunikationstechnologie. In jedem Wohn- und Arbeitszimmer existieren TV und PC-Geräte, die mit einer ausgefeilten Überwachungstechnologie ausgestattet sind. Das Smartphone ermöglicht noch eine viel weiterführende Überwachung jeder einzelnen damit ausgestatteten Person.

Mit Projekten zu klassischen Mind-Control-Techniken, vor allem in den USA, befasst sich ausführlich H. Gehring. Der Autor beschreibt Versuche in den USA ab 1960, bei denen Geheimdienstagenten, Angehörige des Militärs und Satanisten zusammenarbeiteten. Teilweise wurden die Ergebnisse eines menschenverachtenden Forschungsprogramms, das unter dem Namen *MK ULTRA* bekannt wurde, sogar in psychiatrischen Fachzeitschriften veröffentlicht! (vgl. S.101f.).

Ein CIA-Projekt mit der Bezeichnung *Monarch* erforschte die Möglichkeit, mittels traumatischer Rituale eine Persönlichkeit zu spalten und dem abgespaltenen Teilselbst einen bestimmten Auftrag zu erteilen. Der Befehl, der zu diesem Zweck telepathisch übermittelt wird, ist der Hauptpersönlichkeit nicht bekannt. Der Auftrag wird erst dann ausgeführt, wenn zu einem späteren Zeitpunkt eine Aktivierung durch bestimmte Schlüsselsignale erfolgt (S.133f.).

Um diesen Zweck zu erreichen, wurden angsteinflößende Rituale, sexueller Missbrauch, die Zufügung von Schmerzen und die Verabreichung von Drogen benutzt. Viele Berichte der Opfer enthalten Elemente eines paranoiden Wahns, die in auffallender Weise den

Ängsten von Psychiatriepatienten ähnelten. Ziel der angewandten Gehirnwäsche war die geistig-seelische Zermürbung sowie die Zerstörung alter Verhaltensmuster, um die Psyche gefügig und zugänglich zu machen für die Einimpfung neuer Ideen.

Nach einiger Zeit sind die Opfer seelisch dermaßen labil, dass sie Beeinflussungsversuchen nicht mehr standhalten können. Wird die Gehirnwäsche über einen längeren Zeitraum hinweg betrieben, beginnen viele der Betroffenen zu verblöden und vegetieren jahrelang in psychiatrischen Anstalten vor sich hin. Manche Patienten fallen in einen katatonen Zustand, in eine Starre, bei der sie kein Glied mehr rühren können. Sie verharren unbeweglich in immer ein- und derselben Körperhaltung. Da sie während dieser Starre weder Nahrung noch Flüssigkeit aufnehmen und es in der Vergangenheit kaum Mittel gab, um die Erstarrung zu lösen, starben viele der Betroffenen an Auszehrung und Erschöpfung.

Eine folgenschwere Verhaltensbeeinflussung kann auch mittels elektromagnetischer Wellen erfolgen. Das menschliche Gehirn sendet bei seiner Tätigkeit nicht nur elektromagnetische Wellen aus, sondern es reagiert auch darauf. Die Erforschung der biologischen Auswirkungen verschiedener Wellenbereiche hat in den USA sowie in Ost- und Westeuropa in erheblichem Umfang stattgefunden, wie H. Gehring ausführt (S.144f.). Er geht davon aus, dass jede menschliche Verhaltensweise und Reaktion mittels elektromagnetischer Wellen beeinflusst werden kann.

Elektromagnetische Systeme können dazu benutzt werden, um leichte bis schwerwiegende physiologischen Störungen sowie Wahrnehmungsverzerrungen und Desorientierung hervorzurufen. Auch die Handlungsfähigkeit von Menschen kann erheblich herabgemindert werden, wie der Autor betont: „Diese Erforschung ist nun so weit gediehen, dass ein direkter Zugriff auf jedes menschliche Gehirn im Bereich des Möglichen liegt" (S.168). Regierungen und Militärs seien ohne weiteres in der Lage, elektromagnetische Wellen zur Versklavung von Gehirnen und zur Beseitigung unliebsamer Mitmenschen auszusenden.

Vor diesem Hintergrund erhalten die Klagen etlicher schizophrener Patienten, die sich von ominösen ‚Maschinen' oder ‚Strahlen' beeinträchtigt fühlen, einen neuen Stellenwert. Zu überlegen ist, ob nicht eine ganze Anzahl derartiger Behauptungen zutreffende Schilderungen von Beeinflussungen sind, die der allgemeinen Wahrnehmung entgehen und denen die Wissenschaft bislang zuwenig Aufmerksamkeit gewidmet hat.

Ergriffenheit oder Besetzung?

Während in den akuten Phasen der Schizophrenie die Vorstellung von ‚göttlicher Führung' und ‚Ergriffenheit' durch geistige Mächte dominiert, stellt sich bei einem chronischen Verlauf zunehmend ein Gefühl der Machtlosigkeit und Fremdbestimmung ein. Das Erlebnis der Einschränkung von persönlicher Freiheit erhält einen besonderen Stellenwert. Extreme Missempfindungen werden Satan und dämonischen Helfershelfern als Urheber zugeschrieben. Manche Patienten liegen stundenlang unbeweglich und in sich zurückgezogen im Bett. Auf Befragen klagen sie darüber, wegen früher begangener Sünden ganz schrecklich von Dämonen geplagt zu werden. Oft steht die Auffassung von einer gerechten Strafe und Wiedergutmachung für vergangenes Unrecht im Hintergrund.

Himmel und Hölle: In wessen Hände die Patienten gefallen sind, kann auch nach längerer Zeit mit Zweifeln behaftet bleiben. Sie sind sich nicht im Klaren darüber, ob die Erlebnisse und Empfindungen von Gott oder vom Teufel kommen, ob sie sich im Himmel oder in der Hölle befinden. Tatsächlich behaupten nicht wenige Patienten, von Gott ‚besessen' zu sein; er habe sich ihrer bemächtigt und handele durch ihrem Körper.

Vor dem Hintergrund dieser Unsicherheit schlägt die Stimmung rasch um. Ohne Übergang verwandelt sich das Göttliche in das Dämonische und umgekehrt. Leidvolle persönliche Erfahrungen lassen Satan zum bevorzugten Gegenstand der Spekulation werden. Die Identifikation mit satanischen Mächten und Höllenerlebnisse verwandeln das Dasein in eine Welt des Schreckens.

Eine Psyche ist nur dann angreifbar für dämonische Mächte, wenn die eigenen Energien sehr disharmonisch sind. Der ungehinderte Kontakt zu höheren Geistebenen ist empfindlich gestört. In einer solchen Verfassung muss sich das Individuum mit den negativen Kräften herumplagen, bis es ihm gelingt, die Probleme in seiner Psyche zu beseitigen und die Energien harmonischer zu gestalten.

Die Anwesenheit dämonischer Mächte weist zwar auf eine Problematik hin, löst sie aber keineswegs auf. Die Lösung muss vom Bewusstsein des Menschen erarbeitet werden, indem er alle ihm zur Verfügung stehenden Informationen heranzieht. Zwar wird ihm Hilfe aus den geistigen Ebenen in Form von Botschaften zuteil, die ihm (manchmal nur fragmentarisch) übermittelt werden. Diese Botschaften sind allerdings häufig verschlüsselt, weshalb sie vom Empfänger oft gar nicht als solche verstanden werden.

Auch Begegnungen mit anderen Menschen können versteckte Mitteilungen enthalten, doch die Gefahr ist groß, sie als reine Zufälle abzutun. Es liegt in der Verantwortung der betreffenden Person selbst, ihre Intuition und Intelligenz einzusetzen, um zu einer Lösung der Probleme zu gelangen. Die mit ihr in Verbindung stehenden Mächte sind in der Regel nicht geneigt, konkrete Hinweise zu erteilen, sondern wirken lediglich als Katalysatoren.

Ursachen: Ein kritisches Hinterfragen der Ursachen von Belastungen bringt verschiedene Faktoren ans Licht, die u.a. bei M. Schindler aufgeführt sind (in: Kanal-Sein):

◙ Traumata aus der Kindheit, die nicht verarbeitet wurden und die Verdrängung belastender Eindrücke;

◙ starke Ängste, Mutlosigkeit;

◙ ausgeprägte negative Emotionen, wie Zorn, Ärger, Neid, Missgunst etc.;

- überkritisches Verhalten, Schuldzuweisungen, Verurteilung anderer Menschen,
- eine pessimistische Grundhaltung;
- eine durchlässige Aura, falsche Ernährung, Krankheit; ein schwaches Immunsystem;
- Maßlosigkeit, Suchtverhalten;
- Umgang mit dunklen Wesen der Astralsphäre, Neugier und Streben nach Macht.

Viele Geistwesen sind keine Besetzer, sondern lediglich ‚Bewohner' eines menschlichen Wirts. Sie sind imstande, aus der Aura und dem Körper einer lebenden Person heraus- und wieder hineinzugleiten, wenn die Gelegenheit günstig ist. Manche ernähren sich von der Energie, die bei Feindseligkeiten und Streitereien entsteht. Die heftigen emotionalen Ausbrüche bedeuten eine Stärkung für derartige Wesen.

Drogen: Der Gebrauch von Drogen zeigt einerseits die Relativität der Wirklichkeit auf und weist darauf hin, dass nicht alles so ist, wie es den Sinnen erscheint. Auf der anderen Seite werden Drogen häufig als Flucht aus dem grauen Alltag benutzt. Exzessiver Drogenkonsum kann verstörende Erlebnisse provozieren. Er kann zu einer Öffnung in andere Dimensionen des Seins führen. Allzu oft stößt er aber die Seele noch tiefer in den Abgrund hinein.

H. Taube, der über Jahre hinweg verschiedene Dogen konsumiert hat, kommt beim Blick in den Spiegel zu der Überzeugung, giftige Augen sähen ihn lauernd an. „Plötzlich zucken meine Lippen unkontrolliert. Ich kann nichts dagegen tun, kann mich nicht gegen diese schrecklichen Bewegungen wehren. Mein Gott, bin ich hässlich! Auf dem Waschbeckenrand liegt eine Rasierklinge. Ich spüre deutlich die satanische Kraft, die will, dass ich die Klinge nehme und mir die Hauptschlagader durchtrenne.

Das Böse will nichts anderes, als meinen Tod! ... ‚Du bist von Dämonen besessen', höre ich eine erschreckende Stimme aus meinem zuckenden Mund dringen, die ich noch nie gehört habe und die mir noch mehr Angst macht" (S.106f.). Er widersetzt sich mit aller Kraft dem inneren Drang, der ihn zu suizidalen Handlungen auffordert.

Mehrere Male verbringt er etliche Wochen in einer psychiatrischen Anstalt. Als er in psychisch desolatem Zustand wieder einmal einen Joint raucht, erkennt er plötzlich: „Schon nach wenigen Zügen bin ich völlig anders. Jetzt ist mir klar, dass ich nicht hätte rauchen dürfen. Mit dem Einatmen des Rauchs, von dem ich glaubte, er sei heilig, gewährte ich unheimlichen Dämonen den Zutritt zu meinem Geist. Es ist zu spät, ich bin gefangen!" (S.385f.).

Er kann sich nicht mehr bewegen und sitzt da wie erstarrt. Eine kaum zu ertragene Hitze breitet sich in seinem Innern aus. Die rhythmische Musik aus dem Radio packt ihn; er kann sich ihr nicht entziehen: „Meine Hände und Beine sind nicht mehr zu kontrollieren. Meine Arme tanzen einen wilden Tanz vor meinem Gesicht, geführt vom Rhythmus und doch völlig unrhythmisch. Es sind die Dämonen, die mich meine schnellen und heftigen Bewegungen ausführen lassen."

Von überall her, aus den Ecken, den Wänden und Lautsprechern hört er Stimmen. Sie schreien: „Wir haben ihn. Jetzt ist er in der Hölle! In der Hölle!" Er fühlt sich für immer und ewig gefangen. Hinter sich wähnt er riesige Hunde mit fletschenden Zähnen, Höllenhunde, die ihn verfolgen. Er rennt im Kreis herum, die Verfolger sind dicht hinter ihm. Unkontrolliert wird er gegen die Wände geschleudert. „... dieser Zustand ist das Schrecklichste, was ich je erlebt habe", schreibt er verzweifelt. „Ich weiß nicht, ob mich ein Selbstmord retten kann."

Tatsächlich legt er sich eine Schlinge um den Hals - und springt! Doch der Knoten reißt und er landet unsanft auf der Erde. „DIES WAR DIR EINE LEHRE!" schreit es mit einer unheimlichen, donnernden Stimme aus seinem Mund. „JETZT GEH IN DIE KLINIK UND LASS DICH HEILEN!" - Die Stimme ist nicht seine eigene.

Das Erlebnis hinterlässt bei H. Taube einen unauslöschlichen Eindruck. Im Anschluss an den Schrecken lässt er sich schnurstracks in eine psychiatrische Klinik einweisen. Wochenlang vermeidet er es, in den Spiegel zu sehen. Er wird von der Angst gequält, er könnte sich selbst oder anderen etwas antun und schwört sich, nie wieder Cannabis oder sonstige Drogen anzurühren.

Verstorbene Seelen: Bei S. Wallimann werden Eindringlinge beschrieben, die sie als niedrig entwickelte Bewusstsein von Verstorbenen bezeichnet. Diese können sich an den Astralkörper von Lebenden anheften, welche daraufhin von Unruhe, Angst oder Müdigkeit befallen werden. Die ungebetenen Eindringlinge können von ihm als ,innere Stimme' wahrgenommen werden und nehmen Energie ihres Wirtes auf.

Inbesitznahmen durch Verstorbene können sich aus Geisterkontakten in spiritistischen Sitzungen ergeben. Viele Eingeweihte in derartige Machenschaften warnen daher eindringlich vor einer leichtfertigen Kontaktaufnahme mit unsichtbaren Sphären. P. Stevens bezeichnet Schmerzen als ,mediale Schaltvorgänge', mit deren Hilfe fremde Geistwesen in eine fremde Realität und in einen Körper eindringen können.

Reagiert der betreffende Mensch mit heftigen Angstgefühlen, dann beginnt das Fremdwesen zu drohen und setzt seinem Wirt massiv unter Druck. „Immer häufiger kommt sich der unwissende Mensch als Verfolgter vor, er leidet unter Depressionen und Wahnvorstellungen, die bis zur Persönlichkeitsspaltung führen können. Er erkrankt oft so sehr an Körper und Seele, dass die klinische Behandlung als einzige Rettung erscheint", berichtet die Autorin (in: Die Umpolung, S.179).

Durch den Fremdeinfluss können schwere gesundheitliche Störungen (vor allem starke Schmerzustände) auftreten, deren Ursachen unerklärlich scheinen. Neben Totengeistern und dämonischen Wesen sind auch lebende Menschen, die sich mit Magie befassen oder Hexenrituale praktizieren, fähig, in den Körper einer anderen Person einzudringen und dort einen unheilvollen Einfluss auszuüben. Dies kann irrationales Verhalten sowie psychische als auch physische Krankheiten hervorrufen.

Geistige Verwirrung: Das Erlebnis der Inbesitznahme durch Fremdwesen ist mit bestimmten Sinneseindrücken verbunden. Manche Psychiatriepatienten glauben, deutlich die Stimme des ‚Teufels' oder die von Dämonen zu hören. Oft überwiegen destruktive, boshafte, obszöne Botschaften, die das Opfer entwerten, zum Suizid auffordern oder den Befehl erteilen, andere zu töten.

R. Mundhenk vertritt die Auffassung: *„Es liegt nahe, die ‚Besessenheit' als schizophrene Grunderfahrung zu bezeichnen. Dies gilt vor allem für Erfahrungen, bei denen Verfolgungs-, Beeinflussungs- und Beeinträchtigungserlebnisse im Vordergrund stehen"* (S.128). Besessenheit geht mit dem Verlust von Autonomie, mit Entfremdung und Unfreiheit einher. Die Fähigkeit zu eigenständiger Lebensgestaltung ist eingeschränkt. „Dabei spielt die Unterscheidung zwischen den besitzergreifenden Instanzen oft nur eine sekundäre Rolle", fährt Mundhenk fort. „Der Schizophrene kann von Gott, vom Teufel, von anderen Menschen, von Mächten und Dämonen oder von allen zugleich ‚besessen' sein."

Berichte von Meditierenden, die als Folge ihrer Übungen in geistige Verwirrung gerieten, werden bei J. Wandel vom *Studienkreis für nichtuniversitäre Heilweisen* erwähnt. *„So ähnlich, wie man mit physikalischen Kräften sowohl aufbauend wie auch zerstörend umgehen kann, verhält es sich auch mit Kräften des psychischen Bereichs."*

Im medialen Zustand, bei dem partiell die Kontrolle über die eigene Person aufgegeben werde, könnten Beziehungen zu astralen Wesenheiten geknüpft werden. Die gewaltsame Unterdrückung von Gedanken führe in einen Trancezustand, bei dem Meditierende von astralen Botschaften erreicht werden, die nur schwer einzuschätzen sind. „Das kann verhängnisvoll ausarten, weil die psychische Macht von Astralwesen recht groß werden kann und nicht selten zu Anfällen von Besessenheit führt", warnt J. Wandel (in: Geistige Freiheit).

Diese Ausführungen sollen keineswegs als Absage an Meditationen jeder Art gewertet werden. Der Autor bevorzugt Übungen, in denen das Bewusstsein nicht in eine mediale Trance gerät. Meditative Übungen, die z.B. eine Kerze zum Meditationsobjekt nehmen oder bei denen eine spirituelle Idee im Mittelpunkt steht, können durchaus einen geistigen Fortschritt bewirken, wenn die Voraussetzungen dafür gegeben sind.

Sofern die persönlichen Pläne und Wünsche mit einer geistigen Entwicklung in Übereinstimmung sind, können Meditierende die im Weg liegenden Hindernisse wegräumen und den *Hüter der Schwelle*, der das Tor zu geistigen Ebenen bewacht, überwinden. Die Auswirkungen der Wünsche und Gedanken der Vergangenheit bestimmen die Beschaffenheit des ‚Hüters'.

Geistige Lehrer: Auch geistig entwickelte Wesenheiten können sich in einem Menschenkörper manifestieren, was im Allgemeinen eher positiv gewertet wird. Im Fall der tibetischen Orakel sind die besetzenden Wesen, die als ‚Schützer der Lehre' bezeichnet werden, Gottheiten der niederen Geistregionen. Buddhas und Boddhisattvas manifestieren sich für gewöhnlich nicht auf diese Weise in den Körpern von Lebenden.

Besessenheit wird in Berichten nicht selten in Zusammenhang mit tibetischen Lamas erwähnt. P. Stevens, die im Geiste nach einem Kontakt mit einem Lama gesucht hat, nimmt plötzlich einen Energiewirbel in ihrem Innern wahr. Ihr Geist beginnt sich zu drehen, so als würde er von einer außenstehenden Macht gelenkt. Später am Abend verspürt sie einen fast unerträglichen Druck in ihrem Stirnzentrum, dem *Dritten Auge*. Sie berichtet: „Plötzlich spürte ich, wie ich aus meinem Körper glitt und eine sehr starke Wesenheit meinen Platz übernahm" (S.120). Gleichzeitig wird ihr schwindlig.

Sie sieht einen Zusammenhang zwischen den seltsamen Phänomenen und einem tibetischen Lama. Zwei Wochen verbringt sie wie in einer Art Tagtraum, in dem sich immer wieder Schwindelgefühle einstellen. Später verfällt sie bei einer Zusammenkunft mit dem Lama erneut in einen hypnotischen Zustand und erlebt eine ausgeprägte ‚Geist - zu - Geist - Kommunikation'. In der Folgezeit verspürt sie keinerlei Bedürfnis mehr, ähnliche mediale Verbindungen bzw. Energiewellen zwischen sich und dem Lama zu aktivieren.

Manchmal wird eine enge Verbindung zu einem Geistlehrer von den Betroffenen als *Inbesitznahme* erfahren. Eine ‚Besetzung' soll dem Betroffenen die Möglichkeit geben, unmittelbaren Kontakt mit geistigen Lehrern zu unterhalten. Die funktionsfähige Verbindung zu höheren Mächten ist die Voraussetzung für eine spirituelle Weiterentwicklung. Eine fest gefügte Verbindung kann Missverständnisse weitgehend vermeiden. Informationsaustausch und -übermittlung wird auf direktem Wege möglich, ohne Verzerrung.

Die Besetzung hat die Erfüllung einer begrenzten Aufgabe zum Inhalt, ist also nur vorübergehend. Nach Beendigung des Arbeitsbündnisses löst sich der ‚Besetzer-Geist' wieder aus dem Verband; der ‚Besessenc' ist nun frei, eigene Wege zu gehen oder sich geistig weiterzuentwickeln. Der Besetzer-Geist ist ein hoch qualifiziertes Geistwesen das versucht, seinen Wirt von seinem Wissen profitieren zu lassen.

Nach Beendigung der Mission, wenn er seine Aufgabe als beendet ansieht, zieht sich der Geistlehrer zurück. Dies ist dann der Fall, wenn der Lernende in der Lage ist, selbstbestimmt seinen Weg fortzusetzen, d.h. wenn er frei genug ist, eine Wahl zu treffen zwischen verschiedenen Möglichkeiten der Existenz.

In diesem Zusammenhang ist die Frage der Freiwilligkeit von grundlegender Bedeutung. Besetzungen haben immer den Anschein einer geistigen Übernahme, auch wenn diese angeblich nur für einen begrenzten Zeitraum stattfindet. Die Frage, ob ein solcher ‚unmittelbarer Kontakt' von den Medien überhaupt erwünscht ist, wird offenbar nicht in jedem Fall in Betracht gezogen. Doch gerade dieser Aspekt spielt eine ausschlaggebende Rolle.

Moderne Wissenschaft: Die meisten Wissenschaftler vertreten die Auffassung, erst in der Neuzeit (speziell seit dem 19. Jhdt), seien die Methoden und Mittel entdeckt worden, die ernstzunehmendes Wissen erst ermöglichen. Das Weltbild der Menschen vor diesem Zeitraum sei von Aberglauben durchsetzt gewesen. Daher wird das damalige Wissen nicht ernst genommen.

Doch es gibt auch andere Stimmen, welche die Gültigkeit jahrhundertealter Überzeugungen und Traditionen, die sich bei vielen Völkern in den verschiedenen Zeitaltern finden, anerkennen (vgl. dazu G. Frei). Sie entspringen einem Urwissen der Menschheitsseele, das im Nachhinein auch von etlichen modernen Geistes- und Naturwissenschaftlern bestätigt wurde. Selbst wissenschaftliche Resultate, die der Tradition zu widersprechen schienen, mussten später, zumindest teilweise, vor dem Hintergrund neuer Erkenntnisse revidiert werden.

Die frühere Selbstsicherheit gegenüber dem traditionellen Wissen ist ins Wanken geraten. Es bleibt zu hoffen, dass sich nach einer langen Zeitspanne, in der Verunsicherung und Ablehnung dominierten, eine neue Sichtweise herauskristallisiert, die von einem neuen Verständnis begleitet ist. Den Ergebnissen der Tiefenpsychologie und Parapsychologie sowie den Erfahrungen im nicht-christlichen Raum kommt dabei eine große Bedeutung zu. Vor allem die Parapsychologie befasst sich mit den Randgebieten des Wissens. Vielleicht gelangt sie in Zukunft zu einer größeren Akzeptanz, als ihr gegenwärtig zugestanden wird.

Lösung von astralen Verbindungen

Dunkle Geistkontakte: Sich von aufdringlichen und Angst einflößenden Geistkontakten wieder zu lösen, ist nicht einfach. Je nach Art und Dauer der Verbindung werden unterschiedliche Methoden empfohlen. In der Vergangenheit wurden Nonnen, die sich wie Besessene gebärdeten, zu anhaltender Arbeit veranlasst, um jede Eintönigkeit zu vermeiden und für Ablenkung zu sorgen. Die ungezügelte Phantasietätigkeit sollte eingegrenzt werden. Daher versuchte man, den Geist in Bewegung zu halten, indem die Art der Tätigkeit häufig gewechselt wurde. In vielen Fällen war bei den Nonnen nach einigen Monaten die vormalige Ordnung wieder hergestellt.

Mediale Menschen, deren Aura verletzt und durchlässig ist, sind aufgrund dieser mangelhaften Abgrenzung oft fähig, astrale Wesenheiten wahrzunehmen. W. Augustat bemerkt dazu: „Sie stellen oft unbewusst oder mitunter sogar bewusst ihren physischen Körper oder Teile desselben diesen Geistern zur Verfügung, wodurch sich letztere mit Taten und auch häufig mit Untaten bemerkbar machen können. Diese Zustände werden zu Recht als Besessenheit angesehen und bedeuten für den medialen Menschen aus geistiger Perspektive eine schwere Belastung und Gefährdung" (S.98). Das eigene Bewusstsein ist in diesem Geschehen ganz oder teilweise ausgeschaltet.

In schweren Fällen multipler Persönlichkeitsspaltung wird das ursprüngliche Ich durch mehrere andere Persönlichkeiten aus seinem Körper verdrängt, erklärt Augustat. „Über einen Wirtskörper können nur dann andere Persönlichkeiten tätig werden, wenn diese vorher feinstofflich existieren und das ursprüngliche Ich, wenigstens periodisch, aus seinem eigenen Körper verdrängt werden kann" (S.80). Die Anzahl solcher Patienten geht in die Tausende.

Die Macht, welche die Astralgeister ausüben, beziehen sie aus den Schwachstellen ihrer Opfer. Deren Angreifbarkeit erlaubt es ihnen, die Herrschaft an sich zu bringen. Befreiung von den Unvollkommenheiten in der eigenen Psyche hat die Befreiung von den dunklen Mächten zur Folge.

Exorzismus: Menschen, die den Kontakt zu den Erdenergien verlieren, ermöglichen es fremden Wesenheiten, von ihnen Besitz zu ergreifen. Auch starke Ängste öffnen eine Tür, die sich nicht leicht wieder schließen lässt. Dämonische Wesenheiten klammern sich an ihre Opfer, verursachen viel Leid und können sogar den Tod eines Menschen bewirken. Die amerikanische Anthropologie-Professorin F. Goodman hält daher die Durchführung eines Exorzismus-Rituals für unumgänglich. Dieses Ritual stellt „auf der ganzen Welt die Behandlung der Wahl in Fällen von dämonischer Besessenheit dar und sieht in seinen Grundzügen auch überall ähnlich aus" (S.153). Die Unterstützung einer sozialen Gruppe, in der die Betroffenen leben, ist dabei nicht zu unterschätzen.

Wie kann besessenen Opfern geholfen werden? fragt auch W. Augustat und gibt zur Antwort: „Nur das Eingreifen eines dritten Willens, der stark und rein ist, kann Besessenheitszuständen Einhalt gebieten". Um einen Menschen zu retten genüge es, Macht zu besitzen und den ‚Rhythmus des Befehls' zu finden. Die eingreifende Person sollte in sich gefestigt sein, um nicht befürchten zu müssen, den ungebetenen Geist selbst anzuziehen (S.199f.).

Japanische Gläubige gehen davon aus, dass jeder Mensch bis zu einem gewissen Grad durch niedere Geistwesen verunreinigt ist, die bei den betroffenen Menschen Unwohlsein, Depressionen und Krankheiten hervorrufen. Die Geister werden in einer Art Sprechgesang aufgefordert, ihre irdischen Bindungen abzuwerfen. Für die Sünde, aus der Astralwelt geflohen und in einen lebenden Körper eingedrungen zu sein, werden ihnen Strafen angedroht. Es sind unglückliche Geister, die in der irdischen Sphäre umherirren, anstatt an ihrer Vervollkommnung zu arbeiten. Das Lösen von Bindungen bringt sie schrittweise der Lichtwelt näher.

Geisteraustreibende Zeremonien haben den Zweck, die dämonischen Wesen zu zwingen, ihr Opfer zu verlassen. Beschwörungen und Gebete werden rezitiert und Räucherungen vorgenommen. In dramatischen Fällen werden der besessenen Person Elektroschocks verabreicht oder Schmerzen zugefügt, da man annimmt, dass der Schmerz auch für den Besetzergeist äußerst unangenehm ist. Dem fremden Wesen soll die Anwesenheit in einem menschlichen Körper verleidet werden, und zwar solange, bis er es vorzieht, den Körper zu verlassen.

Die Geistwesen, die mittels Beschwörungen aus einem befallenen Körper vertrieben werden sollen, sind sehr zahlreich; häufig hat es der Exorzist mit einer ganzen ‚Sippschaft' zu tun. Jesus gab seinen Jüngern Macht über ‚Schlangen und Skorpione' und das ‚ganze Heer des Widersachers'. Als Jesus einem Besessenen zu Hilfe kam, fragte er den Geist nach seinem Namen. ‚Legion' war die Antwort, denn eine ganze Anzahl von Dämonen war in den Besessenen gefahren und veranlasste das Opfer zu den unsinnigsten Taten (vgl. Lukas, Vers 8:30).

Selbst nach der Befreiung von besitzergreifenden Wesen ist über einen Zeitraum von ca. 1000 Tagen die Gefahr einer erneuten Besessenheit nicht ausgeschlossen. Ein Rückfall nach einem anfangs erfolgreich durchgeführten Exorzismus ist nicht ungewöhnlich. Nicht in jedem Fall ist ein Grund für das erneute Auftauchen der boshaften Geister ersichtlich. Gerade wenn der Exorzismus überaus erfolgreich schien und die Dämonen allesamt verschwunden waren, kehrten sie nicht selten unerwartet mit noch größerer Heftigkeit zurück.

Wird ein dämonisches Wesen aus seiner Behausung ausgetrieben, ist das Opfer häufig nur vorübergehend erlöst. Der Dämon irrt ziellos umher und kehrt bei der ersten Gelegenheit wieder zurück. Nur wenn der Exorzist sehr mächtig ist, fürchten ihn die Wesen und halten gebührenden Abstand. Manche Opfer werden dann durch eine einzige Austreibung geheilt.

Viele Autoren bezeichnen den priesterlichen Exorzismus als Unsinn, der nur Schaden anrichte. Der Besessene müsse eine lang andauernde Tortur durchstehen, die ihn zusätzlich schwächt. Gebete zeigten in der Regel nicht die gewünschte Wirkung. Der oder die Geistwesen reagierten darauf negativ und verstärken ihren Terror. Nur in seltenen Fällen ließen sie sich auf diese Weise zum Fortgang bewegen.

Exorzismus ist offensichtlich kein Allheilmittel gegen Besessenheit, denn ähnlich wie bei einer Infektionskrankheit geht es darum, dem angegriffenen Organismus genügend Abwehrstoffe zuzuführen, die den fremden Mächten das Eindringen verwehren. Manchmal helfen Wesen der höheren Sphäre dabei, besitzergreifende Geister auszutreiben, doch das kommt nicht allzu häufig vor. Die Zuwendung aus höheren Geistebenen muss verdient werden durch eigene Initiative und tätige Hilfe, die anderen gewährt wird.

Werden die Probleme einer Person in erster Linie auf Inbesitznahme zurückgeführt, ist sie damit weitgehend der Eigenverantwortung enthoben. Die Wechselwirkungen, die zwischen den Lebenden und den unsichtbaren Wesen stattfinden, werden dabei außer Acht gelassen und ebenso die Tatsache der Anziehung gleich gearteter Geister. Die mentalen Erzeugnisse der eigenen Psyche, die immer auch eine beträchtliche Rolle spielen, bleiben gänzlich unberücksichtigt.

D. Fortune hält es kaum für möglich, einen Besessenen durch exorzistische Maßnahmen oder mit den Methoden der rituellen Magie zu heilen. Es gelte vielmehr, den Ursprung der Störung zu aufzuspüren und zu beseitigen. Andernfalls formen sich die Phantome ebenso schnell wieder, sie sie zerstreut werden. Ein magischer Zirkel, der an der Befreiung mitwirkt, ist bemüht, die Verbindung mit dem Abgrund zu lösen. Doch in vielen Fällen erlaubt der mentale Zustand des Opfers über kurz oder lang eine Erneuerung der Verbindung, und ein Teufelskreis entsteht.

Die dunklen Mächte, die im Spiel sind, verstärken ihre Aktivitäten und halten unter allen Umständen in ihrem Opfer fest, sobald der Versuch unternommen wird, sie zu entfernen. „In unserem rationalistischen Zeitalter sind wir geneigt zu vergessen, dass es so etwas wie das organisierte und intelligente Böse gibt", beklagt die Autorin. Dennoch könne ein Exorzismus den Einfluss der dunklen Mächte abschwächen.

Die Voraussetzung für einen Erfolg ist allerdings die Befolgung gewisser Grundsätze:

▶ Nie wieder Kontakt mit den besitzergreifenden Wesen aufnehmen!

▶ Keine magischen Rituale zelebrieren!

▶ Keine Bücher über okkulte Themen lesen!

▶ Kontakte meiden mit Menschen, die Interesse an okkulten Themen haben.

Eine Regel, die es vor allen andern zu beachten gilt, ist die Forderung: *Suche den entkörperten Geist nicht wieder auf!* So lautet die strikte Anweisung von Margaret Rogers. Befolgt der Befreite diese

Mahnung nicht, kann die dunkle Macht ihren Einfluss erneut verstärken. Die vorherige Verbindung erwacht zu neuem Leben und festigt sich auf unabsehbare Zeit.

Clearing: Die unzähligen Erfolgsberichte mancher Therapeuten, die trotz langjähriger Beschwerden sofortige Befreiung versprechen, indem sie ein *Clearing* anbieten, sind mit Vorsicht zu betrachten. Eine vorübergehende ‚Klärung', die ein Gefühl der Erleichterung mit sich bringt, ist noch lange keine echte Befreiung von Besessenheit. In der Regel ist eine intensive psychotherapeutische Betreuung notwendig, um den tiefer liegenden Ursachen auf den Grund zu gehen.

Nach einem erfolgreich durchgeführten *Clearing,* das die Fremdenergien hinausbefördert hat, herrscht in der Psyche oftmals gähnende Leere. Wo zuvor Anhaftung und Verwirrung war, ist man wieder allein. Das Vakuum im eigenen Innern sorgt erneut für Verunsicherung.

Andererseits wirkt die Umgebung mit neuer Intensität auf die Psyche ein. Die Umwelt wird manchmal derart intensiv und beängstigend wahrgenommen, dass viel Kraftaufwand nötig ist, um die Veränderung zu verarbeiten. Die Energien im eigenen Innern lassen sich kaum noch bändigen. Technische Defekte treten an den Haushaltsgeräten auf und alles was man anfasst, führt zu elektrischen Entladungen. Nach einer Weile, wenn der Organismus sich an die vermehrte Energie gewöhnt hat, verschwindet das Phänomen meist wieder.

Über das Gefühl der inneren Leere nach einem erfolgreichen *Clearing* berichtet S. Stolzmann. Sie selbst arbeitet als Therapeutin und reinigt die Energiekörper ihrer Klienten von allen negativen Energien, die sich dort festgesetzt haben. Sie entfernt Verdunkelungen und säubert die Energiezentren. Eine Klientin erzählt hinterher, dass „sie sich einen Tag nach der Behandlung viel freier und gelöster gefühlt habe. Als ob eine schwere Last von ihr abgefallen sei. Zuerst fühlte sie sich ganz leer und benommen. Am nächsten Tag war sie so mit Energie geladen, dass sie Bäume ausreißen konnte. Es kam ihr vor, als wenn ein Schalter umgelegt worden sei" (S.124).

Die zeitweilig empfundene Leere im Innern löst in diesem Fall keine weitere Krise aus, sondern wird als Teil der Befreiung empfunden. Ein aktives Engagement im äußeren Leben verhindert, dass die innere Leere erneut mit ‚unsichtbaren Gästen' besetzt wird. Das Bewusstsein beginnt, die inneren Räume selbst aufzufüllen.

Wenn nach dem *Clearing* ein Geistwesen Anstalten macht, sich wieder einzunisten, entstehen leicht Verfolgungsideen. Der alte Besetzer, der wiederholt versucht, die Aura zu durchdringen, erzeugt Angst und Unsicherheit. Die Aura wird durchlässig und die alten ‚Hausgäste' kehren zurück. Manchmal kommen noch weitere hinzu und das Drama beginnt von neuem. Dies sei das Problem bei Exorzismen aller Art, erklärt M. Schindler (in: Fragen und Antworten 2, S.8).

Dabei ist es wenig hilfreich, den Geistern freundlich zu begegnen oder Licht an irgendeine ‚verlorene Seele' zu senden, wenn man nicht weiß, mit *wem* man es zu tun hat: „Licht und Liebe senden ist so eine Sache, da es eigentlich eher energetische Nahrung für den Besetzer ist! Diese sexuellen Besetzer sind oft gar keine verlorenen Seelen, sondern elementare Wesen! Den Unterschied herauszufinden, ob Sie es mit einer bösen, verlorenen oder elementaren Entität zu tun haben, ist nicht so einfach und kann nur durch sehr erfahrene (oder hellsichtige) Menschen festgestellt werden", betont M. Schindler (in: Fragen und Antworten 3, S.22f.). Es geht vor allem darum, sich um die eigene Befreiung zu bemühen und sich entschieden abzugrenzen, falls der Besetzergeist aufdringlich und aggressiv wird.

Die gegenwärtigen Behandlungsmethoden in der Psychiatrie können allenfalls dazu verhelfen, den desolaten seelischen Zustand der Patienten abzumildern, ihre Ängste zu verringern und es ihnen ermöglichen, so gut es eben geht zurechtzukommen. Diagnose und Behandlung von Besetzungen orientieren sich an der herrschenden Auffassung vom Wesen der Realität, obwohl die Erfolgsaussichten nur gering sind. Selbst wenn eine psychiatrische Behandlung nur mäßige Wirkungen zeigt, wird sie von ‚Fachleuten' dem ‚Aberglauben' anderer Maßnahmen vorgezogen.

Mentale Gegenwehr: Sobald ein unsichtbares Wesen hartnäckig versucht, von einem menschlichen Körper Besitz zu ergreifen, sollte sich der Betroffene ganz entschieden dagegen zur Wehr setzen, rät C.W. Leadbeater. Gebete seien leider oft von nur geringem Nutzen. Die Macht der Geistwesen über ihre Opfer liege vor allem in der Angst der Opfer begründet. Daher sei ein fester Standpunkt ein probates Gegenmittel gegen aufdringliche Geistkontakte. Der eigene Wille ist dann sehr stark, wenn man an sich glaubt. Die Angreifer weichen, wenn ihnen mit Festigkeit begegnet wird.

Ein Medium, dessen Verbindung zur geistigen Welt einen zwanghaften und quälenden Charakter annimmt, sollte daher sogleich mit Entschiedenheit reagieren und den Kontakt abbrechen. Dabei ist es besonders wichtig, die Ruhe zu bewahren und sich nicht von Ängsten überwältigen zu lassen. Ein reinigendes Salzwasserbad kann in diesem Fall unterstützende Wirkung entfalten.

Selbst dann, wenn die Quälgeister kampflustig reagieren, solle man sich nicht von der „schrecklichen Macht der Dämonen" täuschen zu lassen, rät Leadbeater: „…treten Sie ihnen mit eiserner Entschlossenheit gegenüber, setzen Sie Ihren Willen felsengleich unbeweglich jenem entgegen, und Sie werden Sieger bleiben. Sagen Sie zu ihnen: ‚Ich bin ein Funke des göttlichen Feuers, und vermöge der Kraft Gottes, die in mir wohnt, befehle ich euch, zu gehen!' Auch nicht einen Moment dürfen Sie sich die Möglichkeit vorstellen, dass ihr Vorgehen misslingen könnte, und dass Sie zum Nachgeben gezwungen sein würden" (in: Die verborgene Seite der Dinge).

Oftmals hat sich das Opfer zu Anfang des Kontakts willig den astralen Einflüssen überlassen. Die Astralgeister scheuen keine Mühe, solche Nachgiebigkeit auszunutzen. Jede Art von Unterwürfigkeit ist von Nachteil, wenn es darum geht, wieder die Oberhand zu gewinnen und die verloren gegangene Herrschaft zurück zu gewinnen. Die

Stärkung der Selbstbehauptung ist ein geeignetes Mittel, um aufdringliche Geistwesen in ihre Schranken zu weisen.

Doch nicht immer reicht die eigene Willenskraft aus, um sich von niederen Geistern zu distanzieren, namentlich dann, wenn man sie durch Praktiken angezogen hat, die das Missfallen höherer Geistebenen erregt haben. Wenn jemand bspw. versucht, mittels magischer Praktiken zu Reichtum zu gelangen, kann dabei viel Unheil entstehen, denn er zieht niedere Geister an. Ein Elementarwesen kann sich anheften und nimmt nach einiger Zeit Einfluss auf seine Gehirntätigkeit. Das Opfer glaubt irrtümlicherweise, die Fähigkeit des Hellsehens entwickelt sich bei ihm, denn die Bilder, die das Astralwesen aussendet beginnen, sich in seinem Geist widerzuspiegeln.

Die niederen Wesen der Astralsphäre werden zum Teil von Wesen einer höheren Ebene entsandt, die über die Einhaltung geistiger Gesetze wachen. Ein Abtrünniger, der wieder zur Ordnung zurückkehrt, wird über kurz oder lang die Befreiung von quälenden Geistkontakten erreichen.

Will ein negativer Geist trotz aller Bemühungen nicht weichen, sollte man jeden Kontaktversuch zur geistigen Welt unterbrechen und es so weit wie möglich vermeiden, an den Quälgeist auch nur zu denken. Wie schwer dies in der Praxis durchzuführen ist, liegt auf der Hand. Indem das Opfer nicht auf die permanenten Einflüsterungen achtet, ermüdet es die Geduld des Geistes. Dieser bemerkt, dass er mit seinen Anstrengungen, den Menschen unter Druck zu setzen und ihn zu manipulieren, keinen Erfolg hat. Es kommt vor, dass der Astralgeist nach einiger Zeit freiwillig das Feld räumt.

Der Erfolg der Befreiungsversuche hängt u.a. davon ab, wie lange der Kontakt bereits bestanden hat und wie hartnäckig der aufdringliche Geist sich gibt. Wem es nicht gelingt, sich aus eigener Kraft von den unerwünschten Einflüssen zu befreien, kann eine Distanzierung erreichen, indem er seine Aufmerksamkeit dem Licht zuwendet und eine Verbindung eingeht. Im Anziehungsbereich des Lichts ist er geschützt vor niederen Energien.

Leider fällt es den irdischen Kontaktpersonen trotz aller Anfeindungen und besorgniserregender Zwischenfälle manchmal erstaunlich schwer, auf die Kontaktaufnahme zur unsichtbaren Welt zu verzichten. Der Reiz des Unbekannten hält sie in seinem Bann, so dass es ihnen Probleme bereitet, der Anziehungskraft zu widerstehen. Sogar wiederholte Warnungen seitens der geistigen Welt zeigen in einigen Fällen wenig Wirkung (vgl. den Bericht von Carola Cutomo).

Gelingt es einem Besessenen, seine mentale Verbindung zur Geisterwelt zu reduzieren, dann wird die Präsenz des fremden Wesens mit der Zeit immer weiter zurückgedrängt. In leichteren Fällen genügen eine Erhöhung der Schwingung und eine Bitte um Hilfe, um sich vor Fremdeinwirkungen zu schützen.

Geister, die von Menschen Besitz ergreifen, schwingen durchweg auf sehr niederem Niveau. Die besetzenden Astralwesen setzen sich fest, wo immer es ihnen möglich ist. Ein Individuum entscheidet in jeder Situation selbst, welche Energiefrequenz es ausstrahlt. Sobald es gelingt, die eigene Schwingung zu erhöhen, hat man Chancen, die Besetzung wieder loszuwerden. Wird die Schwingung durch Lichtarbeit und Gedankenkontrolle dauerhaft über ein gewisses Maß angehoben, kann das Astralwesen nicht mehr anhaften, weil die Aura ‚zu glatt' wird.

Jeder Gedanke und jede Gefühlaufwallung beeinflusst die Schwingung in irgendeiner Weise. Das Unwissen auf diesem Gebiet ist die Ursache vieler Probleme, die bei einer profunderen Kenntnis der Zusammenhänge entschärft werden könnten oder sogar vermeidbar wären. Eine Wissenschaft, die geflissentlich die Existenz unsichtbarer Wesen übersieht, wird nur mangelhafte Resultate bei der Behandlung betroffener Personen erzielen und in der Erforschung übersinnlicher Phänomene keinen Erfolg haben.

Kontakt mit Geistwesen: Immer wieder wird von Fällen berichtet, in denen eine Besitzergreifung durch den Geist eines Verstorbenen vorliegt. Bei diesem Seelenbewusstsein handelt es sich häufig lediglich um ein astrales Überbleibsel, das sich aufgrund einer starken Anziehungskraft gegenüber der materiellen Ebene behauptet hat. Der Astralkörper ist die feinstoffliche Verkörperung aller Gewohnheiten, Neigungen und Leidenschaften einer Person. Auch nach dem physischen Ableben bleibt er noch einige Zeit erhalten. Im Normalfall löst er sich nach und nach auf, sobald die Seele diese Stufe der Entwicklung durchschritten hat.

Eine stark der Sinneswelt verhaftete Einstellung eines Verstorbenen kann die Auflösung der astralen Hülle hinauszögern oder sogar verhindern. Der Astralkörper bleibt oft lange Zeit erhalten und kann sich mittels eines Mediums kundgeben. Er kann irdische Lebewesen in unangenehmer Weise beeinflussen, indem er als erschreckende Spukerscheinung auftritt oder sich in spiritistischen Sitzungen manifestiert.

Meist glauben die Teilnehmer, es sei der Verstorbene selbst, der sich zeigt. Dabei handelt es sich nur sein astrales Überbleibsel, das dessen niedere Triebe und Gewohnheiten gespeichert hat. Auf Befragen kann es zutreffende Antworten geben und ebenso vernünftig reden wie der Verstorbene zu seinen Lebzeiten. Die Unwissenheit auf diesem Gebiet führt bei interessierten Laien oft zu voreiligen Spekulationen, die nicht mit den tatsächlichen Gegebenheiten übereinstimmen.

Ist ein unerwünschter Geist hartnäckig und weigert sich zu gehen, dann rät M Rogers zu einer Kontaktaufnahme mit der Wesenheit. Manche Menschen, die unter negativen Verbindungen leiden, gehen zu Medien oder aufgeschlossenen Therapeuten, denen es gelingt, in Kontakt mit dem Geistwesen zu kommen. Den Berichten zufolge ist einigen verstorbenen Seelen bzw. ihren astralen Überbleibseln nicht klar, dass sie nicht mehr am Leben sind. Indem ihnen ihre Situation klar vor Augen geführt wird, können sie den Weg ins Licht gehen und die Besetzung löst sich auf.

Ein Therapeut oder der betroffene Mensch selbst sollten eine einfache, klar strukturierte Befragung durchführen, um die Situation der ‚verlorenen Seele' zu verstehen. Fragen nach dem Namen, der Zeit und der Art des Todes schaffen die Vorbedingungen, um auf das

Geistwesen einwirken zu können. Die verirrte Seele wird anschließend über ihren Zustand in Kenntnis gesetzt, damit sie in der Lage ist, ihre Situation zu begreifen und den entkörperten Zustand zu akzeptieren. Manchmal kann es eine Hilfe sein, sich mit der Wesenheit, die einen in die Irre geführt hat, letztlich auszusöhnen.

C. Wickland und E. Fiore berichten übereinstimmend über eine Vielzahl therapeutischer Erfolge, indem sie die Besetzergeister ‚ins Licht schickten'. Hierzu war in der Regel nur eine geringe Anzahl von therapeutischen Sitzungen notwendig. Die Geistwesen werden darüber belehrt, dass sie gestorben sind und der Körper, in dem sie sich befinden, nicht ihnen gehört.

Um der Seele den Weg ins Licht zu erleichtern, visualisiert der Therapeut eine Lichtsäule. M. Rogers empfiehlt folgendes Vorgehen, um eine verlorene Seele ins Licht zu senden: „Der Schüler (bzw. der Besessene) sollte in diese Säule eintreten und die zu erhebende entkörperte Seele mit sich nehmen. Indem er sich in den Strahlen dieser Lichtsäule sonnt, wird seine Schwingung erhöht, während der verlorenen Seele beim Aufstieg geholfen wird. Geistführer und Verwandte eilen herbei, um die erdgebundene Seele ins Licht zu geleiten. Alle Negativität wird beseitigt." (S.126).

Falls die Aura noch intakt ist, genügen Lichtmeditationen, um die Aura zu stärken und damit die Widerstandskraft gegen ungebetene Eindringlinge zu erhöhen. Der Befreite ist nun imstande, sich gegen andrängende niedere Energien zur Wehr zu setzen, indem er ihnen mental, durch inneren Widerstand, das Eindringen verwehrt.

Schlagen sämtliche Versuche, Befreiung zu erreichen, fehl, dann rät O.M. Aivanhov, sich mit den Geistwesen zu verständigen. (In: Die Antwort auf das Böse, S.113f.). Die höllischen Geister seien Diener Gottes (!), die auf seinen Befehl hin handeln. Man sollte sie weder erzürnen noch Angriffe provozieren, sondern ihnen mit gutem Willen und Verständnis begegnen. Wie schwer gerade das in einer gegebenen Situation ist, liegt auf der Hand.

In einigen Fällen übertragen Therapeuten die Besessenheitsgeister in ein menschliches Medium, um die Opfer von den Quälgeistern zu erlösen. Das Geistwesen wird in eine mediale Person, die sich für diese Zwecke zur Verfügung stellt, übertragen und dadurch von seinem Opfer abgelenkt. Auch die mit der Besessenheit einhergehenden seelischen Störungen werden vorübergehend von dem Medium übernommen, wie C. Wickland berichtet. Die ‚Übeltäter' sollen auf diese Weise in den Einflussbereich fortgeschrittener Geistwesen gelangen und ihrer Einwirkung zugänglich werden.

Indem das Medium gestattet, seinen Körper einige Zeit völlig in Besitz nehmen zu lassen, erhält der Therapeut die Gelegenheit, mit dem Geistwesen Kontakt aufzunehmen und es über seine Situation zu belehren. Der in der Regel eher bedeutungslose Inhalt der ‚Geistergespräche' setzt sicher manchen Leser in Erstaunen. Die exotische Besonderheit der Geistkontakte kann über deren Banalität nicht hinwegtäuschen.

Nicht nur die trivialen Beteuerungen der Geistwesen, sondern auch die Einflussnahme seitens des Therapeuten sind von der gleichen Einfachheit geprägt. Die Autorität, mit der einige Therapeuten auftreten, um unwissende Geister zu belehren, bildet einen auffallenden Gegensatz zum Inhalt dieser Belehrungen. Die Frage stellt sich, ob die angeblich in kürzester Zeit erzielten Erfolge von langer Dauer sind? Unsichtbare Geistwesen sind Meister der Täuschung und führen Leichtgläubige gern an der Nase herum.

Die unterschiedlichen Auffassungen bezüglich des Daseins nach dem Tode erlauben keine gesicherten Annahmen. Es ist und bleibt für diesseitige Erdenbürger ein Feld der Spekulation. Umso erstaunlicher ist die Kühnheit, mit der einige ‚Lehrer' jenseitige Wesen über deren Umfeld aufklären. Unabsehbar ist zudem, in welche Gefahren sich ein Medium begibt, wenn es sich bereitwillig für eine Inbesitznahme durch unbekannte Wesenheiten zur Verfügung stellt und dabei zustimmt, das eigene Bewusstsein völlig beiseite zu drängen zu lassen. Zu welchen Manipulationen die Geisterwelt fähig ist, kann ein Nicht-Eingeweihter nur bedingt einschätzen.

Leider bleiben oft alle Anstrengungen, die unerwünschten Geistwesen zu entfernen, erfolglos. Um sie zu vertreiben, müsste der Besessene oder der Helfer über sehr viel Stärke verfügen. Andernfalls könnten die Resultate der Bemühungen noch beängstigender sein als der vorherige Zustand.

In hartnäckigen Fällen ist es mit großen Schwierigkeiten verbunden, einzugreifen. Gelingt es einem Wesen der Elementarwelt, sich so fest mit einem Opfer zu verbinden, dass eine Trennung illusorisch erscheint, sind Drohungen oder Exorzismen eine willkommene energetische Stärkung für den Geist. Die Aufmerksamkeit, die dem Wesen auf diese Weise zuteil wird, erhöht seine Energie und festigt die Verbindung. Immer stabiler wird das Band, das den menschlichen Organismus an den Elementargeist kettet.

Je mehr sich das Opfer ängstigt, desto mehr Energie kann der Geist absorbieren. Innere Gelassenheit und aufbauende Gedanken jeder Art hingegen verwandeln die niederen Schwingungen in Lichtenergie. Visualisierungen (z.B. eine Lichtsäule, die den Körper wie ein weißer Mantel umgibt), erzeugen einen zusätzlichen Schutz.

Die Anrufung höherer Geistsphären kann die entscheidende Wende bringen, denn sie ist ein wirksames Mittel, die Anbindung zu beenden. Dazu ist allerdings eine grundsätzliche innere Umkehr des Leidenden notwendig, zu der er oft gar nicht imstande ist. Gelingt es, die Wesen der höheren Sphären anzuziehen, dann werden diese Mächte Mittel und Wege finden, die unerwünschten Geister in ihre Schranken zu weisen.

Inbesitznahme als Teil des Weges

Menschen, die von negativen Geistwesen belästigt werden oder besessen sind, suchen verständlicherweise nach einem Mittel, um sich zu befreien. Doch in der Regel kommen nach einer erfolgten Austreibung die Besetzergeister zurück und die Angriffe werden im Laufe der Zeit noch heftiger. Durch Energiearbeit können die Beschwerden bestenfalls zeitweilig gelindert werden, doch in der Regel kehren die Wesen umgehend zurück, betont M. Schindler vom *Phoenix-Netzwerk*.

In dieser Situation eine Lösung zu finden, ist alles andere als einfach. Eine Kehrtwende, eine grundlegende Veränderung der Einstellung und des Verhaltens werden notwendig. Nur ein Neuanfang, der eine entsprechende Eigenleistung voraussetzt, kann zu einer dauerhaften Befreiung führen. Wenn jemand versucht, die Problematik an einen Berater abzugeben, weicht er möglicherweise den Schwierigkeiten nur aus, meint M. Schindler.

Besetzungen werden zu einem gewissen Teil von höheren Geistebenen als Strafe verhängt. Sie können andererseits auch dazu beitragen, den Weg ins geistige Reich zu ebnen. Der Besetzergeist hat u.a. die Funktion, ein Individuum zu erwecken, es wach und aufnahmefähig zu machen für übernatürliche Einflüsse. Somit ist er auch ein Helfer, dessen Interventionen zu höherem Wissen führen können. Außerdem hat er die Funktion, die Klarheit des Lichtes zu gewährleisten. Das dies nicht in jedem Fall gelingt, sondern einen eher gegenteiligen Effekt hat, ist eine nicht zu leugnende Tatsache.

Die Behauptung, dass nicht nur dunkle Wesen Menschen in Besitz nehmen, findet sich u.a. bei dem geistigen Lehrer O.M. Aivanhov: „Der Geist eines Meisters setzt alle seine Kraft ein, um sich zu verkörpern, nicht nur im eigenen Körper, sondern auch in dem der geistigen Gemeinschaft, damit diese auf den Weg der Entfaltung und Vervollkommnung vorwärts komme." (Vgl.: Die geometrischen Figuren, S.150.) Ein Meister verfügt über die Fähigkeit, sich in einer Vielzahl von Seelen der Gläubigen zu verkörpern und deren Geist auf telepathischem Wege zu beeinflussen.

Aivanhov fährt fort: *„In der geistigen Entwicklung geht es ohne Unterwerfung und Inbesitznahme nicht ab"* (in: Die Freiheit, Sieg des Geistes, S.91f.). Diese wenig erbauliche Auffassung ergänzt er noch: Wollen Individuen nicht von destruktiven Mächten in Besitz genommen werden, bestehe die Notwendigkeit, sich den höheren Mächten ‚zu unterwerfen', um deren Schutz zu erhalten.

„Nicht mehr frei sein, das ist die wahre Freiheit", behauptet Aivanhov, unbekümmert um die Paradoxie dieser Auffassung. Der willfährige Proband verliert seine persönliche Identität und räumt einer fremden geistigen Präsenz den Platz ein. Um nicht eine Beute dunkler Wesenheiten zu werden, „sollte man vom Himmel, von den Engeln und den Erzengeln eingenommen und ‚besetzt' sein. Durch diese Unterwerfung seid ihr völlig frei, denn die göttlichen Wesen zerstören euch nicht, im Gegenteil..." (S.146f.).

Während ritueller Handlungen werden die Schranken zwischen Wach- und Traumwelt durchlässig. Schamanenheiler suchen Begegnungen mit der unsichtbaren ‚Kraft', die sie dabei unterstützt, Krankheiten zu behandeln und zu heilen. Sie werden eins mit den Ahnengeistern, die ihnen zur Seite stehen, mit ihren *Verbündeten*. Die Ahnen mischen sich unter die Lebenden und Schutzkräfte für die Gemeinschaft werden mobilisiert.

„Der Schamane bewerkstelligt diese Begegnung mit der Kraft durch Selbstaufgabe und mystische Vereinigung mit einem Geistwesen", schreibt Zumstein. „Die Psychologie ortet solches Tun als temporäre Besessenheit in den Bereich psychotischer Episoden" (S.73). Zumstein hingegen vergleicht die Beziehung der Schamanen zu ihren *Verbündeten* mit der mystischen Vereinigung christlicher Heiliger. Er unterscheidet zwischen den negativen Einflüssen abgespaltener Persönlichkeitsanteile und der konstruktiven Wirkung von Geistwesen.

Sofern die Erfahrungen bestimmte Merkmale aufweisen, rechnet er sie Geistern bzw. *Verbündeten* zu (vgl. S.218). Dazu gehören:

● Die Reaktionen scheinen unabhängig vom eigenen Willen stattzufinden.

● Sie fügen niemandem Schaden zu und beherrschen den Heiler nicht dauerhaft.

● Der Schamane hat Vertrauen zu den *Verbündeten*.

● Sie leiten ihn zu positiven Handlungen und Verhalten an.

● In der Not beseitigen sie Hindernisse oder stellen Hilfsmittel zur Verfügung.

Schamanen werden zu ‚Boten der Kraft', zu Brückenbauern, die dennoch in der Alltagswirklichkeit fest verankert sind. Von Außenstehenden können die *Verbündeten* nicht wahrgenommen werden, da sie nicht an Raum und Zeit gebunden sind. Sie sind Teil der *nichtalltäglichen Wirklichkeit* und haben Zugang zur Kraft und Weisheit des Universums.

Ein angehender Schamane, der bei H. Hansen erwähnt wird, lernt von seinem Großvater, wie mit den Geistern, die er auf dem Berggipfel trifft, umzugehen ist. Der Großvater erklärt: *„Sie wollen dir nichts Böses. Aber du darfst ihnen auch nicht alles glauben. Höre, wäge ab, mach dir deine Gedanken. Und passe genau auf, was du sagst, denn die Worte des Schamanen sind für den Stamm wie Gold"* (S.128).

Spirituelle Lehrer übertragen ihren Schülern im Laufe der Entwicklung eine besondere Kraft, um den Fortschritt zu beschleunigen. Von dem alten Sufi-Meister, bei dem I. Tweedie eine harte Schulung in der alten Yoga-Tradition durchmacht, erfährt sie: „Eine Kraft ist bei Ihnen angewandt worden; etwas musste in Gang gesetzt werden. Sie wird weiterwirken, nicht nur jetzt, sondern jahrelang, immer, für die Dauer Ihres physischen Körpers." Als Tweedie wissen will, weshalb sie davon zuvor nichts bemerkt hatte, lautet die kryptische Antwort: „Das geschah an einem Tag ganz am Anfang, als wir für eine Weile allein waren." Seine Augen scheinen sie bei den Worten förmlich zu durchbohren. „Warum solltest du auch was fühlen oder merken?" fragt eine anwesende Zuhörerin. „Was weiß der Verstand schon von den Dingen außerhalb seines Erkenntnisbereichs?"

Der Guru fährt indessen fort: „Die Kraft, die bei Ihnen angewandt wurde, wird Sie zweifeln lassen und Ihnen Unannehmlichkeiten verschiedenster Art bringen. Aber es war notwendig" (S.58). Mit der ‚Kraft' ist die Lebenskraft, die ätherische Energie – auch *Prana* genannt - gemeint, die hauptsächlich über das Herzzentrum wirkt.

Die Verbindung zwischen Meister und Schüler ist vor allem in Indien sehr eng. Es steht zu vermuten, dass dies in westlichen Geheimbünden ebenso der Fall ist. Wie A. Besant berichtet, verschmilzt das

Bewusstsein des Gurus mit dem seines Schülers. Der Adept nimmt die Gegenwart des Meisters immer deutlicher in seinem Innern wahr. Eine unmittelbare Belehrung findet statt, wenn die Tore des Geistes sich öffnen. Der Schüler hört auf den inneren Bewusstseinsebenen die ‚Worte des Meisters'. (Vgl. dazu auch mein Buch: Channel-Medien.)

Die Guru-Praxis, die in den indischen Traditionen anzutreffen ist, hat in der Anfangsphase den Sinn, das Ego des Schülers auszulöschen. Den Erscheinungen der Außenwelt wird im Grunde keine inhärente Existenz zugebilligt, daher sind sie nur relativ. Nach buddhistischer Lehre ist die ‚Befreiung' einzig und allein durch Aufgabe des Anhaftens an weltliche Dinge (einschließlich des eigenen Ichs) möglich.

Gefordert wird absoluter Gleichmut gegenüber allen Vorkommnissen des Daseins; gegenüber Entstehen und Vergehen, Wollen und Nichtwollen, lebendig sein oder tot. Der Schüler soll Gleichgültigkeit gegenüber Vergnügen und Schmerz, Himmel und Hölle, Gut oder Böse empfinden. An die Stelle des individuellen Bewusstseins tritt der Meister und seine Linie und in letzter Instanz die ‚Leerheit'.

„Das Guru-Prinzip verlangt vom Schüler die absolute Unterwerfung unter den Willen des Meisters und die völlige Vernichtung seines eigenen individuellen Willens", kritisieren V. und V. Trimondi (S.458). Was immer der Guru unternimmt und anordnet, ob angenehm oder zweifelhaft, muss als Lehre akzeptiert werden, denn sie soll dem Schüler dabei helfen, ‚aufzuwachen'. Folgen einzelne Schüler den Anweisungen des Meisters nicht, drohen ihnen schreckliche Strafen.

Ein Adept, der sich nicht mit höheren geistigen Mächten verbindet, in den dringen - glaubt man den Berichten - dunkle Wesenheiten ein und übernehmen deren Platz, denn „es gibt keine Leere." Im Innern des Menschen bekämpfen sich lichtvolle und dunkle Mächte, Gut und Böse, Himmel und Hölle. *Ein reiner, unbefangener Sinn ist der beste Schutz gegen schädigende Einflüsse* (Aivanhov, S.86). Nur in der Verbindung mit der Lichtwelt ist ein Adept geschützt vor dem Dunkel.

In der hohen Magie beruht die Inbesitznahme nicht auf einer Verbindung mit niederen Geistwesen, sondern auf einer Erhöhung der menschlichen Persönlichkeit, die temporär mit einer Gottform verschmilzt. Unter diesem Aspekt kann Inbesitznahme als eine Umkehrung der mystischen Ergriffenheit gewertet werden.

Religion und Eros

Die erotische Komponente hat einen hohen Stellenwert im Denken vieler Menschen. Religiöse und sexuelle Motive gehören zu den Kräften, die mit großer Macht ausgestattet sind und vieles in Bewegung setzen können. Selbst Götter und Dämonen gelten nicht als asexuell. Die Vereinigung von Religion und Eros erinnert an die *heilige Hochzeit*, die ein wesentlicher Bestandteil der religiösen Überzeugungen ist und bei der himmlische und irdische Wirklichkeiten miteinander verschmelzen.

Religiöse Erfahrung bietet ebenso wie sexuelles Erleben die Möglichkeit einer universalen Vereinigung, denn zwischen Religion und Sexualität besteht eine tiefe Verwandtschaft. Intensive Begegnungen und Verbindungen vielfältiger Art finden statt. Der Bogen reicht von asketischer Anbetung einer Gottheit bis hin zu ekstatischen und orgiastischen Erlebnissen. Gerade bei denjenigen, die bewusst von der asexuellen Liebe schwärmen und im mystischen Erleben nach Erlösung suchen, drängen sich halluzinatorische sexuelle Phantasien auf.

Auch die dämonische Seite enthält eine ausgesprochen sexuelle Komponente, wie R. Mundhenk berichtet: „Daher kann die Teufelsbuhlschaft sowohl als lustvoll und quälend, manchmal auch als beides zugleich empfunden werden. Im Unterschied zur erotischen Gottesbeziehung treten die gewaltsamen Aspekte deutlicher hervor: der Teufel kann vergewaltigen, penetrieren, ungefragt und ungebeten eindringen; er greift roh nach den empfindlichsten Teilen des Körpers, um seine Gier zu stillen…" (S.151). Die verschiedensten Körperöffnungen können Eingangspforten für dämonische Geister werden.

Die Vorstellung, dass Sexualität grenzüberschreitende Erfahrungen ermöglicht, kann bei Schizophrenen dazu führen, dass auch realer Sex eine transzendente Bedeutung erhält. „So kann in Momenten äußerster Hingabe der Schizophrene in seinem Partner (einen) Gott ‚erkennen' oder auch selbst zur Gottheit erhoben werden" (ebd., S.150).

Manche Patientinnen fühlen sich als ‚Braut Christi', was sich in zum Teil sehr realitätsnahen Phantasien zeigt. So erzählt eine Patientin, Gott besuche sie des Öfteren in der Nacht, um mit ihr Sex zu haben. Die Besuche seien ihr durchaus nicht angenehm, sondern eher peinlich. Eine andere Patientin glaubt, von Gott geschwängert worden zu sein und bald das Jesuskind zur Welt zu bringen.

Bei Schizophrenen ist nach Auffassung von Mundhenk die Verbindung von religiösen und sexuellen Motiven bedeutsam. „Im Hinblick auf die schizophrene Grenzerfahrung spielt oft die Kombination beider Bereiche eine besondere Rolle." Das „himmlische Gefühl einer ekstatischen Schizophrenen beinhaltet nicht selten auch die sexuelle Sphäre" (S.189f.). Die Körpergrenzen können sich im Sinne einer orgiastischen Erfahrung vorübergehend auflösen. Ähnliche Erlebnisse finden sich auch in mystischen Traditionen. Die Analogie zu den überschwänglichen Berichten von Nonnen, die in heißer Liebe zu himmlischen Engelwesen entbrannt sind, ist unübersehbar.

Erotische Beziehungen zwischen medialen Menschen und Geistwesen aus der Astralwelt spielen in der westlichen Welt eine nicht zu unterschätzende Rolle. *Sexualität öffnet ein Tor für astrale Wesenheiten.* Die Motive der Verführung sind aus der Geschichte des Spiritismus und der Magie nicht wegzudenken. Vor allem tief verwurzelte Leidenschaften aktivieren im Unterbewusstsein dämonenhafte Gestalten, die mit außerordentlicher Eindringlichkeit an gewissen erotischen Vorstellungsbildern festhalten, die dann als Zwangsvorstellung auftreten. Zentren in der Hirnrinde werden gereizt, was die Frage aufwirft, ob nicht die Ursache bestimmter funktioneller Nervenleiden in derartigen Vorgängen des Unterbewusstseins zu suchen ist.

Die Lustgefühle, die mit dem Auftreten bestimmter Vorstellungsbilder verbunden sind, können der Einheit der psychischen Funktionen gefährlich werden. Die Versuchung, ihnen nachzugeben, ist groß. Die Festigkeit und Einflussmöglichkeit des bewussten Ich werden geschwächt, wenn sich einzelne Partien des Unterbewusstseins maßgeblich in den Vordergrund drängen und nach und nach der Kontrolle entgleiten.

Sexuelle Freizügigkeit schafft für niedere Astralwesen eine Gelegenheit, ungehindert in einen fremden Organismus einzudringen und sich dort zu verankern. Etliche Medien werden so zu willenlosen Werkzeugen astraler Wesenheiten, ohne die Zusammenhänge zu begreifen, denn die Unkenntnis auf diesem Gebiet ist groß. *Sexueller Verkehr ist eine Schleuse für fremde Energien.* Astralgeistern wird ermöglicht, einen Energieaustausch vorzunehmen, der in der Regel auf Kosten des Mediums erfolgt.

Die Warnungen aus vergangenen Zeiten, sexuelle Selbstbefriedigung könne Nervenleiden und sogar psychische Zerrüttung zur Folge haben, scheint nicht mehr zeitgemäß. Allerdings vertreten M. Denning und O. Phillips die Ansicht, „krankhafte, brutale und abgründige Phantasien" in Verbindung mit Selbstbefriedigung könnten eine Anziehungskraft auf Astralvampire ausüben, die es auf die Energie der Menschen abgesehen haben.

Beim Verkehr zwischen Mann und Frau findet ein gegenseitiger Energie-Austausch statt; d.h. die Partner absorbieren jeweils einen Großteil der Energien des anderen. Nur ein geringer Teil der Energie wird nicht aufgenommen, weshalb die Anziehung für Astralwesen gering ist. Bei der Masturbation entfällt die Energieübertragung auf einen menschlichen Partner und Astralvampire haben leichtes Spiel.

Vor diesen dunklen Wesenheiten gibt es kaum einen Schutz. M. Denning und O. Phillips raten, sich an sexuellen Phantasien zu erfreuen, sie aber im Zaum zu halten und auch gewisse Wertvorstellungen nicht völlig außer Acht zu lassen. Selbstachtung ist ein starker Schutz, wenn es um sexuelle Belange geht. Die Problematik, auf die auch bei D. Fortune hingewiesen wird, stellt für einen normalen, gesunden Menschen kaum eine Belastung dar. Erst bei der Hinwendung zur geistigen Welt kommt ans Licht, was vorher im Verborgenen lag.

In Hinblick auf sexuelle Erlebnisse im astralen Bereich existieren noch viele Unklarheiten. Medien berichten reihenweise von nächtlichen Erlebnissen, bei denen sie dem subtilen Drängen von Energiewesen nachgaben, sich einem ‚Energie-Fluss' öffneten und dabei sehr angenehme, sexuell erregende ‚Energieströme' in ihrem Körper verspürten. Sie ahnten nichts Schlimmes, doch leider täuschten sie sich! Ein unangenehmes Schwere-Gefühl im Kopf und seelische Verstimmungen nach dem Erlebnis sind untrügliche Anzeichen dafür, dass etwas nicht mit rechten Dingen zugeht. Die Schwingungshöhe wird herabgedämpft und die Widerstandskraft ist geschwächt. In der Folge nehmen Beeinflussungserlebnisse zu: Gedanken drängen sich auf und werden zu fixen Ideen, die meist um unangenehme Themen kreisen.

Bei Medien, denen die ‚Unterscheidung der Geister' nicht gelingt, wird die Anzahl der sich meldenden Geistwesen mit der Zeit immer größer. Auch moralisch zwielichte und sogar bösartige Wesen nähern sich, bis schließlich auch eindeutig sexuelle Aspekte mit ins Spiel kommen. Die Macht der astralen Energiewesen darf nicht unterschätzt werden. Sie können sehr hartnäckig sein und einen Organismus auf eine Weise infiltrieren, die schwer zu beschreiben ist. Sie weisen eine gewisse Elastizität auf, d.h. sie haben die Fähigkeit, sich einem Schwingungsmuster bis zu einem gewissen Grad anzupassen. Hierbei sind sie sehr erfinderisch.

Mediale Menschen dürfen trotz aller guten Vorsätze nicht zulassen, dass dunkle Energien ihren Organismus infiltrieren, indem sie ihnen Tür und Tor öffnen. Es ist ohne weiteres möglich, sich ihnen zu widersetzen. Vor allem ein permanent höherer Schwingungsgrad als der ihre kann sie in Grenzen halten und letztlich zur Aufgabe bewegen.

Widersteht man den Täuschungen und Annäherungsversuchen, sondern wendet sich - ohne das Phänomen weiter zu beachten -, konsequent anderen Dingen zu, verschwindet es daraufhin in der Regel ebenso unbemerkt, wie es gekommen ist.

Ekstatisch-mystisches Erleben

Die sexuelle Energie ist ein Stimulus, der dazu beitragen kann, Körper und Geist zu vereinen und das Überschreiten der Schwelle zu unsichtbaren Dimensionen zu ermöglichen. Körperliche Liebe ist unter gewissen Umständen dazu geeignet, das spirituelle Erwachen zu verstärken. Der sexuelle Partner kann dabei zu einem Verbündeten auf der spirituellen Reise werden.

Sofern der sexuelle Austausch zu einer Verschmelzung subtiler Energien wird, verwandelt er sich in einen Akt der Reinigung. Spirituelle Reife wird benötigt, um mit einem intensiven Geschehen dieser Art angemessen umzugehen. In der physischen Nähe, die von Zuneigung und Geborgenheit geprägt ist, lösen sich die persönlichen Grenzen auf und es wird möglich, sich mit dem Partner eins zu fühlen. Dieses Gefühl der Verschmelzung bezeichnet die Autorin als ein Abbild der Einheitserfahrung auf der geistigen Ebene.

Wenn Sexualität zu einer spirituellen Erfahrung wird, ist sie ein Maßstab für die Beziehung zu geistigen Mächten. Sie wird zur Methode, die Energien der Liebe zu aktivieren und einströmen zu lassen. Sofern körperliche Empfindungen, Herz und Geist eins werden, ist dieses Einssein die Grundlage für den Übergang in transpersonale Ebenen, schreibt E. Bragdon (S.218).

Eine Frau schildert ein Erlebnis, das ihr auf einer Reise nach Kanada mit ihrem Partner zuteil wurde: „Einmal geschah es, als wir uns liebten, dass ich wegging, weit weg in den unermesslichen Raum. Ich fühlte, dass ich ohne Grenzen war. Mein Blick ging in weite Fernen. Ich hatte Zugang zu vielen Wahrheiten. Es war ein schönes, glückseliges Erlebnis. Ich sah viele Verbindungen, die das unglaubliche, verschlungene Muster des Lebens bilden. Ich wollte immer in diesem Innenraum bleiben" (S.217). Einige Tage waren notwendig, um wieder auf den Boden der Tatsachen zurückzukehren.

Eine intime Partnerschaft hat eine Schutzfunktion, die es ermöglicht, in geistige Bereiche vorzudringen. Die Öffnung für andere Dimensionen ist verführerisch, kann aber für einen einzelnen Menschen auch bedrohlich sein. Intensive Empfindungen können das Leben bereichern oder das genaue Gegenteil bewirken. Eine Partnerschaft ist der Rettungsring, der notfalls dabei hilft, den Weg zurück in die äußere Wirklichkeit zu finden.

Bei vielen ekstatisch-mystischen Erlebnissen wird es problematisch, zwischen pathologischen und nicht - pathologischen Ausdrucksformen zu unterscheiden. R. Mundhenk sieht bspw. keinen Unterschied zwischen den ekstatischen Erlebnissen Schizophrener und den Ekstasen von Mystikern (184).

Eine Beurteilung von außen wird erschwert durch die mangelnde Einfühlungsgabe des Beobachters, sobald die Erfahrung über seinen Horizont geht. Viele Psychiater stufen mystische Erlebnisse von vornherein als abnorm ein. Sobald sie von einem derartigen Phänomen hören, erhebt sich sogleich die Frage, ob es psychotischen Ursprungs sei. Eine rühmliche Ausnahme bildet R.D. Laing, der die transzendenten Erlebnisse, die zuweilen in einer Psychose durchbrechen, in Beziehung setzt zu den Erfahrungen des Mystischen, die der Ursprung aller Religionen sind.

Auch extreme körperliche Belastungen rufen von Zeit zu Zeit spirituelle Erlebnisse hervor. Rigorose körperliche und geistige Anforderungen können zu unbeabsichtigten Grenzerfahrungen führen. Wenn der Körper überanstrengt wird, kommt es manchmal zu außergewöhnlichen Kraftentfaltungen, zu ekstatischen Zuständen, telepathischen Übertragungen, visionären Eindrücken und außerkörperlichen Erlebnissen. Intensive sportliche Betätigung ist eine Methode unter vielen, die Tür zu anderen Erfahrungsdimensionen zu öffnen. Ebenso kann es während der Geburt eines Kindes zu Gefühlen der Kommunion mit einer höheren Macht kommen.

Der Körper wird von einem Strom vibrierender Energie erfasst, so dass die Betroffenen fürchten, den Verstand zu verlieren. Manchmal ist das Bedürfnis nach sexueller Betätigung und die Fähigkeit, Orgasmen zu erleben, gesteigert. Als Folge davon kann es zu einem suchtartigen Bedürfnis nach sexueller Befriedigung kommen. Die erhöhte Energie wird nicht dazu verwendet, das spirituelle Leben auf eine neue Stufe zu heben, sondern sie steigert das Sexualleben.

Ein weiteres Problem kann sich aus der Schwierigkeit ergeben, inmitten der spirituellen Öffnung die eigene Individualität zu wahren. Die erhöhte Wahrnehmungsfähigkeit für subtile Bereiche sorgt dafür, dass eine sexuelle Begegnung nicht nur als rein körperlicher Vorgang aufgefasst werden kann. In dem Maße, wie spirituelle Erfahrung zu einem Teil der intimen Beziehung wird, wächst die Intensität des Miteinanders und eine Verschmelzung findet statt.

E. Bragdon berichtet über die Erfahrung von Junette, einer Frau, die zwanzig Jahre lang meditiert hat: „Wenn ich mit einem Mann schlafe, schaue ich sofort in seine Seele. Ich kann offensichtlich seine früheren Leben sehen… Einerseits ist das ja aufregend, aber es lenkt mich so sehr ab, dass ich mich nicht wie andere Leute einfach entspannen und mich dem körperlichen Genuss hingeben kann" (S.227).

Auch Jeremy, ein 40jähriger Bildhauer, beschreibt seine Probleme beim intimen Beisammensein: „Wenn ich oft mit meiner Geliebten schlafe, fühle ich mich ihr so nahe, so verbunden, dass ich das Gefühl für meine eigene Individualität verliere. Ich liebe das Gefühl des Verschmelzens, das wir anstreben… Aber ich habe echte Probleme, wieder zu mir selbst zurückzukommen… Wenn ich merke, wie sehr ich mich von unserem Gefühl des Einseins habe aufsaugen lassen, habe ich immer ein starkes Gefühl von Bedrohung" (S.228).

Das Empfinden, mit dem Partner eine Einheit zu bilden und zu verschmelzen, wird zur Bedrohung. In diesem Fall ist es ratsam, den Rückzug anzutreten. Sobald sich jemand nach einer sexuellen Vereinigung unwohl fühlt und die Energien, die miteinander geteilt werden, ihn beunruhigen, ist es empfehlenswert, die sexuelle Aktivität für eine Weile zu unterbrechen. Manche Partner suchen einen Grund, um zu streiten und schaffen damit den notwendigen Abstand.

Bei einem intimen Beisammensein, das vorrangig zum Ziel hat, in spirituelle Bereiche vorzudringen, wird keine orgiastische Entladung angestrebt. Der gegenwärtige Moment wird mit höchster Intensität erfahren, um in der spirituellen Ekstase zu einer Vereinigung mit einer höheren Macht zu gelangen. Bei dieser Art von Sexualität werden weniger die körperlichen und sinnlichen, als vielmehr die spirituellen Bereiche erkundet.

Der Sexualität wird eine neue Dimension hinzugefügt. Entsprechende tantrische Übungen helfen dabei, den Körper zu reinigen und eine bessere Kontrolle über die Energien auszuüben. Die Energie fließt nicht mehr in die gewohnte Richtung. Der Energiestrom kann sich in zwei Richtungen bewegen: Er fließt normalerweise nach unten und aus dem Körper hinaus. Er kann aber nicht nur nach unten, sondern auch - die Wirbelsäule entlang - nach oben fließen und dabei Herz und Gehirn neu beleben.

Psychosen – Therapie und Krisenintervention

Auch Verrücktsein hat eine innere Logik, die man lesen lernen kann.

Instabile Ich-Grenzen

Schizophrene Menschen haben ein großes Bedürfnis nach äußerer Struktur und Kontrolle, da es ihnen an dem Vermögen mangelt, sich ausreichend selbst zu strukturieren. Die schizophrene Gefährdung besteht in der Aufspaltung eines schwachen Ich in einzelne Seinsfragmente. Eine zuverlässige mitmenschliche Begleitung ist daher in der Therapie ich-schwacher Patienten eine absolute Notwendigkeit. Der große Riss, der die Welt des Kranken in Gegensätze spaltet, kann nur sehr langsam wieder zusammengefügt werden.

Der Therapeut eines psychotischen Menschen muss alles daransetzen, einen Kontakt zu dem sich isolierenden Patienten herstellen. Damit steht die Behandlung in einem deutlichen Kontrast zu der gleichbleibend distanzierten Aufmerksamkeit eines Analytikers. Für den ich-gestörten Patienten übt der Therapeut die nicht zur Verfügung stehenden grundlegenden Ich-Funktionen stellvertretend aus, und zwar solange, bis der Patient in der Lage ist, die Funktionen in eigener Regie zu übernehmen.

Der Zusammenhalt des Organismus ist nicht so festgefügt, wie man gemeinhin annimmt. Die einzelnen Teile sind nur lose miteinander verbunden und fügen sich erst im Laufe der Zeit zu einer festen

Struktur zusammen. Für den Zusammenhalt der Kräfte ist es förderlich, disharmonische Kräfte nicht erstarken zu lassen.

Die Angst psychotischer Menschen, die eigenen brüchigen Ich-Grenzen in der Begegnung mit anderen Personen zu verlieren, ist enorm. Der Widerstand im therapeutischen Prozess, der Spannungen und Unlust hervorruft, hat durchaus positive Aspekte, denn er drückt eine gewisse Stärke des Ichs gegenüber den als überwältigend erlebten unbewussten Impulsen und Eingebungen aus. Eine Destabilisierung des Ichs durch Überflutung kann vermieden werden. Der Widerstand von Schizophrenen in der Therapie ist daher ein Schutz vor einer überwältigenden Empfindsamkeit und Abhängigkeit.

Die Übertragung in der Psychose geht notgedrungen andere Wege als in der Neurose. In der Psychose existiert das Phänomen der *Identitätskonfusion:* Der Patient erlebt gewisse Teile seiner Selbst, als gehörten sie zu einer anderen Persönlichkeit. Es fehlt ihm an einem stabilen Fokus, in dem sich die Gedanken wie in einem Brennglas vereinigen und Konfusionen weitgehend vermieden werden.

Einige Übungen können zur Stabilität des Bewusstseinsfokus beitragen:

◻ Reizüberflutung weitgehend vermeiden. Mehrmals am Tag entspannt eine einfarbige Fläche betrachten und Denkpausen einlegen.

◻ Eine gelassene Grundhaltung hilft dabei, negative, destruktive Gedanken und Gefühlsaufwallungen zu vermeiden und schafft einen Ausgleich für ein chaotisches Innenleben.

◻ Hastige, unkoordinierte Bewegungen sollten weitgehend vermieden werden. Nicht mehrere Dinge zur gleichen Zeit oder kurz hintereinander erledigen und immer wieder Pausen einlegen.

◻ Bestimmte Nahrungs- und Genussmittel erzeugen eine starke psychische Anspannung, was Angst- und Panikattacken hervorrufen kann. Daher sollte man weitgehend auf Rind- und Schweinefleisch verzichten, keine Eier essen; Suppen meiden, keinen starken Kaffee trinken, wenig oder gar keinen Alkohol konsumieren. Zu empfehlen sind hingegen naturbelassene Lebensmittel wie Naturreis, sowie frisches Obst und Gemüse.

◻ Positive Vorstellungsbilder helfen dabei, die Energien zu harmonisieren (z.B. die Idealvorstellung eines Menschen, eines geistigen Lehrers, eines Zustandes, eines Gegenstandes o. ä.).

◻ Die ausdauernde Konzentration (z.B. auf einen Gegenstand oder ein Symbol) verhindert die Zerstreuung der Gedankenenergien. Der Aufbau eines geordneten Bewusstseinsfeldes ist die Vorbedingung für die Beherrschung des Geistes. Während der Konzentrationsübungen empfiehlt es sich, immer wieder Licht zu visualisieren.

◻ Die Vorstellung, von einer schützenden Lichthülle umgeben zu sein, reinigt den Organismus und hüllt ihn ein. Über dem Kopf wird eine Lichtquelle visualisiert; Lichtströme fließen - vor allem an der rechten Körperseite, - auf den Körper herab

Werden diese Übungen eine zeitlang konsequent durchgeführt, entspannt sich das Bewusstseinsfeld und wird offener für therapeutische Einflussnahmen.

Indem sich der Therapeut in die psychotische Landschaft seines Gegenübers hineinversetzt und dort durch konstruktive Ideen, Phantasien und Anregungen das Irrationale ein Stück weit umwandelt, wird die negative Haltung nach und nach positiv verändert. Es geht darum, einen Sinn und Zusammenhang zwischen unverständlichen, sinnlos scheinenden Reaktionsweisen und Vorstellungswelten zu finden. Der Patient profitiert von den Bemühungen des einfühlsamen Therapeuten, seine psychotischen Erlebnisse zu verstehen und am Aufbau einer realitätsbezogeneren Sichtweise mitzuwirken.

Schattenanteile in der Psyche

Einige Symptome von Psychiatriepatienten werden als das Resultat von Spalterscheinungen der Psyche gewertet. Vermutet wird eine Tendenz zur Personifizierung von Unterpersönlichkeiten, die sich von der Psyche abgespalten haben. Glaubenssätze, die das Bewusstsein vormals als unannehmbar abgelehnt hatte, wurden verdrängt und konnten daraufhin unsichtbar und versteckt agieren. Nicht - assimilierte Glaubenssätze werden bei ihrem plötzlichen Auftauchen im Bewusstsein als fremdartig empfunden, als eigenständiger Teil des Bewusstseins.

Für die Betroffenen wäre es hilfreich, den tieferen Sinn hinter den Verhalten ihrer ‚anderen Ichs' zu erkennen und sie letztlich als einen Teil ihrer selbst zu begreifen. Die Annahme einer Inbesitznahme durch eine fremde Entität würde in einen solchen Fall die Probleme womöglich noch verstärken. Ginge man bei psychisch Kranken vorschnell von einer ‚Besetzung' durch autonome Geistwesen aus, könnte das Selbstbild zusätzlich geschwächt werden und weitere Komplikationen wären die Folge. Auch würden dabei die unterdrückten Anteile der eigenen Persönlichkeit weiterhin geleugnet. Eine Veränderung der Einstellung, die Integration der unterschiedlichen Tendenzen in der Psyche, könnte auf lange Sicht gesehen eine Heilung ermöglichen.

Andererseits wäre für manche Patienten die Vorstellung, ein anderes, fremdes Wesen sei für die persönlichen Probleme verantwortlich, leichter zu ertragen. Leider verleitet das herkömmliche medizinische System, das sich weitgehend mit Symptombehandlung befasst, die Patienten dazu, ihre Probleme vorwiegend auf den physiologischen Bereich zu projizieren.

Doch die Lösung ist in den meisten Fällen innerhalb des eigenen Bewusstseins zu suchen. Eine psychotherapeutische Behandlung erfordert allerdings Einfühlungsvermögen und Vorsicht auf Seiten des Therapeuten. Daher wird diese Herangehensweise von vielen Psychiatern als Gefahr eingestuft. Diese ablehnende Haltung birgt einerseits einen wahren Kern, nimmt aber Psychosepatienten jede Chance, aus der Krise mit psychotherapeutischer Hilfe herauszukommen.

Will ein Mensch über die Dynamik von Angst, Aggression, Abspaltung und Verleugnung, die das Bewusstsein zerrütten, hinaus gelangen, dann bleibt ihm nichts anderes übrig, als sich mit den Inhalten seiner eigenen Psyche auseinander zu setzen. Nur durch Integration der ‚Schattenanteile', wie es bspw. der Schamanismus lehrt, kann es den Betroffenen gelingen, wieder ganz und vollständig zu werden.

Dieser Vorgang ist in der Praxis nicht einfach, denn die Integration destruktiver psychischer Anteile bedeutet eine zusätzliche Belastung, mit der die in Not befindliche Psyche fertig werden muss. Ein Bewusstseinsfeld, das starken Angriffen seitens der eigenen Psyche ausgesetzt ist, gerät in Gefahr, das Gleichgewicht zu verlieren und völlig aus den Fugen zu geraten. Das innerpsychische Geschehen entwickelt eine Eigendynamik, die nicht zu unterschätzen ist. Ein Bewusstsein, dass zu schwach ist, um mit den wieder integrierten, bedrohlichen Inhalten fertig zu werden, ist in großer Gefahr. Eine völlige nervliche Zerrüttung droht, die als unheilbare Geisteskrankheit dem Menschen jede Heilungschance nimmt.

Daher ist vor einer therapeutischen Intervention, die auf Bewusstwerdung psychischer Problemfelder abzielt, eine Ich-Stärkung der geschwächten Persönlichkeit unerlässlich. Die problematischen Bewusstseinsinhalte sollten solange ausgegrenzt bleiben, bis das Ich bereit und stark genug ist, sich mit ihnen auseinander zu setzen. Begrenzungen sind in jedem Falle sinnvoll.

Ein Bewusstseinsfeld, dem die Integration abgespaltener Anteile weitgehend gelungen ist, wird in der Zukunft nicht mehr auf Schutzmechanismen dieser Art angewiesen sein. Ein Rückfall ist nicht zu erwarten, wenn die Psyche gelernt hat, problematische Bewusstseinsinhalte zu akzeptieren und zu integrieren.

Schamanische Heiler befassen sich mit abgespaltenen Anteilen der Seele. Die Frage, wo sich die Seelenteile einer Person befinden, ist von essentieller Bedeutung, meint S. Ingerman: „In der schamanischen Weltsicht gehen die vitalen Teile des Selbst nicht in ein undifferenziertes Niemandsland, wenn sie das Selbst verlassen. Die Seelenteile leben parallel in den nichtalltäglichen Welten" (S.34). Ein wichtiger Teil der schamanischen Heilung liegt in der Aufgabe, verlorene Seelenteile zu dem Patienten zurückzubringen, um eine Integration zu ermöglichen.

In der Therapie schizophrener Patienten ist Selbstreflexion anfangs nicht sinnvoll, da die Gefahr eines psychotischen Zusammenbruchs droht, warnt G. Benedetti. Das Ich sei zu schwach, um einen tiefgreifenden Wandel der Situation herbeizuführen. *Der Therapeut darf nicht nur auf der realen, sondern er muss auch auf der symbolischen Ebene intervenieren. Um eine Antwort auf die jeweilige spezifische Problematik zu finden, bedarf es einer wichtigen Voraussetzung: der Phantasie.*

Auch der griechische Heiler Daskalos warnt vor der Anwendung tiefenpsychologischer Behandlungsmethoden bei psychotischen Patienten. Durch eine Therapie, die sich vorwiegend auf traumatische Erlebnisse aus der Vergangenheit konzentriert, werden destruktive Gedankenformen, *Elementale* genannt, die im Unterbewusstsein eines jeden Menschen begraben liegen, gestärkt. Frühe, das psychische Gleichgewicht erschütternde, Erinnerungen werden wiederbelebt und somit gelangen die *Elementale* an die Oberfläche des Bewusstseins. Gelingt es, die negativen Bewusstseinsanteile durch positive, lebensbejahende Inhalte zu ersetzen, werden die *Elementale* unschädlich gemacht. (Vgl.: K.C. Markides, Heimat im Licht, S.63f.)

Sofern Therapeuten selbst vorwiegend in der Rolle des Zuhörers verweilen, während die Patienten ausgiebig über ihre traumatischen Erfahrungen reden, kann die Behandlung mehr Schaden anrichten als nützen, gibt Daskalos zu bedenken. Die Ungeheuer, von den Patienten ungewollt zu neuem Leben erweckt, könnten sich ins Bewusstsein drängen und zur Gefahrenquelle werden. Therapeuten sollten daher mit ihren Patienten in einen Dialog treten. Sie sollten ihnen dabei behilflich sein, krankhafte Schuldgefühle zu überwinden, um die Macht der schädlichen *Elementale* zu schwächen. Mit der Zeit kann es den Patienten gelingen, die destruktiven *Elementale*, die von ihnen Besitz ergriffen haben, zu verringern, indem sie vorsichtig beginnen, ihre Gedanken und Gefühle zu prüfen und anzunehmen.

Jeder Mensch, der nach geistigen Wahrheiten strebt, sollte regelmäßig seine Gedanken- und Gefühlswelt einer kritischen Betrachtung unterziehen, damit sich negative *Elementale* nicht im Unterbewusstsein festsetzen können. Indem die destruktiven Einflüsse des Unterbewusstseins einen Namen erhalten, werden sie der Beschreibung und Beobachtung zugänglich. Für die unterschiedlichen *Elementale* sind verschiedene Strategien der Behandlung notwendig, daher muss das Wesen des jeweiligen *Elementals* erkannt werden, um herauszufinden, welche Art der Behandlung angemessen ist.

Auch Psychiater werden unterbewusst von *Elementalen* beeinflusst, ohne davon Kenntnis zu haben. Wüssten sie um das Wesen dieser Gefahr, dann wären sie besser in der Lage, sich mit Hilfe geeigneter Techniken zu schützen, um die schädlichen Elementale zu entfernen. „Ich denke, der Psychoanalytiker braucht eine besondere Ausbildung, um kennenzulernen, was Wirklichkeit ist. Wirklichkeit ist in der Metaphysik. Er muss sehend werden, um den anderen Menschen zu verstehen", meint Daskalos (S.66). Wenn Patienten dem Therapeuten mitteilen, dass sie Stimmen hören, die ihnen geheime Botschaften übermitteln, weiß dieser in der Regel wenig damit anzufangen. Wie will ein Psychiater jemandem helfen, wenn er selbst nicht im Bilde ist?

Benedetti vergleicht die Schizophrenie mit einem überdimensionierten Mikroskop, das verborgene menschliche Vorstellungsbilder und Eigenschaften sichtbar werden lässt (S.299). Eine erfolgreiche Therapie führe zur Wiederherstellung der von der Psychose aufgelösten Selbstidentität. Es wäre aber keineswegs angebracht, die im Wahn aufgebaute Abwehr gegen eine beängstigende Realität vorschnell zu zerstören (S.108). Es gibt Wahninhalte, die für den Patienten das einzige sind, was seine existentielle Leere überdecken kann.

Sofern Therapeuten es vermeiden, Wahnideen zu bekämpfen und sich stattdessen auf eine positive Übertragung konzentrieren, kann es ihnen gelingen, viele Widerstände aufzulösen. „Nur indem man darauf verzichtet, aus dem Kranken ein naturwissenschaftliches Objekt zu machen, entwickelt man durch Identifikation im Rahmen der Psychotherapie auch eine durchschlagende Wirkung", erklärt der Autor (S.150).

Eine rationale Kategorie, die Begriffe für das bunte, vielfältige Sein zur Verfügung stellt, eröffnet dem Patienten neue Wege des Selbst-Verständnisses. *Das Irrationale zu rationalisieren* kommt mitunter einem Abenteuer gleich. Einerseits wird die Herrschaft des Bewusstseins auf das Unbewusste ausgedehnt, andererseits wohnt dem Prozess eine unausgesprochene, an den Patienten gerichtete Mitteilung inne, die sich etwa so formulieren ließe: „Wir versuchen das Netz des Verstehens über alles Unverständliche zu werfen, um es zu unserem Besitz zu machen" (ders. S.169).

Die Deutungsebene reicht aber nicht aus, um eine allmähliche Änderung der Situation herbeizuführen. Den Ausschlag gibt der feste Vorsatz des Therapeuten, trotz mannigfaltiger Widerstände in der Nähe des geschwächten Patienten-Selbst zu bleiben, ohne selbst zum Bestandteil dieses Selbst zu werden. „Sobald sich der Therapeut in die psychotische Welt seines Patienten hineinbegibt, erfährt diese eine gewisse Verwandlung. Zum mindesten wird dadurch eine provisorische Brücke der Kommunikation geschlagen", meint der Autor (S.174). Die einfühlsamen Reaktionen des Therapeuten können wie eine kleine Flamme sein, die innerhalb einer übermächtigen Eiswüste in der Seele des Patienten ein wenig Licht und Wärme erzeugt.

Im Laufe der Therapie beginnt der Patient, einen problematischen Teil seiner alten Persönlichkeit, das unerbittliche Über-Ich, in Frage zu stellen. Der Therapeut darf diesen Vorgang nicht forcieren, ohne dabei Gefahr zu laufen, das Ich des Patienten noch weiter zu destabilisieren. Auflösungsprozesse des schizophrenen Ich greifen vor allem dann um sich, wenn die Therapie verdeckte Probleme ans Licht bringt (ders. S.296).

Von ausschlaggebender Bedeutung ist die Absicht des Therapeuten, mit seinen Interventionen nicht nur dem Leid der Patienten näher zu kommen, sondern auch ein Vertrauen in dessen potentielle Möglichkeiten zu entwickeln. Der Therapeut tastet sich in die Erlebniswelt des Patienten vor, um bei ihm ein Gespür für die eigene Kraft, das eigene Vermögen, wach zu rufen. Die vorsichtigen Deutungen verfolgen das Ziel, das heillose Durcheinander der Probleme zu entwirren und dem Patienten die Zügel der Situation wieder in die Hand zu geben.

Die Suche nach dem Sinn

Patienten, die während einer psychotischen Phase den Eindruck gewinnen, dass sich Türen in andere, faszinierende Welten öffnen, erleben den Aufenthalt in einer psychiatrischen Klinik oft als extrem einseitig und wenig hilfreich. Sie legen Wert darauf, die Bedeutung der Botschaften aus dem Unbewussten zu verstehen. Das bedeutet für die Therapeuten, mit den Patienten gemeinsam auf die Suche zu gehen.

In akuten Angst- und Verwirrtheitszuständen benötigen viele Patienten die Abschirmung durch einen Klinikaufenthalt. Auch die medikamentöse Behandlung kann eine zeitlang hilfreich sein, doch vor allem möchten sie verstehen, was in ihnen vor sich geht. *Welchen Sinn hat die Psychose?* Wenn entsprechende Antworten gefunden werden, versetzt das einen Patienten in die Lage, gelassener mit seinen psychotischen Phasen umzugehen.

Ein Psychiatriepatient wundert sich, „mit wie wenig sich die ärztliche Zunft zufrieden gibt, wenn sie eine Diagnose aufstellt und dazu Daten erfragt. Mir haben die Ärzte während der Behandlung sogar freimütig eingestanden, dass sie noch immer nicht erklären könnten, warum diese Krisen auftreten würden" (in: H. Hansen, S.152).

Die psychiatrische Behandlung vernachlässigt allzu oft, dass trotz aller Probleme eine Verständigung mit einem Menschen in einer Krise sehr wohl möglich ist. Eine Psychose schickt den Betroffenen auf eine weite Reise, die ihn ins Tal der Einsamkeit führt. Er benötigt jemanden, der ihn bei der seelischen Nachtwanderung durch unbekannte Räume nicht allein lässt. Eine verständnisvolle menschliche Begleitung kann einem Patienten dabei helfen, wieder aus dem Abgrund, in den er gestürzt ist, ins Freie zu gelangen.

Die Suche nach Botschaften, die in einer Erkrankung enthalten sind, kann dabei behilflich sein, die teils verwirrenden, teils euphorischen Erlebnisse in das Dasein zu integrieren. Auf der Reise nach innen sind die Erlebnisse und die Fähigkeit, diese zu verarbeiten, individuell sehr unterschiedlich ausgeprägt. Bei weitem nicht jeder, der Psychosen durchlebt, kann einen ‚Sinn' darin entdecken.

Eine Psychose macht deutlich, was im Unterbewusstsein eines Menschen an archaischen Kräften der Zerstörung und des Aufbaus vorhanden ist. Oft ist die psychotische Phase von großer Schaffenskraft begleitet. Manchmal ist sie eine Straße, die ein Bewusstsein zum Gipfel führt. Doch längst nicht jede Psychose hat mystischen oder außergewöhnlichen Charakter. Die Krankheit kann eine Reaktion auf individuelle traumatische oder besonders belastende Erfahrungen sein.

Der Schizophrene verliert in der Psychose seinen Verstand, so dass er nicht mehr auf den Boden der Realität zurückfindet. Die Erfahrungen sind mitunter derart beängstigend, destruktiv und bedrohlich, dass eine Auseinandersetzung mit ihnen eher eine Belastung ist. Sie führt in die Untiefen alter Konflikte und hält ihre Opfer gefangen in quälenden inneren Dialogen, die letztendlich zu nichts führen.

Eine intensive Beschäftigung mit psychotischen Inhalten kann die Symptomatik noch verschlimmern. In einem solchen Fall ist es angebracht, den Blick vorwiegend auf die Zukunft zu richten, anstatt sich in den Untiefen der Vergangenheit zu verlieren.

Spirituelle Krisen und Psychiatrie

Ein psychischer Zusammenbruch, der durch Desorientiertheit, außergewöhnliche Erlebnisse und das Versinken in innere phantastische Welten gekennzeichnet ist, markiert einen kritischen Wendpunkt im Prozess des spirituellen Werdeganges. Das Erwachen für die jenseits des Egobewusstseins liegenden Dimensionen stößt an seine Grenze.

Von Jakob Bösch, einem emeritierten Chefarzt der Psychiatrie, stammt der provozierende Ausdruck ‚Parapsychiatrie', der auch der Titel eines seiner Bücher ist. J. Bösch war zeit seines Lebens bemüht, Alternativmedizin und spirituelles Heilen in die psychiatrische Behandlung zu integrieren. Er gibt sich damit als Grenzgänger zwischen Naturwissenschaft und Spiritualität zu erkennen.

Während seiner praktischen Tätigkeit arbeitet er sogar mit Geistheilern und Medien zusammen. Dabei gelangt er zu der Einsicht, dass es die eine ideale Lösung für alle Patienten nicht gibt. Im Einzelfall muss jeweils entschieden werden, welche Art der Intervention in einer entsprechenden Situation am hilfreichsten ist. Bösch erkennt in seinen Schriften gewisse Phänomene – wie bspw. geistiges Heilen und mediale Durchsagen - an, ohne eine unkritische Haltung an den Tag zu legen. Stets bewahrt er sich einen klaren Blick und eine ungetrübte Auffassung, die frei ist von Vorurteilen.

Doch die Praxis in psychiatrischen Kliniken sieht leider in den meisten Fällen ganz anders aus. Ein angehender Theologe, der in eine psychiatrische Klinik eingeliefert wird, berichtet von dem subtilen und teilweise auch offenen Zwang, den er während seines Aufenthalts erdulden muss. Er fühlt sich nach sehr eingleisigen Schemata behandelt, die echtes Verständnis für seine Situation vermissen lassen. Er stellt klar, welchen Raum er während der akuten Krise benötigt hätte: „Einfach einen Raum der Stille und Geborgenheit, um wieder ganz zu mir finden und mich regenerieren zu können. Und vor allem einen Menschen, der einfühlsam zuhören kann und wirklich versteht, was mit mir los ist, der klar ist und Sicherheit und Vertrauen ausstrahlt" (in: H. Hansen, S.72).

Ein geschulter Therapeut, der mit veränderten Bewusstseinszuständen umgehen kann, um das in der Psychose Erlebte einzuordnen und zu erklären, wäre ihm eine große Stütze gewesen. Therapeutische Maßnahmen wie Frühsport oder Beschäftigungstherapie empfindet er dagegen eher als zusätzliche Quälerei. Die Verwirrung über das Erlebte wird durch eine vorwiegend medikamentöse Behandlung nicht beseitigt, sondern lediglich ins Unterbewusstsein abgedrängt, wo sie

271

weiterhin ihr Unwesen treibt und die psychische Verfassung beeinträchtigt.

Erst als der Patient lernt, durch eine psychologisch-metaphysische Betrachtungsweise die symbolhafte Sprache der Psychose zu entziffern, kommt es zu einer wirklichen Besserung. Ohne ein konkretes Ziel dreht man sich nur im Kreis. Das Leben, das ihm nach dem Psychiatrieaufenthalt wertlos erschien und suizidale Neigungen weckte, erscheint ihm plötzlich durch einen metaphysischen Rahmen, der seiner Persönlichkeit Struktur und Halt vermittelt, wieder mit neuem Sinn erfüllt.

Für einen Menschen in der Krise ist eine ansprechende Umgebung sehr wichtig: Harmonische, gedeckte Farben, gedämpftes Licht und eine ruhige, warme Atmosphäre tragen zum Wohlbefinden bei. Der Betroffene braucht das Gefühl, emotional und körperlich in Sicherheit zu sein. M. Lenz bezeichnet die Psychose als seelische Wunde, die durch physische und psychische Verletzungen entstanden ist und die von hilfreichen Menschen, die mit Einfühlungsvermögen, Behutsamkeit und Geduld vorgehen, vielleicht geheilt werden kann (vgl.: U. Lessing, S.30).

Die beruhigende Gegenwart von Menschen, die den Prozess der spirituellen Krise verstehen, hat heilsame Wirkung, bemerkt E. Bragdon: „Ein spiritueller Zusammenbruch macht am meisten Angst, wenn man allein ist. Dann besteht der starke Wunsch, die Phänomene zum Stillstand zu bringen. *Die Vorgänge sind viel leichter zu ertragen, wenn andere Menschen in der Nähe sind – es scheint fast, als lösten diese die intensive Konzentration von Energie auf*" (S.323).

Um nicht eine Verstärkung der Symptome zu riskieren, sollte ein Patient alles vermeiden, was innerlich anregend wirkt. Dazu gehören neben Alkohol und Drogen auch Koffein, Zucker und Aufputschmittel. Zudem sollte man sich keine Filme mit aufregenden, gewalttätigen, chaotischen oder sexuell stimulierenden Inhalten ansehen. Musik kann dann hilfreich sein, wenn sie beruhigend wirkt. Meditation hat dagegen einen stimulierenden Einfluss und sollte unterbleiben, während ein Gebet gegebenenfalls den Hilfesuchenden mit einer höheren Macht in Beziehung setzt und daher eher positive Auswirkungen hat.

Auch scheinbar rein organische Krankheiten können einen spirituellen Ursprung haben und dazu dienen, ein Bewusstsein zu läutern und den Zugang zu subtilen Erfahrungsebenen zu erschließen, behauptet E. Bragdon. Das Zusammenwirken von Körper und Geist sei der Ausgangspunkt, von dem aus der Weg zu transpersonalen Ebenen des Bewusstseins möglich ist.

Die universale Energie, auch *Prana* genannt, fließt auf bestimmten Bahnen durch den Körper und lässt sich beeinflussen. Körperarbeit kann eingesetzt werden, um an emotionalen Blockaden zu arbeiten und Heilungsprozesse anzuregen. Die Arbeit mit dem physischen Körper kann einem Kontakt mit den unterbewussten Anteilen des menschlichen Bewusstseins herstellen und seelische Erfahrungen im Körper verankern.

Okkulte bzw. esoterische Vorstellungen finden heutzutage vermehrt Eingang in das Denken psychotischer Menschen. Moderne spirituelle Gemeinschaften sind oftmals bereit, exzentrische Ansichten mit außergewöhnlichen Denk- und Erlebnisweisen anzuerkennen und sogar als Bereicherung zu akzeptieren. Dabei grenzen sie sich deutlich von traditionellen kirchlichen Kreisen ab. Für manche Menschen in der Krise scheint eine okkulte Weltanschauung die Lösung für die Rätsel ihrer abgründigen Erlebnisse zu sein.

Die Ambivalenz der Medikamente

Eine ganze Anzahl von Patienten erzählt von spirituellen Erlebnissen während einer akuten Psychose. In den psychiatrischen Behandlungskonzepten werden solche Erfahrungen bislang kaum berücksichtigt, dabei könnten sie unter Umständen zu einer wesentlichen Bereicherung des Therapieprozesses beitragen.

Der Fortschritt der Behandlung ist abhängig von der therapeutischen Bereitschaft und Fähigkeit, gemeinsam mit dem Patienten die Inhalte seines Denkens und Erlebens zu erforschen und daran zu arbeiten. Eine moderate Medikation kann auf die Durchführung eines solchen therapeutischen Ansatzes einen günstigen Einfluss ausüben.

Wenn Psychiatrie im schulmedizinischen Modell erstarrt, wird über den Sinn des Erlebten und die unterschiedlichen Möglichkeiten der Gesundung nicht weiter nachgedacht. Dabei sollte es darum gehen, die Stärken der Patienten aufspüren und diese zu unterstützen. Die medikamentöse Behandlung schirmt die Patienten ab. Doch *„man wird durch Psychopharmaka auch in seinem Inneren abgeschirmt, der emotionale Zugang wird zubetoniert"*, beschwert sich eine der Betroffenen bei H. Hansen (S.81).

Eine andere Patientin klagt über die „verheerenden Nebenwirkungen von Neuroleptika. Mit ihnen fühle ich mich wie in Beton gegossen, ich kann nicht mehr denken, ich habe noch mehr Angst, ich werde zu einem Roboter, der alles wie aus Stein fühlt, die anderen Menschen aber denken, ich wäre schon tot. *Ich habe eine unerträgliche innere Unruhe, die deutlich nicht meine ist. Die Stimmen gehen davon nicht weg, ich bin ihnen noch mehr ausgeliefert"* (S.89f.).

Das Ziel der medikamentösen Behandlung, das Leid der Patientin zu verringern, wird offensichtlich nicht erreicht, sondern geradewegs in sein Gegenteil verkehrt! Während der Therapie werden ihre Grenzen permanent überschritten und sie sieht sich gezwungen, auf Autonomie zu verzichten. Sie fühlt sich in eine Schablose hineingepresst, die ihr in keiner Weise gerecht wird. Das Verdrängen der gemachten Erfahrungen führt zu einer Selbstentfremdung, denn das Erleben wird abgespalten und mit einem Makel versehen.

Unterschiedliche Erfahrungen macht R. Preist, der ausführlich über seine Aufenthalte in der Psychiatrie berichtet. Zeitweilig ist sein Geist so verwirrt, dass die Grenzen zwischen Normalität und Phantasiewelt zerfließen. Um einen Rückfall in psychotische Zustände zu vermeiden, bieten ihm Medikamente einen Ausweg an. „Manchmal ist das Medikament die letzte Rettung und verspricht einigermaßen schnell Hilfe gegen die düsteren Gedanken. Manchmal ist es aber auch ein Fluch, vor allem wenn es um die Nebenwirkungen geht" (S.128).

Als Patient versucht Preist immer wieder, ohne Medikamente auszukommen, weil die Nebenwirkungen nur schwer zu ertragen sind. Auch will er es nicht wahrhaben, dass sein bisheriges Leben vorbei sein soll. Er fühlt sich „wie tot, ohne schon gestorben zu sein, ein Dasein als Zombie..." (S.107). In Therapiegesprächen gewöhnt er sich an, vorher genau zu überlegen, was er preisgeben will. Sobald er wahrheitsgetreu berichtet, was wirklich in ihm vorgeht, wird ihm seitens der Ärzte geraten, die Dosis der Medikamente zu erhöhen, um seine ‚Wahnvorstellungen' zu bekämpfen. Ihm ist einfach nicht klar, wo die Wirklichkeit endet und die Einbildung beginnt. Die Ärzte sind ihm bei diesem Problem keine Hilfe.

R. Mundhenk verweist auf die Grenzen der Pharmakotherapie, „die, sofern sie gegenüber der menschlich-therapeutischen Begegnung favorisiert wird, den Patienten in bedenklicher Weise isoliert und auf sein Erleben und Denken gleichsam zurückwerfen kann" (S.200). Er erwähnt die Bedeutung des Umfeldes für den therapeutischen Prozess, wobei der Einfluss religiöser und weltanschaulicher Gruppen eine im Entstehen begriffene Wahnbildung verhindern kann.

Psychopharmaka werden eingesetzt, um psychischen Schmerz zu stillen und zu verhindern, dass die Betroffenen für sich und andere zu einer Gefahr werden. Antipsychotische Medikamente können bei akuten psychotischen Zuständen Erleichterung bringen, wie Richard, ein Buchhalter in mittleren Jahren, bei E. Bragdon erzählt: Nach der Verabreichung des Medikamentes „hörte das Rasen der Gedanken auf. Dann beruhigten sich die Gefühle, die mich bis dahin überwältigt hatten. Auch Visionen hatte ich keine mehr. Alles wurde viel langsamer. Endlich konnte ich ein wenig ausruhen" (S.244).

Wenn die Gedanken unkontrolliert auf das Bewusstsein einstürmen und der Organismus auf vollen Touren arbeitet, können Psychopharmaka die Symptome für eine gewisse Zeit lindern, damit der

Betreffende Abstand gewinnen und wieder zu Kräften kommen kann. Doch wenn medizinische Überlegungen, die der ausschließlichen Symptomkontrolle dienen, eine zu große Bedeutung gewinnen, gehen die Besonderheiten der Wahrnehmung verloren. Antipsychotische Medikamente wirken sich direkt auf den Organismus aus, wie E. Bragdon erklärt. Die Wirkung ist unvermittelt und hart; sie führt „zu einer dramatischen Verschiebung im Gefühlsleben und in der Selbstwahrnehmung. Man fühlt sich träge und schwer. Gefühle, die früher spontan und lebhaft empfunden wurden, laufen jetzt in weiter Entfernung ab. Die Denkprozesse sind verlangsamt" (S.260). Selbst die Zeit scheint träge dahin zu fließen.

Medikamente kommen dort zum Einsatz, wo der Patient der Gefahr ausgesetzt ist, eine Konfrontation mit den inneren Mächten und den damit verbundenen Ängsten aus eigener Kraft nicht mehr bewältigen zu können.

Doch K.P. Fischer und H. Schiedrmair sehen in den unbestrittenen Erfolgen der Pharmakologie auch Gefahren, die sich als außergewöhnlich problematisch erweisen können; da die medikamentöse Steuerung der Psyche zu einem Eingriff in die menschliche Persönlichkeit führe. Der Arzt müsse die Vorteile, die sich aus einer medikamentös bewirkten Ruhigstellung ergeben, stets gegen die mögliche Schädigung der Persönlichkeit des Patienten abwägen (S.30). Dies kann im Einzelfall extrem schwierig sein. Verständnisvolle Ärzte, die dem Patienten nicht mit Zwang, sondern mit Respekt begegnen und ihm dabei helfen, die Achtung vor sich selbst nicht zu verlieren, können viel zu seiner Heilung beitragen.

Der Einsatz von Medikamenten kann durchaus in denjenigen Fällen hilfreich sein, in denen sie als Werkzeug eingesetzt werden und nicht als das therapeutische Ziel an sich. Medikamente schaffen, wenn sie richtig genutzt werden, einen Raum, um die der Krankheit zugrunde liegende Problematik besser zu verstehen und daran arbeiten zu können. Bei etlichen Patienten führen sie dazu, dass sich innere Stimmen und andere Halluzinationen abschwächen und ihre Bedrohlichkeit verlieren.

Die Einnahme von Psychopharmaka kann einerseits zur Verringerung der Symptome beitragen, da überschießende Reaktionen erfolgreich unterdrückt werden. Die Gefahr einer pathologischen Gefühlsverirrung aufgrund heftiger emotionaler Impulse ist reduziert. Es wäre allerdings eine Fehler, darin eine Heilung zu sehen. Anfänglich können Medikamente dabei helfen, Stimmen und andere halluzinative Wahrnehmungen zurückzudrängen. Doch bei einer großen Anzahl der Patienten verschwinden die Symptome, trotz Einnahme hochdosierter Neuroleptika, keineswegs. Dagegen sind schwerwiegende, unumkehrbare Nebenwirkungen das Resultat von Langzeitmedikationen.

Der Übergang in die normale Realität erweist sich als schmerzhaft, denn oft erwartet sie ein unerfreuliches, tristes Dasein. Im Nachhinein wird der psychotische Zustand verklärt. Er bildet einen Gegensatz zur medikamentösen Behandlung mit ihren unangenehmen Nebenwirkungen, welche die Beweglichkeit einschränken. Viele Patienten können den vermehrten Speichelfluss nicht kontrollieren und sind außerstande, sich zu konzentrieren. Zugleich können sie die Füße nicht stillhalten etc. Sie fühlen sich permanent müde und werden zunehmend gleichgültig. In einem solchen Zustand kann wohl von Heilung keine Rede sein. Viele Patienten klagen, die Nebenwirkungen der Medikamente seien schlimmer als ihre positiven Wirkungen. In der Regel werden diese Klagen weitgehend ignoriert.

Insgesamt gesehen sind die Erfahrungen, die Patienten mit Medikamenten machen, nur teilweise zufriedenstellend. Vielfach werden sie als wenig hilfreich oder sogar als problematisch empfunden. Eine langfristige Medikamenteneinnahme schadet nach einigen Wochen mehr, als sie nützt. Das eigentliche Problem, das innere Dilemma, wird durch die Medikation zwar unterdrückt, aber nicht gelöst.

Traditionelle psychiatrische Behandlungen verstärken häufig noch die Isolation, in der viele Patienten gefangen sind. Medikamente hemmen die Lebendigkeit und produzieren kranke Menschen, die über noch weniger Energie verfügen als zuvor. Es fällt ihnen daher noch schwerer, mit ihren Problemen umzugehen und Lösungen zu finden, kritisieren M. Romme und S. Escher (S.157). Bei Patienten, wo zwanghaftes Verhalten das Krankheitsbild dominiert, verursachen Neuroleptika sogar eine Verschlimmerung der Symptome, behaupten die Autoren (S.103).

Psychose-Therapien reduzieren die Behandlung auf die Sprache der Biologie und die Sprache des Verhaltens. Erfahrungswissen spielt dabei meist eine untergeordnete Rolle, obwohl es einen wichtigen Anteil am Geschehen hat. Es sollte daher im therapeutischen Prozess mehr Beachtung finden.

Der Rahmen, in dem Medikamente verabreicht werden, hat einen großen Einfluss auf den Verlauf der psychotischen Episoden. Wird die Medikation vernünftig und sparsam zu einem bestimmten Zeitpunkt als Notbehelf eingesetzt, kann sie eine wichtige Unterstützung bieten. Die Begegnung mit dem Unbewussten kann je nach mentaler Verfassung und dem Geschick der therapeutischen Bezugspersonen zu einer erschreckenden oder spirituellen Erfahrung werden.

Bei vielen Patienten wird die falsche Diagnose gestellt, so dass sie mit dem Stigma der psychischen Krankheit leben müssen und den Nebenwirkungen von Psychopharmaka ausgesetzt sind. Psychopharmaka, die in hoher Dosierung über lange Zeiträume hinweg verabreicht werden, hindern die Betreffenden daran, die ‚Reise', die in ihnen stattfindet, weiter fortzuführen. Die Tür zum spirituellen Erwachen wird geschlossen und fest versiegelt. Wichtige Erfahrungen werden unzugänglich, weil das Bewusstsein dauerhaft von authentischen Gefühlen abgeschottet wird. Ein weitergehender Verarbeitungsprozess wird auf diese Weise verhindert.

Die medizinische Fachwelt ist aufgefordert, psychotische Zusammenbrüche von spirituellen Krisen zu unterscheiden und entsprechende Bewertungskriterien zu finden. Sobald jemand die Krise überstanden hat und dem Chaos in seinem Unbewussten gewachsen ist, können die Medikamente abgesetzt werden. Weite Bereiche des Geistes werden dem Bewusstsein zugänglich. Es kann nun daran gehen, die anfangs auf die Psyche einstürmenden und überwältigenden Erfahrungen in einem langsameren Tempo zu verarbeiten und zu integrieren.

Psychose-Erfahrene berichten

Das traditionelle medizinische Modell sieht Halluzinationen als Symptom einer schweren psychischen oder physischen Erkrankung an. Die Art der Bildeindrücke, die sich zeigen oder die inhaltlichen Mitteilungen der Stimmen scheinen für die Behandlung wenig relevant. Mittlerweile hat sich immerhin neben der traditionellen Auffassung ein alternatives Verständnis entwickelt. Dabei wird berücksichtigt, in welchem Lebenszusammenhang und aus welchen möglichen Gründen die Störungen auftreten (vgl.: M. Romme und S. Escher).

Stimmen machen sich in sehr vielfältiger Weise bemerkbar. A. Gehrke, der auf mehrere Psychiatrie-Aufenthalte zurückschaut, hätte sich während seiner Zeit im Krankenhaus mehr einfühlsame therapeutische Gespräche gewünscht, um die inneren Welten, mit denen er in permanenter Beziehung stand, besser zu verstehen. Doch die Ärzte „interessierten sich nur beiläufig für die Inhalte beim Stimmenhören", bedauert er im nachhinein (S.98).

Daher ist er froh, als er Verbindung zum *Netzwerk Stimmenhören* in Berlin aufnehmen kann. Dort gelangt er zu der für ihn wichtigen Erkenntnis, „dass Stimmen keine unklaren Halluzinationen, keine Traumgebilde sind, wie so oft behauptet - sie sind für die Betroffenen wirklich da, nur für andere eben nicht hör- und fühlbar."

Doch A. Gehrke lehnt die Klinikaufenthalte nicht rundweg ab, trotz der deutlichen Nebenwirkungen der Medikamente, unter denen er zu leiden hatte. In psychischen Ausnahmezuständen boten ihm die Räume der Klinik Rückzugsmöglichkeiten; und Medikamente halfen ihm dabei, mit Krisen besser fertig zu werden.

Bei der Einweisung in eine psychiatrische Klinik ist in seinem Innern anfangs - unbemerkt von Ärzten und Personal, die ihre Aufmerksamkeit vor allem auf das sichtbare Verhalten des Patienten richteten -, der ‚Teufel' gegenwärtig. „Er (der Teufel) war es, der bestimmte, wie ich einen Fragebogen auszufüllen hatte. Er bestimmte, wie weit ich gehen durfte, bei den Ärzten über meine Krankheit zu sprechen. Immer wieder gab er mir bei verschiedenen Anlässen die Anweisung, nichts über die Beziehungen in der anderen geistigen Welt zu sagen, und immer wurden die möglichen Verstöße mit meinen Tod in Verbindung gebracht. Das zog sich wie ein roter Faden durch all die Jahre, in denen ich mit dem Teufel verbunden war" (S.32).

Die permanenten Anfeindungen in seinem Innern lösen bei A. Gehrke Todesängste aus. Er fühlt sich wie in einem ‚Angstkäfig' gefangen. Nach mehreren psychotischen Schüben stellt er fest, dass die positiven Erwartungen der Psychiater haltlos sind, denn auch hohe Dosierungen der Medikamente bringen die Stimmen nicht zum Schweigen. Er beginnt zu reflektieren, ob psychiatrische Maßnahmen oder psychische Selbstheilungsprozesse für ihn günstiger sind? Die psychiatrischen Fachleute gehen inhaltlichen Problemen stets aus dem Wege. Daher „blieb nur die Möglichkeit, mich selbst zu motivieren, etwas für meine Heilung zu tun" (S.105).

Aufgrund seiner eigenen tiefgreifenden Erfahrungen kommt A. Gehrke zu dem Schluss: Es gibt keine ‚Anarchie der Stimmen', sondern wahrscheinlich existiert ein verborgener Sinn, den es zu entdecken gilt. Die Auseinandersetzung mit den Stimmen kann zu einem Selbstfindungsprozess werden, auch wenn die Frage: *Woher kommen die Stimmen*? weitgehend unbeantwortet bleibt.

A. Gehrke hat den Mut aufgebracht, sich die Angst von der Seele zu schreiben, trotz massiver Drohungen seitens der ‚Hexen', ‚Engel' und ‚Teufel' in seinem Innern, die ihm mehrfach mit ewiger Vernichtung drohen, sollte er es wagen, über seine Erlebnisse zu schreiben. Sein Bericht ist ein wertvoller Beitrag zu einen größeren Verständnis des Stimmenhörens. A. Gehrke gelingt es in Eigenregie, durch intensives Nachdenken über seine besonderen Erfahrungen, zu grundlegenden Einsichten zu kommen, die eine Änderung seiner Haltung bewirken. Er erkennt, „dass es gerade die geradlinigen, offenen und einfachen Dinge sind, die den besten Effekt zeitigen" (S.115).

A. Gehrke kommt zu dem für ihn wichtigen Schluss: „Die Psychiater hatten an Anfang einen Vertrauensvorschuss, denn sie versprachen, schnell helfen zu können. *Erlebt habe ich jedoch, dass sie sich um den Dopaminstoffwechsel und um Psychopharmaka, nicht aber um meine angeschlagene Seele kümmerten*" (S.158). Den Fachleuten aus einer ‚Krankheitseinsicht' heraus blind zu folgen, hält er daher für problematisch. Ihm wird klar, dass es in den Praxen und Kliniken noch ungeahnte Möglichkeiten der Veränderung gibt. Erlebnisberichte von Patienten können dabei eine große Hilfe sein, um ein tieferes Verständnis für ihre besondere Situation zutage zu fördern.

Psychiatrische Fachkräfte haben es in der Regel ausschließlich mit Patienten zu tun, die sich in einer Krisensituation befinden. Stimmenhörer mit vorwiegend positiven Erlebnissen, die es verstehen, diese Gabe zu ihrem Vorteil zu nutzen, haben keinen Anlass, sich in eine psychiatrische Behandlung zu begeben. Die Möglichkeit der Mobilisierung psychischer Selbstheilungskräfte wird daher von vielen Psychiatern angezweifelt.

Es wäre wünschenswert, wenn sich Psychiater und Psychologen der verschiedenen Fachrichtungen zusammenfinden und gemeinsam Therapien entwickeln, die soziale Faktoren, medikamentöse Behandlung und Gesprächstherapien beinhalten. Jeder Patient sollte bei der Bewältigung seiner individuellen Konflikte aber auch eigene Wege gehen dürfen, um seine persönlichen Problemfelder zu bearbeiten, da die Erlebniswelten sehr unterschiedlich sind.

Eine Psychose lässt manchmal die Betroffenen aus dem gewöhnlichen Trott des Alltags ausbrechen und ermöglicht neuartige Seinserfahrungen. Bei H. Hansen bringt eine Psychose-Erfahrene dies zum Ausdruck: „Niemals möchte ich die Erlebnisse in meinen Psychosen missen, nicht die beglückenden, aber auch nicht die beängstigenden. Ich war Zeuge einer Welt geworden, die ich vorher nicht kannte, einer Welt, die stimmig war. Alles hatte seinen Grund, alles hatte seinen Platz" (S.32). Während der psychotischen Phase fühlt sie sich als Teil eines großen Ganzen. Das Negative kann sie nur da angreifen, wo es eine Angriffsfläche findet.

In der psychiatrischen Behandlung stoßen Hilfesuchende auf mangelndes Verständnis gegenüber einer besonderen Wahrnehmung, die auf einen anderen Bereich der Wirklichkeit ausgerichtet ist und den eingeschränkten Bereich ‚realer' Existenz transzendiert. Die Patientin klagt: „Nach der demütigenden Aufnahme im Krankenhaus und der medikamentösen Zwangsbehandlung war der Zauber verflogen. Eine Mischung aus Enttäuschung, Schuldgefühlen und Hoffnungslosigkeit begleitete mich über viele Wochen. Ich bezweifle, dass der Betäubungsschuss der einzige Weg sein soll, jemanden auf den Boden zurückzuholen" (S.32f.).

Psychose ist für sie „nichts anderes als das Wasser, das mit aller Macht an die Oberfläche drängt" und „magische Augenblicke" ermöglicht (S.37). In der psychiatrischen Klinik ist niemand bereit, mit ihr über ihre Erfahrungen zu reden. Dasjenige, was sie als wichtig erachtet, wird einfach unter den Teppich gekehrt. Stattdessen wird ihr die Broschüre eines Pharmakonzerns in die Hand gedrückt (!).

R. Preist, der selbst schizophrene, von starken Ängsten begleitete, Phasen durchlebte, hält es für sinnvoll, gleich zu Beginn Angst mindernde Maßnahmen zu ergreifen. Dazu gehört es auch, Angst auslösende Reize so weit wie möglich zu vermeiden. Die Voraussetzung dafür ist, erst einmal die Natur der Reize zu erkennen. Preist glaubt, „dass Angst beim Schizophrenen das Öffnen eines Filters bewirkt, durch den mehr Informationen einströmen, weshalb sich der Fokus der Aufmerksamkeit hin zu angstbesetzten Assoziationen verschiebt" (S.226).

Für ihn steht fest, dass Angst einer der Hauptfaktoren seiner Erkrankung ist. Immer wieder wurde er durch die schreckliche Vorstellung, von mächtigen Gegnern verfolgt, angegriffen oder ermordet zu werden, in Panik versetzt. Nach und nach hatten die Angstphantasien sein Denken überwuchert und vereinnahmt. Sie verschoben den Fokus der Aufmerksamkeit zunehmend auf Gefahr bringende Inhalte. Es war, als ob sich eine Tür immer weiter öffnete, durch die dann mehr und mehr krankhafte Vorstellungsbilder zu ihm vordringen konnten.

In vermeintlichen Gefahrensituationen ist die Wahrnehmung enorm geschärft. Bei R. Preist ist ‚Wahnsinn' gekennzeichnet durch eine erhöhte Sensibilität, die darauf ausgerichtet ist, gefährliche Umstände frühzeitig zu erkennen. „In einem Zustand erhöhter Aufmerksamkeit ist der Informationsfilter weit geöffnet. Dies bringt jedoch die Gefahr der Reizüberflutung und des anschließenden Abdriftens in die Psychose" (S.207).

Die Verabreichung von Angst lösenden Medikamenten sei in diesem Stadium sinnvoll, bemerkt Preist. Hilfreich ist auch die Reduktion von Reizen, die in akuten Phasen auf die Psyche einströmen. Um die Gefahr unsinniger Assoziationen zu vermeiden, hilft es, einen Patienten vor zu vielen Informationen von außen abzuschirmen: „Wenn ich z.B. merke, dass die Assoziationsketten wieder gefährlich nahe an den Abgrund driften, stelle ich das Radio ab und reduziere meinen Fernsehkonsum so lange, bis Angst lösende Medikamente Wirkung gezeigt haben" (S.224f.).

Eine Verhaltenstherapie hilft dabei, Stärken für die Alltagsbewältigung zu entwickeln. Es geht u.a. darum, das Beurteilen von echten und vermeintlichen Gefahrensituationen zu schulen. Eine Krise kann durch vorausgegangenen Stress ausgelöst werden, daher sollten Stresssituationen weitgehend vermieden werden. Eine Betroffene schildert bei H. Hansen ihre Eindrücke: „Schreckliche Erkenntnisse über das Schicksal der Menschheit brechen über mich herein. Ich sehe: Alles auf der Welt ist relativ, jede Handlung kann ebenso gut positiv wie negativ sein. Die Kategorien von Gut und Böse sind reine Fiktion. Alles Tun ist beliebig, das ganze Leben sinnlos, eine einzige Beschäftigungstherapie" (S.66). Sie gerät in Panik und wird von dem zwanghaften Gedanken gequält, nicht mehr weiterleben zu können. Einem Freund gelingt es, sie fürs erste zu beruhigen.

In der psychotischen Phase erlebt sie extreme Angstzustände, in denen sie den Untergang der Menschheit befürchtet. Um ihre psychische Stabilität zu festigen und ihren Selbsterhaltungstrieb zu stärken, benötigt sie dringend verständnisvolle Hilfe von außen.

Ein Theologe, der eine wissenschaftliche Karriere anstrebt, erlebt in der Zeit seiner Krise einen unaufhörlichen Fluss an Gedanken und Bildern in seinem Innern. Es gelingt ihm nicht mehr, zwischen Wahn, Traum und Wirklichkeit zu unterscheiden. Panische Ängste sowie quälende Schlaflosigkeit bringen ihn fast um den Verstand. Bei H. Hansen berichtet er: „Die Psychose stürzte mich nicht nur in eine unvorstellbare Weltuntergangs- und Höllenerfahrung, sondern zugleich auch in eine abgrundtiefe religiöse und theologische Krise. Das ganze Fundament meines Selbst-, Gottes- und Weltverständnisses war radikal infrage gestellt. Um es auf einen kurzen Nenner zu bringen: Entweder der traditionelle biblisch-christliche Glaube hatte recht, dann war ich auf ewig verdammt und die Tage bis zu meinem irdischen Tod nur ein kurzer Aufschub bis dahin, oder aber seine Metaphysik war irgendwie doch verkehrt" (S.70f.). Die apokalyptisch-mystischen Erfahrungen, die ihm zuteil werden, wirken sehr eindrucksvoll und real, weshalb er sie nicht einfach als Halluzination abtun kann.

„Wenn du die Menschen sehen willst, die Gott geschlagen hat (die Gründe kennt nur er), geh in die Psychiatrie", beklagt sich ein anderer Psychose-Erfahrener. „Vor zwanzig Jahren wurde ich von einem Engel geküsst. Der Kuss des Engels ist eine schwere Bürde. Er verheißt eine Suche, in der man sich verlieren kann" (ebd., S.123f.). Die Worte des Engels hätten ihn aus der Bahn geworfen. Niemals habe er sich vorgestellt, dass der Weg so schwer werden würde, wenngleich auch schöne Seiten damit verbunden sind. Er zieht das Fazit: In der Psychose ist es wichtig, Grenzen zu erfahren, aus der Erfahrung zu lernen und ihre Botschaften zu verstehen.

Eine psychotische Erkrankung kann ein Weg sein, um notwendige Reifungsprozesse nachzuholen, die bislang vernachlässigt wurden. Sie enthält wichtige Schlüssel zum Verständnis der jeweiligen Lebenssituation, in der sich das Individuum gerade befindet. Die Krankheit kann ein deutlicher Fingerzeig sein, das eigene Leben komplett zu überdenken und sich vor Augen zu führen, was im Leben wahrhaftig von Bedeutung ist und ihm einen Sinn verleiht.

Der Umgang mit psychischen Krisen

Schizophrene Krisen: Obwohl Schizophrenie eine schwerwiegende Krankheit ist, kann sie heute besser therapiert werden als noch vor einigen Jahrzehnten. Für fast ein Drittel bleibt die Erkrankung eine einmalige Episode in ihrem Leben. Eine Psychotherapie wird in den letzten Jahren immer stärker in das Behandlungskonzept eingebunden. Fürchtete man früher, die Psychotherapie könne die vorhandene Problematik noch verschlimmern, gilt sie heute als wichtiger Stützpfeiler im Kampf gegen die Erkrankung.

Die Therapie psychotischer Patienten setzt neben fundierten Kenntnissen und Erfahrungswissen ein enormes Maß an Engagement und vor allem Geduld voraus. Die Schizophrenie-Therapie ist ein Balanceakt zwischen sozialer Stimulierung, die Rückzugstendenzen vorzubeugen soll, und einer Beruhigung der manifesten Symptomatik. Ein Zusammenwirken von Psychotherapie, Soziotherapie und medikamentöser Behandlung ist in vielen Fällen erforderlich. Psychotherapeutische Interventionen helfen bei der Verarbeitung des Krankheitsgeschehens.

Entgegen einem weit verbreiteten Vorurteil seien schizophrene Psychosen gut behandelbar, erklärt der Psychiater A. Finzen bereits 1995. Zwar seien psychotische Erkrankungen durch Therapie nicht heilbar (was allerdings auf viele andere Krankheiten auch zutrifft), doch lassen sich die Symptome beeinflussen und häufig ganz beseitigen. Hartnäckige Vorurteile seitens der Ärzte trügen leider dazu bei, dass die therapeutischen Möglichkeiten nicht voll ausgeschöpft werden. Erheblich einfacher, als eine ausreichende soziale Stimulierung zu gewährleisten, sei es, psychotische Krisen mit Hilfe von Medikamenten unter Kontrolle zu bringen. „Dieser Mangel vor allem ist es, der die einseitige medikamentöse Therapie... zu einer Gefahr für die Patienten macht, indem sie nichts gewährt als - so ein gängiges Schlagwort - verordnete Anpassung" (S.141f.). Es gilt der Grundsatz: Was unterdrückt wird, bleibt bestehen, doch was wieder belebt wird, verschwindet.

Obwohl Finzen dem Einsatz von Psychopharmaka grundsätzlich zustimmt, teilt er nicht die weit verbreitete Ansicht, psychotische Patienten sollten immer und unter allen Unständen medikamentös behandelt werden. Er ist davon überzeugt, dass die Symptome bei vielen Patienten auf längere Sicht auch ohne Medikamente abklingen. Eine medikamentöse Behandlung kann allerdings dazu beitragen, die Gefährdung der sozialen Beziehungen zu begrenzen. Sie wirken, wenn überhaupt, „spezifisch auf psychotische Symptome, ohne die Ursachen der Psychose zu beeinflussen" (ebd.).

Patienten reagieren unter Medikamenteneinfluss weniger empfindlich auf die Reizüberflutung, der sie ausgesetzt sind. „Von der Hilfe bis zur Abstumpfung gegenüber Außen- und Innenreizen ist es nicht sehr weit; und hier liegt die Gefahr der Anwendung", warnt Finzen. Die Verringerung der schizophrenen Symptomatik ist oft nur von vorübergehender Dauer, weil das ungelöste Problem im Unbewussten weiter existiert und zu gegebener Zeit wieder an die Oberfläche drängt. Die Mehrzahl der Psychosen ist der psychologischen Analyse leider nicht ohne weiteres zugänglich; sie bleiben auch für den Fachmann dunkel und nur schwer verständlich.

Dennoch kann kein schizophrenes Symptom vordergründig als unsinnig, als psychologisch grundlos bezeichnet werden. Diese Auffassung vertritt bereits C.G. Jung (in: Der Inhalt der Psychose, S.26f.). Auch die absurdesten Vorstellungen haben Symbolcharakter; sie enthalten einen Schlüssel zum Verständnis des Innenlebens, denn in Geisteskranken entdecken wir den „Untergrund unseres eigenen Wesens", behauptet Jung. Bei vielen Kranken wird eine geistige Verarmung vermutet, weil sie schweigsam und in sich gekehrt wirken. Doch in ihrem Innern hausen phantastische Gestalten, Fragmente märchenhafter Phantasien, die losgelöst sind von der sichtbaren Realität.

Viele Patienten finden nicht mehr zurück aus den Irrgängen ihres seelischen Labyrinths, in dem sie sich verlieren wie in einer Traumlandschaft. Doch selbst in die unsinnigsten Phantasiegebilde lassen sich fragmentarische Einblicke gewinnen, die einen Hinweis darauf geben, wie die schaffende Phantasie Realität verändert. Die Wirklichkeit wird übersponnen von dem traumhaften Erleben. Eine Brücke zur anderen Seite der Seele ist gespannt, doch sie führt allzu oft in abseitige, düstere Bereiche.

Psychiater beschäftigt die Frage, warum Schizophrene mehr Mühe als andere psychisch Kranke haben, die pathologischen Erlebnisse zu verarbeiten und eine distanzierte Haltung gegenüber der psychotischen Episode zu gewinnen (vgl.: M. Müller, S.118f.). Der Autor kommt zu dem Schluss, dass in der Schizophrenie tiefere und zentralere Bewusstseinsschichten beteiligt sind als bei anderen psychischen Erkrankungen.

Das Dilemma in der Schizophrenie besteht in der Unfähigkeit der Patienten, eine Beziehung zu sich selbst, zur eigenen Identität, aufrechtzuerhalten und gleichzeitig Kontakte zu anderen Menschen aufzunehmen. Die Aufgabe, eigenständig zu bleiben, wenn man mit anderen in näheren Austausch tritt, scheint unlösbar.

Der schizophrene Prozess deckt verborgene Triebregungen auf. Die Fähigkeit, Inhalte ins Unterbewusstsein zu verdrängen, geht weitgehend verloren. Die schizophrene Erkrankung zerrt alles bislang Verborgene an die Oberfläche und wirkt daher wie eine psychische Demaskierung: Affekte, Gedanken, geheime Motivationen, die Psychoanalytiker normalerweise erst mühevoll mit dem Patienten erarbeiten müssen, liegen bei schizophrenen Patienten offen zutage.

Die Anwendung der klassischen Analysetechnik hat sich in vielen Fällen als wenig hilfreich erwiesen. Da das ‚psychotische Dilemma' für Deutungen nur schwer zugänglich ist, erfordert die psychoanalytische Therapie bei Schizophrenen eine spezielle Technik, um die Probleme für die Patienten einsehbar zu machen. Dabei hat sich eine

Modifikation der klassischen Behandlungstechnik bewährt. Der Analytiker tritt als reale Person in Erscheinung und interveniert auch direkt, wenn Krisensituationen dies erforderlich machen.

Ein wichtiger therapeutischer Ansatz besteht darin, die oft schwierigen Übertragungs- und Gegenübertragungsmuster konstruktiv zu bearbeiten. Der Patient gewinnt dabei Einsicht in pathologische Bewusstseinsstrukturen, die bei der Entstehung der Erkrankung eine wesentliche Rolle spielen. Die therapeutische Beziehung soll zu einem Modell für die Überwindung pathologischer Beziehungsstrukturen in der Außenwelt werden.

Vom Analytiker werden spezielle Kenntnisse verlangt, um mit der schwierigen Übertragungssituation umgehen zu können. In diesem Zusammenhang spricht Benedetti von einer ‚existentiellen Begegnung' zwischen Patient und Therapeut. Zwischenmenschlicher Austausch verliert mit der Zeit seine bedrohliche Qualität. Der Patient macht die beruhigende Erfahrung, dass er sowohl eine eigene Identität wahren als auch eine Beziehung zu anderen Menschen aufbauen kann. Dem Patienten wird es möglich, eine Distanz zu seiner persönlichen Problematik herzustellen und sie zu reflektieren. Der Erfolg der Behandlung hängt von der Beziehung zwischen Therapeut und Patient, von der Qualität und Tiefe der Übertragung und Gegenübertragung, ab.

Dabei stellt sich die Frage, wie weit ein Therapeut in seinem Bestreben, dem Patienten Klarheit über die Erkrankung zu verschaffen, gehen darf, gibt M. Müller zu bedenken. „Jedenfalls ergibt sich daraus die Pflicht zu einer sehr vorsichtigen Behandlung der nachpsychotischen Periode und wir meinen, das Auftreten von Widerständen... sei ein Zeichen dafür, dass ein weiteres Drängen und Analysieren zu unterlassen sei oder doch nur mit größter Behutsamkeit vor sich gehen dürfe" (S.136).

Manche Patienten lehnen es strikt ab, über ihre Erschütterungen während der psychotischen Episode zu sprechen, da sie große Angst davor haben, einen Rückfall zu erleiden. Die Abwendung von der Erinnerung an die chaotische Zeit der Erkrankung ist eine Art

Schutzmechanismus, der ihnen dabei hilft, nicht wieder in eine psychotische Krise hineingezogen zu werden.

In schwierigen Fällen ist daher Ablenkung und die Verdrängung des krisenhaften Verlaufs vorteilhaft, um den Heilungsprozess nicht zu gefährden. Dennoch lehnt Müller eine psychotherapeutische Behandlung nicht grundsätzlich ab. Auch er bezeichnet das früher weit verbreitete Dogma von der Unheilbarkeit der Schizophrenie als nicht mehr haltbar (S.137).

Der Realitätsverlust, der mit einer schizophrenen Erkrankung einhergeht, kann durch Wiederanknüpfung affektiver Beziehungen zur Umwelt, wie sie bei der Übertragung auf den Therapeuten gegeben ist, aufgehoben werden. Die Übertragungsbeziehung, die sich mit der Zeit auch auf Mitmenschen ausdehnt, stellt somit einen – früher wenig beachteten – Heilungsfaktor dar.

Nachdem die akute Phase der Psychose abgeklungen ist, beginnt sich der Zustand zu normalisieren. Die Angst wird geringer, die Stimmen werden leiser und Bedeutungserlebnisse verlieren an Aktualität. A. Finzen beschreibt diese Phase folgendermaßen: „Manche Kranke fühlen sich… weiterhin verfolgt; aber es regt sie nicht mehr auf. Einzelne beginnen interessiert ihren Stimmen zuzuhören und lassen sich von ihnen unterhalten. Gelegentlich bedauern sie es, wenn diese dann ganz verschwinden; mit den Stimmen waren sie nie allein; jetzt fühlen sie sich einsam. Schließlich beginnen sie sich von Wahnwahrnehmungen, Halluzinationen und Verfolgungserlebnissen zu distanzieren. Oft bleiben Reste in Träumen" (S.121).

Nach der Rückkehr zur normalen Sicht der Dinge wähnt sich der Patient sich nicht mehr als Mittelpunkt des Weltgeschehens. Wenn die frühere Sichtweise verblasst, sieht er sich nur noch als einen kleinen Teil dieser Welt. Die heilsame Wendung wird dennoch nicht immer begrüßt. Ein eigentümlicher Widerstand gegen die Gesundung ist in einigen Fällen festzustellen. Manche trennen sich nur ungern von der Idee, im Mittelpunkt eines gewaltigen Systems gestanden zu haben. Es war für sie das größte Erlebnis, das ihnen jemals zuteil wurde.

Das Gefühl, eine besonders reiche und farbige Erlebniswelt kennen gelernt zu haben, verdrängt die chaotischen und erschreckenden Momente der akuten Psychose. Der französische Schriftsteller Gerard de Nerval, der zeitweilig in tiefe Schwermut versank, berichtete über seine außergewöhnlichen Erlebnisse: „Bisweilen warf ich auf den Zustand, in dem ich mich befunden hatte, Blicke des Neides zurück, denn solange er angedauert hat, habe ich viele Stunden reinen Glücks genossen... Mitunter hielt ich meine Kraft und meine Fähigkeit für verdoppelt. Es schien mir, als wüsste ich und verstände ich alles; die Einbildungskraft brachte mir unendliche Wonnen. Soll man bedauern, sie verloren zu haben, wenn man das, was die Menschen Vernunft nennen, wiedererlangt hat?"

Auch nach dem Abklingen der Schizophrenie ist die Krankheit bei einem Teil der Patienten nicht auf Dauer überwunden. Es kommt häufig vor, dass eine Psychose trotz intensiver medikamentöser Behandlung nicht oder nur unvollständig abklingt. Die Willenskraft ist weiterhin beeinträchtigt, die Konzentration bleibt mangelhaft und auch der Antrieb ist weiterhin vermindert. Die Krankheit wird chronisch. Der chronische Verlauf ist oft von depressiven Verstimmungen mit der Gefahr eines Suizids begleitet.

Immerhin ist der Zustand bei einem Drittel der Patienten deutlich gebessert und fast ein Drittel geht geheilt aus der Krise hervor. Wer die kritische Phase eines geistigen Zusammenbruchs überwunden hat, steht vor der Aufgabe, die neu gewonnene Sicht in seinem Leben zu integrieren. Dieser Integrationsprozess kann äußerst schwierig sein. Die Betroffenen müssen zu einer Neuorientierung, zu einem Lebensstil finden, der den Erfordernissen des praktischen Alltags genügt.

Die psychoanalytische Therapie ist mittlerweile eine erprobte Methode bei der Behandlung schizophrener Psychosen, erklären G. Lempa und H. Böker. Die Therapie sehen sie nicht als Alternative zu anderen Behandlungsmethoden - wie etwa die medikamentöse Therapie -, sondern als eine (in vielen Fällen) sinnvolle Ergänzung.

Spirituelle Krisen: In vielen alten Kulturen, wie z.B. in Tibet, wird Desorientierung als Teil des geistigen Pfades zur Vollkommenheit angesehen. Sie ist typisch für spirituelle Erfahrungen und gilt nicht als pathologisches Symptom. Der Adept wird eine zeitlang von seinen Alltags-Pflichten entbunden; er darf sich zurückziehen oder nach Belieben am gesellschaftlichen Leben teilnehmen. Die Krise wird als Versuch anerkannt, eine Brücke zu einer tieferen Wesensschicht, die einen Zugang zum spirituellen Wesen des Menschen enthält, zu bilden.

Die transpersonalen Dimensionen sind mächtig und oft auch Furcht erregend. Sie bringen den Probanden mit verborgenen Geheimnissen in Verbindung. Es kann eine große Hilfe sein, einen begrifflichen Rahmen zu haben, der dabei hilft, die Natur der Erlebnisse zu begreifen und zu erkennen, dass man nicht ‚verrückt' ist.

Die Intensität des inneren Erlebens kann sehr zermürbend sein. Daher ist es hilfreich, jemanden zu haben, der zuhören kann, wenn dies erforderlich ist. Ein spiritueller Begleiter sollte den Prozess des spirituellen Aufbruchs beschreiben können, so dass der Betroffene eine ‚Landkarte' erhält und nicht völlig die Orientierung verliert. Einem Menschen in einer Krise hilft es, wenn ihm vermittelt wird, dass es ganz in Ordnung ist, außergewöhnliche Erlebnisse zu haben. Das Wissen darüber, dass auch andere Menschen spirituelle Krisen durchleben und man nicht allein dasteht, kann sehr beruhigend wirken.

Die Aufgabe des Helfers ist nicht einfach. Es kann sein, dass ein Hilfesuchender die Umwelt mit merkwürdigen Verhaltensweisen, außergewöhnlichen Überzeugungen und Phantasien oder unbewältigten Gefühlsausbrüchen konfrontiert. Die spirituelle Öffnung regt auch das Innere des Helfers an. Er bekommt es zuweilen mit der Angst zu tun und fürchtet, selbst verrückt zu werden. Daher ist es ein dringendes Erfordernis, die im eigenen Innern ablaufenden Prozesse nicht zu vernachlässigen.

Ausreichende Selbsterkenntnis ist eine Möglichkeit, mit den eigenen Ängsten umzugehen und sich, wenn notwendig, Hilfe von außen zu holen. Der Helfer sollte sich darüber im Klaren sein, inwieweit die eigenen Mittel zur Betreuung einen Hilfsbedürftigen, der in einer

Krise eventuell sehr viel Aufmerksamkeit und emotionale Zuwendung braucht, ausreichen.

Es bedeutet für die Helfer eine große Verantwortung, Menschen in existentiellen Krisen zu begleiten. Das erforderliche Maß an Zuwendung kann eine sehr anspruchsvolle Aufgabe sein und einen Helfer rund um die Uhr beschäftigen. Im Leben derjenigen, die eine Krise durchleben, stellen sich grundsätzliche Fragen, die nach einer Lösung verlangen. Sie benötigen daher jemanden, dem sie vertrauen können und der sie auf ihrer inneren Reise begleitet.

Der Umgang mit Patienten in spirituellen Krisen erfordert ausreichende Erfahrungen mit der Integration spiritueller Erlebnisse in den Alltag. Emotionale Stabilität sowie Vertrautheit mit den Abgründen in der eigenen Psyche sind ebenfalls wichtige Voraussetzungen, wie E. Bragdon betont: „Auch klinische Qualifikationen sind wichtig: die Fähigkeit, eine Psychose als solche zu erkennen und sich von Menschen in extremen psychischen Zuständen nicht aus dem Konzept bringen zu lassen sowie Erfahrung mit psychotherapeutischen Methoden im Umgang mit Menschen in außergewöhnlichen Zuständen" (S.297).

Von grundlegender Bedeutung ist es, eine psychische Erkrankung von den Phänomenen einer spirituellen Krise zu unterscheiden. Dafür ist die Kenntnis transpersonaler Bewusstseinszustände unabdingbar. *„Es ist klar, dass hier mehr gefordert ist als nur die Behandlung eines krankhaften seelischen Zustands; rein quantitativ muss der transpersonale Therapeut mehr über die menschliche Natur wissen"*, fordert die Autorin (S.314f.). Er muss den Unterschied zwischen einem krankhaften psychotischen Zustand und einem dramatisch verlaufenden spirituellen Aufbruch erkennen.

Therapeuten und Heiler, die mit der Reiseroute vertraut sind und die Landschaften der spirituellen Wanderung kennen, stehen ungewöhnlichen Phänomenen in keiner Weise ängstlich gegenüber. Sie haben sich nicht selten selbst auf den Prozess des Erwachens eingelassen und sind dafür prädestiniert, Menschen in spirituellen Krisen beizustehen.

Die Aufgabe der Therapeuten besteht u.a. darin, die verschiedenen Aspekte der Krise in ein ausgewogenes Verhältnis zu bringen. Ein begrifflicher Rahmen ermöglicht es, konstruktiv über die Erfahrungen nachzudenken. E. Bragdon bemerkt dazu: „Dieses Modell der therapeutischen Rolle entspricht übrigens der Rolle des Schamanen. Wie der Schamane ist der Therapeut ein Lehrer in der Kunst, eine Brücke zwischen der vom Ego definierten gewöhnlichen Welt zu der transpersonalen Welt jenseits des Egos zu schlagen" (ebd.). Der spirituelle Anteil in der Persönlichkeit sollte allerdings nicht dazu führen, dass die aktive Beteiligung an den praktischen Aufgaben der Welt darunter leidet.

Religion und Psychotherapie

Angesichts einer spirituellen Krise gibt es hauptsächlich zwei Arten, damit umzugehen: Die eine löst bei den Betroffenen einen psychischen Zusammenbruch mit degenerativen Wirkungen aus, die ihn auf eine niedrigere Bewusstseinsstufe bringen. Die andere führt zu einer intensiven Auseinandersetzung mit den Inhalten der Psyche und zu innerer Stärke, die den Weg bereiten für eine Verbindung mit einer höheren Macht.

Psychische Katastrophen können einen Weg eröffnen, der zu den (hellen wie dunklen) Mächten führt, die im Unbewussten hausen. Die Rettung vor dem inneren Chaos, das nicht allein bewältigt werden kann, liegt in der Suche nach fähigen Personen oder sozialen Gruppen, die wirksam bei der Bewältigung des inneren Aufruhrs helfen können. Viele der alten sozialen Traditionen bieten nur eine trügerische Sicherheit, weil die Wege, die sie weisen, keinen Ausweg aufzeigen.

Religiöse und spirituelle Überzeugungen führen manchmal zu Fanatismus und Extremismus, sie können aber auch eine wichtige Ressource bei der Bewältigung psychischer Störungen sein. In der Therapie ist zu unterscheiden, ob Religion Teil des Problems ist oder zu seiner Lösung beitragen kann. Eine umfassende Psychotherapie erfordert daher Grundkenntnisse über aktuelle Religionen und Weltanschauungen.

Sigmund Freud und seine Anhänger sahen in religiösen Glaubenssystemen und spirituellen Interessen nichts weiter als eine Widerspiegelung von Aberglauben und primitivem magischem Denken. Es war eine pauschale Verneinung, die sämtliche unmittelbaren Erfahrungen mit spirituellen Dimensionen der Wirklichkeit zu Manifestationen ernsthafter Geisteskrankheiten erklärte.

Nachdem weltanschauliche Themen in der Psychotherapie über Jahrzehnte hinweg tabuisiert wurden, zeigen zahlreiche Veröffentlichungen der letzten Jahre einen auffallenden Richtungswechsel (z.B. Utsch, Bonelli & Pfeifer; Brentrup & Kupitz). Diskutiert werden neue Möglichkeiten einer therapeutischen Nutzung religiös-spiritueller Überzeugungen. Es geht bei den Glaubensinhalten darum, zu erkennen, ob sie heilsam und stabilisierend oder krankmachend und destruktiv sind (vgl. M. Utsch, S.349).

Bislang ist in der Psychotherapie die Bedeutung von Werten und Leitbildern wenig berücksichtigt worden. Psychotherapeuten fühlen sich mehrheitlich zu weltanschaulicher Neutralität verpflichtet. Doch wie soll mit existentiellen Lebensfragen und Sinnkrisen umgegangen werden? Wie kann auf religiöse und spirituelle Fragen, sofern diese in akuten Notlagen eine wichtige Rolle spielen, eingegangen werden?

„Unsere Erfahrungen zeigen, dass man die religiöse Problematik des Menschen aus einer Psychotherapie gar nicht ausklammern kann. Die Seele erkrankt immer nur am Verlust der Sinnhaftigkeit", erklärt Th. Dethlefsen (in: Schicksal als Chance, S.245). Psychisch Kranke kommen häufig in Berührung mit einer anderen Wirklichkeit, die den Menschen im Normalfall unbekannt ist. Auf dem Weg der Individuation begegnen sie zwangsläufig Fragen nach dem Sinn des Lebens, nach Erkenntnis, der göttlichen Instanz, Erlösung usw.

Therapie ist allerdings kein angemessener Rahmen für kirchliche Mission, betont der Autor. *„Leider hat das religiöse Bewusstsein der Mehrzahl der Menschen einen stark infantilen Zug. Diese Infantilität in Dingen der Religion ist gleich stark bei Kirchengegnern wie bei Kirchenanhängern. Beide Gruppen begreifen erschreckend selten das Wesentliche der Religion"* (S.246). Wahre Religiosität erfordere schon immer den Mut, abseits der geltenden Ansichten den Weg des eigenen Gewissens zu gehen.

Spiritualität ist Teil des persönlichen Erlebens und bildet oft die Basis für die Bewältigung späterer Krisen. Es gibt anscheinend gute Gründe, spirituelle Themen nicht als pseudowissenschaftlich in den Hintergrund zu drängen, denn außergewöhnliche Erfahrungen sind subjektiv durchaus real; sie können in Worten beschrieben und beobachtet werden. Werden die Erlebnisse nicht beachtet und anerkannt, können daraus destruktive Wirkungen entstehen. Es geht keineswegs darum, religiöse oder spirituelle Rituale als Ersatz für eine professionelle Behandlung anzubieten. Doch bei bestimmten Patientengruppen kann sich die Einbeziehung spiritueller Themen ohne weiteres als vorteilhaft erweisen.

Auf der anderen Seite haben zahlreiche Patienten unter einer rigiden religiösen Erziehung psychisch schwer gelitten. Auch die Mitgliedschaft in fundamentalistischen Sekten führt häufig zu pathologischen Auffälligkeiten. Fanatische Glaubensüberzeugungen (die man gehäuft bei Migranten antrifft), sind therapeutisch schwer behandelbar. Extreme religiöse Grundsätze sind anfällig für wahnhafte Verirrungen, die einer Therapie nur schwer zugänglich sind. *Religiöse und spirituelle Überzeugungen können zum Problems werden oder zu einer Lösung beitragen.* Die Religionspsychologie ist gefordert, Unterscheidungskriterien zwischen pathologischen und konstruktiven Glaubensformen zu finden.

Die persönliche Weltanschauung des Therapeuten sollte nicht aktiv und steuernd in den Behandlungsprozess einfließen. Wenn jedoch spirituelle oder religiöse Fragen seitens der Patienten thematisiert werden, ist es die Aufgabe des Therapeuten, Verständnis dafür aufzubringen und die Bedeutung dieser Fragen gemeinsam mit den Patienten zu erörtern.

Ein differenziertes Vorgehen ist unerlässlich, denn es gibt gute Argumente sowohl für als auch gegen die Einbeziehung religiös-spiritueller Methoden in den therapeutischen Prozess. Grundsätzlich gilt es zu vermeiden, dass Patienten zur Abwehr von realer Konfliktbewältigung in eine religiöse oder spirituelle Deutungsebene flüchten. „Eine Psychotherapie zielt auf eine Verbesserung der psychischen Befindlichkeit ab, nicht auf religiöses oder spirituelles Wachstum", betont M. Utsch (S.11). Er warnt davor, beide Bereiche unkritisch miteinander zu vermischen, da ansonsten eine Psychotherapie leicht in eine „weltanschauliche Heilsvermittlung" münde. Viele Fragen seien diesbezüglich noch ungeklärt.

Die Menschen werden ständig von innen heraus, von einer höheren unsichtbaren Macht, gelenkt. Gleichzeitig gehören sie der irdischen Welt an, die für unter günstigen Bedingungen ein Zentrum der Geborgenheit und Stabilität ist. Es gilt, zwischen den beiden Welten, zwischen Oben und Unten, einen Ausgleich zu finden.

Eine Weiterentwicklung der Grundsätze von Psychotherapie ist notwendig, um mit religiös-spirituellen Krisen und daraus entstehenden Bedürfnissen professionell umgehen zu können. benötigt werden individuell ausgerichtete Therapiekonzepte, die weder unangemessen reduziert noch in übertriebener Weise ideologisch-weltanschaulich aufgeladen sind.

Im Unterschied zu den USA existieren in Deutschland nur in ersten Ansätzen Therapien, die den religiösen und spirituellen Aspekt mit einbeziehen. Hier besteht Nachholbedarf, da religiöse Überzeugungen ein hohes therapeutisches Potential in sich bergen, meint M. Utsch (2016, S.10). Es geht dem Autor darum, in der therapeutischen Beziehung die spirituellen Interessen von Patienten ernst zu nehmen.

Mittlerweile finden sich etliche psychosomatischen Kliniken, die das Verarbeiten problematischer spiritueller Erfahrungen in ihr Programm aufgenommen haben. Zu ihrer Methodik zählen unterschiedliche Gruppenangebote wie bspw. Gesprächsgruppen, Meditationsgruppen, Yoga, ritueller Tanz sowie therapeutische Einzelgespräche. Von den Patienten wird erwartet, dass sie ausreichende Motivation mitbringen und sich nicht in einer akuten psychotischen Phase befinden. In den Therapiegruppen ist der Austausch über existenzielle Grenzerfahrungen, über Inhalte von Psychosen und religiös-spirituelle Erlebnisse möglich.

Religiöse Themen werden gegenwärtig entmystifiziert, da viele Menschen den ‚göttlichen Funken' in sich wieder entdecken und die höhere Bewusstseinsebene in ihrem Innern wahrnehmen. Aufgeklärte Menschen erkennen die ‚eine Wahrheit' in allen Religionen, denn zwischen den Weltreligionen existieren grundsätzliche Übereinstimmungen.

Befreiung von Besetzungen

Das Problem der Inbesitznahme beinhaltet viele verschiedene Aspekte. Die unterschiedlichen Facetten machen deutlich, wie kompliziert das Problem ist. Viele rein wissenschaftlich eingestellte Psychiater und Psychologien gehen von vornherein davon aus, über zutreffende und gültige Erkenntnisse zu verfügen. Der christliche Glaube wurde abgelöst von auf rationalen Grundlagen basierenden Therapien, die jegliche übernatürliche Beeinflussung leugnen.

Ein erweiterter Horizont, der das Problem als solches anerkennt, kann zu einer größeren Selbstsicherheit im Umgang mit den Symptomen führen. Er verspricht auch, wirksamere Therapiemöglichkeiten zu entdecken und der Problematik besser gerecht zu werden. Therapeuten, die mit Vorurteilen an die Sache herangehen, sind meist außerstande, den Betroffenen in adäquater Weise zu helfen. Berichte von Hilfesuchenden, die an ignorante Ärzte gerieten, gibt es zuhauf. Die Therapeuten greifen in ihrer Ratlosigkeit einseitig zu medikamentöser Behandlung, von der sie sich wahre Wunder erhoffen.

Selbst wenn die Behandlung nicht anschlägt, wird weiter daran festgehalten.

Die wissenschaftliche Sichtweise hat eine starke Tendenz zur Deutung auf der Subjektstufe, die dem persönlichen Unterbewusstsein entspricht, gefördert. Dennoch erleben Psychotherapeuten immer wieder, dass einige Patienten aus den Rahmen ihrer bisherigen Erfahrungen herausfallen. Wenn sich Menschen magisch beeinflusst fühlen, wenn eine fremde Macht in die Therapie einzugreifen scheint, dann stehen Therapeuten in der Regel vor einen Rätsel.

Patienten mit multipler Persönlichkeitsstruktur stellen die Behandler vor besonders schwerwiegende Probleme. „Da die Therapeuten so gar nicht wissen, wie sie ihren Patienten helfen sollen, umgibt ein Hauch tragischer Ausweglosigkeit fast alle Fälle von ‚multipler Persönlichkeit‘, die aus der Literatur bekannt sind“, stellt die Forscherin F. Goodman fest (S.132). Die Behandlungsmethoden reichten bei weitem nicht aus, um eine Integration der verschiedenen Persönlichkeitsteile, eine neue Einheit der Person, zu schaffen.

Die medizinische und psychologische Wissenschaft tendiert leider häufig dazu, außergewöhnliche Inhalte als suspekt und pathologisch einzuordnen. Mit ungläubigem Staunen erfährt man, dass H.P. Blavatsky, Begründerin der Theosophischen Gesellschaft, seinerzeit von psychologischer Seite als ‚Hysterikerin mit Bewusstseinsspaltung‘ eingestuft wurde (vgl.: A. Sichler). Frau Blavatsky wähnte sich zu Lebzeiten in Kontakt mit tibetischen Meistern, die von Sichler als „unterbewusste Personifikationen“ aufgefasst wurden. Eine differenziertere Einschätzung wäre hier mehr als angebracht gewesen.

Anzeichen für Besessenheit werden in der Regel ebenfalls auf der subjektiven Stufe gedeutet. Überlieferte historische Besessenheits-Fälle werden von wissenschaftlicher Seite vielfach als Sieg hysterischer Frauen über die Exorzisten interpretiert. Für S. Freud waren Teufels- und Dämonenvorstellungen sowie sämtliche religiös gefärbten Berichte nichts weiter als Illusionen. Nicht nur die Erzählungen von Menschen, die glauben, in unmittelbarem Kontakt mit Göttern und Geistern zu stehen, sondern auch die mystischen Visionen von

Gläubigen und Heiligen wurden als unrealistische Träumereien abgetan. Manche Psychiater führten Besessenheitsfälle auf epileptische Ursachen zurück (womit allerdings so gut wie nichts geklärt ist).

Therapeuten ohne ausreichendes Hintergrundwissen finden kaum die richtigen Argumente, um Patienten, die Kontakte zur geistigen Welt unterhalten, auf eine potentielle Gefährdung aufmerksam zu machen,. Hierzu fehlt ihnen das notwendige Basiswissen sowie eine offene Haltung okkulten Dingen gegenüber, die ein therapeutisch angemessenes Eingreifen erst ermöglichen würde.

Auch diejenigen Psychiater und Psychologen, die echte Inbesitznahmen für möglich halten, reduzieren die Anzahl der Fälle aufgrund der Erkenntnisse der Tiefenpsychologie ganz beträchtlich. Allerdings halten sie es für schwierig, psychische Erkrankungen und Besessenheit voneinander abzugrenzen, da die Symptomfelder große Ähnlichkeiten aufweisen. Wenn betroffenen Patienten sich in wichtigen Belangen unverstanden fühlen, sind sie einer therapeutischen Behandlung allerdings wenig zugeneigt.

C. Cutomo, die ihrem Bericht zufolge durch spiritistische Praktiken in den Sog dämonischer Beeinflussung geriet, fühlte sich von Therapeuten gründlich missverstanden. Psychisch gestörtes Verhalten aufgrund okkulter Experimente passt nicht in das Kategorienschema psychotischer Erkrankungen. C. Cutomo hält nach eigenen leidvollen Erfahrungen einen Umdenkungsprozess unter Therapeuten für erforderlich, damit verhindert wird, dass Patienten sich wie unmündige Kinder behandelt fühlen und die therapeutischen Maßnahmen das Leiden eher noch verschlimmern.

F. Goodman wirft die Frage auf, welche Rolle die moderne Psychiatrie und Allopathie bei der Heilung von Besessenheit spielen (S.182). Die Patienten haben keine Vorstellung davon, wie sie mit dem Unbekannten fertig werden sollen und leider fehlt es an Spezialisten, an die sie sich wenden könnten. Viele Menschen werden von verstorbenen Seelen besetzt und fremdgesteuert. Sie fühlen sich eingesperrt in einem dunklen Raum, aus dem niemand sie zu befreien vermag. Die Ausweglosigkeit ihrer Lage dringt bitter in ihr Bewusstsein, denn ohne adäquate therapeutische Hilfe sind sie gezwungen, weitgehend allein mit ihrem schrecklichen Problem fertig zu werden.

Es ist keineswegs hilfreich, wenn Patienten mit religiös gefärbtem Hintergrund sich in eine innere Abwehr- und Kampfeinstellung hineinsteigern und damit die Symptome noch verstärken. Die Befreiung von Besetzungen kann nur von Personen durchgeführt werden, die durch eine gefestigte, integre Persönlichkeit dazu imstande sind. Sie benötigen einen Kontakt mit der geistigen Welt und handeln in höherem Auftrag. Die übermittelte geistige Macht befähigt sie, Besetzungen zu entfernen.

Die geistigen Ursachen von Besetzungen sind weitgehend unbekannt und unerforscht, weil sie das wissenschaftliche Weltbild in Frage stellen. Die Menschen in den Industrieländern haben vergessen, dass sie selbst geistige Wesen sind, die in einer geistigen Welt leben, während bei den indigenen Völkern dieses Wissen noch vorhanden ist. Es existiert eine andere, unsichtbare Welt, die in die Materie hineinreicht. Astrale Einflüsse sind vielerorts am Werk, werden aber nicht als solche erkannt.

Eine ganze Anzahl medial Begabter Heiler oder Heilerinnen geben an, unter dem Einfluss körperloser Geistwesen zu stehen, die zur Verringerung oder Heilung psychischer wie körperlicher Leiden beitragen. Bei den Besessenheits-Religionen gehört zur Behandlung eine Berührung (S.53). Massagen oder Auflegen der Hände sollen lindernde Wirkungen entfalten. Manche Heiler bewegen ihre Hände direkt über dem Körper eines Patienten hin und her, damit eine Art ‚Ausstrahlung' den Organismus erreicht.

Der haitianische Voodoo-Kult führt schwere Krankheiten u.a. auf Besessenheit seitens der Geister Verstorbener zurück. In der Umbanda-Religion glaubt man, jede Person sei von ‚Fluiden' umgeben, die das Wohlbefinden beeinflussen. „Diese Fluiden sind reine Energie und können sowohl positiv als auch negativ sein", erklärt F. Goodman. „Alle lebenden Wesen, Gegenstände, Gottheiten, Geister, Handlungen und Vorstellungen können in wechselnder Zusammensetzung positive und negative Fluiden besitzen. Wesen und auch Substanzen können Fluiden aufnehmen" (S.85).

So kann Wasser heilende Wirkung haben, wenn es positiv geladen ist; es kann aber auch verunreinigt und somit negativ ‚gesättigt' sein. Überwiegen die positiven Fluiden, macht sich das in Form von Wohlbefinden bemerkbar, während die Gegenwart negativer Fluiden nicht nur Krankheiten, sondern auch andere persönliche Probleme verursacht. Krankheit kann allerdings auch die Folge von Fehlverhalten sein. Als Auslöser kommt zudem die schädliche Wirkung schwarzer Magie in Betracht.

Unglückliche Geister, die auf der Erde umherirren, nehmen manchmal Menschen in Besitz, anstatt an ihrer Vervollkommnung zu arbeiten. Sie rufen Unwohlsein, depressive Verstimmungen und verschiedene Krankheitssymptome hervor. Daran glauben die Anhänger religiöser Kulte in Japan, berichtet Goodman (S.112f.). Selbst Tiergeister werden für Krankheit und Besessenheit verantwortlich gemacht.

Die Einwirkung von Geistern in Besessenheitskulten stellt die Autorin differenziert dar: „Wo freundliche, positive, hilfreiche Wesen von den Menschen Besitz ergreifen, wie im Spiritismus, in der Umbanda und in der Pfingstbewegung…, sehen die Menschen keinen direkten Zusammenhang zwischen ihren Geisern und irgendwelchen Leiden. Die Geister sind hier nicht Ursache menschlicher Krankheiten und Nöte, sondern helfen den Leuten vielmehr, Gesundheit und Glück wiederzuerlangen. Die Gastgeber der Geister genießen dabei außerdem eine nahezu völlige Autonomie: das besitzergreifende Wesen muss warten, bis es ausdrücklich eingeladen wird, und innerhalb einer festgelegten Zeit auch wieder gehen" (S.139).

Doch in japanischen Besessenheits-Kulten verhält es sich gänzlich anders: „Hier sind die Geister Verursacher von Krankheit und Unglück. Das liegt allerdings nicht daran, dass die Geister hier insgesamt ihrem Wesen nach böswillig sind oder dass es sich durchgehend um Ahnen- oder Totengeister handelt… sie plagen die Menschen nur, wenn sie sich unglücklich und vernachlässigt fühlen" (ebd.).

Menschen besitzen einen gewissen Einfluss auf die Geistwesen. Doch: „Wenn sich ein solcher Geist erst einmal eingenistet hat, ist er in der Regel nicht mehr dazu zu bewegen, sein Opfer freiwillig zu verlassen, und es bedarf einiger Anstrengungen, ihn wieder auszuquartieren oder auszutreiben" (S.140).

Zwischen Geist und Persönlichkeit findet eine Wechselwirkung statt, die leicht übersehen wird. Besessene sind keineswegs hilflose Marionetten, die von übel wollenden Geistern beherrscht werden. Die persönliche Verantwortung tritt nicht zurück zugunsten der Annahme von ‚Besetzern', welche die menschliche Persönlichkeit überwältigen. Dämonische Wesen können nur dort angreifen, wo sich ihnen ein Angriffspunkt bietet. Sie weisen deutlich auf Mängel hin, die auch durch eine ‚Austreibung' nicht beseitigt werden.

Kirchliche Institutionen halten in manchen Fällen exorzistische Maßnahmen für Erfolg versprechend. Beim Exorzismus kommen geistige Kräfte zum Einsatz. Die Hilfe der geistigen Welt wird hinzugezogen, um den dunklen Kräften, die sich in Körper und Seele des Besessenen eingenistet haben, die Stirn zu bieten. Wie schwierig diese Aufgabe ist, geht aus dem zuvor Gesagten hervor.

Die fehlenden Grenzen in der persönlichen Psyche ermöglichen es dunklen Kräften, immer wieder erneut einzufallen und das Land, das gerade eben erst befreit wurde, zu besetzen. Eine Arbeit, bei der oft kein Ende in Sicht ist.

Ein Exorzist kann nur dann erfolgreich eingreifen, wenn ihm aus der eigenen Persönlichkeit genügend Stärke zuwächst und die Psyche des Besessenen bereit ist, sich von den dunklen Mächten loszusagen. Oft existiert die Verbindung bereits über einen langen Zeitraum, was die Arbeit des Exorzisten erheblich erschwert. Die Erfolgsaussichten sind nicht in jedem Fall vorher bis zur letzten Konsequenz einzuschätzen. Wo die eine Persönlichkeit an Stärke gewinnt, zerfällt eine schwache Persönlichkeit.

Vielfach gelingt es im Zuge des Exorzismus, wieder stabile Grenzen zu erzeugen, wozu die Maßnahmen erheblich beitragen. Die Persönlichkeit des Exorzisten bewirkt im günstigen Fall eine Stärkung der Persönlichkeit des Besessenen, so dass die angewendeten Mittel auf Dauer Wirkung zeigen und der erneute Einbruch destruktiver Kräfte verhindert wird.

Psychiater bezeichnen Exorzisten gern als Scharlatane, obwohl ihr eigenes Wissen große Defizite aufweist. Sie täuschen ein Verständnis vor, das im Grund sehr dürftig ist. Psychotische Erkrankungen und ihre Ursachen sind ihnen immer noch ein Rätsel und sie sind weit davon entfernt, ernsthaft Ursachenforschung zu betreiben.

Ein Heiler oder Exorzist, der von seiner Mission überzeugt ist, kann mitunter erstaunliche Erfolge vorweisen. Daher wäre es an der Zeit, dass Psychiater sich ihr Unvermögen vor Augen führen und nicht Therapiemethoden, die sich mit anderen Mittel um eine Lösung einer schwierigen Problematik bemühen, zu missbilligen und zu verunglimpfen. Es wäre ein großer Vorteil, wenn die verschiedenen therapeutischen Richtungen gemeinsam nach Ursachen und Lösungen suchen würden um einer Symptomatik, die sich bislang dem Verständnis weitgehend entzieht, auf die Spur zu kommen.

Hypnose als ein Mittel, Heilerfolge bei psychotischen Patienten zu erzielen, wird von spirituellen Lehrern wie Swami Vivekananda allerdings strikt abgelehnt. *„Die sogenannte hypnotische Suggestion kann nur auf einen schwachen Geist einwirken. Erst wenn es dem Hypnotiseur gelingt, den Geist des Patienten durch Fixieren oder auf eine andere Weise in eine Art von krankhaftem Zustand der Passivität zu versetzen, kann seine Suggestion wirken"* (S.72).

Jeder Versuch einer Beherrschung, die nicht freiwillig, aus eigener Geisteskraft geschieht, übt einen unheilvollen Einfluss aus. Durch hypnotische Fremdbeeinflussung verliert der Behandelte einen Teil seiner geistigen Kraft; der Geist wird geschwächt. Selbstsuggestionen hingegen können durchaus heilsame Wirkungen haben.

Fremdsuggestion beraubt Frauen und Männer eines Teils ihrer Seelenkräfte. In einem Zustand der Passivität und Ohnmacht neigt ein Mensch dazu, sich jedem fremden Einfluss zu öffnen, selbst wenn dieser verderblich ist. Wer eine Person durch die Macht seiner Willenskraft in Abhängigkeit bringt, schadet ihr, auch wenn dies nicht in seiner Absicht lag.

Kritik der traditionellen Psychiatrie

In der psychiatrischen Behandlung spielt das Interesse an Inhalten - auch nicht religiösen - lediglich eine untergeordnete Rolle. Die Kommunikation wird auf die alltäglichen Dinge begrenzt. Dabei werden Zustände von Verzweiflung und Einsamkeit verharmlost und mit medikamentösen Mitteln zu Schweigen gebracht. Anstelle einer individuellen konstruktiven Durcharbeitung der persönlichen Lebensgeschichte werden regressiv-symbiotische Tendenzen gefördert.

Die Therapie ist primär an den Symptomen, nicht aber am eigentlichen Kern des Erlebens orientiert. Durch Psychopharmaka wird das psychotische Geschehen lediglich peripher beeinflusst, kritisiert R. Mundhenk: „Die Substanz, der ‚Kern' des schizophrenen Erlebens und Denkens ist dem pharmakologischen Zugriff kaum zugänglich" (S.91). Die existentielle Bedeutung der schizophrenen Erschütterung und deren Folgen werden nur oberflächlich verhüllt.

Das traditionelle medizinische Krankheitsmodell, welches schizophrene Symptome eingleisig als ‚hirnorganische Störung' einstuft, wird zunehmend hinterfragt. Eine solche Auffassung entbehre jeder Grundlage, erklären M. Romme und S. Escher: „Die wissenschaftliche Forschung hat sicher sehr zu unserem Wissen über Gehirnprozesse beigetragen. Allerdings hat sie bis heute keine Beweise für die Beziehung zur Psychopathologie erbracht… Bis heute gibt es keine Hinweise auf die biologische Grundlage für das Stimmenhören und die Wahrscheinlichkeit ist gering, dass sich das in naher Zukunft ändern wird" (S.19).

Bei Stimmenhörern sei zwar eine auffallende elektrische Aktivität in verschiedenen Gehirnzentren gemessen worden. Dies könne allerdings nicht automatisch als Ursache für die Stimmen aufgefasst werden. Wenn im Gehirn zeitgleich mit Problemsituationen ungewöhnliche elektrische und chemische Muster nachgewiesen würden, könne dies ein parallel stattfindendes Phänomen sein und nicht zwangsläufig dessen zugrunde liegende Ursache (S.214). Der Fokus der Untersuchungen sollte eher darauf gerichtet sein, die Reaktionen im Gehirn bezüglich der Emotionen und der Prozesse, die parallel dazu ablaufen, herauszufiltern. Darüber hinaus sei es erforderlich, für neue Theorien und Behandlungsoptionen offen zu sein.

Mit dem bis in die Gegenwart hinein vorherrschenden Dogma, Geisteskranken seien vor allem auf „Fehlfunktionen des Gehirns" zurückzuführen, befasste sich ebenfalls C.G. Jung. Er erkannte, dass diese Annahme zu „absoluter Sterilität" in der Behandlung von Psychosekranken führt und jeden weiteren Erkenntnisfortschritt behindert. Zwar seien bei einigen schizophrenen Patienten anatomisch abweichende Befunde festgestellt worden, doch davon die psychotischen Symptome abzuleiten, sei mehr als zweifelhaft. Jung vergleicht die Psychiatrie mit jemandem, „der den Sinn und die Bedeutung eines Gebäudes dadurch enträtseln will, dass er dessen Steine mineralogisch durchforscht." (In: Der Inhalt der Psychose, S.26f.)

In Geisteskranken sieht Jung Patienten, die an menschlichen Problemen leiden, welche der psychologischen Analyse durchaus zugänglich sind. Die scheinbar sinnlosen Wahnideen ‚verrückter' Patienten bekommen dann einen Sinn, wenn Psychiater akribisch danach suchen. Kranke sind keineswegs eine „in Unordnung geratene Gehirnmaschine" (S.10). Die Gelehrtenweisheit, die in den Symptomen nichts weiter als die unsinnigen Phantasien eines kranken Gehirns erblickt, sei unfähig, sich in die Geheimnisse von Patienten einzufühlen. Im ‚Wahnsinn' sei ein System verborgen, das entdeckt und entschlüsselt werden kann.

Ein „materialistisches Vorurteil" bestimme vielfach die wissenschaftliche Theorienbildung, betont Jung. Sie stelle das Organ, das Werkzeug, über die Funktion; die Seele wird sozusagen zum Anhängsel des Gehirns. *Die orthodoxe Psychiatrie stehe „draußen vor den Tore"*, *denn erst jenseits anatomischer Strukturen, jenseits des Gehirns, finden Therapeuten Zugang zu den geheimen Kammern der Seele.*

Auch den Psychiater V. Aderhold befielen im Laufe der Jahre zunehmend Zweifel gegenüber dem tradierten Handeln in der Psychiatrie. Die übliche medizinische Sichtweise in Bezug auf akute Psychosen trifft nach Auffassung Aderhold auf ca. 30-40% der Patienten nicht zu. Durch die einseitige und übertriebene Verordnung von Neuroleptika werde ein konstruktives therapeutisches Potential verspielt. Aufgrund der teilweise erheblichen Nebenwirkungen stellt Aderhold die Frage, ob bei einigen Patientengruppen die Neuroleptika nicht mehr Schaden anrichten als nutzen? Nicht allein der psychotische Prozess sei pathologisch, auch ein fehlendes therapeutisch wirksames Konzept ist ein Mangel, der die Krise noch vertieft.

Viele Aspekte der psychotischen Erkrankung werden ausgegrenzt, da ihre Beschreibung häufig zu mühevoll erscheint. Doch selbst im Wahnsinn ist eine Sinnsuche möglich. Eine Krise kann als Prozess der Selbstfindung, als ein Übergangsritual verstanden werden. Nicht die „Kategorisierung von Lebensprozessen", die sich „dem herrschenden wissenschaftlichen und sozialen Ordnungsbegriff unterwirft", sondern ein Verständnis für die innere Ordnung der Prozesse könne zu einer vertieften Einsicht in das Krankheitsgeschehen führen, betont der Autor (S.4f.).

Da die Psychiatrie den Menschen in klassifizierender Weise zum Objekt macht, ist sie letzlich unfähig, die Tiefendimension menschlicher Erfahrungen in angemessener Weise zu verstehen. Die gegenwärtig in der Psychiatrie immer noch dominierenden Krankheitskonzepte und Theorien engen die Voraussetzungen für eine Reflexion psychotischer Prozesse ein. Aderhold plädiert daher für „die Überschreitung des wissenschaftlichen Mythos vom Menschen als ein vernunftbegabtes Tier" (ebd.).

Alternative Behandlungskonzepte, wie z.B. das *Soteria-Projekt* in San Francisco, zeigen eine andere, ermutigende Möglichkeit des Umgangs mit Menschen, die an einer Psychose leiden. Auch in Europa existieren mittlerweile einige fortschrittliche Initiativen, die eine Erweiterung der therapeutischen Sichtweise zum Ziel haben.

Patienten stehen vor der Entscheidung, ob sie die Psychose als eine sich wiederholende Störung betrachten oder ob sie verstehen wollen, was in ihrem Leben vorgeht. Es stehen ihnen kaum Orientierungshilfen zur Verfügung. Der Wunsch, über psychotische Erlebnisse zu reden, stößt meist auf Ablehnung. Jede Art von ernsthafter Kommunikation gilt in der psychiatrischen Praxis als kontraindiziert. Selten untersucht ein Therapeut die Ursachen der Psychose und fragt danach, was einen Patienten in den Wahnsinn getrieben hat.

Wenn Patienten lernen, ihre psychotischen Erfahrungen zu beschreiben, nehmen sie ihnen dadurch etwas von ihrer Bedrohlichkeit. Die Aufdeckung der Verbindung zwischen Psychose und persönlicher Lebensgeschichte kann hilfreich sein und Selbstzweifel beseitigen. Psychosen sind häufig verständliche Reaktionen auf traumatische Erfahrungen der Vergangenheit. Diese Zusammenhänge werden in der Psychiatrie kaum thematisiert. Viele Hilfesuchende vermissen daher eine angemessene Unterstützung während ihrer Erkrankung.

Die überkommene psychiatrische Doktrin, die schizophrene Erkrankungen als an sich sinnlose Gehirnkrankheiten einstufte, wird mittlerweile durch das vielfach publizierte Erfahrungswissen zahlreicher Betroffener in Frage gestellt (z.B. in: H. Hansen, Hg.). Bei T. Bock (Hg.) wird das „biologistische Zerrbild einer auf das somatische reduzierten Psychiatrie" angeprangert. „Wenn die spürbare Verengung wissenschaftlicher Forschung auf molekular-genetische Fragestellungen als umfassende biologische Wissenschaften verkauft wird, dann hat das eine ideologische Funktion und dient ökonomischen Interessen, nicht aber dem wissenschaftlichen Fortschritt."

Die psychiatrischen Wissenschaften litten unter einem Gegensatz zwischen immer genauerer Detailkenntnis und einem unzulässig schlichten Menschenbild, heißt es bei Bock. Der Hang zu vereinfachenden Erklärungen übersehe die komplexen Zusammenhänge von somatischen, seelischen und sozialen Prozessen. Es sei notwendig, die Psychiatrie von einengenden Konzepten zu befreien, denn die

Ursachen psychischer Erkrankungen sind weitaus vielschichtiger, als angenommen.

Eine ,anthropologische Psychiatrie', für die das Autorenteam plädiert, ist der Versuch, die entstandenen Gräben der Spezialisierung zu überwinden auf dem Weg in eine umfassendere und differenziertere Auffassung von Psychopathologie.

Psychotherapie oder Krisenintervention?

Die weit verbreitete Meinung klinischer Psychiater, schizophrenes Denken und Empfinden sei für Außenstehende nicht einfühlbar, trifft teilweise zu, meint G. Benedetti. Dennoch bezeichnet er diese Auffassung als irreführend, sobald sie verabsolutiert wird. „Die neutral wissenschaftliche Betrachtung entfremdet uns den Patienten in dem gleichen Maße, wie sein Erleben ihn uns fernrückt" (S.70). Benedetti, Professor für Psychohygiene und Psychotherapie, gründete 1963 das *Institut für Psychotherapie* in Mailand. Er äußert die Ansicht, dass ein Aufdecken der psychodynamischen Mechanismen und ein Partizipieren am Leid der Patienten nicht zwangsläufig heißen muss, es vollends zu begreifen.

In der Therapie schizophrener Patienten geht es nicht vorrangig um die Deutung der vom Patienten vorgebrachten bizarren Vorstellungsinhalte und Ängste, um diese von außen her zu objektivieren und hinterher zu erklären. Es wäre auch sinnlos, jemanden, der von wahnhaft verzerrten Schuldgefühlen erdrückt wird, zur eigenen Verantwortlichkeit aufzurufen. Die Projektionen schizophrener Patienten können nicht zwangsläufig auf rationale Mechanismen zurückgeführt werden, wie dies bei neurotischen Patienten der Fall ist.

Die Deutung psychotischer Erfahrungen setzt sich nicht das Ziel, Unbewusstes bewusst zu machen nach dem Freudschen Modell. Es gilt der Grundsatz: *Wer zu tief in trüben Gewässern forscht, läuft*

Gefahr, darin zu versinken. Vielmehr geht es darum, die Vorstellungswelt des Patienten und die Ereignisse, die ihm zustoßen, in rationale Bahnen zu lenken. Durch die therapeutische Intervention wird absurd-bizarres Erleben mit etwas Normalem verknüpft und damit ermöglicht, mithilfe der Assimilierung psychotischer Fragmente normales Erleben zu stimulieren. Die Funktion der therapeutischen Deutung besteht auch darin, die noch vorhandenen psychischen Fragmente in eine geordnete Struktur zu integrieren, die sich im Laufe der Zeit als das erstarkte Selbst des Patienten herausstellen kann

Die affektiven Reaktionen des Therapeuten spielen in dem Prozess eine beachtliche Rolle, wie G. Benedetti ausführt: „Das Instrument, das uns mit den Urbildern des Unbewussten und den Symbolen schizophrenen Erlebens in Verbindung bringt, liegt wesentlich in unserem Gefühlsleben verankert. Es ist die Fähigkeit, uns von diesen Bildern ergreifen und innerlich bewegen zu lassen, ohne dass wir dabei Spaltungsphänomenen anheim fallen. Wir teilen also dem Patient die Wirkung mit, die seine Symbole auf uns ausüben, und nicht bloß unsere ‚Betrachtung' derselben" (S.295f.).

Wenn ein Therapeut im Verlauf der Gespräche schizophrene Patienten mit Deutungen überhäuft, wird die Last auf den Schultern des schwachen Ich bald unerträglich; seine Desintegration kann dadurch beschleunigt werden, warnt G. Benedetti. „Der alte Grundsatz, dass die Psychoanalyse bei Psychosen kontraindiziert ist, hatte also diesen Sachverhalt durchaus erfasst" (S.50). Das Ausdeuten der projektiven Vorgänge ist oft nutzlos, weil dies von einem fragmentierten Ich gar nicht aufgearbeitet werden kann. Die therapeutische Aufgabe ist eine ganz andere: Deuten heißt in diesem Zusammenhang, dem therapeutischen Erleben Ausdruck zu verleihen, da es positiver gefärbt ist als das Erleben des Patienten und dieses zu neutralisieren vermag (S. 169).

Die Aufgabe eines jeden Therapeuten ist es, den Erfahrungen der Patienten mit Respekt zu begegnen und ihnen im Bezugrahmen ihrer Welt, ohne Vorurteile und Befangenheit in den eigenen Vorstellungen, gegenüberzutreten. Weil der größte Teil der behandelnden Ärzte zu den teils mystischen und fremdartigen Erlebniswelten ihrer Patienten keinen Bezug haben und diese nicht nachvollziehen können, sind sie auch nicht imstande, in angemessener Weise darauf einzugehen, indem sie bspw. die Patienten auf den Boden der Tatsachen zurückholen, ohne ihre Erlebnisse als krankhaft zu stigmatisieren. Würden die Patienten sich in der Tiefe ihrer Seele verstanden fühlen und erfahren, dass die phantastischen und oft auch Angst erregenden Inhalte ihrer Erlebnisse nicht allein ihnen zustoßen, sondern zu allgemein - menschlichen Erfahrungswelten gehören, - und damit keineswegs von vornherein als verrückt und damit pathologisch eingestuft werden -, dann könnten sie in einem nächsten Schritt ergründen, wie es zu der krankhaften Verzerrung in ihrem Innern, die ja tatsächlich stattgefunden hat, gekommen ist.

Das Pathologische liegt nicht in dem außergewöhnlichen Erlebnissen selbst begründet, sondern in der Art und Weise, wie die individuelle Psyche darauf reagiert. Darin liegt ein Schlüssel, den der Behandler verwenden kann. Eine positive Wendung wird ihm aber nur dann gelingen, wenn der Patient zuvor den Eindruck gewonnen hat, von seinem Arzt ernst genommen zu werden. Der Therapeut muss verstehen, welche Umformungen im Innern des Patienten stattgefunden haben. Es geht darum, das Geschehen nicht in Bausch und Bogen abzulehnen und zu pathologisieren, wie es leider allzu oft geschieht. Beim Hilfesuchenden wird der Eindruck erzeugt, er selbst habe im Grunde mehr Ahnung als der Behandler, da dieser lediglich an der Oberfläche verweilt.

Hilfreich wäre es, diejenigen Aspekte herauszufiltern, in denen das verzerrte Erleben von gesunden Reaktionen abweicht und die Gründe hierfür zu suchen. Möglicherweise ist der Patient aufgeschlossen für die Einlassungen des Therapeuten, wenn dieser auf die aus seiner Sicht auffälligen Realitätsverzerrungen hinweist und dabei die mystischen Erlebnisse als Teil der menschlichen Erfahrungswelt akzeptiert.

Auch bizarre Wahnideen können dem Patienten einen Weg in die alltägliche Wirklichkeit bahnen, während er sich andernfalls abkapseln und in der Isolation verharren würde. „Indem der Patient seine Ideen in unsere Realität und ins therapeutische Gespräch einbringt, sie zur Diskussion stellt und sie von allen Seiten besieht, gewinnen sie in seinen Augen an Transparenz", bemerkt Benedetti. Und er fährt fort: „Immerhin schöpft die Psychotherapie ihre Kraft aus dem Respekt, den sie all dem entgegenbringt, was sie nicht zu durchdringen vermag. Indem sie nicht reduzierbares Anders-Sein nicht einfach negiert, ist es ihr vergönnt, in menschliches Schicksal Einblick zu nehmen, das sich anders nicht erfassen lässt als durch eine abblätternde, auseinander brechende Fassade" (S.120).

Die Persönlichkeit des Therapeuten beginnt, für den Patienten zu einer sicheren Festung zu werden. Durch die Verbindung von Träumen, schöpferischen Einfällen und Phantasien auf seiten des einfühlsamen Zuhörers kann eine positive Entwicklung stattfinden. Dies geschieht selbst dann, wenn der Patient die dämonischen Aspekte seiner Psychose auf ihn projiziert. Benedetti hat den Eindruck gewonnen, „dass der Patient, der mit einem bestimmten Symptom in die Krankheit eingetreten ist, diese wiederum durch die gleiche Türe verlassen muss" (S.211).

Es bedarf zur Gesundung einer überzeugenden und tiefgreifenden Erfahrung, die Ähnlichkeit mit den pathologischen, von destruktiven Wahngebilden geprägten Erlebnissen aufweist, behauptet der Autor. Eine überwiegend intellektuelle Einsicht genügt nicht, um einer vitalen, mit Phantasie angereicherten Psychopathologie Widerpart zu bieten. Halluzination und Wahn können unter gewissen Umständen zum Gesundungsprozess beitragen, wenn sich eine in die Gegenrichtung verlaufende Bewegung hin zur Normalität vollzieht.

Auch eine Deutung, welche die Patienten mit der allgemeingültigen Realität konfrontiert, kann befreiend wirken. Benedetti bemerkt dazu: „Eine Patientin beschrieb einmal das Einsetzen der geistigen Verwirrung mit folgenden Worten: Wenn nur jemand da gewesen wäre, der mir hätte sagen können, ob das, was ich dachte wahr oder bloß eingebildet war! Vermutlich hätte ich dann kein so großes Durcheinander und weniger Angst gehabt" (S.219).

Dank der Psychotherapie ist es möglich, über die Besonderheiten der psychotischen Erkrankung Genaueres zu erfahren, erklärt Benedetti. Er weist auf die „unleugbare Tatsache" hin, „dass die Klärung der somatischen Vorgänge das Phänomen der psychischen Erkrankung als Ganzes nie eindeutig wird bestimmen können. Keiner Wissenschaft wird es jemals gelingen, mit der individuellen Psychotherapie gleichzuziehen. Denn diese begibt sich in die Krankheitsphänomene hinein und sucht sie dadurch zu ordnen und zu verknüpfen" (S.289).

Therapeuten, denen es an Einsicht mangelt, fischen nur im Trüben, meint Daskalos. Sie suchen die Lösung in Dunkeln, anstatt die eigentlichen Gesetzmäßigkeiten und Ursachen der Probleme zu ergründen und ein Verständnis dafür zu entwickeln. Nur wenn Therapeuten über die herkömmlichen Behandlungsmethoden hinausgehen, können sie tief ins Unbewusste der Patienten vordringen und die eigentlichen Ursachen des Problems erkennen.

Leider kann eine psychotherapeutische Behandlung bei Patienten in einer akuten Phase auch nachteilige Auswirkungen haben. Daraus lässt sich ersehen, welch ein Balanceakt die Psychose-Therapie in der Praxis sein kann. Der Widerstand, den Patienten in die Therapie mitbringen, ist begründet, denn er wurzelt in der Verteidigung der fragilen Autonomie des Ich. Wird der Patient dazu ermuntert, zu seinen phantastischen Wahngebilden zu stehen, kann es geschehen, dass er sich immer vehementer in den Sog der pathologischen Fixierungen hineingezogen fühlt. Im psychotischen Zustand findet ein quälendes Hin und Her zwischen einer rigiden Abwehr und dem totalen Zusammenbruch der Abwehr statt. Ablehnung, Misstrauen und Aggressionen sind Abwehrformen, die für das Ich anfangs notwendig sind.

Gelingt es dem Therapeuten, dem Patienten trotz seiner heftigen Abwehr zur Seite zu stehen und mit Akzeptanz zu begegnen, kommt eine autonome Entwicklung in Gang. „Manchmal werden wir jedoch von gewissen Patienten mit nicht zu überbietender Heftigkeit abgelehnt", stellt G. Benedetti resignierend fest. Der hartnäckige Widerstand kann auf den Umstand zurückgeführt werden, dass Patienten den Ausführungen des Therapeuten nicht folgen können, denn sie scheinen aus einer anderen Welt zu stammen und sind vom Erleben des Kranken unendlich weit entfernt. *„Es ist, als ob Therapeut und Patient zwei grundverschiedene Sprachen redeten"* (S.261).

Benedetti resümiert: „Der psychotherapeutischen Heilung sind sicher Grenzen gesetzt. Dennoch ist ihre Qualität eine bessere, als wenn sie durch medikamentöse Gaben unterstützt worden wäre. Unter psychotherapeutischer Heilung versteht man nicht eine generelle Beruhigung des Kranken, sondern den *Wiederaufbau seiner Persönlichkeit.* Dabei treten im Ich ganz neue Komponenten in Funktion, die das Leben des früheren Psychotikers bereichern. Nicht selten kommt er gar so weit, seine Krankheit als einen *sinnvollen und geradezu notwendigen* Abschnitt seines Lebens zu bezeichnen" (S.287).

In der post-psychotischen Phase geht es darum, die außergewöhnlichen Erfahrungen der Vergangenheit in Worte zu fassen und die zum großen Teil seltsamen, bizarren Wahnvorstellungen auf anschauliche, nachvollziehbare Gedankengänge zurückzuführen. Das Vertrauen in den Therapeuten festigt sich und eine Distanzierung zum psychotischen Geschehen findet statt.

Alternative Behandlungskonzepte

Viele Psychiater wenden psychotischen Halluzinationen wenig Aufmerksamkeit zu, da sie die Auffassung vertreten, die Berücksichtigung einer ‚unwirklichen Welt' in der Therapie würde die Probleme noch verstärken. Doch diese rigide Einstellung hat sich als wenig erfolgreich erwiesen.

Patienten erhalten in der Regel wenig Gelegenheit, über ihre Erfahrungen mit Stimmen oder außergewöhnlichen visuellen Wahrnehmungen zu reden. Häufig werden sie durch Mitarbeiter der Psychiatrie zum Schweigen gebracht, da diese es ablehnen, sich mit Erlebnissen, die nicht der Norm entsprechen, näher auseinander zu setzen Es wird den Betroffenen nicht erlaubt, das Phänomen der Stimmen aufzuarbeiten und nach Möglichkeiten der Heilung zu suchen. Als Folge davon fühlen sie sich allein gelassen und gelangen nicht selten selbst zu der Überzeugung, ‚verrückt' zu sein.

Alternative Therapieansätze können eine große Chance sein, Menschen in Notsituationen Unterstützung zu gewähren, erklären M. Romme und S. Escher (S.186f.). Der Erwerb von möglichst umfassendem Wissen legt die Strategien offen, mit denen die Stimmen bzw. hinter ihnen stehende Mächte agieren. Indem sie Ängste schüren, suchen sie ihre Opfer zu entmachten und ihre Widerstandskraft zu lähmen. Erkenntnisse dieser Art können Wege aufzeigen, die eigenen Fähigkeiten zu stärken und den Versuch der Stimmen vereiteln, das gesamte Leben eines Menschen in Beschlag zu nehmen. Die Beziehung zu den Stimmen kann mit der Zeit unter therapeutischer Anleitung verändert werden. Damit wird erreicht, dass sie weniger dominant das Leben beherrschen.

Im Gegensatz zur klinischen Psychiatrie sucht die Sozialpsychiatrie den Zusammenhang von Krankheitssymptomen in belastenden Erfahrungen der persönlichen Lebensgeschichte. Die Forschungen von M. Romme und S. Escher haben gezeigt, dass bei Patienten, die unter einer Schizophrenie leiden, erstaunliche Fortschritte verzeichnet werden, nachdem sie sich mit belastenden und traumatischen Erfahrungen in ihrer Lebensgeschichte auseinander gesetzt haben (S.22). Eine Erkrankung kann unter Umständen als Gelegenheit zum Lernen aufgefasst werden.

Eine Veränderung der Auffassung den Symptomen gegenüber schafft die Voraussetzungen dafür, einen Gesundungsprozess in Gang zu setzen. *Man muss behutsam sein, wenn einem etwas Unerklärliches widerfährt,* so lautet der Grundsatz. Moderne Therapieansätze gehen davon aus, dass Stimmen, indem die auslösenden Faktoren berücksichtigt werden, wichtige Informationen über zugrunde liegende Traumata vermitteln könnten. Häufig treten sie als Reaktion auf unerträglich scheinende Lebenssituationen auf.

Bei der Arbeit mit Stimmenhörern existiert mittlerweile die ‚erfahrungsfokussierte Beratung' (= experience focussed counselling), die Menschen mit psychotischen Erkrankungen aus dem Teufelskreis heraushelfen will. Das ehrgeizige Ziel des neuen Behandlungsmodells besteht darin, die Stimmen ganz zum Verschwinden zu bringen. Dieser Ansatz sieht Stimmen nicht als psychotisches Symptom, sondern als Reaktion auf extrem belastende Lebenssituationen und damit verbundene überwältigende Emotionen.

Die Stimmenhörer bauen am Anfang eine Beziehung zu den Stimmen auf und lernen, sie als Teil ihres alltäglichen Daseins zu akzeptieren. Ein veränderter Umgang mit den Stimmen soll es ermöglichen, das eigene Leben wieder in den Griff zu bekommen. „Die Arbeit mit Stimmenhörern bedarf einer ganz anderen Einstellung zur Therapie als derjenigen, die gewöhnlich in der psychiatrischen Ausbildung und in den psychiatrischen Professionen propagiert wird. Es geht um die Suche, die zusammen mit dem Stimmenhörer unternommen wird" (dies. S.12).

Einige Stimmen bringen Menschen dazu, sich mit ihren Problemfeldern zu befassen und diese aufzuarbeiten. Bei denjenigen Stimmenhörern, welche die Botschaft der Stimmen verstanden haben, sind die Stimmen zum Teil verschwunden. Für andere ist es nach einiger Zeit normal, Stimmen zu hören und es gelingt ihnen, sie in den Alltag zu integrieren. In der Therapie ist es wesentlich, den Einfluss der Stimmen zurückzudrängen und wieder Macht über das eigene Leben zu gewinnen, indem bspw. die Traumata der Vergangenheit erkannt und bearbeitet werden.

In den neuen Therapieansätzen wird der gesamte Symptomenkomplex (Wahnvorstellungen, Stimmen, übertriebene affektive Reaktionen, soziale Isolierung, Konzentrationsstörungen u.a.) getrennt voneinander betrachtet. Untersucht wird die Beziehung der Symptome untereinander sowie spezifische Situationen des täglichen Lebens, die als Auslöser in Frage kommen. Für die Besonderheiten der Erkrankung sowie der einzelnen Symptome soll auf diese Weise Verständnis entwickelt werden (S.36). Dabei wird vor allem auf die spezifischen Auslöser geachtet, denn diese sind wichtige Signale im Hinblick auf die persönliche Lebensgeschichte.

Eine moderne Therapie ist das Neurofeedback-Verfahren, das die Lenkung der eigenen Hirnfunktionen anregen soll mit dem Ziel, eine größere Kontrolle über die Stimmen zu erlangen. Die Beeinflussung erfolgt nicht - invasiv, d.h. ohne Verabreichung von Medikamenten.

Auch spirituelle Elemente werden manchmal in die Behandlung mit eingeflochten. In alternativen Therapien spielt die Trennung zwischen Körper und Geist keine entscheidende Rolle mehr. In der Therapie wird von der Annahme ausgegangen, dass jeder Mensch einen Energiekörper besitzt. Dieser feinstoffliche Körper kann räumlich über den physischen Körper hinausreichen. Die menschliche Psyche ist nicht nur innerhalb des physischen Körpers anwesend, sondern mehr oder weniger synchron mit dem Energiekörper. Krankheit kann als eine Störung im feinstofflichen Körper aufgefasst werden. Daher ist es möglich, die Psyche direkt über eine Beeinflussung dieses Energiekörpers zu behandeln.

Menschliche Individuen sind nicht nur materielle, sondern auch geistige Wesen, die sich innerhalb einer Realität bewegen, die verschiedene Bewusstseinsschichten sowie nichtmaterielle Dimensionen umfasst.

Die Transpersonale Psychologie

In den vergangenen Jahren sind in der Psychotherapie spirituelle und transpersonale Aspekte zunehmend berücksichtigt worden. Transpersonal bezeichnet eine tiefere Ebene des Bewusstseins, die das Personale, die Alltagsidentität mit ihren Rollenmustern und Identifizierungen, überschreitet. Eine wachsende Anzahl von Therapeuten berichtet, dass sie in ihre therapeutische Arbeit die spirituelle Dimension mit einbeziehen (vgl.: J. Galuska). Zahlreiche Veröffentlichungen zeigen das gestiegene Interesse und auch den Bedarf an der Erforschung von Bewusstseinsprozessen.

Die Bedeutung der spirituellen und transpersonalen Dimension in der Psychotherapie wird von Therapeuten und Wissenschaftlern unterschiedlich eingeschätzt, denn die Erforschung des Unbekannten, des ‚Transzendenten', ist mit enormen Schwierigkeiten verbunden. Daher existiert eine große Zurückhaltung und Skepsis in der akademischen Welt.

C. Zumstein vertritt die Ansicht: „Wir haben eine Wissenschaft der Innenwelt, der Seele, der Psyche entwickelt: die Psychologie. Noch steht die Psychologie ganz im Dienst der Vorherrschaft des Wachens. Sie ist ausschließlich die Wissenschaft des wachen Innenlebens" (S.85). Alles das, was im Traumzustand erlebt wird, bekommt nur im Wachbewusstsein einen Sinn zugesprochen.

J. Galuska äußert die Überzeugung: „Ausgangspunkt einer Psychotherapie des Bewusstseins ist das Unbekannte, das Geheimnis, das, was die Seele selbst noch als transzendent empfindet. Das beobachtende Bewusstsein, das seine eigene Struktur erforscht und sich seinem Grund zuwendet, dem, was es transzendiert, wendet sich sozusagen dem Unbekannten als solchem zu" (S.28). Eine Psychotherapie des Bewusstseins richte sich nicht auf die ‚reduzierte Psyche' als Ort der inneren Konflikte, sondern auf die Tiefe und Weite des menschlichen Geistes, der das Unbekannte begreifen lernt und seine Reichweite immer weiter ausdehnt.

Mit fremden Kulturen geht die Transpersonale Psychologie sensibel um und begegnet den rituellen und spirituellen Traditionen aus alten Kulturen mit Respekt. Sie akzeptiert ein großes Spektrum an anomalen Phänomenen und Betrachtungen, für welche die akademische Wissenschaft keine Erklärungen finden kann. Diese Herangehensweise stellt eine radikale Abwendung von den üblichen akademischen Denkweisen dar und scheint mit der traditionellen Psychologie und Psychiatrie nicht vereinbar zu sein.

Die Transpersonale Psychologie fußt auf einem sehr umfangreichen Beobachtungsmaterial und entsprechenden Daten. Die Anhänger „entwickelten und begrüßten die transpersonale Sicht der menschlichen Psyche nicht deswegen, weil sie die Grundaussagen der traditionellen Wissenschaft ignorierten, sondern weil sie die alten Denkmodelle auf dem Hintergrund ihrer Erfahrungen und Beobachtungen eindeutig unzureichend fanden", erklärt St. Grof (in: Impossible, S.380).

Der Autor plädiert dafür, sich aus dem Bann der materialistischen wissenschaftlichen Auffassungen zu befreien und zu akzeptieren, dass das Verständnis von der menschlichen Psyche und vom Wesen der Wirklichkeit radikal revidiert werden muss, um es mit neuen Erkenntnissen in Einklang zu bringen.

Leider ist eine erweiterte Wahrnehmung dem menschlichen Bewusstsein nicht immer zuträglich, wie die Vielzahl an Krankheitssymptomen unschwer erkennen lässt. Dies heißt aber nicht, dass eine Erweiterung der bewussten Wahrnehmung in jedem Fall Gefahren mit sich bringt. Die Reaktionen der individuellen Psyche sind entscheidend dafür, ob eine Erfahrung krankmachenden oder die Entwicklung fördernden Charakter annimmt.

Bei der Frage nach der Entstehung psychischer Krankheitssymptome finden sich häufiger, als man erwartet, Antworten im magisch-mystischen Bereich. Hier lassen sich brisante Zusammenhänge entdecken, wenngleich diese auf den ersten Blick nicht klar zu erkennen sind. Somit sind nicht in jedem Fall allein ungünstige Bedingungen in der Kindheit und persönliche Fehlentwicklungen ausschlaggebend für ein seelisches Leiden.

Nicht selten findet sich in der Vorgeschichte psychisch kranker Patienten ein gesteigertes Interesse für magische und spiritistische Praktiken, wie z.B. die Mitgliedschaft in magischen Zirkeln und die Teilnahme an spiritistischen Sèancen. Oder es haben ‚Einweihungen' stattgefunden in esoterischen Gruppierungen. Auch eine meditative Praxis ist im Vorfeld häufig anzutreffen.

In den meisten Fällen sind die magisch-meditativen Praktiken allerdings keineswegs die primären Auslöser für eine spätere Erkrankung. Auffälligkeiten in der persönlichen Psyche spielen dabei die ausschlaggebende Rolle, wobei eine wenig belastbare Psyche und die Neigung zu nervösen Überreaktionen leicht zu einer Überforderung in stressbedingten Situationen führt. Eine übertrieben misstrauische, feindselige Haltung und die Tendenz, Verfolgungsideen zu entwickeln, können sich in späteren Jahren als pathologische Realitätsverzerrungen manifestieren.

Dennoch lässt sich in vielen Fällen der Bezug psychischer Erkrankungen zu Mystik und Magie nicht leugnen. Die Zusammenhänge sind bislang leider kaum erforscht. In manchen Fällen waren okkulte Praktiken einer der Bausteine, die zur späteren Erkrankung beitrugen. Ohne das Interesse an mystischen und okkulten Themen hätten neurotische Tendenzen womöglich nicht zu psychotischen Reaktions- und Verhaltensweisen geführt.

Die eingeschränkte Sinneswahrnehmung derjenigen Menschen, die nicht für übersinnliche Phänomene offen sind, wirkt wie ein Schutz, der dem inneren Gleichgewicht dient. Wenn ein psychisch unausgeglichener Mensch erweiterte Bewusstheit erfährt, ist die Gefahr von alptraumhaften Vorstellungen und Horrorvisionen sehr groß. Die daraus entstehenden massiven Ängste können zu einer Destabilisierung der Psyche bis hin zu seelischer Zerrüttung führen.

Auf der anderen Seite kann eine innere Öffnung das Bewusstsein für außersinnliche Erfahrungen und neuartige Erlebnisse in einer Größendimension zugänglich machen, von der normalerweise ein Mensch mit seinem begrenzten Horizont niemals zu träumen wagte. Ein neues Tor der Bewusstheit öffnet sich, das mit nichts zu vergleichen ist und das den Menschen seinem geistigen Ursprung näher bringt.

Die Herausforderungen der Globalisierung und die damit einhergehenden Probleme erfordern allgemein eine tief
greifende Bewusstseinsveränderung. Dazu bedarf es allerdings einer weitreichenden Kenntnis der Regeln und Gesetze, die mit einem veränderten Bewusstsein einhergehen. Eine transpersonale Orientierung nutzt veränderte und erweiterte Bewusstseinszustände für den Heilungs- und Entwicklungsprozess.

Schlussbemerkungen

Die Fragen nach den Ursachen seelischer Erkrankungen sind zum überwiegenden Teil immer noch nicht ausreichend geklärt. Außergewöhnliche Bewusstseinszustände werden seitens vieler Psychiater und Psychotherapeuten immer noch in einseitiger Weise pathologisiert, womit man dam Phänomen aber in keiner Weise gerecht wird. Das menschliche Bewusstsein ist zu vielfältigen Wahrnehmungen fähig, die den Rahmen der allgemein akzeptierten und anerkannten ‚Normalität' sprengen.

Da wissenschaftliche Erklärungsversuche für psychiatrische Krankheitsbilder bereits in großem Umfang existieren, wird in dieser Publikation der Schwerpunkt auf Deutungen aus dem religiösen und magisch-mystischen Bereich gelegt. Vieles liegt nach wie vor im Dunkeln. Fragt man Psychiater und Psychologen nach den Ursachen psychotischer Erkrankungen und den Therapieerfolgen, drängt sich die Vorstellung vom ‚hilflosen Helfer' auf, der allein auf medikamentöse Behandlung setzt. Die meisten Ärzte und Therapeuten können nicht wirklich nachvollziehen, was in Menschen vor sich geht, die unter massiven Realitätsverzerrungen leiden, da sie deren Erlebniswelt distanziert gegenüberstehen. Meist mangelt es an der Einfühlung in die Besonderheiten der kranken Psyche und an einem tieferen Verständnis für die magisch-mystischen Anteile der innerpsychischen Konflikte.

Für die Zukunft bleibt zu wünschen, dass Therapeuten und enge Bezugspersonen die Bedeutung von Symptomen psychisch kranker Menschen, die in die Abgründe der Seele geraten sind, erkennen und ihnen grundsätzlich mehr Aufmerksamkeit entgegenbringen. Wenn sie um ein weiter gefasstes Verständnis bemüht sind, können sie von dieser Warte aus den Nöten der Patienten mit einem verbesserten Einfühlungsvermögen begegnen. Nur dann lässt sich ein Erfolg versprechender therapeutischer Ansatz entwickeln, der den Patienten hilft, ihren Ängsten zu entkommen und aus dem Abgrund der Verzweiflung hinaus zu gelangen.

Die psychologische Wissenschaft behauptet, die Quelle aller Kräfte sei im menschlichen Innern, im Unbewussten, zu finden, obwohl sie davon lediglich nebulöse Vorstellungen hat. Es ist ihr zudem entgangen, dass im Inneren des Menschen auch Kräfte wirken, deren Ursprung nicht in der individuellen Persönlichkeit zu finden ist.

Die Landschaften der inneren Traumzeit hat die psychologische Wissenschaft noch nicht erforscht, obwohl C.G. Jung mit der Entdeckung des kollektiven Unbewussten und der Archetypen längst eine Entwicklung in diese Richtung vorbereitet hat, bedauert C. Zumstein. Er vertraut darauf, dass die Psychologie eines Tages fähig sein wird, das Innere des menschlichen Bewusstseins als Wirklichkeit der Traumzeit anzuerkennen und das Unterbewusste davon zu befreien, die 'Abstell- und Requisitenkammer' einer ichbezogenen Seele zu sein.

In der Neuzeit haben viele Menschen aufgehört, die Botschaften und Zeichen, die ihnen aus unterbewussten Quellen zufließen, wahrzunehmen und zu verstehen. Würden sie in schwierigen Zeiten mehr den Kern ihrer Probleme begreifen, hätten sie die Möglichkeit, den Sinn ihrer Krankheitssymptome zu erkennen und letztendlich darüber hinauszuwachsen.

In den vergangenen Jahren ist auf diesem Gebiet immerhin einiges in Bewegung geraten. Verkrustete Strukturen wurden - zumindest teilweise - aufgebrochen und es weht ein frischer Wind, der auch die unter Symptomen leidenden Menschen in die Behandlungskonzepte mit einbezieht und ihrer Stimme Gewicht verleiht. Es bleibt zu wünschen, dass sich diese ermutigende Entwicklung auch in Zukunft weiter fortsetzt.

Beratungsstellen:

Bundesverband Psychiatrie - Erfahrener e.V.
Wittener Str. 87
44789 Bochum
Mail: info@bpe-online.de

SEN – Deutschland e.V.
(Spiritual Emergence Network)
Graf Dürckheimweg 5,
79682 Todtmoos-Rütte
Internet: www.senev.de/Kontakt.htm

Ein Netzwerk für spirituelle Entwicklung und Krisenbegleitung. SEN vermittelt Selbsthilfe-Aktivitäten und führt eine bundesweite Liste von Therapeuten.

Fachklinik Heiligenfeld
Euerdorfer Str. 4-6
97688 Bad Kissingen
Internet: www.heiligenfeld.de   Stand: 1.02.16

Eine Fachklinik für Psychotherapie, Psychosomatik und Psychiatrie. Es gibt ein spezielles Behandlungsprogramm für die psychotherapeutische, medizinische und psychiatrische Behandlung religiöser und spiritueller Störungen.

**IGPP – Institut für Grenzgebiete der Psychologie
und Psychohygiene e.V.**
Wilhelmstr. 3a
79098 Freiburg i. Br.
Mail: igpp@igpp.de
Tel.: 0761/207-2152; Beratung: Mail: beratung@igpp.de

Das IGPP in Freiburg ist nicht nur Forschungsstelle, sondern auch
Anlaufstelle für Ratsuchende mit außergewöhnlichen Erfahrungen.
Ein Beratungsteam, bestehend aus mehreren Psychotherapeuten, bietet einen Informations- und Beratungsservice an. Das Beratungskon-
zept verbindet psychotherapeutische Kompetenz mit dem Kenntnis-
stand parapsychologischer Forschung.
Eine Beratung kann per Telefon, schriftlich (Brief oder E-Mail) oder
im persönlichen Gespräch erteilt werden.

Verein: „Irre menschlich Hamburg"
Mail: info@irremenschlich.de

Netzwerk für Stimmenhörer
Internet: www.stimmenhoeren.de

INTERVOICE
www.intervoice.org

Literaturverzeichnis

Abelar T.:
- *Die Zauberin: die magische Reise einer Frau auf dem Yaqui-Weg des Wissens*; Bern 1994

Aderhold, V.:
- *Die akute Schizophrenie als Prozess der Selbst - Gestaltung*; (Med. Diss.) Köln 1994

Aivanhov, O. M.:
- *Die Antwort auf das Böse*; Reihe ‚Izvor' Nr. 210, Fréjus 1995
- *Eine universelle Philosophie*; Reihe ‚Izvor' Nr. 206, 2.Aufl., Fréjus 1989
- *Die Freiheit, Sieg des Geistes*; Reihe ‚Izvor' Nr. 211, 2.Aufl., Fréjus 1990
- *Die geometrischen Figuren und ihre Sprache;* Reihe ‚Izvor' Nr. 218, 3.Aufl., Fréjus 1993
- *Das Licht, lebendiger Geist*; Reihe ‚Izvor' Nr. 212, 3.Aufl., Fréjus 1989
- *Die Sexualkraft oder der geflügelte Drache*; Reihe ‚Izvor' Nr. 205, 4.Aufl., Fréjus 1990

Andrews, L.:
- *Der Geist der vier Winde*; München 1993
- *Die Sternenfrau. Von den Sternen kommen wir und zu den Sternen kehren wir zurück*; München 1992

Arundale, G.S.:
- *Das Licht auf dem geistigen Pfad. Die Gesetzmäßigkeiten des spirituellen Weges*; Grafing 2011

Ashworth, D.:
- *Tanz mit dem Teufel? Das Dunkle in der Lichtarbeit – ein Selbstschutzbuch für Reiki-Praktiker, Heiler und Therapeuten*; 3.Aufl., Saarbrücken 2016

Asshauer, E.:
- *Tulkus. Das Geheimnis der lebenden Buddhas*; erw. Neuausgabe, Grafing 2004

Augustat, W.:
- *Die Botschaft aus Schambhala*; Bergisch Gladbach 1997

Balducci, C.:
- *Priester, Magier, Psychopathen. Grenze zwischen Wahn und Teufel*; Aschaffenburg 1976

Bardon, F.:
- *Der Weg zum wahren Adepten*; 13.Aufl., Freiburg im Breisgau 1994

Behnke, H.:
- *Die sexuellen Halluzinationen bei schizophrenenPsychosen in phänomenologischer und differentialdiagnostischer Sicht*; (Diss. Med.), Bonn 1967

Bergemann, W.:
- *Verrückt oder erleuchtet?* (In: Psychologie Heute, Heft 6/2006)

Berry, V. u. a.:
- *Ein Kurs im Channeln*; Freiburg im Breisgau 1994

Besant, A.:
- *Initiation. Der Weg zur Vollendung des Menschen*; Grafing 2013
- *Theosophie und moderne psychische Forschung;* sechs Vorträge
  Leipzig 1907

- *Uralte Weisheit. Eine Einführung in das theosophische Weltbild*;
  neu überarb. Ausgabe, Grafing 2006

Bessermann, P.:
- *Der versteckte Garten. Die Kabbala als Quelle spiritueller
  Unterweisung*; Frankfurt am Main 1996

Bhagwan Shree Rajneesh:
- *Das Buch der Geheimnisse. 16 Reden des Meisters der Meditation
  über das ,Vigyana Bhairava Tantra'*, München 1981
- *Esoterische Psychologie*; 3.Aufl., Zürich 1991
- *Ich bin der Weg*; München 1979; siehe auch: Osho
- *Sprengt den Fels der Unbewusstheit! Ein Darshan Tagebuch*;
  16.-22. Tsd, Frankfurt am Main 1980

Bock, T.:
- *Eigensinn und Psychose: ,Noncompliance' als Chance*;
  Neumünster 2006

Bock, T., Dörner, K., Naber, D. (Hg.):
- *Anstöße zu einer anthropologischen Psychiatrie*; Bonn 2004

Bösch, J.:
- *Parapsychiatrie – Wege der Ganzwerdung*; München 2013

Bragdon, E.:
- *Spirituelle Krisen - Wendepunkte im Leben*; Freiburg im Breisgau
  1991

Brentrup, M. und Kubitz, G.:
- *Rituale und Spiritualität in der Psychotherapie*; Göttingen 2015

Brunton, P.:
- *Yogis. Verborgene Weisheit Indiens*; Berlin 1961

Bulwer-Lytton, E.:
- *Zanoni*; Darmstadt 2004

Butler, W. E.:
- *Die hohe Schule der Magie: über die Kunst, willentlich Bewusstsein zu verändern*; 5.Aufl., Freiburg im Breisgau 1994

Bychowski, G.:
- *Metaphysik und Schizophrenie. Eine vergleichend psychologische Studie*; Berlin 1923 (Abhandlungen aus der Neurologie, Psychiatrie, Psychologie und ihren Grenzgebieten. Heft 21)

Castaneda, C.:
- *Eine andere Wirklichkeit: neue Gespräche mit Don Juan*; 242.-245. Tsd, Frankfurt am Main1993
- *Die Kraft der Stille: neue Lehren des Don Juan*; 21.-25. Tsd, Frankfurt am Main 1993
- *Die Kunst des Pirschens;* 72.-74. Tsd, Frankfurt am Main 1993
- *Die Kunst des Träumens*, 2.Aufl., 13.-16. Tsd, Frankfurt am Main 1994
- *Die Lehren des Don Juan: ein Yaqui-Weg des Wissens*, überarb Ausgabe, Frankfurt am Main 1991
- *Der Ring der Kraft: Don Juan in den Städten*; 172.-174. Tsd, Frankfurt am Main 1993
- *Der zweite Ring der Kraft*; 105.-107. Tsd, Frankfurt am Main 1993

Claßen, N.:
- *Das Wissen der Tolteken. Carlos Castaneda und die Philosophie des Don Juan*; Frankfurt am Main 1994

Collins, M.:
- *Bruchstücke aus dem Denken und dem Leben. Erlebnisse und Erfahrungen auf dem Pfade zum Allerhöchsten*; München o. J.
- *Licht auf den Pfad und ein Essay über Karma*; 7.erw.Aufl., Grafing 2001

Conrad, K.;
- *Die beginnende Schizophrenie. Versuch einer Gestaltanalyse des Wahns*; Stuttgart 1958

Creme, B.:
- *Maitreyas Mission*; London 1990

Cutomo, C.:
- *Medialität – Besessenheit – Wahnsinn*; Flensburg 1989

Dae Gak:
- *Das Zen des Lauschens*; Frankfurt am Main 1999

Dahlke, R.:
- *Krankheit als Sprache der Seele: Be-Deutung und Chance der Krankheitsbilder*; 8.Aufl., München 1992

David-Néel, A.:
- *Heilige und Hexer. Glaube und Aberglaube im Landes des Lamaismus*; Leipzig 1931
- *Im Banne der Mysterien,* München 1998
- *Meister und Schüler. Die Geheimnisse der lamaistischen Weihen*; Leipzig 1934

Denning, M. und O. Phillips:
- *Psychischer Selbstschutz: die Entwicklung positiver Kräfte*; 3.Aufl., Freiburg im Breisgau 1997

Dethlefsen, T.:
- *Schicksal als Chance. Das Urwissen zur Vollkommenheit der Menschen*; München 1979

Devereux, P.:
- *Die Seele der Erde entdecken. Öffnen Sie sich für die heilenden Kanäle zwischen Geist und Natur*; München 2001

DiNola, A.M.:
- *Der Teufel: Wesen, Wirkung, Geschichte*; München 1990

Donner-Grau, F.:
- *Traumwache. Eine Frau geht den Weg der Yaqui - Schamanen*; 2.Aufl., München 1996

Drury, N.:
- *Der Schamane und der Magier. Reisen zwischen den Welten*; München 1997

Feild, R.:
- *Ich ging den Weg des Derwisch*; Reinbek bei Hamburg 1985
- *Schritte in die Freiheit: Die Alchemie des Herzens*; 14.-16. Tsd, Reinbek bei Hamburg 1994

Finzen, A.:
- *Schizophrenie – die Krankheit verstehen*; 3.Aufl., Bonn 1995

Fiore, E.:
- *Besessenheit und Heilung: die Befreiung der Seele*; 2.Aufl.,
  Güllesheim 1999

Fischer, K.P. und H. Schiedermair:
- *Die Sache mit dem Teufel. Teufelsglaube und Besessenheit
  zwischen Wahn und Wirklichkeit*; Frankfurt am Main 1980

Flensburger Hefte:
- *Hüter der Schwelle*; Nr. 45, Flensburg 1994

Fortune, D.:
- *Mondmagie: das Geheimnis der Seepriesterin*; 3.Aufl., Woldert
  2003
- *Selbstverteidigung mit PSI*; Interlaken 1987

Fraser, G.A.:
- *Im Licht der Engel*; Grafing 1997

Frei, G.:
- *Probleme der Parapsychologie*. Gesammelte Aufsätze; München
  1969 (Imago Mundi, Bd II)

Freud, S.:
- *Gesammelte Werke*: Bd I, Bd XV, Bd.XVI, London 1940

Galuska, J. und A. Pietzko (Hrsg.):
- *Psychotherapie und Bewusstsein. Spirituelle und transpersonale
  Dimensionen der Psychotherapie*; Bielefeld 2005

Gehring, H.:
- *Versklavte Gehirne. Bewusstseinskontrolle und Verhaltensbeeinflussung*; Rottenburg 2010

Gehrke, A.:
- *Ausbruch aus dem Angstkäfig: Ein Stimmenhörer berichtet*;
  Neumünster 2003

Gemsemer, K.:
- *Zwischen Psychose, Psychosomatik und Spiritualität.
  Psychotherapie in Grenzbereichen. Zwischen 1990 und 2012*
  (s. Internet: www.gemsemer.de/texte.php)

Goodman, F.D.:
- *Ekstase, Besessenheit, Dämonen. Die geheimnisvolle Seite der
  Religion*; Gütersloh 1997

Gopi Krishna:
- *Das plötzliche Erwachen von Kundalini*. In: White, J.: Kundalini -
  Energie

Greber, J.:
- *Der Verkehr mit der Geisterwelt Gottes. Seine Gesetze und sein
  Zweck*. Im Internet unter: www.j-lorber.de: Spiritismus

Green, H.:
- *Ich hab dir nie einen Rosengarten versprochen. Bericht einer
  Heilung*; 116.-165. Tsd, Reinbek bei Hamburg 1979

Gregorius, G.A.:
- *Spaltungs-Magie;* (ohne Ort) 1961, (Magischer Brief Nr.2)

Grof, St.:
- *Das Abenteuer der Selbstentdeckung. Heilung durch veränderte
  Bewusstseinszustände*; Reinbek bei Hamburg 1994
- *Impossible – Wenn Unglaubliches passiert. Das Abenteuer
  außergewöhnlicher Bewusstseinserfahrungen*; München 2008

Grof, St. und Chr.:
- *Jenseits des Todes. An den Toren des Bewusstseins*; München 1984
- *Die stürmische Suche nach dem Selbst. Praktische Hilfe für spirituelle Krisen*; München 1991

Grof, St. und Chr. (Hg.):
- *Spirituelle Krisen. Chancen der Selbstfindung*; München 1990

Gudat, R.:
- *Ich bin ver...rückt. Spirituelle Krisen – der Sprung ins Nichts*; Aachen 2006

Guénon, R.:
- *Stufen des Seins. Die Vielzahl der Welten*; Freiburg im Breisgau 1987

H.-Huiffner, J.:
- *Träume zwischen Geist und Schöpfung. Spirituelle Traumdeutung*; Oldenburg 2002

Haas, J.U.:
- *Schamanentum und Psychiatrie. Untersuchung zum Begriff der ‚arktischen Hysterie' und zur psychiatrischen Interpretation des Schamanentums zirkumpolarer Völker*; (Geowiss. Diss.), Schwelm/Westfalen 1976

Haich, E.:
- *Einweihung;* 3.Aufl., Ergolding 1991

Hansen, H. (Hg.):
- *Der Sinn meiner Psychose. Zwanzig Frauen und Männer berichten*; 2.Aufl., Neumünster 2013

Harner, M.:
- *Der Weg des Schamanen. Ein praktischer Wegweiser zur innere Heilkraft*; Interlaken 1982

Hasselmann, V. und F. Schmolke:
- *Welten der Seele. Trancebotschaften eines Mediums*; München 1993

Hassenkamp, B.:
- Kundalini-Erwachen. Das namenlose Kind auf dem Weg zum ICH BIN; Aachen 2006

Herrera, G.:
- Das Tor: Reise nach Yeyecoaloyan; München 1993

Hodapp, B.O.:
- *Der Magische Spiegel als Tor zu anderen Welten*; 2.Aufl., Darmstadt 2005

Hofmann, A.:
- *LSD – mein Sorgenkind. Die Entdeckung einer ‚Wunderdroge'*, 8.Aufl., München 2000

Hofmann, L.I.:
- *Spiritualität und Religiosität in der psychotherapeutischen Praxis. Eine bundesweite Befragung von Psychologischen Psychotherapeuten*; Diss. phil, Freiburg i.Br. 2009

Hopcke, R.H.:
- *Zufälle gibt es nicht. Synchronizität – Die verborgene Ordnung unseres Lebens*; München 1997

J. B. und Teutsch, R.:
- *Unsichtbare Mächte. Magier, Geister und Dämonen*; Rastatt 1997
  (Originalausgabe 1928)

Jakoby, B.:
- *Gesetze des Jenseits. Botschaften von Gregory*; München 2009

Johannes vom Kreuz:
- *Die dunkle Nacht*; vollständ. Neuübers., 2.Aufl., Freiburg u.a. 1995

Johnson, J.P.:
- *Pfad der Meister: der Weg nach Innen durch den Yoga des
  Klangstroms*; 3. überarb. Aufl. München, Engelberg/Schweiz 1985

Jung, C.G.:
- *Synchronizität als ein Prinzip akausaler Zusammenhänge*; Olten
  1995 (Gesammelte Werke, Bd 8)

Kahili King, S.:
- *Der Stadt-Schamane. Ein Handbuch zur Transformation durch
  HUNA, das Urwissen der hawaiianischen Schamanen*; Berlin 1991

Kalweit, H.:
- Liebe und Tod. Vom Umgang mit dem Sterben; Burgrain 2006

Kardec, A.:
- *Das Buch der Geister*; 4.Aufl., Freiburg im Breisgau 1991
- *Das Buch der Medien*; Freiburg im Breisgau 1987

Laing, R. D.:
- Das geteilte Selbst; Köln 1972

Lamm, M.:

- *Swedenborg. Eine Studie über seine Entwicklung zum Mystiker und Geisterseher*; Leipzig 1922

Lammer, H. und M.:
- *Verdeckte Operationen*; München 1997

Larkings, L.:
- *Gespräche mit Außerirdischen . Kontakte mit dem kosmischen Bewusstsein*; 2. Aufl., Berlin 2005

Leadbeater, C.W.:
- *Der Alltag aus spiritueller Sicht. Wie unsichtbare Kräfte unser tägliches Leben beeinflussen*; Grafing 2007
- *Der sichtbare und der unsichtbare Mensch. Darstellung verschiedener Menschentypen, wie der geschulte Hellseher sie wahrnimmt*; 9.Aufl., Grafing 1999

Lemaitre, S.:
- *Ramakrischna in Selbstzeugnissen und Bilddokumenten*; 22- 24.Tsd, Reinbek bei Hamburg 1981 (Rowohlts Monographien Bd 60)

Lempa, G. und H. Böker:
- *Theorie und Therapie der schizophrenen Psychose aus psychoanalytischer Sicht*; München 1999. (In: Psychotherapie, 4. Jg. Bd 4, H. 1)

Lenssen, W.:
- *Der Ruf der Mayas. Eine Schamanenreise*; 2. Aufl., München 2008

Lessing, U. (Hg.):
- *Wenn die Seele aufbricht. Subjektive Erfahrungen mit der Psychose*; Dortmund 1999

Leuenberger, H.-D.:
- *Sieben Säulen der Esoterik. Grundwissen für Suchende*; Freibur
  im Breisgau 1989

Li Hongzhi:
- *Falun Gong: der Weg zur Vollendung*; München 1998

Long, M.F.:
- *Kahuna-Magie. Das Wissen um die weise Lebensführung* ; 3.Aufl.,
  Freuburg im Breisgau 1994

Lucadou, W.v. und M. Poser:
- *Geister sind auch nur Menschen. Was steckt hinter okkulten
  Ereignissen? Ein Aufklärungsbuch*; Freiburg im Breisgau 1997

Lütge, L.-R.:
- *Carlos Castaneda und die Lehren des Don Juan*; 3.Aufl., Freiburg
  im Breisgau 1991

Marciniak, B.:
- *Boten des neuen Morgens. Lehren von den Plejaden*; 10.Aufl.,
  Freiburg im Breisgau 1996

Markides, K.C.:
- *Feuer des Herzens: Heiler, Weise und Mystiker*; München 1991
- *Heimat im Licht. Die Weisheit des ‚Magus von Strovolos'*;
  München 1988

Maslow, A..
- *Psychologie des Seins*; München 1978

McLean, P.:
- *Kontakte zu deinem Schutzgeist*; 10.Aufl., München 1992

Meadows, K.:
- *Das Netz der Kraft*; München 1993

Meurois-Givaudan, A. und D.:
- *Essener Erinnerungen. Eine Rückbesinnung auf die wahren Wurzeln des Jesus von Nazareth;* München 1993
- *Vom Geist der Sonne: die Friedensbotschaft der Lichtgestalt aus Damaskus*; München 1993

Miers, H.E.:
- *Lexikon des Geheimwissens*; München 1993

Müller, M.:
- *Über Heilungsmechanismen in der Schizophrenie*; Berlin 1930 (Abhandlungen aus der Neurologie, Psychiatrie, Psychologie und ihren Grenzgebieten, Heft 57)

Müller-Spahn, M.:
- *Symbolik – Traum – Kreativität im Umgang mit psychischen Problemen*; Göttingen 2005

Muktananda, Swami:
- *The Play of Consciousness*; Campbell, Cal. 1974

Mundhenk, R.:
- *Sein wie Gott. Aspekte des Religiösen im schizophrenen Erleben und Denken*; 3.Aufl., Neumünster 2007

Orban, P.:
- *Die Reise des Helden. Die Seele auf der Suche nach sich selbst*; 9.-10.Tsd, Frankfurt am Main 1995

Osho:
- *Esoterische Psychologie*; 3.Aufl., Zürich 1991

Pältrül Rinpoche:
- *Dämonen des Geistes. Vom Umgang mit Hindernissen*; 2.Aufl., Langenfeld 1996

Pielow, D.:
- *Lilith und ihre Schwestern: Zur Dämonie des Weiblichen*; Düsseldorf 1998

Pieper, J.:
- *Begeisterung und göttlicher Wahnsinn*; München 1962

Powers, R.:
- *Heimkehren ins Licht*; 6.Aufl., Seeon 1991

Preist, R.:
- *Mein Leben in zwei Welten. Zwischen Schizophrenie und Alltag*; Neumünster 2012

Rama (Swami):
- *Unter Meistern im Himalaya*; Autobiographie, Darmstadt 2005

Rijckenborgh, J. van:
- *Der kommende Neue Mensch*; Haarlem 1954

Roads, M.J.:
- *Mit der Natur reden. Bäume, Pflanzen, Tiere, Steine, Wasser und Wind offenbaren das verborgene Wissen der Schöpfung*; 3.Aufl., Interlaken 1994

Roberts, J.:
- *Gespräche mit Seth: von der ewigen Gültigkeit der Seele*; 7.Aufl.,
  Genf 1988
- *Individuum und Massenschicksal. Der Mensch als Urheber allen
  Umweltgeschehens. Ein Seth-Buch*; Genf 1988
- *Die Natur der persönlichen Realität: ein neues Bewusstsein als
  Quelle der Kreativität*; 3. Aufl., Genf 1988
- *Seth und die Wirklichkeit der Psyche: unbekannte Realität*; Bd 1:
  Die multidimensionale Existenz; Bd 2:
- *Reinkarnation und Reisen des Selbst*; München 1989
- *Das Seth - Material*; 3.Aufl., Genf 1989

Roethlisberger, L.:
- *Der sinnliche Draht zur geistigen Welt*; 2.Aufl., Freiburg im
  Breisgau 1996

Rogers, M.:
- *Reise in unbekannte Welten. Mediale Fähigkeiten entwickeln und
  anwenden*; Freiburg im Breisgau 1990

Rudolph, H.:
- *Die Gefahren des Okkultismus*; 3.-5.Aufl., Leipzig 1921
  (Theosophische Kulturbücher für wahre Lebenskunst und
  Lebensweisheit,   Nr. 8)
- *Das System der Meditation*; Leipzig 1925 (Theosophische Kultur-
  bücher für wahre Lebenskunst und Lebensweisheit, Nr. 28)
- Wie schütze ich mich gegen psychische Beeinflussung? 3-5.Aufl.,
  Leipzig 1925 (Theosophische Kulturbücher für wahre Lebenskunst
  und Lebensweisheit, Nr. 9)

Sacks, O.:
- *Der Mann, der seine Frau mit einem Hut verwechselte*; 23.Aufl.,
  Reinbek bei Hamburg 2003

Sannella, L.:
- *Kundalini - Erfahrung und die neuen Wissenschaften*; 2.Aufl,
  Stuttgart 1994

Schache, R.:
- *Das Gott - Geheimnis. Die Reise Ihrer Seele durch die Schöpfung*;
  München 2010

Scharfetter, C.:
- *Der spirituelle Weg und seine Gefahren: Spiritualität, Begriff,
  Typen, Bewusstseinsbereiche, Induktoren und Inhalte, Meditation,
  spirituelle Krise, Sekten und totalitäre Kulte; eine Übersicht für
  Berater und Therapeuten*; 5. unveränd. Aufl., Stuttgart 1999

Schenk, A.:
- *Schamanen auf dem Dach der Welt. Trance, Heilung und Initiation
  in Kleintibet*; Graz 1993

Schiller, L.:
- *Wahnsinn im Kopf*; Köln 2008

Schindler, M.:
- *Fragen und Antworten* s.: *Kanal-Sein für ‚Gott in uns'*
- *Kanal-Sein für ‚Gott in uns'*; Phoenix-Netzwerk o. J.
- *Reiki – Fragen und Zweifel*; Phoenix-Netzwert, Wedel 2007
- *Reinheitsgebote: Ethik und Gebote, Intensitätsstufen, mediale
  Ethik*; Phoenix-Netzwerk, Wedel 2007
- *Was man tun kann: SOS-Nothilfe für mediale und sensitive
  Menschen* (br.); Phoenix-Netzwerk, Wedel 2007

Schreber, D. P.:
- *Denkwürdigkeiten eines Nervenkranken*. Mit e. Nachwort von
  M. Burckhardt, Berlin 1995

Siry, Chr.:
- *Traum und Erwachen. Eine Seelenreise auf dem Jakobsweg*;
  Burgrain 2005

Staudenmaier, L.:
- Die Magie als experimentelle Naturwissenschaft; Leipzig 1912

Steiner, R.:
- *Individuelle Geistwesen und ihr Wirken in der Seele des Menschen*;
  Dornach 1974
- *Die Schwelle der geistigen Welt*; Aphoristische Ausführungen,
  6-10.erweit.Aufl., Berlin 1921
- *Die Stufen der höheren Erkenntnis*; Dornach 1931 (Sonderdruck
  aus ,Luzifer-Gnosis')
- *Wie erlangt man Erkenntnisse der höheren Welten?* (Ausgewählte
  Werke Bd 4) 11-13. Tsd., Frankfurt am Main 1987

Stekel, W.:
- *Sadismus und Masochismus. Für Ärzte und Kriminologen*; Berlin
  1925 (Störungen des Trieb- und Affektlebens, Bd VIII: Sadismus
  und Masochismus)

Stevens, P.:
- *Entdecken Sie Ihre übersinnlichen Fähigkeiten. PSI, Telepathie,
  Levitation, Hellsehen, Zeitreisen und andere Techniken*; 6.Aufl.,
  München 1996

Stolzmann, S.:
- *Besetzungen. Sich von Fremdeinflüssen befreien und wirksamen
  Schutz aufbauen*; 2.Aufl., Grafing 2014

Strindberg, A.:
- *Okkultes Tagebuch*; Hamburg 1964

Swami Rama siehe: Rama (Swami)

Swami Vivekananda siehe: Vivekananda (Swami)

Swedenborg, E.:
- *Himmel und Hölle nach Gesehenem und Gehörtem*; Wiesbaden 2005

Szepes, M.:
- *Die geheimen Lehren des Abendlandes. Academia Occulta. Die Grundlagen. Die Praxis*; Sonderausgabe, München 2001

Taube, R.:
- *Im Wahn der Zeichen. Leben mit Schizophrenie*; o. O. 2011

Trimondi, V. und V.:
- *Der Schatten des Dalai Lama. Sexualität, Magie und Politik im tibetischen Buddhismus*; Düsseldorf 1999

Tweedie, I.:
- *Der Weg durchs Feuer: Tagebuch einer spirituellen Schulung durch einen Sufi-Meister*; 3.Aufl., Interlaken 1992

Und ich sah einen neuen Himmel:
- Die Ramala - Offenbarung; 4.Aufl., München 1988

Utsch, M.:
- *Spiritualität: Bewältigungshilfe oder ideologischer Fanatismus* (Psychotherapeutenjournal Teil I: 4/2015 und Teil II: 1/2016)

Utsch, M., Bonetti, R. & Pfeifer, S.:
- *Psychotherapie und Spiritualität. Mit existentiellen Konflikten und Transzendenzerfahrungen professionell umgehen*; Berlin 2014

Vilayat Inayat Khan:
- *Der Ruf des Derwisch*; Essen 1982
- *Weihnachts-Seminar in Waldmichelbach/Odenwald*: 26. bis 30. Dezember 1993;
  Hrsg.: R.v. Dobberke, Witzenhausen 1994
- *Weihnachts-Seminar in Waldmichelbach/Odenwald*: 26. bis 30. Dezember 1994, Hrsg.: R.v. Dobberke, Witzenhausen 1995

Vivekananda (Swami):
- *Raja-Yoga. Mit den Yoga-Aphorismen des Patanjali*; 2.Aufl., Freiburg im Breisgau 1990

Wälti, E.:
- *Kundalini – Energie – Richtlinien für das Erwachen.* (PSI – Mitteilungen, 8.2002)

Wallimann, S.:
- *Erwache in Gott*; 2.Aufl., Freiburg im Breisgau 1993
- *Die Umpolung. Vom Materiellen zum Geistigen*; 2.Aufl., Freiburg im Breisgau 1989

Wandel, J.:
- *Geistige Freiheit* (br.); Berlin o. J.
- *Geistige Selbsthilfe gegen Herz- und Kreislaufbeschwerden* (br.); Berlin o. J.
- *Das höhere Selbst* (br.); Berlin o. J.
- *Impressionen aus einer höheren Welt* (br.); Berlin o. J.
- *Die Religion der Zukunft* (br.); Berlin o. J.
- *Vademecum zur Initiation* (br.); Berlin o. J.
- *Wohin zielt die Menschheit?* (br.); Berlin o J.

Waßmann, B.:
- *Channel-Medien zwischen Licht und Schatten.* (Reihe: Tore in die unsichtbare Welt, Bd 3) Frankfurt am Main 2016
- *Dämon oder Engel? Begegnungen in der anderen Realität.* (Reihe: Tore in die unsichtbare Welt, Bd 2) Frankfurt am Main 2016
- *Übergriffe aus dem Jenseits: Gibt es Geister und Dämonen?* (Reihe: Tore in die unsichtbare Welt, Bd 1) Frankfurt am Main 2016

White, J. (Hrsg.):
- *Kundalini-Energie: die spirituelle Schlange in uns*; München 1990

Wickland, C.:
- Dreissig Jahre unter den Toten; 10.Aufl., St. Goar 1992

Wilson, R.A.:
- *Masken der Illuminaten*; Reinbek bei Hamburg 2002

Winklhofer, A.:
- *Traktat über den Teufel*; Frankfurt am Main 1961

Zerchin, S.:
- Auf der Spur des Morgensterns. Psychose als Selbstfindung. Ein Erlebnisbericht; München u.a. 1990

Zumstein, C.:
- Der schamanische Weg des Träumens; München 2003

Zutt, J. (Hrsg.):
- *Ergriffenheit und Besessenheit. Ein interdisziplinäres Gespräch über transkulturell - anthropologische und psychiatrische Fragen*; Bern 1972

Die Autorin

Birgit Waßmann war Bankkauffrau, studierte Pädagogik und arbeitete einige Jahre in einer psychiatrischen Klinik, bis sie die geheimnisvolle Welt der Spiritualität und Parapsychologie für sich entdeckte und erforschte. Sie arbeitete eine zeitlang als mediale Beraterin und entschloss sich, ihre unkonventionellen Erfahrungen und Überzeugungen in schriftlicher Form zur Verfügung zu stellen.

Meine Homepage: Birgitwassmann.de.tl
Birgitwassmann.blogspot.com

Bereits erschienen:

Für Menschen, die eine Reise in unbekannte Welten antreten ist es mitunter schwierig, die damit verbundenen Probleme zu erkennen.
Spiritistische Praktiken wie Wahrsagen, Pendeln, automatisches Schreiben oder Kontakte mit Verstorbnen sind aufregend und faszinierend.

Mit welchen Übergriffen ist zu rechnen und welche Mittel der Gegenwehr gibt es?

Das gesteigerte Interesse an spirituellen Themen ist ein fruchtbarer Nährboden für falsche Propheten.

Mögliche Gefahren werden leicht unterschätzt und nicht immer ist klar zu erkennen, ob die Wesen, die sich melden, Engel oder Dämonen sind.

Wo liegen die Unterschiede und gibt es auch Gemeinsamkeiten?

Die unsichtbaren Sphären sind geheimnisvoll und oft undurchschaubar. Nicht selten schleichen sich unbemerkt Wesen der Astralebenen in die Kontakte von Medien ein.

Das Wissen um die Voraussetzungen und Bedingungen des Channelings kann dabei behilflich sein, gefährliche Irrwege zu vermeiden und mediale Kontakte mit der gebotenen Vorsicht aufzunehmen.